| 第 4 版 |

体育运动中的
周期力量训练

[美]

图德·O. 邦帕 (Tudor O. Bompa)

卡洛·A. 布齐凯利 (Carlo A. Buzzichelli)

著

赵海波 杨斌 李硕

译

人民邮电出版社

北 京

图书在版编目（CIP）数据

体育运动中的周期力量训练：第4版 / （美）图德·
O. 邦帕（Tudor O. Bompa）著；（美）卡洛·A. 布齐凯
利（Carlo A. Buzzichelli）著；赵海波，杨斌，李硕
译. -- 北京：人民邮电出版社，2025.5
　ISBN 978-7-115-60600-6

Ⅰ. ①体… Ⅱ. ①图… ②卡… ③赵… ④杨… ⑤李
… Ⅲ. ①力量训练－研究 Ⅳ. ①G808.14

中国国家版本馆CIP数据核字(2023)第107419号

版权声明

免责声明

本书内容旨在为大众提供有用的信息。所有材料（包括文本、图形和图像）仅供参考，不能用于对特定疾病或症状的医疗诊断、建议或治疗。所有读者在针对任何一般性或特定的健康问题开始某项锻炼之前，均应向专业的医疗保健机构或医生进行咨询。作者和出版商都已尽可能确保本书技术上的准确性以及合理性，且并不特别推崇任何治疗方法、方案、建议或本书中的其他信息，并特别声明，不会承担由于使用本出版物中的材料而遭受的任何损伤所直接或间接产生的与个人或团体相关的一切责任、损失或风险。

内容提要

本书包含3部分，共13章。第1部分是力量训练基础，包括体育运动中的力量、爆发力和肌肉耐力，力量训练的神经肌肉适应，体育运动中力量训练的定律和原则。第2部分是计划、周期和计划设计，主要介绍控制训练变量、短期小周期计划、年度计划和集体项目的长期计划。第3部分是周期力量训练，深入分析了解剖学适应、增肌训练、最大力量等阶段的力量训练，并给出了力量训练计划示例。

本书适合体能训练专家、教练、运动员和运动爱好者阅读，可以帮助他们理解周期力量训练的科学理论，进而优化运动表现。

◆ 著　　　[美]图德·O. 邦帕（Tudor O. Bompa）
　　　　　　卡洛·A. 布齐凯利（Carlo A. Buzzichelli）
　　译　　　赵海波　杨斌　李硕
　　责任编辑　刘日红
　　责任印制　马振武
◆ 人民邮电出版社出版发行　　北京市丰台区成寿寺路 11 号
　　邮编　100164　电子邮件　315@ptpress.com.cn
　　网址　https://www.ptpress.com.cn
　　北京市艺辉印刷有限公司印刷
◆ 开本：700×1000　1/16
　　印张：19.5　　　　　　　　　2025 年 5 月第 1 版
　　字数：397 千字　　　　　　　2025 年 5 月北京第 1 次印刷
　　著作权合同登记号　图字：01-2021-4189 号

定价：168.00 元
读者服务热线：(010)81055296　印装质量热线：(010)81055316
反盗版热线：(010)81055315

目录

前言   iv

致谢   v

第1部分   力量训练基础   1

第1章   体育运动中的力量、爆发力和肌肉耐力   3

第2章   力量训练的神经肌肉适应   21

第3章   体育运动中力量训练的定律和原则   39

第2部分   计划、周期和计划设计   63

第4章   控制训练变量   69

第5章   短期小周期计划   97

第6章   年度计划   115

第7章   集体项目的长期计划   167

第3部分   周期力量训练   177

第8章   解剖学适应   179

第9章   增肌训练   195

第10章   最大力量   205

第11章   专项力量转化   223

第12章   维持、停止和补偿   271

第13章   实现巅峰表现   279

参考文献   287

作者简介   303

译者简介   305

前言

《体育运动中的周期力量训练》(*Periodization of Strength Training for Sports*)的第4版明显不同于此前的版本。我们甚至对书名都做了细微的调整,以更加简单明了地反映本书专注于两种主要的体育训练方法要素:周期化和力量训练的科学与方法。我们觉得有必要做出这种改变的重要原因有两个。

(1)尽管周期化作为一种训练系统已经存在了2000多年——自古代奥运会(公元前776)以来一直存在——但是现代的训练理念以不明确或具有误导性的理论为基础,并且受到了流行做法和商业训练器材的影响。结果是,如今的训练计划通常都基于伪科学,而不是基于由数十年努力钻研和专业知识加以强化的研究。

(2)尽管存在大量有力的科学信息和可信的研究结果,但是体育运动中力量训练的科学性仍未能在某些教练和健身指导员的日常训练计划中体现出来。这就是我们要和你们——我们的读者,分享有关力量训练方法方面的科学信息和专业知识的原因,这些科学信息和专业知识将帮助你们提高训练计划的质量,并最终优化运动表现。为了实现该目的,我们对两个主要的科学理念——神经肌肉生理学和牛顿运动定律给予了特别的关注,并增加了明确且相关的解释,这样你们便能够合理地使用力量训练,并应用相关理念来提升运动员的竞技表现。从速度和爆发力运动项目到长距离运动项目,竞技表现的提升只与运动专项能力的增强有关。

本书的这个版本是专门针对未来的体能训练专家,以及希望通过改善对力量训练的科学理论的理解并有效地利用它来优化运动表现以取得成功的运动员而设计的。

我们强烈建议你们根据科学信息,而不是根据谬论、坊间观点或者猜测来做出训练决策。

要聪明地进行训练!

致谢

一本书是作者辛勤工作的成果，作者希望分享精心准备的具体信息和专业知识，以吸引众多对这些内容感兴趣的读者。虽然作者的名字总是会显示在封面上，但是读者很少了解其他许多为本书的出版作出贡献的人的姓名。为了表达对这些专业人士所作出贡献的尊重，我们想与你们分享为本书的编撰提供帮助的人的姓名。

为了完成本书，我们与一个团队协作，即人体运动出版社团队。该团队由高级策划编辑罗杰·厄尔（Roger Earle）和总编辑肖恩·唐纳利（Shawn Donnelly）领导。本书的整体内容和结构是罗杰多年潜心努力的结果，而肖恩的文采和对内容的了如指掌几乎在每一页内容上都显而易见。

我们还想对文字编辑罗德林德·阿尔布雷希特（Rodelinde Albrecht）、版权经理玛莎·古洛（Martha Gullo）表达最崇高的敬意。他们坚持不懈和孜孜不倦的工作显著提高了本书的质量。图书的插图通常体现了专业人士的远见卓识。我们想对这些人致以敬意：平面设计师道恩·西尔斯（Dawn Sills）、封面设计师克里·埃文斯（Keri Evans）、封面设计专家苏珊·艾伦（Susan Allen）、摄影资产经理劳拉·菲奇（Laura Fitch）、照片制作经理贾森·艾伦（Jason Allen）、高级艺术经理凯莉·亨德伦（Kelly Hendren），以及印刷制作总监苏珊·萨姆纳（Susan Sumner）。

我们要将本书献给教练、健身指导员、训练师、健康体能专家及学生，以感谢他们在填补运动训练的科学与实践之间的鸿沟方面所做的贡献。

第 1 部分

力量训练基础

基础越坚实，巅峰表现就会越好！

第 1 章

体育运动中的力量、爆发力和肌肉耐力

大部分体育运动都包含力量/力（F）、速度（S）、耐力（E）、柔韧性或协调性等要素，或者这些要素的组合。力量练习涉及克服阻力（水、重力或者来自对手的力）；速度练习旨在最大限度地提高敏捷性和频率；耐力练习涉及长距离、长时间不间断的活动，或者多次重复；柔韧性练习会最大化关节活动范围；协调性练习则涉及一系列复杂动作。

显然，执行某项练习的能力因运动员而异，并且运动员发挥高水平的能力会受到遗传因素的影响：力量、速度、耐力等方面的先天能力。这些能力可以被称为有条件的运动能力、一般身体素质或者身体运动能力*。motor指的是运动，而前缀bio指的是这些能力的生物（身体）性。ability这一术语暗示了神经系统的作用，因为每种身体表现的显现都是伴随着一定水平的技能出现的。

然而，训练和比赛的成功并不是只取决于运动员的遗传潜力。通过决心和周期化的方法，在训练中力争让自己臻于完美的运动员可以赢得胜利或者帮助自己的团队赢得重要的比赛。尽管天赋极为重要，但是运动员专注于训练以及在比赛中轻松自如地运动的能力会影响他的最终成就。为了超越先天能力或者突破其他遗传限制，运动员必须在训练中重视生理适应。

---

*英文为biomotor abilities。——译者

在我们看来，力量是一种非常重要的能力，因为它有利于将竞技潜力提高到当前水平之上。即使是在长距离的有氧运动中，如马拉松，力量也会为运动员带来显易易见的好处。想象一下，在马拉松比赛期间，运动员大约需要完成55 000次跨步才能跑完26.2英里（1英里≈1.6千米）。如果一名运动员接受了专门针对马拉松项目的力量训练，他就可以向地面施加更大的力，从而让步长增长近半英寸（1英寸=2.54厘米）。有了这种提高，运动员就可以将完成比赛的时间缩短48～120秒。这难道不值得运动员花时间来增强推力（即增强跑动迈步时蹬地发力的能力来对抗重力）吗？

在其他项目中，尤其是在速度和爆发力主导的项目中，增强最大力量（MxS）和爆发力（P）可以显著提升运动员的运动表现。

埃涅阿斯的故事：体育运动现代力量训练的序曲

你是否曾问过自己，力量训练是从何时起被用来提升运动表现的？你会从埃涅阿斯（Aeneas）的故事中找到答案。你是否记得由罗马诗人维吉利乌斯·马罗（Virgilius Maro）（公元前70—前19）所著的《埃涅阿斯纪》，即关于特洛伊英雄埃涅阿斯的史诗故事？你可能会记得，特洛伊国王普利安（Priam）的儿子帕里斯（Paris）去拜访斯巴达国王墨涅拉奥斯（Menelaus）。在招待特洛伊访客的宴会上，帕里斯见到了墨涅拉奥斯的妻子海伦（Helen）。他爱上了她，并将她带回了特洛伊。暴怒的墨涅拉奥斯召集希腊民众攻打特洛伊，并想将海伦带回斯巴达，但是海伦拒绝回到墨涅拉奥斯身边，所以他和他的同胞们决定用武力夺回她。希腊人和特洛伊人之间的战争（约公元前1200年）持续了10年，双方都没有取得胜利的机会。

希腊人失去了继续作战的欲望，决定回家。然而，一个狡猾的希腊人尤利西斯（Ulysses）提议为特洛伊人留下一个礼物——特洛伊木马。在制作好一个巨大的木马之后，希腊人撤退了，但在夜晚，一队希腊勇士藏在了木马里面。次日，特洛伊人非常开心，以为战争终于结束了，他们决定将希腊人留下的礼物带到城内。这天夜里，那队希腊勇士从木马中跑了出来，袭击了守卫，并打开城门让希腊军队侵入城堡。特洛伊人的困惑和混乱导致他们被击败，他们的城堡也被摧毁了。

埃涅阿斯是特洛伊人中的极少数幸存者之一，他决定带领几名勇士一起投奔意大利。在前往意大利的途中，埃涅阿斯不得不在一些地中海岛屿上停留以进行补给。维吉利乌斯·马罗写道，埃涅阿斯在每个岛屿上都很受欢迎，并且会得到补给，但是有一个条件，那就是要与岛上的船员进行划艇比赛［比赛所用划艇见图1.1（a）］。下面是罗马诗人对特洛伊人如何为比赛做日常准备的描述。

- 首先，赛艇手会做一些练习（这类似于我们如今所做的热身活动）。
- 他们会划一段时间艇（我们现在将其称作主要部分，即比赛中最为重要的活动）。

- 他们会举起一些石头［见图1.1（b）］（这相当于现在我们在一些训练环节之后所做的力量训练）。
- 最后，他们会洗个令人放松的热水澡，并做个令人放松的按摩（这些活动相当于我们如今会在训练之后进行的恢复与再生）。

令人惊奇的是，埃涅阿斯在3200多年前就知道的事情如今还在被质疑！有些游泳、北欧式滑雪、团队和球拍类运动以及武术项目的教练仍然不接受且不认可力量训练对竞技表现的积极影响。

> 埃涅阿斯如果只是一个没有训练科学和方法方面知识的普通勇士，怎么可能在3200多年前就知道，如果赛艇手增强了自己的力量，他们施加在水上的力就会增加，并且艇的速度也会提高呢？

有趣的是，我们现在所使用的训练理念和训练计划被古人以一种简化的形式加以使用。在不知道艾萨克·牛顿（Isaac Newton）第三运动定律的前提下——原因很简单，牛顿（1643—1727）在那时还没有出生——埃涅阿斯怎么可能知道每个作用力都存在一个大小相等但方向相反的反作用力呢？埃涅阿斯只是根据一些常识意识到，为了让艇行驶得更快，赛艇手必须顶着水的阻力并施加更大的力，并且只有当赛艇手增加施加给水的力时，他才能够克服水的阻力。

让我们来看一个实例。对于足球、赛艇手及其他运动员来说，速度是一项被高度重视的素质。教练们一直在寻找速度快的运动员。然而，高速跑动、游泳等只有在两种情况下才有可能实现。

- 运动员拥有良好的遗传基因，例如快缩型肌纤维的占比较高。快缩型肌纤维占比越高（如53%），运动员的速度就会越快。

（a）

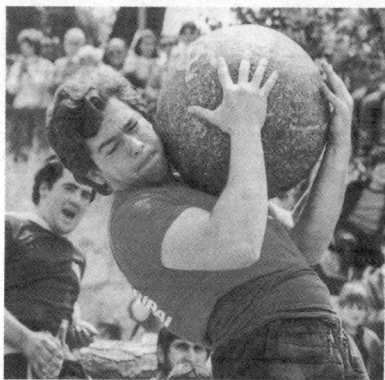

（b）

图1.1　（a）一艘划艇，类似于埃涅阿斯前往意大利时所用的划艇。（b）一名男子举起一块沉重的石头来增强自己的力量，与埃涅阿斯时期的赛艇手在比赛之前所做的活动非常类似

- 力量训练对所有运动员来说都至关重要，尤其是对那些快缩型肌纤维先天占比不高的运动员来说。当运动员的力量增强了，其施加给地面或水的力就会增加，并且运动员可以跑得或游得更快。想象一下，如果一名运动员先天就拥有高占比的快缩型肌纤维，并且还试图额外增强力量，那么他会跑得或游得多快！

6种力量训练方案

各种运动项目中的运动员和教练会用到6种主要的力量训练方案：健美、高强度训练、举重、全年爆发力训练、力量举，以及周期力量训练。总体来看，周期力量训练是力量训练中最具影响力的一种。

健美

健美中所用的训练计划会控制训练变量（如训练组数、重复次数、间歇时间和动作速度）来增肌（肌肉大小增加）。增肌可能是由于能量底物过度补偿和肌肉蛋白质堆积而出现的适应。为了达到该目的，健身人士应执行由6～12次重复动作组成的训练组，直至力竭。

然而，肌肉大小的增加对于运动表现的提升来说极少是有利的（个别的例外情况可能包括青少年运动员或者肌肉水平较低的运动员，美式橄榄球运动员——尤其是线卫球员、橄榄球中的争球运动员，以及田径投掷类项目中的某些运动员）。更具体讲，健美中缓慢、反复的肌肉收缩动作只会向许多其他体育运动中的爆发式竞技动作提供有限的积极转化。例如，竞技动作需要被迅速地执行，花费的时间通常为100～180毫秒，但是健美中的伸腿动作需要花费的时间为600毫秒，而举重中抓杠花费的时间为1150～1200毫秒（见表1.1）。

当然，也存在例外的情况。在某些以增肌为主要目标的训练阶段，会选用一些特定的健美技术，如超级组和递减组。然而，由于神经肌肉适应对健美没有至关重要的作用，所以它

表1.1　接触阶段的持续时间

项目	持续时间/毫秒
100米短跑（起跑）	90～250
跳远（起跳）	105～150
跳高（起跳）	150～180
体操跳马（起跳）	100～120
举重中抓杠时间	1 150～1 200

数据源自：C.B. Tucker, A. Bissas and S. Merlino, *Biomechanical Report for the IAAF World Indoor Championships 2018: Long Jump Men* (Birmingham, UK: International Association of Athletics Federations, 2019); G. Nicholson, T. D. Bennett, A. Bissas and S. Merlino, *Biomechanical Report for the IAAF World Indoor Championships 2018: High Jump Men* (Birmingham, UK: International Association of Athletics Federations, 2019); and E. Hall, D.C. Bishop and T.I. Gee, "Effect of Plyometric Training on Handspring Vault Performance and Functional Power in Youth Female Gymnasts," *PLoS ONE* 11, no.2 (2016).

通常不包括具有较长休息时间的爆发性向心负荷或者大的负荷。这就是人们极少在体育运动的力量训练中进行健美训练的原因。

高强度训练

高强度训练（HIT）涉及在一整年内使用高训练负荷，并且运动员应在所有的训练组中都至少做到自然力竭。坚定的HIT拥护者声称，进行HIT的运动员在20～30分钟的时间内就可以实现力量发展；他们无视长距离和持续时间长的赛事（如中长距离游泳、划船、皮划艇和越野滑雪）所需的大量力量训练。HIT计划并没有根据比赛日程加以组织。对于竞技体育，力量训练要根据体育运动在特定训练阶段的生理需求和实现巅峰表现的日期进行周期化设计。使用HIT的运动员通常会非常迅速地提升力量，但是随着赛事的推进，他们的力量和耐力往往会减弱。此外，HIT所用的强化方法（如强迫次数法或退让控制法）引起的高水平肌肉酸痛和神经疲劳会影响专项身体训练以及运动员在每周训练中的技术或战术表现。

举重

举重在力量训练的早期会产生重要的影响。现在有些教练和训练师还在使用传统的举重动作（如挺举、抓举和高翻），尽管这些动作事实上不会或者可能不会针对主动肌（专项体育运动中实际所用的肌肉）进行训练，这些动作可能并不符合该专项的发力方向，或者它们不能训练力量的弹性响应部分，这是由于它们缺少跑步类运动中经常出现的拉长–缩短周期。因为在设计力量训练计划时，教练应当始终考虑专项技术的主动肌、施力方向以及有无拉长–缩短周期，所以他们应当仔细分析体育运动中的主要动作，以确定举重训练是否会带来好处。例如，美式橄榄球的边锋可能会受益于举重训练，而划船运动员和游泳运动员则不会。

为了避免损伤，同样重要的是，要仔细评估举重技术细节，尤其是青少年运动员和没有力量训练背景的运动员。实际上，掌握举重技巧是一个耗时较长的过程，但是运动员必须掌握足够娴熟的技术才能使用可以产生训练效果的负荷。总而言之，尽管举重是增强全身力量和爆发力的好方式，但是体能教练必须评估它的专项性和效率。

全年爆发力训练

全年爆发力训练的特征是在不考虑年度训练周期的前提下使用爆发性的弹跳练习、药球投掷及力量练习。有些教练和训练师认为，尤其是在田径和某些集体项目中，从为锦标赛做准备的第一天开始，爆发力训练就应当作为训练的主要关注点。他们的理念是，如果爆发力是主导的能力，那么除了过渡阶段（休赛季），它必须在全年内加以训练。

通过在全年内进行爆发力训练，运动员的爆发力肯定会增强。然而，在年复一年的全年训练中，关键不仅是看运动员是否得到了提升，还需要看运动员提升的速度。有关数据显示：在各种水平的运动员培养上，当运动员使用周期力量训练（其中，力量训练的侧重点在整个年度训练计划内以最优的顺序发生变化）时，在冲刺和跳跃能力的改善方面，力量训练的效果要远远优于爆发力训练，尤其是对几乎没有力量训练背景的运动员，或者拥有较多力量训练背景的运动员而言。例如，由于爆发力是以最大力量为基础的，所以增强某人的爆发力需要增强其最大力量。因此，力量训练会更快地增强爆发力，并且可以让运动员达到更高的水平。

力量举

开展力量举训练的个体目的是最大化他们在蹲举、卧推和硬拉时的力量。在过去的20年间，出现了许多种力量举训练方法，其中一些方法针对的是专项力量举（举重者穿戴护膝、卧推衫及蹲举和硬拉套装来增加举重负荷）。

然而，关键是，力量举训练的目的是最大化一项身体的运动能力：力量。相比之下，运动员通常需要以运动专项组合的方式训练所有的身体运动能力，并且更加准确地讲，需要训练他们次优的能力。因此，就每周频率和锻炼持续时间而言，专项教练通常无法像举重运动员那样投入同样多的时间来进行力量训练。

此外，尽管蹲举、卧推和硬拉是针对一般力量的主要训练，但是运动员需要执行与专项运动技术具有较强生物力学对应性的训练，尤其是在专项准备和比赛期间。我们特别指的是力量举所用的蹲姿——双脚应向外旋转，并且彼此相距很远；但对于大部分运动项目来说，力量举所用的蹲姿是不恰当的，因为力量的生物力学应用与田赛或径赛上出现的生物力学应用截然不同，所以运动员在使用这种蹲姿时无法最大化自己的潜力。例如，当你平常用宽握距训练卧推或者用宽站姿训练蹲举，但突然开始采用较窄的握距或者站姿时，会出现什么情况？相比于你训练时一直使用的握距和站姿，采用较窄的握距或站姿时，你会变得软弱无力。相较于新的握距和站姿，神经肌肉适应对之前训练时所用的握距和站姿的施力点、身体姿势以及运动链动力学具有更强的特异性。你是否从一个非常有力的宽站姿蹲举者变为了非常无力的窄站姿蹲举者？非也。你只是损失了一定比例的最大力量，这正解释了一般力量转化与专项力量转化之间的区别，以及为什么在年度计划的某个时刻和你的职业生涯中，你必须转向具有更强生物力学对应性的专项训练。

周期力量训练

周期力量训练必须基于运动专项的特定生理需求，并且必须最大限度地发展爆发力、爆发力耐力或者肌肉耐力。此外，力量训练必须围绕运动项目的周期化需求，并且采用专门针对特定训练阶段的训练方法。周期力量训练的目标是让运动员在参与重大赛事的时候达到巅峰表现。

所有的周期力量训练都始于一般的解剖学适应阶段，该阶段能让身体为后续的各个阶段做好准备。周期力量训练的目标之一是在年度计划内将运动员的最大力量提升到尽可能高的水平，从而使力量的增强可以转化为爆发力、爆发力耐力或者肌肉耐力。我们说的"尽可能高"，指的是在每周训练量的时间限制内，专门用于一般体能训练以及更加专项化的力量训练的时间。

各个阶段的计划对于每项体育运动来说都是独特的，它还取决于运动员个体的生理成熟度、比赛日程和达到巅峰表现的日期。

体育运动中周期力量训练的概念是从两项基本的需求演变而来的。

（1）为了将力量训练整合到年度计划及其训练阶段内。

（2）为了逐年增强专项力量。

周期力量训练首次应用于运动员的训练试验是为1964年东京奥运会上标枪项目的金牌得主米哈埃拉·佩内什（Mihaela Penes）组织安排的。这一训练的结果于1965年呈现在她的比赛中（Bompa, 1965a, 1965b）。

1968年，人们对原始的周期力量训练模型做了改变，以使其适应需要肌肉耐力的耐力项目的需求（Bompa, 1977）。本书讨论了爆发型和耐力型专项周期力量训练的模型及训练方法。

力量训练必须围绕所选运动专项的周期化需求展开

基本的周期力量训练模型也出现在《周期训练理论与方法》（*Periodization: Theory and Methodology of Training*）（Bompa, 1983; Bompa, 1993; Bompa, 1999）一书中。1982年，斯通（Stone）等人提出了一种力量训练的理论模型，在该模型中，周期力量训练始于增肌训练，并且包括4个阶段：增肌阶段、基础力量阶段、力量与爆发力阶段，以及达到巅峰表现和维持巅峰表现阶段。在有关周期力量训练的综合性著作《周期力量训练：力量训练的新趋势》（*Periodization of Strength: The New Wave in Strength Training*）（Bompa, 1993）出版之后，《周期化突破》（*Periodization Breakthrough*）（Fleck and Kraemer, 1996）一书出版了，它再次论证了周期力量训练是优化力量和运动表现的最合理方法之一。

力量训练与能量系统之间的关系

如果你想增强判断运动员的缺陷和更好地组织自己训练的能力，那么你应当考虑体育运动中的主导能量系统与你需要使用的力量训练类型之间的关系。表1.2阐明了力量训练与能量系统之间具有生理学上的关系：竞技活动的持续时间越短，最大力量就越重要。

在整个能量系统中，从磷酸原系统到氧化（有氧）系统，最大力量是最终表现的决定因素或者说对最终表现有着重要的贡献。在竞技活动的最初几秒，能量由磷酸原系统供应。对于属于此类的运动项目（如田径运动中的投掷项目、举重和冲刺），运动员必须不断地发展和增强最大力量。

对于持续时间较长的体育运动项目（由氧化系统提供能量），如划船、北欧式滑雪和铁人三项，最大力量也有一定的重要性，尤其是在准备阶段，因为它会增强运动经济性；但是在由磷酸原系统和糖酵解系统主导的爆发型专项运动中，它不起决定性的作用。此外，随着慢缩型肌纤维尺寸的增大，最大力量不仅会增强其发力能力，还为毛细血管和线粒体提供更大的表面积。

对于由磷酸原系统提供能量的项目，最大力量具有额外的重要性：增大快缩型肌纤维和

表1.2　力量训练与能量系统之间的关系[*]

能量系统	无氧系统（不依赖氧气）			氧化系统（依赖氧气）		
	磷酸原系统	糖酵解系统				
持续时间	1~6秒	7~8秒	8~20秒	20~60秒	1~2分钟	2~8分钟	8~120分钟
所需的力量训练类型	最大力量 爆发力	最大力量 爆发力 爆发力耐力	最大力量 爆发力 爆发力耐力 短时间肌肉耐力	最大力量 爆发力 爆发力耐力 中等时间肌肉耐力	最大力量 爆发力耐力 中等时间肌肉耐力	最大力量 （<80%1RM） 爆发力耐力 长时间肌肉耐力

[*]译者注：原书数据如此。

改善运动单位的募集能力。对于由糖酵解系统提供能量的其他爆发力主导型的项目（从团队体育运动到武术和田径运动中的短跑项目），大力发展最大力量也至关重要。对于此类体育运动，最大力量及爆发力训练有助于加快肌肉收缩的速度，从而提高肌肉收缩时的放电速率。

力量、速度和耐力的运动专项组合

力量、速度和耐力是实现成功的竞技表现所需的重要身体运动能力。运动项目的主导能力是指需要其做出较大贡献的能力（如耐力是长跑的主导能力）。大部分运动项目至少要求在两种能力上达到巅峰表现。力量、速度和耐力的相互关系形成了至关重要的竞技身体素质。更好地理解这些关系将帮助运动员和教练理解爆发力和肌肉耐力，并且有助于制订运动专项力量训练计划。

如图1.2所示，将力量与耐力结合在一起便形成了肌肉耐力，即长时间克服外界阻力并且可多次重复发挥的能力。爆发力，即在可能的最短时间内执行爆发性运动的能力，源自最大力量和最大速度的组合。耐力与速度的组合被称作速度耐力。灵敏是速度、协调性、柔韧性和爆发力等能力经过复杂组合的结果，这种能力体现在体操、摔跤、美式橄榄球、足球、排球、棒球、拳击、跳水和花样滑冰等项目中。柔韧性，或者关节活动范围在训练中非常重要，不同的运动项目需要不同程度的柔韧性来防止损伤和促成最佳的运动表现。当灵敏与柔韧性结合时，便产生了赛场上的灵活性，即利用良好的时机和协调性，迅速跑过比赛区域的能力。灵敏可通过增强对最大力量的适应性来增强。

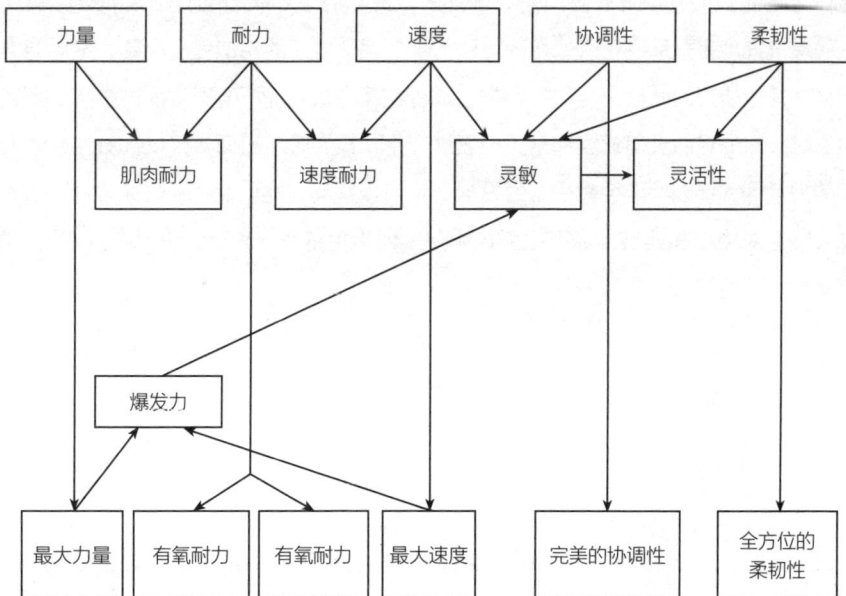

图1.2 身体运动能力之间的关系

11

在最初几年的训练之后会出现以综合性训练为特征的专项训练的专项阶段，该阶段对于所有旨在获取准确训练效果的国家级和精英运动员来说都至关重要。该阶段的专项训练可以让运动员适应自己的专项运动。对于精英运动员来说，力量、速度和耐力的相互关系取决于专项运动和运动员自身的需求。

图1.3展示了3个分别由力量、速度和耐力占主导地位的例子。在任意情况下，当一项身体运动能力为主导能力时，其他两项身体运动能力在对应的体育运动中的参与程度较低。然而，本例是一种纯理论，仅适用于少数体育运动。在大部分体育运动中，几乎每项身体运动能力都会发挥特定的作用。图1.4展示了一些体育运动中的主导能力。教练和运动员可以利用图1.4来确定自己的专项运动中的主导能力。

每个专项运动都有其特有的生理学特点和特征。对于所有设计和实施运动专项训练计划的教练而言，至关重要的是理解能量系统以及它们是如何在运动训练中运作的。尽管本书的目的是专门讨论体育运动中力量训练的科学、方法和目标，但是每个专项运动的生理学复杂性还需要教练对在该专项运动中占主导地位的能量系统及其与运动训练的关系有非常深入的理解。

力量和有氧训练所需的能量是人体通过将食物分解和转化为可用的能量形式——三磷酸腺苷（ATP）产生的。由于ATP要不断地加以补充和再利用，所以身体依靠3种主要的能量系统来进行持续的训练：磷酸原系统、糖酵解系统和氧化系统。3种系统并非彼此独立，而是根据运动项目的生理学需求进行协作。专项训练计划的制订应当始终围绕该项目的主导能量系统。

身体运动能力的专项发展必须是系统性的。成熟的主导能力会直接或间接影响其他能力，它的影响程度完全取决于所采用的方法与专项运动之间的相似性。因此，主导能力的发展可能会对其他能力的发展产生积极影响，或者在极少数情况下会产生消极影响。当运动员发展力量时，它们可能会对速度和耐力的发展产生积极影响。然而，仅仅针对发展最大力量而设计的力量训练计划可能会对耐力的发展产生消极影响。类似地，专门针对发展耐力的训练计划可能会对力量和速度发展产生消极影响。因为力量是一种至关重要的身体运动能力，所以它必须与其他能力一起训练。

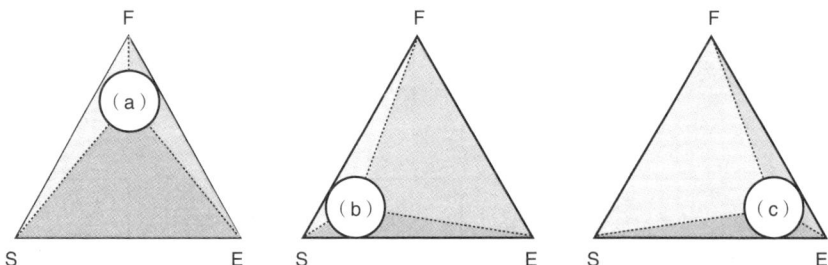

图1.3 主要身体运动能力之间的关系，依次是力量（F）、速度（S）、耐力（E）为主导能力

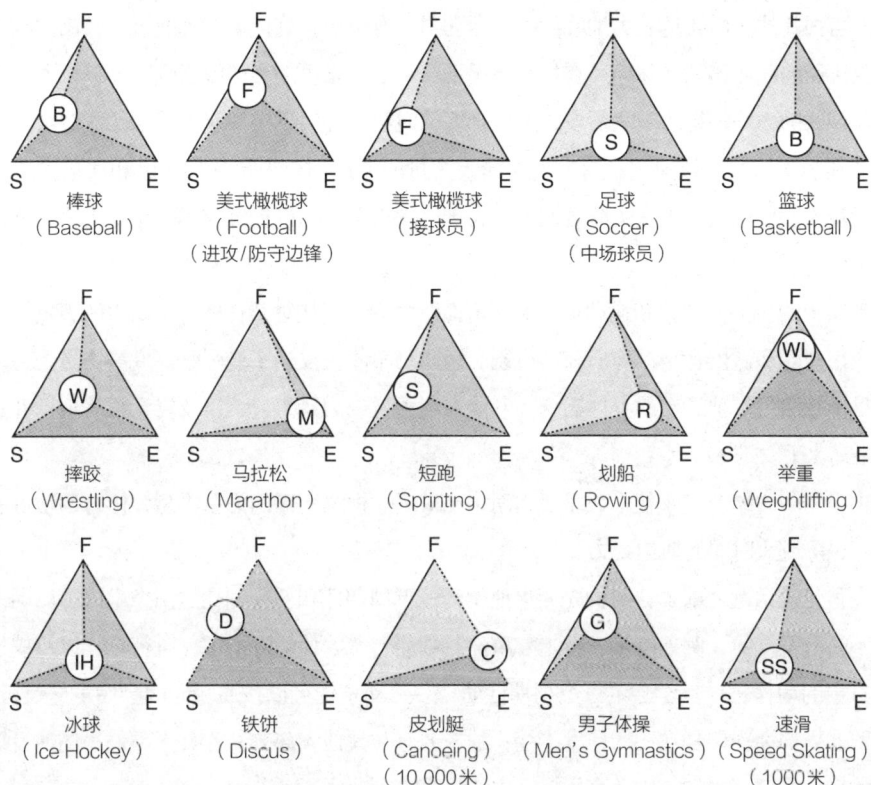

图1.4 一些体育运动中的主导能力

一些错误的、没有根据的理论表明，力量训练会使运动员的速度变慢，并且会影响耐力和柔韧性的发展。有研究推翻了这种谬论（Atha, 1984; Dudley and Fleck, 1987; Hickson et al., 1988; MacDougall et al., 1985; Micheli, 1988; Nelson et al., 1990; Sale et al., 1990）。一项专门考察越野滑雪运动员的研究发现，只进行最大力量训练不仅能够提高最大力量和越野滑雪运动员的力量生成速率，还可以通过延长达到力竭状态的时间，实现向运动经济性的积极转化（Hoff, Gran and Helgerud, 2002）。另一项针对跑步运动员和自行车运动员的研究也发现，通过结合耐力训练和高强度抗阻训练，跑步与骑行的运动经济性和功率输出水平都得到了提高（Rønnestad and Mujika, 2013）。

将力量和耐力训练与专项运动的负荷结合起来不会影响有氧功率和肌肉力量的提高和增强（即没有消极转化的后果）。类似地，如果将拉伸训练整合到整个训练计划之中，那么力量的发展就不会对柔韧性的发展产生消极影响。自行车、划船、越野滑雪和皮划艇等专项运动中的耐力型运动员可以在接受其他训练的同时，安全地进行力量和耐力训练。对于参与需要力量和柔韧性的项目的运动员来说也是如此。

对于速度类项目来说，力量是提高速度的一个重要来源。速度快的短跑运动员一般很强壮。当强壮的肌肉迅速有力地收缩时，运动员才有可能得到巨大的加速度、较高的频率以及实现快速的肢体移动。然而，在极端情况下，最大力量可能会暂时影响速度，例如在因最大负荷导致的力竭训练环节之后安排速度训练的时候。神经系统和肌肉层面的疲劳会影响神经冲动和表现。鉴于该原因，旨在发展最大力量的大周期应当包括加速度和次最大速度发展，而最大速度应当与爆发力联合发展。在训练安排上，速度训练应当始终在力量训练之前进行。

现实中的大部分动作和运动项目要比前面所讨论的更加复杂。体育运动中的力量应当被看作应用技能和做出竞技动作所需的机制。运动员不能仅仅为了变强壮而发展力量。力量发展的目标是满足专项运动的具体需求，发展专项力量或力量组合，以及将竞技表现提升到可能的最高水平。

力量与耐力结合起来便形成了肌肉耐力（ME）。根据所需的力量类型，体育运动可能需要长、中等或短时间的肌肉耐力。

在讨论该话题之前，让我们先简单地阐释一下周期性和非周期性这两个术语。周期性动作是不断地重复的，例如跑步、行走、游泳、划船、滑冰、越野滑雪、自行车，以及皮划艇等项目中的动作。一旦学会了一个周期性动作，运动员便可以按照相同的顺序重复执行它。相反，非周期性动作是在不断地发生变化的，并且与其他大部分动作并不类似，例如投掷项目、体操、摔跤、击剑，以及集体项目中的许多技术动作。

除了短跑之外，周期性体育运动都是耐力类项目。耐力要么占主导地位，要么对提升竞技表现发挥着重要的作用。非周期性体育运动通常是速度或爆发力类项目。然而，许多项目更为复杂（如篮球、排球、足球、冰球、摔跤，以及拳击），对速度、爆发力和耐力都有显著需求。下面的分析可能涉及特定项目的某些技能，并且可能不会涉及整个项目。

图1.5分析了各种不同的身体运动能力之间的体育专项组合，下文将按照顺时针方向对各轴线加以讨论，先从力量–耐力（F-E）轴线开始。每种体育专项组合都由一个箭头来表示，该箭头指向两种身体运动能力之间的轴线的某个位置。靠近F点的箭头表明力量在该体育专项组合中发挥着主导作用；标注在轴线中点处的箭头表明两种身体运动能力的贡献相同或者几乎相同；箭头离F点越远，表明力量的重要性越弱，其他能力占据主导地位，然而，力量仍然在该体育专项组合中发挥一定的作用。

F-E轴线主要表示肌肉耐力占主导地位的项目（由内部的箭头指示）。并不是所有的项目都需要力量和耐力发挥同等重要的作用。例如，游泳项目的运动距离一般为50～1500米。在50米项目中，速度–耐力和爆发力–耐力（从代谢上讲为抗乳酸能力）占主导地位；随着距离的增加，肌肉耐力（从代谢上讲为有氧功率和有氧能力）会变得越来越重要。

由于力量在篮球的抢篮板球、排球的扣球、澳式足球和橄榄球的起跳接球，或者足球的

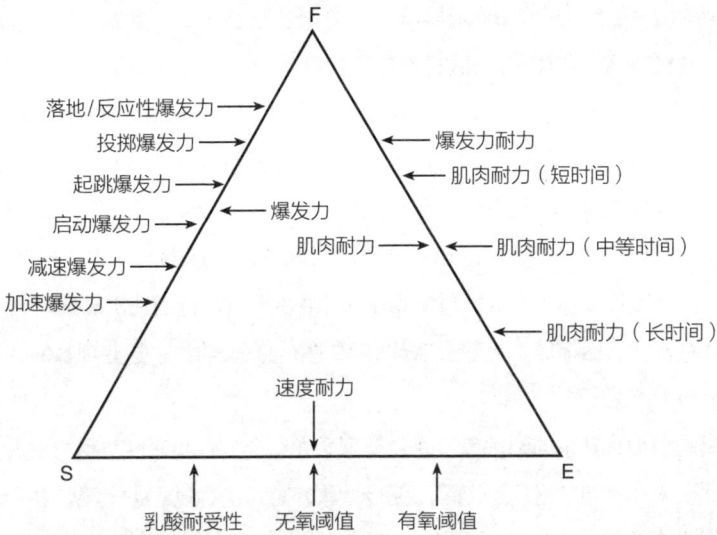

图1.5 身体运动能力之间的体育专项组合

跳起来用头顶球等动作中的重要性，爆发力耐力（PE）在F-E轴线上最接近F点，换言之，所有这些动作都是由爆发力主导的，网球、拳击、摔跤和武术中的某些动作也是如此。为了在整个比赛过程中成功地完成此类动作，运动员必须训练耐力和爆发力，因为这些动作在每场比赛中要被执行200~300次，乃至更多次。篮球运动员必须高高跳起去抢篮板球，但是他在每场比赛中还要重复完成大约200次这样的跳跃动作。这就是运动员必须训练爆发力和爆发力耐力的原因。然而，为了让身体适应重复的爆发力表现，运动员要控制训练量和训练强度这两个变量。尽管如此，我们必须区分重复的短时爆发性动作（如集体项目）和较长时间、不间断的爆发性动作（如100米和200米的田径项目以及50米游泳）。这两种动作都需要爆发力耐力。在间歇性项目中，如集体项目，爆发性动作的主要能量系统是无氧糖酵解系统，但是由于有短暂的休息间隔，在比赛的某些时刻，最终由通过糖酵解系统生成的ATP发挥主导作用。相反，个别以糖酵解系统供能为主导的项目主要依赖于糖酵解系统的供能功率（即糖酵解系统以其最大速度生成ATP的能力）。

短持续时间的肌肉耐力（短时间肌肉耐力）指的是持续时间为40~120秒的项目所必需的肌肉耐力（糖酵解供能和有氧功率的组合）。在100米游泳项目中，运动员在开始时做的是爆发性动作，例如前20次划水。从比赛的中点到比赛结束，肌肉耐力至少会变得与爆发力一样重要。在最后的30~40米，获胜关键在于重复双臂用力划水的动作以维持速度，并在接近终点加快速度的能力。对于100米游泳、400米跑、500~1000米速滑及500米皮划艇等项目，肌肉耐力对最终成绩有着显著的影响。

中等持续时间的肌肉耐力（中等时间肌肉耐力）是时长为2~5分钟的周期性项目所必

需的（有氧功率），如200米和400米游泳、3000米速滑、田径中距离跑、1000米皮划艇、摔跤、武术、花样滑冰、花样游泳和自行车追逐赛。

长持续时间的肌肉耐力（长时间肌肉耐力）是指需要在较长时间（6分钟以上，有氧功率到有氧能力）内对抗阻力的能力，常体现在划船、越野滑雪、公路自行车、长距离跑、长距离游泳、速滑及皮划艇等项目中。

速度耐力（S-E）轴线反映了在10~25秒的时间内维持速度的能力，这体现在50米游泳、100米和200米田径运动中，或者体现在每场比赛重复执行的几次高速动作中，如美式橄榄球、棒球、篮球、橄榄球、足球及冰球等项目中的高速动作，这些项目的运动员需要发展他们的速度耐力。

随着距离的增加，其余的两种速度耐力类型会在组合方式和速度与耐力中占主导地位的方面发生变化。对于速度，相关训练需要在无氧阈值（乳酸浓度为4毫摩尔/升，或者心率大约为170次/分）附近进行。对于耐力，相关训练必须在有氧阈值（乳酸浓度为2~3毫摩尔/升，或者心率为125~140次/分）附近进行。

力量-速度（F-S）轴线主要表示爆发力占主导地位的力量-速度类项目。

落地/反应性爆发力是一些项目的主要部分，例如花样滑冰、体操和一些集体项目。合适的训练可以预防损伤。许多运动员只训练跳跃的起跳部分，而不关注控制和平衡地落地。爆发力在落地技巧方面发挥着重要的作用，尤其对于高水平运动员来说。运动员必须进行离心训练才能承受落地带来的冲击力并将其吸收，从而维持良好的身体平衡，以继续完成成套动作，或者立即做出另一个动作。

控制落地所需的爆发力的多少取决于跳跃高度、运动员的体重以及落地是通过缓解冲击力还是腿部关节屈曲但僵硬来完成的。测试发现，对于缓冲落地，运动员要克服的阻力是体重的3~4倍；而如果运动员在落地时腿部关节僵硬，则其需要克服的阻力为体重的6~8倍。例如，体重为130磅（1磅≈0.45千克）的运动员需要396~528磅的力量来缓解落地冲击力；腿部关节僵硬时，相同的运动员在落地时需要克服792~1056磅的阻力。当运动员用单腿落地时，就像在花样滑冰中，落地瞬间需要克服的阻力在缓冲落地时是体重的3~4倍，在腿部关节僵硬时是体重的5~7倍。

专门针对落地的爆发力训练可以按照一种特定的方式进行，即逐渐增强腿部肌肉力量，使其达到远大于具体技术训练所能达到的力量。通过周期力量训练，我们还可以更出色、更迅速和更加连贯地训练落地爆发力。较强的力量意味着落地爆发力的增强。此外，通过专门针对落地的爆发力训练，尤其是离心训练，运动员可以形成爆发力储备，这是一种水平高于正确和受控落地所需爆发力的力量。爆发力储备水平越高，运动员就越容易控制落地的动作，并且落地时就越安全。

反应性爆发力是在落地后立即产生起跳力量的能力（因此采用了反应性一词；从科学上讲，这减少了耦联时间——从离心动作向向心动作过渡时所用的时间）。这种爆发力在武术、摔跤、拳击及美式橄榄球、足球、篮球、长曲棍球和网球等体育运动的快速变向中都是必不可少的。运动员进行反应性跳跃所需的力量取决于跳跃的高度和运动员的体重。一般，进行反应性跳跃需要的力量相当于运动员体重的6～8倍，从3英尺（1英尺≈0.3048米）高的平台上进行反应性跳跃需要的力量为运动员体重的8～10倍。

投掷爆发力指的是向器材施加力，例如掷足球、投棒球或者掷标枪。出手速度取决于出手瞬间所施加的力的大小。首先，运动员必须克服器材的惯性（这只在投掷类项目中很重要），且惯性与质量成正比。然后，他们必须在整个关节活动范围内不断地加速，这样他们在出手瞬间才能让器材达到最大速度。出手时的力量和加速度直接取决于施加在器材上的力和肌肉的收缩速度。

运动员在跳高项目中会力图使身体跃到最高点，以跳过横杆，或在某些球类项目中跳至最佳高度去接球或者扣球，因此起跳爆发力在这类项目中至关重要。跳跃的高度直接取决于运动员为了克服地心引力而施加在地面上的垂直力。在大部分情况下，运动员在起跳时施加的垂直力至少为体重的2倍。运动员跳得越高，其双腿就应当越强有力。腿部爆发力可通过周期力量训练来发展，第6～10章会详细讨论。

启动爆发力对需要强加速能力以在尽可能短的时间内跑过一两步距离的运动项目来说是必不可少的。运动员必须能够在肌肉收缩开始时产生最大力量来获得很高的初始加速度。从生理学上讲，这种能力取决于身体对任意运动单位的募集速度和力的产生速度（RFD）。运动员迅速克服体重和惯性的能力取决于运动员的相对力量（相对于体重的最大力量）和爆发力。因此，能否快速启动——要么从低位姿势开始，例如短跑；要么从美式橄榄球中的擒抱姿势开始——取决于运动员在启动瞬间的爆发力，当然还取决于其反应时间。

加速爆发力指的是迅速增加速度，从而达到最大速度的能力，该过程通常在6秒内完成。与速度一样，短跑加速取决于肌肉收缩的爆发力和速度，以促使双臂和双腿达到最高的摆动频率、双脚触地时实现最短的接触时间以及腿部蹬地以用力地向前推动时得到最大的推力。研究表明，发力阶段的地面反作用力是实现高速运动的重要变量（Weyand et al., 2000; Kyröläinen et al., 2001; Belli et al., 2002; Kyröläinen et al., 2005; Nummela et al., 2007; Brughelli et al., 2011; Morin, 2011; Morin et al., 2012; Kawamori et al., 2013）。换言之，运动员的加速能力取决于其手臂和腿部的力量。专门针对高加速度的力量训练会使大部分集体项目的运动员受益，如美式橄榄球的外接手、橄榄球的边锋或足球的中锋等（见表1.3）。

减速爆发力在诸如足球、篮球、美式橄榄球、冰球和草地曲棍球等项目中发挥着重要的作用。在这些项目中，运动员要快速地跑动，并且不断地迅速改变方向。这类运动员是爆发

表1.3 专项体育运动或项目及其所需的力量类型

体育运动或项目	所需的力量类型
田径运动	
短距离冲刺	反应性爆发力、启动爆发力和加速爆发力及爆发力耐力
长距离冲刺	加速爆发力和短时间肌肉耐力
中距离赛跑	加速爆发力和中等时间肌肉耐力
长距离赛跑	长时间肌肉耐力
跳远	加速爆发力、起跳爆发力和反应性爆发力
三级跳远	加速爆发力、反应性爆发力和起跳爆发力
跳高	起跳爆发力和反应性爆发力
投掷	投掷爆发力和反应性爆发力
棒球	投掷爆发力和加速爆发力
篮球	起跳爆发力、爆发力耐力、加速爆发力和减速爆发力
冬季两项	长时间肌肉耐力
拳击	爆发力耐力、反应性爆发力、中等时间肌肉耐力和长时间肌肉耐力
皮划艇	
500米	短时间肌肉耐力、加速爆发力和启动爆发力
1000米	中等时间肌肉耐力、加速爆发力和启动爆发力
10 000米	长时间肌肉耐力
板球	投掷爆发力和加速爆发力
自行车	
赛道，200米	加速爆发力和反应性爆发力
4000米争先赛	中等时间肌肉耐力和加速爆发力
公路赛	长时间肌肉耐力
跳水	起跳爆发力和反应性爆发力
马术	中等时间肌肉耐力
击剑	反应性爆发力和爆发力耐力
草地曲棍球	加速爆发力、减速爆发力和中等时间肌肉耐力
花样滑冰	起跳爆发力、落地爆发力及爆发力耐力
美式橄榄球	
边锋	启动爆发力和反应性爆发力
后卫、四分位、跑卫和内接手	启动爆发力、加速爆发力和反应性爆发力
外接手、防守后卫和尾后卫	加速爆发力、反应性爆发力和启动爆发力
澳式足球	加速爆发力、起跳爆发力、落地爆发力、短时间肌肉耐力和中等时间肌肉耐力
体操	反应性爆发力、起跳爆发力和落地爆发力
欧式手球	投掷爆发力、加速爆发力和减速爆发力
冰球	加速爆发力和减速爆发力及爆发力耐力

续表

体育运动或项目	所需的力量类型
武术	启动爆发力、反应性爆发力和爆发力耐力
竞技性艺术体操	反应性爆发力、起跳爆发力和短时间肌肉耐力
划船	中等时间肌肉耐力、长时间肌肉耐力和启动爆发力
橄榄球	加速爆发力、启动爆发力和中等时间肌肉耐力
帆船	长时间肌肉耐力和爆发力耐力
射击	长时间肌肉耐力和爆发力耐力
滑雪	
高山	反应性爆发力和短时间肌肉耐力
北欧式	长时间肌肉耐力和爆发力耐力
足球	
拖后中卫和后卫	反应性爆发力、加速爆发力和减速爆发力
中场球员	加速爆发力、减速爆发力和中等时间肌肉耐力
前锋	加速爆发力、减速爆发力和反应性爆发力
速滑	
短距离	启动爆发力、加速爆发力和短时间肌肉耐力
中距离	中等时间肌肉耐力和爆发力耐力
长距离	长时间肌肉耐力
壁球和手球	反应性爆发力和爆发力耐力
游泳	
短距离	启动爆发力、加速爆发力和短时间肌肉耐力
中等距离	中等时间肌肉耐力和爆发力耐力
长距离	长时间肌肉耐力
花样游泳	中等时间肌肉耐力和爆发力耐力
网球	爆发力耐力、反应性爆发力、加速爆发力和加速爆发力
排球	反应性爆发力、爆发力耐力和投掷爆发力
水球	中等时间肌肉耐力、加速爆发力和投掷爆发力
摔跤	爆发力耐力、反应性爆发力和中等时间肌肉耐力

型选手、加速型选手和减速型选手。这些比赛中的运动员的运动状态会突然发生改变：沿着一个方向跑动的运动员必须突然在损失最少速度的前提下改变方向，然后向另一个方向迅速加速。

　　加速和减速都需要大量的腿部和肩部爆发力。用于加速的肌肉（股四头肌、腘绳肌和小腿肌群）也用于减速，只不过它们在减速时是离心收缩。为了增强减速和向另一个方向迅速加速的能力，运动员必须训练减速爆发力。

第2章

力量训练的神经肌肉适应

　　为了提升运动员的力量表现，教练们必须理解力量训练背后的科学原理，以及解剖学和生理学与人体运动的关系。更加具体地讲，他们需要理解肌肉收缩和肌丝滑行理论（会在本章加以讨论），并且了解肌肉收缩速度与负荷的关系以及为什么肌肉收缩开始时的力要大于肌肉收缩结束时的力。类似地，如果他们理解了肌纤维的类型，并且认识到了遗传所发挥的作用，那么他们便会理解，在某些项目（如速度、爆发力或耐力型）中，为什么有些运动员比其他运动员更加优秀。遗憾的是，虽然这类知识对有效的训练来说很有价值，但是许多教练和运动员并不会阅读学术性的生理学文章或者其他富含科学方法的书籍。本书会简单明了地解释力量训练的科学基础。

　　理解肌肉适应及其对负荷和训练方法的依赖性会让人更易于掌握为什么某种类型的负荷、练习或者训练方法对于某些运动项目而言是首选，对其他项目却不是。力量训练的成功取决于教练和运动员对用于竞技体育的力量类型及其发展方式的了解，以及对最适合专项运动项目的训练方法的了解。这种了解会帮助教练和运动员更快、更容易地理解周期力量训练的概念，并且会让运动员快速提升力量表现。

身体结构

人体是围绕骨架建立起来的。两块或者更多块骨骼的连接构成了关节，关节由紧致的结缔组织结合在一起，这种结缔组织被称作韧带。人体的骨骼框架被600多块肌肉覆盖，这些肌肉大约占总体重的40%。肌肉的两端通过致密的结缔组织连接在骨骼上面，这种结缔组织被称作肌腱。肌腱将肌肉上的张力引导到骨骼上：张力越大，肌腱上的拉力越大，因此，肢体运动就越强有力。

本书提出的力量训练在不断地挑战人体的神经肌肉系统，因为训练量和训练类型会引起生理适应性，从而会为运动产生更多的力量和爆发力。我们的身体具有很强的可塑性，它们会适应施加于它们的刺激。如果采用了适宜的刺激，我们便会得到最佳的生理学表现。

肌肉结构

肌肉是一种复杂的结构，它让运动得以实现。肌肉由肌节组成，肌节包含按以特定方式排列的收缩蛋白——肌球蛋白（构成粗肌丝）和肌动蛋白（构成细肌丝）——它们在肌肉收缩中发挥着重要的作用。肌节是一个肌纤维收缩单元，并且由肌球蛋白和肌动蛋白组成。

除了这些基本要素，肌肉的收缩能力和发力能力具体取决于其构造、横截面积以及肌肉内的肌纤维的长度和数量。肌纤维的数量由遗传因素决定，并且不受训练的影响；然而，其他变量会受到训练的影响。例如，最大力量负荷的训练会增加肌球蛋白的数量和粗细程度以及横桥的数量。肌球蛋白增粗会直接增大肌肉和增强其收缩的力量，这最终会增强运动员的敏捷性和爆发力。

我们的身体包含不同类型的肌纤维，每个肌纤维由一个运动单位管控。总而言之，我们拥有数千个运动单位，它们包含了数十万根肌纤维。每个运动单位包含成百上千根肌纤维，在被募集之前，它们处于休眠状态。运动单位控制着从属于它的肌纤维，并且通过全有或全无定律来控制它们的动作。因此，当运动单位受到刺激时：冲动要么被完全传递到相应的肌纤维上，从而引发从属于它的所有肌纤维产生动作；要么完全不传递。

不同的运动单位会对不同的训练负荷和方法做出响应。例如，运动员在用单次重复最大负荷（1RM）的60%进行卧推时会募集某类运动单位（Ⅰ型纤维和Ⅱ型纤维），而只有当本着让其获得最大加速度的目的，或者将训练组执行到力竭时，才能用相同的负荷募集较大的运动单位（Ⅱx型）。在后一种情况中，快肌运动单位被募集，以维持力量输出，但是它会以较低的放电频率发生在强糖酵解环境中，以及以较低的角速度出现。执行到力竭的训练组可以反映快缩型肌纤维的所有这些特征，例如对于肌肉肥大方法，解释了肌球蛋白重链从Ⅱx型向Ⅱa型的生理学转变，这是力量训练会减缓运动员发展速度这种想法产生的基础。当运动员像健身人士那样训练时，情况确实是这样。当采用了较大负荷训练时，例如采用最大力量训练，大部分快缩型肌纤维在训练组开始时就会被募集。由于运动单位是否被募集取决于训练负荷和训练方法，所以教练在制订计划时，应当以实现主动肌、执行一个动作的主要收缩肌肉以及主导所选专项运动的肌纤维的激活和适应为重点。例如，针对短跑和田赛（如掷铅球）的训练应当使用大负荷来促进最优速度和爆发性表现所需的力量的发展。

肌纤维具有不同的生物化学（代谢）动能。具体来讲，有些肌纤维在生理学上更加适合在有氧情况下工作，而有些肌纤维在无氧情况下会工作得更出色。依赖和利用氧气来产生能量的肌纤维被分为有氧纤维、Ⅰ型纤维、红肌纤维，统称慢缩型肌纤维。不需要氧气的肌纤维被分为无氧纤维、Ⅱ型纤维、白肌纤维，统称快缩型肌纤维。快缩型肌纤维进一步被划分为Ⅱa型和Ⅱx型［有时称作Ⅱb型，不过Ⅱb表型在人体中实际上不存在（Harrison et al., 2011）］。慢缩型肌纤维和快缩型肌纤维的占比相对均等。然而，根据功能的不同，一些肌肉或肌群（如腘绳肌和肱二头肌）似乎具有更高的快缩型肌纤维占比，而另一些肌肉或肌群（如比目鱼肌）则具有更高的慢缩型肌纤维占比。表2.1对快缩型肌纤维和慢缩型肌纤维的特征进行了对比。

这些特征会受到训练的影响。由丹麦研究人员安德森（Anderson, 2010）和埃格德（Aagaard, 2011）开展的研究表明，当承受大量训练或者进行产生乳酸的训练时，Ⅱx型纤维会产生Ⅱa型纤维的特征，即这些纤维的肌球蛋白重链在处理此类训练时会变得更慢且更加有效。这种改变可以通过减少训练量（减量）来逆转，由此Ⅱx型纤维会还原出作为快缩型肌纤维时所具有的原始特征（Andersen and Aagaard, 2000）。拉伸训练也会增加肌纤维的大小，从而使其产生更大的力量。

快缩型肌纤维运动单位的收缩要比慢缩型肌纤维运动单位的收缩更快、更强有力。因此，在优秀的速度和爆发力类运动项目的运动员身上，快缩型肌纤维的占比通常较高，但是他们也会更快地疲劳。相比之下，拥有更多慢缩型肌纤维的运动员在耐力型运动项目中更加成功，因为它们能够较长时间地执行较低强度的工作。

肌纤维的募集遵循大小原则，这也被称作亨尼曼大小原则。该原则认为，运动单位和肌

表2.1 快缩型肌纤维和慢缩型肌纤维的特征的比较

快缩型肌纤维	慢缩型肌纤维
无氧纤维、Ⅱ型纤维或白肌纤维	有氧纤维、Ⅰ型纤维或红肌纤维
• 疲劳速度快	• 疲劳速度慢
• 拥有较大的神经细胞——支配300~500根肌纤维（或更多）	• 拥有较小的神经细胞——支配10~180根肌纤维
• 能够短时间、有力地收缩	• 能够长时间、不间断地收缩
• 用于速度和爆发力	• 用于耐力
• 只在高强度工作期间被募集	• 在低强度工作期间和高强度工作的早期阶段被募集

纤维按照从最小到最大的顺序被募集，且总是先从慢缩型肌纤维开始。如果负荷是中低强度的，那么慢缩型肌纤维被募集，并且作为主力；如果采用了大负荷，那么慢缩型肌纤维开始收缩，而快缩型肌纤维会迅速占据主导地位。

此外，快缩型肌纤维和慢缩型肌纤维的募集还取决于训练中所用的负荷（见图2.1）：负荷越大，快缩型肌纤维被募集（在动作中被涉及）得就越多，用以克服阻力。

在不同的运动员身上，我们可以观察到肌纤维类型分布存在差异。为了说明这一点，图2.2和图2.3分别提供了男性运动员和女性运动员在专项运动中快缩型肌纤维和慢缩型肌纤维的占比情况。例如，图2.2中，短跑运动员和马拉松运动

员之间的巨大差异清晰表明，运动员在某些项目上的成功至少在一定程度上取决于他的肌纤维占比情况。

运动员产生的峰值爆发力也与肌纤维的占

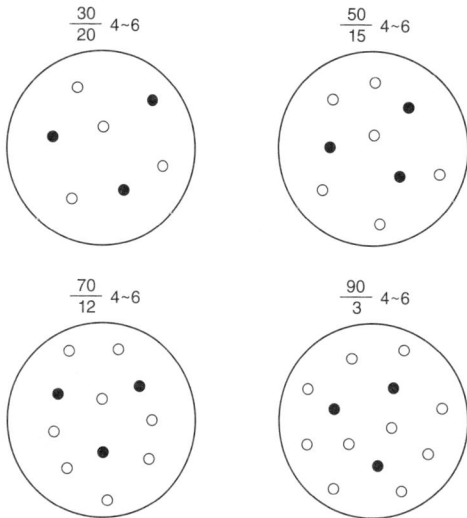

慢缩型肌纤维的占比 /%
100 90 80 70 60 50 40 30 20 10 0

马拉松运动员
游泳运动员
长跑运动员
速滑运动员
定向越野运动员
越野滑雪运动员
北欧式滑雪运动员
高山滑雪运动员
冰球运动员
竞走运动员
皮划艇运动员
自行车运动员
标枪运动员
跑步运动员（800米）
速降滑雪运动员
未经训练的对象
举重运动员
铅球/铁饼运动员
短跑运动员
跳跃运动员

0 10 20 30 40 50 60 70 80 90 100
快缩型肌纤维的占比 /%

图2.2 男性运动员和未经训练的对象的肌纤维类型分布。注意慢缩型肌纤维在有氧主导型项目的运动员身上的主导性，以及快缩型肌纤维在速度和爆发力主导型项目的运动员身上的主导性

数据源自：D.L. Costill, J. Daniels, W. Evans, W. Fink, G. Krahenbuhl and B. Saltin, "Skeletal Muscle Enzymes and Fiber Composition in Male and Female Track Athletes," *Journal of Applied Physiology* 40, no.2 (1976): 149-154 and P.D. Gollnick, R.B. Armstrong, C.W. Saubert, K. Piehl and B. Saltin, "Enzyme Activity and Fiber Composition in Skeletal Muscle of Untrained and Trained Men," *Journal of Applied Physiology* 33, no.3 (1972): 312-319.

$\frac{30}{20}$ 4~6　　$\frac{50}{15}$ 4~6

$\frac{70}{12}$ 4~6　　$\frac{90}{3}$ 4~6

译者注：30代表最大负荷的强度，20代表每组的重复次数，4~6代表组数，余类推。

图2.1 针对4种训练负荷的慢缩型肌纤维和快缩型肌纤维的募集类型说明

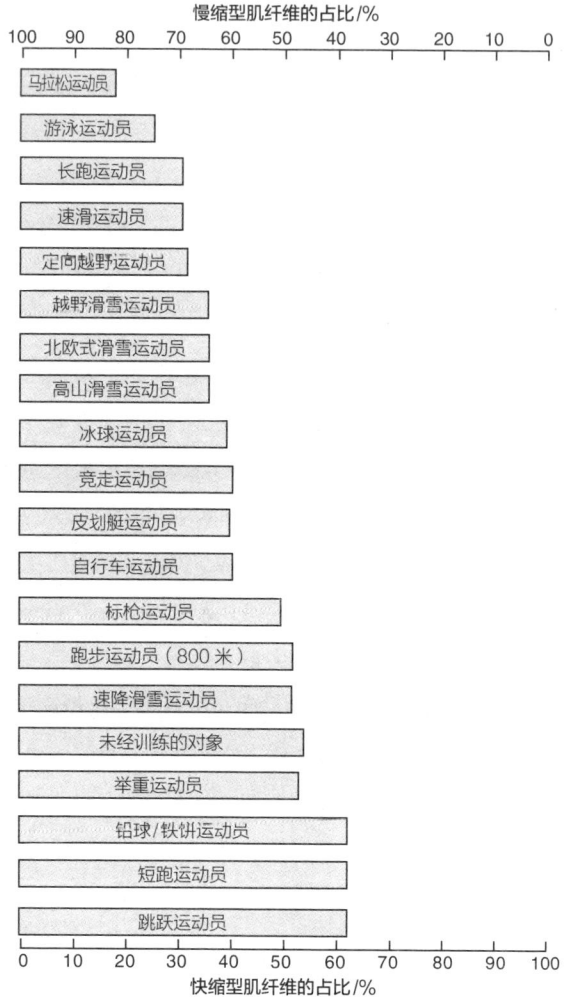

慢缩型肌纤维的占比/%

100 90 80 70 60 50 40 30 20 10 0

跑步运动员（800米）

越野滑雪运动员

自行车运动员

铅球/铁饼运动员

未经训练的对象

跳远/跳高运动员

标枪运动员

短跑运动员

0 10 20 30 40 50 60 70 80 90 100

快缩型肌纤维的占比/%

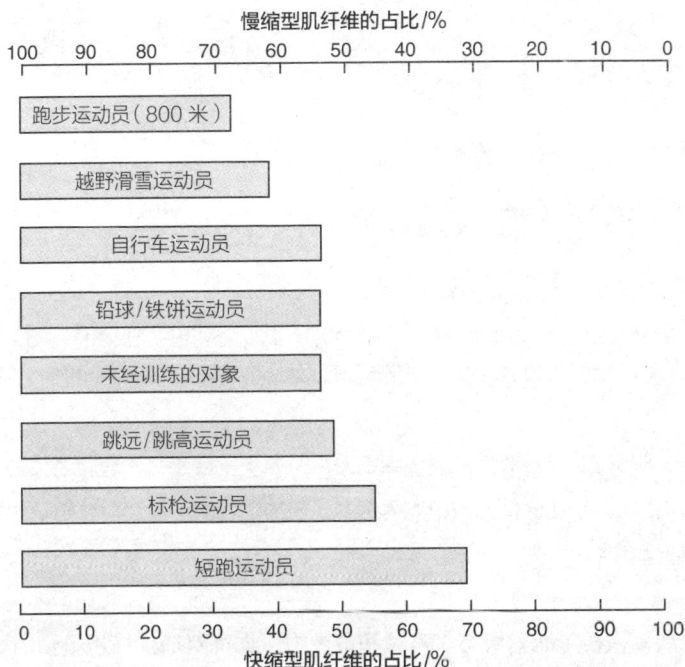

图2.3 女性运动员和未经训练的对象的肌纤维类型分布

数据源自：D.L. Costill, J. Daniels, W. Evans, W. Fink, G. Krahenbuhl and B. Saltin, "Skeletal Muscle Enzymes and Fiber Composition in Male and Female Track Athletes," *Journal of Applied Physiology* 40, no.2 (1976): 149-154 and P.D. Gollnick, R.B. Armstrong, C.W. Saubert, K. Piehl and B. Saltin, "Enzyme Activity and Fiber Composition in Skeletal Muscle of Untrained and Trained Men," *Journal of Applied Physiology* 33, no.3 (1972): 312-319.

比情况有关——快缩型肌纤维的占比越高，运动员产生的爆发力就越大。快缩型肌纤维的占比还与速度有关——运动员表现出来的速度越快，他的快缩型肌纤维占比就越高。拥有这种天赋的个体应当被引导至参与速度和爆发力占主导地位的运动项目，例如田径运动、集体项目、球拍类项目以及格斗类项目。如果教练试图让他们成为其他运动项目的运动员，如长跑运动员，就会浪费他们的天赋——因为他们只会在其中取得中等程度的成功，但他们会在速度和爆发力占主导地位的运动项目中表现超群。

肌肉收缩的机制

肌肉收缩源自一系列涉及被称为肌球蛋白（构成粗肌丝）和肌动蛋白（构成细肌丝）的两种蛋白的运动。如图2.4（a）所示，肌球蛋白包含横桥——伸向肌动蛋白的微小延伸。当肌球蛋白头部接触到肌动蛋白时，收缩激活便开始了，并且肌球蛋白和肌动蛋白开始结合在一起，从而使肌肉收缩。收缩激活会刺激整根肌纤维，从而产生让肌动蛋白与肌球蛋白横桥结合的化学物质。肌球蛋白和肌动蛋白通过横桥结合在一起后会释放能量，从而导致横桥旋转，继而沿着肌动蛋白拉动或者滑移肌球蛋白。这种拉动或滑移运动会导致肌肉收缩，从而产生力量。

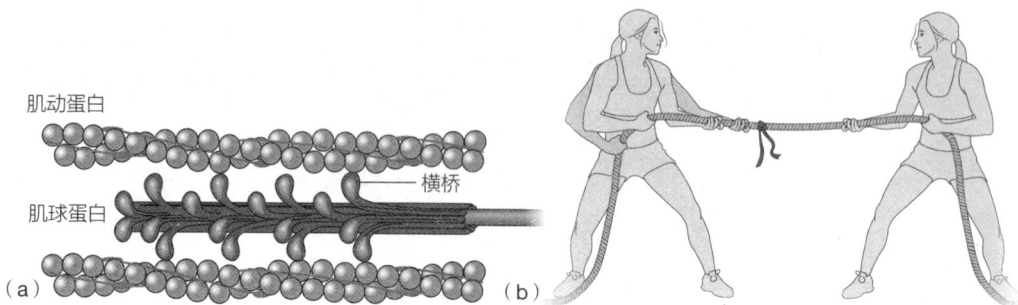

图2.4　肌肉收缩的横桥理论。肌肉的收缩单元。（a）肌动蛋白和肌球蛋白及其横桥。（b）两名运动员拉一根绳子。左边的运动员接受过最大力量训练，因而拥有较多的横桥（拉绳子的"手臂"更多）

　　肌球蛋白越粗并且横桥数量越多，结合力（拉力）就会越大。只有最大力量训练能让肌球蛋白变得更粗，并让横桥的数量变得更多。更加强壮的运动员总是更具爆发力、更加灵敏和更加快速。

　　为了直观展示横桥（肌丝滑行）理论和最大力量训练对增加横桥数量的好处，可参考图2.4（b）：与右边的运动员相反，左边的运动员接受过最大力量训练，从而拥有更多的"手臂"（横桥）来拉绳子。我们很容易就能够预测谁是赢家。

　　前面描述的肌丝滑行理论概括了肌肉是如何发力的。该理论涉及许多促成有效肌肉收缩的机制。例如，存储弹性势能的释放和反射适应对于最优化竞技表现来说至关重要，但是只有当在训练中采用了合适的刺激时，这些适应才会发生。例如，运动员利用存储的弹性势能来跳得更高或者将铅球推得更远的能力可以通过爆发性的动作得到优化，例如爆发力训练（药球投掷或快速伸缩复合训练）中所用的动作。

　　作为发力的关键要素，当存在神经刺激（电脉冲），肌纤维被刺激，钙元素被释放到肌肉细胞中，从而让肌球蛋白和肌动蛋白结合在一起（肌球蛋白的横桥拉拽肌动蛋白来启动收缩），并且能量（ATP）可以用来维持工作（收缩本身）时，肌肉收缩才会出现。

　　然而，肌肉的收缩部分（肌纤维）无法有效地将能量转移到运动中，除非运动员也强化了其胶原结构，例如韧带和肌腱。鉴于该原因，运动员要想使身体承受为了最优化肌肉的弹性而必须承受的力量和冲击，那么解剖学适应必须先于爆发力训练。

　　反射是由外界刺激导致的非随意肌肉收缩（Latash, 1998）。控制反射的两个主要部分是肌梭和高尔基腱器。肌梭（检测肌肉长度变化的牵张感受器）会对肌肉牵张的幅度和速度做出响应（Brooks, Fahey and White, 1996），而高尔基腱器［检测肌肉和肌腱连接处肌肉变化的牵张感受器（Latash, 1998）〕会对肌肉张力做出响应。当肌肉上产生高度的张力或压力时，肌梭和高尔基腱器会非随意地放松肌肉（抑制性反应），以让其免受伤害。

当这些抑制性反应减少时，运动员的竞技表现就会得到提升。达到这一目的的唯一方法是让身体进行适应，以承受较大的张力，提高反射激活的阈值。这种适应可以通过最大力量训练来实现，并应采用越来越大的负荷（高达90%1RM或者更多），从而通过不断募集数量更多的快缩型肌纤维，让神经系统承受更大的张力。快缩型肌纤维拥有更多的蛋白质，这有助于横桥循环移动和力的产生。

所有的运动动作都遵循一种被称作拉长-缩短周期的运动模式，其可分为3种主要的收缩类型：离心（伸长）、等长（静态）和向心（缩短）。例如，为了跳起和拦截扣球而迅速下蹲的排球运动员就完成了一个拉长-缩短周期。对于将杠铃落到胸部，并通过伸展双臂迅速产生爆发力的运动员来说也是如此。为了充分利用拉长-缩短周期的生理学价值，肌肉必须迅速地由拉长变为缩短（Schmidtbleicher, 1992）。

当影响拉长-缩短周期的所有复杂因素都参与动作时，肌肉潜力才能被最优化。只有当神经肌肉系统按照合适的顺序被有策略地激活时，所有因素的影响才可以用来强化表现。为了实现该目标，周期力量训练计划中应包含人体机能生成阶段的规划（涉及所选运动项目的

运动员产生的峰值爆发力取决于他的肌纤维占比情况：快缩型肌纤维越多，其峰值爆发力就越大

生理学组成，例如能量系统对最终表现的贡献占比）。一旦理解了机能生成阶段，便可以按照顺序和逐步的方法计划训练阶段，以将积极的神经肌肉适应转换为实用的人体运动表现。了解应用人体生理学，并为每个阶段都设置一个简明的目标，有助于教练和运动员将生理学原则整合到运动专项训练之中。

重申一次，身体的肌肉骨骼框架是通过关节处的韧带彼此连接在一起的。横跨这些关节的肌肉为身体动作提供力量。然而，骨骼肌并不会彼此独立地收缩。相反，正如下文将讨论的，发挥不同作用的若干块肌肉会围绕着某个关节进行运动。主动肌或者协同肌是协作进行某项运动的肌肉。在运动期间，拮抗肌的作用与主动肌相反。在大部分情况下，尤其在有经验的运动员身上，拮抗肌会放松，从而轻松地进行运动。由于竞技动作直接受到主动肌群和拮抗肌群之间相互作用的影响，所以两种肌群之间的不协调可能会导致动作生涩或者僵硬。通过专注于放松拮抗肌，肌肉收缩的流畅性可以得到改善。教练可以利用技术训练来教运动员如何及何时放松或者收缩特定肌群，以使动作更加流畅。

鉴于该原因，共同收缩（主动肌和拮抗肌同时激活以稳定关节）只有在损伤康复的早期才是可取的。相反，健康的运动员，尤其是爆发力类项目的运动员，不应当进行会引起共同收缩的练习（如在不平衡的表面或者平衡板等上面的练习）。例如，精英短跑运动员的一个显著特征是，在跨步循环的每个阶段，其拮抗肌的肌电活动水平非常低（Wysotchin, 1976; Wiemann and Tidow, 1995）。

主动肌是主要负责产生关节动作的肌肉，这种关节动作是综合力量动作或技术动作的一部分。例如，在肘关节屈曲期间（肱二头肌弯举），主动肌是肱二头肌，而肱三头肌充当拮抗肌，并且应当处于放松状态来促成较为流畅的动作。此外，稳定肌或者固定肌通常是较小的肌肉，它们通过等长收缩来固定骨骼，使得主动肌拥有施加拉力的稳固基础。其他肢体的肌肉可能也会发挥作用，充当稳定肌，以便主动肌收缩，从而完成相应动作。例如，当柔道运动员将对手拉向自己并抱住他时，其背部、腿部和腹部的肌肉都会等长地收缩，以为肘部屈曲（肱二头肌）、肩膀伸展（三角肌后束）和肩胛骨内收和下降（斜方肌和背阔肌）的动作提供稳定的基础。

力量的类型及其训练意义

训练会涉及各种类型的力量，每种力量对于某些运动和运动员来说都具有重要的意义。我们可以从力量的性质、力-时间曲线、肌肉动作、力量与运动员的体重的关系以及力量的专项程度等方面区分力量类型，本节还介绍了力量储备、力量训练和神经肌肉适应的内容。

力量的性质

力量训练的预期效应总是属于以下3种性质或者其中之一：最大力量、爆发力和肌肉耐力。

最大力量

最大力量是神经肌肉系统在收缩期间可以产生的最大力量。最大力量会通过结构适应（肌肉肥大）并且主要是神经肌肉适应（主要形式是肌肉间和肌肉内协调性的改善）的组合得到提高。最大力量也指运动员在一次尝试中可以举起的最大负荷，并且表示为100%的最大力量或者1RM。出于训练的目的，运动员必须知道他们在最重要（最基础）的练习（主动肌）上的最大力量，因为它为计算训练负荷提供了基础。

爆发力

爆发力是做功的速率，或者爆发力等于力量和速度的乘积（$P=F \times V$），它的单位是瓦。在力量训练中，爆发力指在最短的时间内产生最大力量的能力。尽管爆发力才是科学的术语，但是有些人会错误地使用"速度－力量"。力量举中的运动员能在没有时间限制的前提下展现（最大）力量；与之不同的是，其他所有项目中的运动员在尽可能展现最大力量的时候都面临着时间限制，如个人和集体项目中跑动的运动员足部触地（蹬地发力以克服重力）、格斗项目的出拳和踢腿，以及棒球比赛中的挥拍和抛球。爆发力可以通过增强迅速发力的能力，从而募集更多的运动单位或者以更高的活跃运动单位激发率来增强。只有在最大力量训练阶段之后使用专项训练方法才能最大限度地发展爆发力。

肌肉耐力

肌肉耐力是肌肉长时间持续做功的能力。大部分运动项目都会涉及肌肉耐力，肌肉耐力方法针对体育运动中特有的神经和代谢两方面。我们区分了4种类型的运动专项肌肉耐力。

（1）爆发力耐力（糖酵解爆发力）：10～15秒。

（2）短时间的肌肉耐力，或者糖酵解能力：30～120秒，通常伴有不完全的休息。

（3）中等时间的肌肉耐力，或者有氧耐力：2～8分钟。

（4）长时间的肌肉耐力：8～60分钟或者更久。

力－时间曲线

如果分析力－时间曲线（见图2.5），我们可以区分出以下力量类型：启动力量、爆发性力量（力的生成速度）、爆发力（启动力量加上爆发性力量）和最大力量。

启动力量

启动力量出现在向心动作开始的时候，并且通常以50毫秒为单位计算。它的水平取决于运动员在运动开始时主动募集尽可能多的运动单位的能力（即肌肉内协调性）。

力（F）/牛

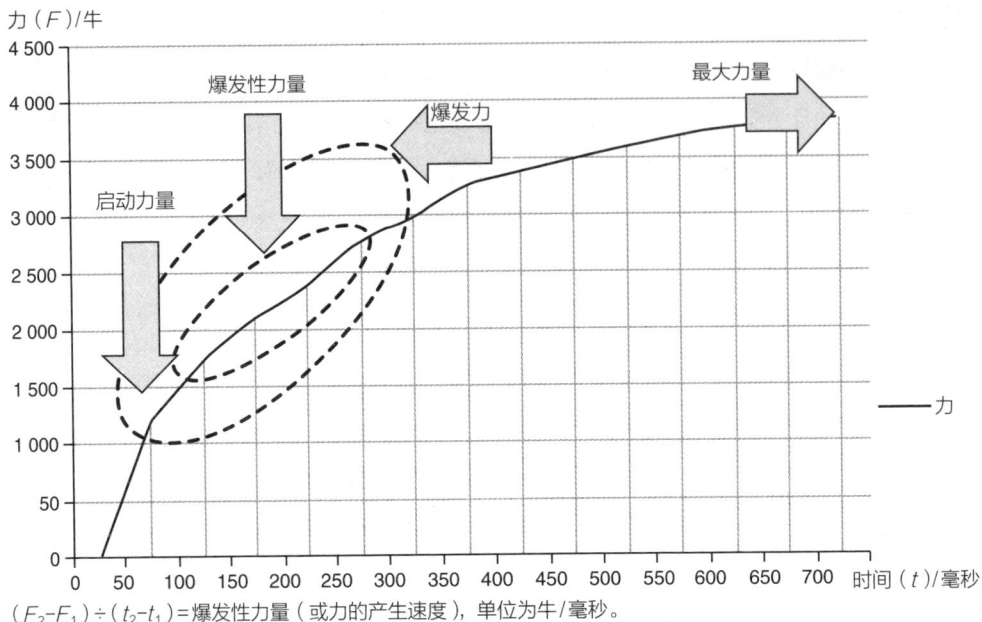

（F_2-F_1）÷（t_2-t_1）=爆发性力量（或力的产生速度），单位为牛/毫秒。

图2.5　力–时间曲线

爆发性力量

爆发性力量反映向心动作开始时力生成的速度。它的水平取决于运动员募集更多运动单位或者提高活跃运动单位激发率来增加力量输出的能力。

爆发力

启动力量和爆发性力量合在一起代表爆发力，或者按照其他作者的说法，是"速度–力量"。由于运动中可用的发力时间有限，所以运动员要想在运动中表现超群，需要高水平的爆发力。

最大力量

最大力量是运动员在某个动作中能使出的力量的最大值。

肌肉动作

根据肌肉动作，我们可以区分出3种类型的力量：向心力量、等长力量和离心力量。

向心力量

在向心动作中，肌肉在缩短的同时会产生力量，从而会在关节处产生运动。最大力量通常是指在离心动作之前或之后，运动员在一次尝试中按照向心方式所能举起的最大负荷（单次重复最大负荷）。对于向心力量，1RM代表100%的单次最大能力。

等长力量

在等长动作中，肌肉会在不缩短或拉长的前提下产生张力。这种情况出现在产生的力等于外界阻力，或者外界阻力固定不变的时候。在许多赛车运动、自行车越野赛、帆船和格斗类项目中，运动员都需要做出较多的主动肌等长动作。对这类动作的需求必须反映在运动员的力量训练计划中。等长力量要比向心力量高出20%。不同于其他与力量相关的动作，等长力量是按处于张力下的时间（以秒和分钟为单位）来评估的。

离心力量

在离心动作中，肌肉产生的张力小于外界阻力，所以肌肉会拉长。对于需要跳跃、冲刺以及变向的运动项目来说，高水平的离心力量是适用的，且离心力量要比向心力量高出40%（见图2.6）。例如，如果向心收缩的1RM是220磅，那么同一运动员进行离心收缩时可使用的负荷高达308磅。

力量类型	爆发力												
	周期	非周期											
	肌肉耐力												
	周期	非周期											
负荷	小				中等				大	最大	超大		
收缩的类型	向心										离心		
负荷的百分比/%	10	20	30	40	50	60	70	80	90	100	110	>120	130
重复次数/次			100~150	80~100	40~50	20~25	12~15	8~10	4~6		3~4	2~3	1

译者注：原书数据如此。

图2.6 在需要跳跃、冲刺以及变向的运动项目中，离心力量要比向心力量高出40%

力量与运动员的体重的关系

最大力量训练会引发神经肌肉适应。正如后续章节所描述的，负荷可以通过某种方式进行调整，如可以通过增加运动员的体重和力量，或者只增加运动员的力量，而维持体重不变。根据运动员的体重，我们划分出了两种类型的力量：绝对力量和相对力量。

绝对力量

绝对力量是运动员使出最大力量的能力，且它与体重无关。高水平的绝对力量是运动员在某些运动项目中表现超群所必需的——例如，美式橄榄球和橄榄球的边锋、田径运动中的大部分投掷项目以及举重和摔跤的最高重量级别。对于实施旨在增强绝对力量的训练计划的运动员而言，绝对力量的增强往往伴随着体重的增加。

相对力量

相对力量是最大力量与体重的比值。高水平的相对力量在体操、格斗类项目（如摔跤、拳击、柔道、巴西柔术和综合格斗）、需要经常变向的集体项目以及田径运动的短跑和跳跃项目中发挥着重要的作用。例如，体操运动员可能无法在吊环上做出十字支撑，除非所涉及的相对力量至少为1；换言之，运动员的最大力量必须至少足以抵消运动员的体重。当然，相对力量会随着运动员的体重的增加而发生变化——随着体重的增加，相对力量会减弱，除非最大力量也相应地增强。鉴于该原因，旨在增强相对力量的训练计划要通过引发对力量训练的神经肌肉适应，而不是通过增加肌肉围度和体重来实现目标。

力量的专项程度

根据力量训练计划中所用的训练方式和方法与体育运动在生物力学和生理学上的专项的相似程度，我们区分出了两种类型的力量：一般力量和专项力量。

一般力量

一般力量是整个力量训练计划的基础，并且应当是运动训练前几年的主要关注点。一般力量较弱可能会限制运动员的整体进步。它会导致身体易于损伤，甚至形成不对称的体形，或者减弱塑造肌肉力量的能力，并使得发展运动专项技能的能力变弱。

影响一般力量发展的因素包括解剖学适应、增肌和最大力量。解剖学适应专门用于发展整体核心力量，并通过肌腱的强化来实现肌肉平衡和损伤预防。顾名思义，解剖学适应会让身体为后续更为困难的训练阶段做好准备。由增肌训练引起的结构变化和由最大力量训练产生的神经肌肉适应则会使一般力量进一步增强。

专项力量

专项力量训练考虑了专项运动的特征，例如机能特征（能量系统）、动作平面、主动肌、关节活动范围以及肌肉动作。顾名思义，这种类型的力量专门针对专项运动，并且需要经过大量的分析。因此，比较不同专项运动所涉及的运动员的力量水平是不恰当的。所有精英运动员应从准备阶段结束时开始逐步纳入专项力量训练。

力量储备

力量储备是最大力量与在比赛情况下执行某项技能所需的力量之间的差值。例如，一项研究利用力量测量技术测量了划船运动员在比赛期间每次划桨时的平均力量，测量结果是123磅（Bompa et al., 1978）。据发现，该研究对象在高翻时拥有的绝对力量为198磅。用绝对力量（198磅）减去每场比赛所需的平均力量（123磅），结果表明其力量储备为75磅。换言之，该研究对象平均力量与绝对力量的比值大约为1∶1.6。

据发现，同一项研究中的其他研究对象拥有更高的力量储备，平均力量与绝对力量的比值约为1∶1.85。毋庸置疑，这些研究对象在划船比赛中表现得更加出色，这也支持了一个结论，即力量储备更高的运动员能够表现出更高的水平。因此，为了防止负面转化，体能教练应当每周对力量训练的时间和专项训练的时间进行合理规划，以使两者处于合适的比例，从而力争帮助运动员达到可能的最大力量水平。力量储备在有些运动项目中至关重要，例如投掷项目和用力量对抗外界阻力的运动项目，如游泳、皮划艇、最大速度类项目等。

力量训练和神经肌肉适应

系统的力量训练会让人体产生结构和功能上的变化或者适应。肌肉大小和力量可以反映适应水平。而适应水平又与训练量（数量）、强度（负荷）和训练频率对身体的要求成正比，也与身体对这些要求的适应能力成正比。训练要使身体合理地适应由体力训练的增加而产生的压力。换言之，如果身体接触的要求合理地高于它已经习惯了的要求，并且为接受训练的运动员的生理学系统给予了足够的恢复时间，那么运动员的身体会变得更强壮，以适应应激源。

直到几年之前，我们还坚信力量主要取决于肌肉的横截面积（CSA）。因此，负重训练被用来增加"引擎尺寸"——产生肌肉肥大。然而，尽管CSA是个人力量仅有的一个最佳预测因子（Lamb, 1984），但是自20世纪80年代以来的力量训练研究将关注点转移到了神经系统部分。实际上，21世纪初的一篇综述（Broughton, 2001）详尽地记录了神经系统在力量表现上的主要作用。

对力量训练的神经肌肉适应涉及抑制机制的抑制解除，以及肌肉内和肌肉间协调性的改善。抑制解除会影响以下方面。

- 高尔基腱器——位于肌肉和肌腱连接处的感觉接收器，它们所感知的肌肉由于缩短或被动拉伸而承受过多的张力时，则会引起反射性抑制。
- 闰绍细胞——存在于脊髓内的抑制性连接神经元（中间神经元），它们的作用是降低α型运动神经元的激发率，从而防止由强直性收缩引起的肌肉损坏。

- 脊髓上的抑制信号——来自大脑的有意识或无意识的抑制信号。

肌肉内协调性的组成部分是增强力量的决定因素，举例如下。

- 同步性——同时或者以最小的延迟（即延迟时间少于5毫秒）收缩运动单位的能力。尽管运动单位的同步性对肌肉施加的最大力量影响极小，但是它在力量的生成速度方面发挥着重要作用。

- 募集能力——同时募集运动单位的能力在速度和爆发力类项目中很重要，并且只能通过最大力量训练加以改善。因此，最大力量训练是发挥神经肌肉潜力，并且最终使运动员达到巅峰表现的决定性因素。

- 编码频率（或者放电速率）——指的是为了发出更多力量而提高激发率（运动单位放电速率）的能力。肌肉产生的力量取决于运动神经元的放电速率。放电速率的最小范围为每秒5~8个脉冲，最大范围为每秒20~60个脉冲或者更多（Enoka, 2015）。更强的发力能力会导致更高的放电速率。

只要确立了专项的动作模式（肌肉间协调性），肌肉内协调性的适应便可以很好地从一项练习转化至另一项练习。例如，通过最大力量训练发展出的运动单位的最大主动募集能力可以转化为运动专项技能，前提是运动员知道练习的技巧。最大力量训练的目标是改善主动肌的运动单位募集能力，而爆发力训练主要专注于提高放电速率。与普遍的观念相反，肌肉内协调性的两个方面——运动单位的募集能力和放电速率——在肌肉发力中发挥的作用要比同步性更大。

肌肉间协调性（即肌肉学习协同工作的能力）是指神经系统协调运动链上的各个环节，从而让动作更加有效的能力。随着时间推移及神经系统不断学习动作，相同的重量会募集越来越少的运动单位，这会让更多可用的运动单位被更大的重量募集（见图2.7）。因此，为了在长时间内增加特定练习中所举起的重量，对肌肉间协调性进行训练（技巧训练）是关键。

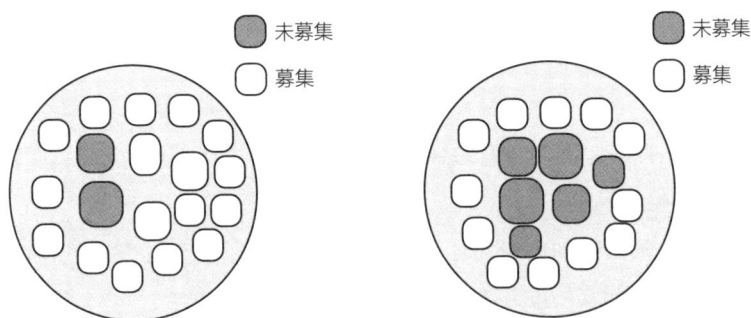

图2.7 随着时间的推移，针对肌肉间协调性的力量训练会使举起相同重量所必需且被募集的运动单位越来越少，从而让更多的运动单位来承担更大的负荷

虽然肌肉对训练的肌肉肥大响应是即时的（Ploutz et al., 1994），但是肌肉蛋白的堆积（增长）在6周或者更长时间之后才会变得明显（Moritani and deVries, 1979; Rasmussen and Phillips, 2003）。这些蛋白质代表了对所施加训练的专项适应性反应，它们会稳定已经实现的神经肌肉适应。这是阅读萨尔（Sale, 1986）的著名研究的方式，因为神经肌肉适应一旦发生，这些蛋白质既不会发挥出全部的潜力，也不会绝对稳定。因此，随着时间的推移，要增强运动员的力量，我们必须坚持改善这里所讨论的训练因素（见图2.8），对于肌肉间协调性来说尤其如此。这有助于在不断提高的系统效率和专项肌肉肥大的基础上，实现中长期的负荷增加。

当涉及制订最大力量训练计划时，我们应当谨慎地分析和利用与举重和力量举相关的信息。例如，举重运动员每天都会训练，通常每天要训练几次，有些举重运动员每年要训练6000～9000小时；但是其他运动项目的运动员可能只会为最大力量训练投入15%～20%的时间。不同运动项目的运动员具有不同的目标和不同的训练方法。在此期间，不同运动项目的运动员必须以循序渐进的方式提高最大力量，主要采用强度区间（见表2.2）3、2和1这样的顺序。大部分运动员必须在极短的时间和极少的训练次数内提高最大力量，这可能需要更高的平均训练强度。这就是在应用举重和力量举中的训练方法时我们应当小心谨慎的原因。

该领域的研究已经向我们表明，提高最大力量所必需的大部分神经肌肉适应涉及80%～90%的1RM，并且接近90%的1RM或者更大负荷（引起该强度区间特有的适应所必需的）的时间应当非常短。

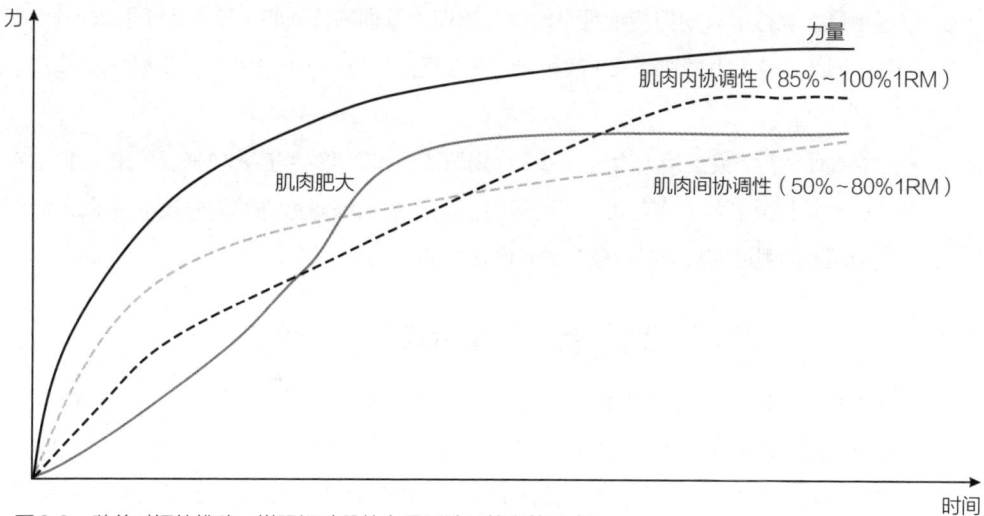

图2.8　随着时间的推移，增强运动员的力量所涉及的训练因素

表2.2　按照力量训练强度区间顺序进行的神经肌肉适应[*]

神经肌肉适应	强度区间（1RM的百分比）				
	5	4	3	2	1
肌肉内协调性：	40%~60%	60%~70%	70%~80%	80%~90%	90%~100%
• 同步性	****	***	***	***	****
• 募集能力	**	***	****	****	****
• 编码频率	****	***	***	***	****
肌肉间协调性	****	***	***	**	*
抑制机制的抑制解除	*	**	***	****	****
专项的肌肉肥大	*	**	****	****	**

适应刺激：****=非常高，***=高，**=中等，*=低。
所有负荷都应当符合负荷所允许的最具爆发性（并且技术正确）的向心动作。
[*]译者注：原书数据如此。

表2.2总结了每个强度区间的神经肌肉适应。从该表中，我们可了解到以下内容。

• 大部分肌肉内协调性增强涉及80%以上的负荷。

• 大部分肌肉间协调性增强涉及80%以下的负荷。

• 我们需要使用完整的强度区间来最大化神经肌肉适应，从而最大限度地发展最大力量。

考虑到训练方法，我们可以从该表中推断出以下观点。

• 在发展最大力量的时间有限的准备阶段，最大力量训练采用的平均强度会更高（80%~85%1RM）。这种方法通常在集体项目中使用。

• 如果在针对个人项目的准备阶段，发展最大力量的时间充足——尤其是当一个多年展望项目会取得中长期的持续进步时——周期力量训练计划将主要专注于肌肉间协调性。因此，最大力量训练采用的平均强度会更低（70%~80%1RM），而不会采用峰值强度。

• 尽管如此，为了发展最大力量，每个周期的计划在开始时强度都较低，每组力量训练下的重复数会更多（这有利于产生解剖学适应），并且这些训练都专注于技术，从而使得较高的强度随后会引起较强的肌肉张力。

提升竞技表现的神经肌肉策略

针对速度和爆发力类运动项目，人体——本书指的是神经肌肉系统——在按照教练制订的训练计划进行训练和重塑后，会按照某种方式产生适应和做出反应（见表2.3）。让神经肌肉系统以预期的方式产生适应和做出反应的动因是教练所用的训练方法以及按照年度计划中各训练阶段的具体需求对这些方法进行的计划。年度计划的目标是使运动员在年内主要比赛、联赛或者国际冠军赛期间的集体项目中达到最佳表现。为了实现这一目标，针对速度和爆发力类运动项目的周期力量训练必须由两个生理学阶段构成。

表2.3 速度和爆发力类运动项目的神经肌肉策略

训练阶段	准备阶段			比赛阶段	过渡阶段
神经肌肉策略	适应	增强快缩型肌纤维的募集能力	提高快缩型肌纤维的放电速率	维持募集或让快缩型肌纤维放电的能力	恢复或再生平衡发展
训练方法	解剖学适应训练	最大力量训练	爆发力和灵敏训练	维持最大力量的训练	解剖学适应训练

（1）通过最大力量训练增强快缩型肌纤维的募集能力。

（2）通过采用发展爆发力、最大速度、灵敏和敏捷性的最佳方法在主要比赛之前提高放电速率。

在第一阶段，目标可以通过较少的周数，最好是6周或者更长时间的最大力量训练来实现。正如前文所述，采用的负荷为80%~90%1RM的最大力量训练会使主动肌的募集能力增强，以在动作中增加最多数量的快缩型肌纤维。这种能力会转变为施加可能的最大力量，以克服阻力或者器材的重量。增强募集大量快缩型肌纤维的能力会促成第二阶段的成功。

肌肉激活向肌肉力量的转变被称作兴奋-收缩耦联（Enoka, 2015），其中，肌动蛋白和肌球蛋白的相互作用以及横桥所做的工作起决定性的作用。如果不先通过最大力量训练增强快缩型肌纤维的募集能力，那么就不可能实现较高的放电速率。这就是周期力量训练计划要遵循以下生理学顺序的原因：先进行最大力量训练，再进行爆发力、速度、灵敏和敏捷性训练。

在第二阶段，爆发力训练、速度训练以及灵敏训练都会训练神经肌肉系统，以提高放电速率，即让运动员具有快速且强有力运动或做出爆发性动作的能力，从而在年内主要比赛时达到最佳表现。

神经肌肉策略是周期力量训练的重要组成部分，是达到最佳表现的两个阶段的决定因素。如果不使用神经肌肉策略，高水平的表现就不可能实现。

第3章

体育运动中力量训练的
定律和原则

合理利用科学的定律和原则，能够尽可能地减少错误，提高训练质量。下文的力量训练的定律和原则构成了所有力量训练计划的基础。这些定律基于物理学定律，而原则概括了它们在力量训练计划中的实际应用。房子的坚固程度取决于它的地基，这些定律和原则可以用来共同培养强壮、柔韧且稳定的运动员，以维持竞技所需的能力。总的原则要根据运动员和运动项目的需要，最重要的是根据运动员个人的身体能力，调整计划来确保稳定和具体地增强力量和其他能力。

牛顿运动定律及其在力量训练中的应用

牛顿运动定律对于力量训练来说至关重要，并且不管运动员专项的生理学性质如何，这些定律都适用于所有的力量训练计划。我们会讨论每条定律的实际意义，这样做是为了表明这些定律的应用可以有效地帮助运动员变得更强、更快。

牛顿第一定律

牛顿第一定律也称惯性定律，该定律认为，静止的物体会保持静止状态，而运动的物体会保持运动状态。如果你想改变物体的状态，你就必须对其施加力。因此，如果运动员想在静止或者运动状态下改变位置，那么他必须施加力。通过施加向心力，运动员会移动得更快；或者施加离心力，以迅速地减速。在这两种情况下，运动员只有在蹬地发力的前提下，才有可能实现启动、减速停下或者方向改变（加速和减速）。

更加重要的是，只有当运动员施加额外的力时，加速度或者速度才有可能提高。力的增大同时会导致加速或减速能力的增强。运动员的质量（重量）决定了改变其状态所需的力的大小：较轻的运动员需要较小的力，而较重的运动员需要较大的力。

有些运动项目（如游泳或北欧式滑雪）的教练和运动员认为力量不是他们的运动专项所需要的。我们强烈反对该观点，这种观点既不能支持也不能反对物理学定律。

我们应知道以下观点是正确的。

- 如果你想跑得更快，那么要在蹬地时发出更大的力。
- 如果你想将物体扔得更远，那么要增强你的投掷力量。
- 如果你想在格斗类项目中击败对手，那么要增强你的力量。

牛顿第二定律

牛顿第二定律与改变速度的速率有关，因此也被称作运动定律。恒定的力总是会产生恒定的加速度。为了提高加速度，运动员要增强蹬地时施加的推力。

$$F = m \times a$$

力（F）等于质量（m）和加速度（a）的乘积。运动员对抗外界阻力所施加的力与其加速度成正比。重力、空气阻力（摩擦力）、对手和环境所带来的力——例如，水或地形特征（北欧式滑雪、山地自行车或者自行车越野赛中），是运动员为了实现最大速度必须克服的一些阻力。运动员可以按照与其力量，即与他对抗阻力所需施加的力的大小成正比的关系增加其体重。我们可考虑下面两种情况（Burkett, 2018）。

- 如果两名短跑运动员在相同的时间内施加相同的推力（蹬离地面），那么较轻的运动员的加速度更大。
- 如果两名短跑运动员具有相同的质量，那么在相同的时间段内施加更大的力的运动员的加速度更大。

加速度以米/秒^{2}为单位来衡量。但是当质量也是该方程的一部分时，最终的结果以牛为单位来衡量。因此，对于质量为100千克，以约10米/秒^{2}的（即重力加速度）加速度进行加速运动的运动员来说，他施加的力应为：

$$100千克 \times 10米/秒^2 = 1000牛$$

为了克服阻力，运动员必须增强自己的力量，最终才能够提高加速度。

记住：加速能力总是与运动员对抗阻力时施加的力成正比。如果你想更快地运动，那么你就必须增强你的力量，别无他法。要相信科学，而不要相信现代的所谓的大师。教练不能指望在不增强力量的情况下提高速度、加速度或改变方向，尤其是不增强最大力量。

冲量是源自牛顿第二定律的一个概念，它指的是在最短的时间内突然将力传递到运动器材上，例如将力传递到网球或足球上，或者在身体接触类项目中将力传递到对手身上。冲量可以改变物体的状态（如棒球中的击球或者网球中的发球），改变程度视运动员的力量而定。冲量的大小与运动员施加冲量的力成正比。而运动员施加冲量的力直接取决于其训练质量，尤其是他的最大力量和爆发力。如果涉及球拍、与对手进行身体接触或者集体项目等运动项目的运动员渴望提升在比赛中的表现，那么他们就需要增强自己的最大力量和爆发力。冲量越大，运动员的速度就越快，或者球飞过的距离就越远。

牛顿第三定律

牛顿第三定律也称作用与反作用定律，可以按照以下方式进行描述：参加赛跑的运动员在比赛开始时必须踩着起跑器并施加力以对抗重力。运动员施加的力越大，就越容易克服阻力（重力）。当运动员向起跑器施加力时，有一个大小相同但是方向相反的反作用力。

对于在水中或者水面上开展的运动项目——例如游泳、水球、划船，以及皮划艇——运动员或船会在力的作用下向前移动。运动员或船在水中向前移动时，运动员或船会对水产生力，水则会向运动员或船施加一个等大的反向力，这被称作阻力。在运动员或船在水中前进的过程中，阻力会减缓其向前运动或滑行的速度。为了克服阻力，运动员必须产生相等的力来维持速度，或产生更大的力来提高速度。

计算公式如下：

$$D \sim V^2$$

这意味着，阻力（D）与速度的平方（V^2）成正比。该计算公式不仅易于理解，而且更加易于应用。

在水上运动项目中，当运动员向水施力时，其速度就会增大。随着力的增加，运动员会移动得更快，但是随着速度的增大，阻力也与速度的平方成正比地增加。例如，假设运动员以每秒2米的速度游泳或者划船，则阻力（译者注：未计入重力加速度因素）为：

$$D \sim V^2 = 2^2 = 4 \, \text{千克}$$

换言之，运动员每次划水要施加4千克的拉力。为了更具竞争力，运动员必须游得或者划得更快，例如，每秒游或划3米，则阻力为：

$$D \sim V^2 = 3^2 = 9 \, \text{千克}$$

为了获得更快的速度，如每秒游或划4米，则阻力会增加至16千克。

当然，为了能够产生更大的拉力，运动员必须增强最大力量，因为如果不增加每个划水单元的力，身体就无法产生更快的速度。训练的意义显而易见：运动员不仅必须增强最大力量；教练也必须确保，在比赛持续的时间内，运动员在所有的划水动作中都施加几乎相同的力。这意味着，周期力量训练必须包含发展最大力量和肌肉耐力的训练阶段。

体育运动中力量训练原则精选

一套成功的力量训练计划应当应用一些具体的原则，这些原则可以在培养优秀运动员且使其免受损伤的同时，最大限度地发展运动员自身的能力和天赋。下面的原则对于年轻运动员和精英运动员来说都很重要。

发展关节灵活性

为了同时增强力量和关节灵活性（柔韧性），大部分力量训练的练习应当被用于整个关节活动范围，尤其是脚踝、膝盖、髋部和肩膀的活动范围。良好的关节灵活性可以防止出现拉伤、疼痛和应力性损伤。脚踝灵活性，尤其是背屈和跖屈动作（让脚趾靠近小腿，然后再远离小腿）中的脚踝灵活性，应当是初学者的主要关注点，也应当是足球、网球、武术及其他身体接触类项目的运动员的主要关注点。

大部分运动员开始关节灵活性训练的最佳时间是在青春期前期，以确保在竞技能力发展的后续阶段，他们只需要维持这种关节灵活性。当做深蹲时，如果存在脚踝、髋部尤其是膝盖灵活性不足的问题，那么运动员可能会感受到明显的张力，甚至是机械应力。足球是脚踝、膝盖和髋部柔韧性训练不足的体育运动之一。有些用于足球的练习涉及的关节活动范围远远不及运动员在比赛期间所需的关节活动范围，并且关节灵活性训练也远远满足不了这些需求。记住，较大的关节活动范围有助于预防腿部损伤。

许多改善关节灵活性的练习都是需要被动拉伸和本体感神经肌肉促进技术（PNF），后者是一种将被动（等长）拉伸和主动拉伸结合在一起的技术。（颈部和颞下颌关节区域的）筋膜放松会增强肌肉柔韧性和关节灵活性，而不会对表现产生负面影响（Sullivan et al., 2013; Healey et al., 2014）。实际上，为了实现巅峰表现，在赛前尤其是速度和爆发力类项目的赛前，运动员应当有筋膜放松的训练安排。

比赛期间所需的最大关节活动范围（ROM）应当是日常练习时的最低水平。

发展韧带和肌腱力量

肌肉力量的改善要快于韧带和肌腱力量的改善。许多训练专家和教练都忽略了韧带和肌腱的强化，因为他们误用了专项性原则或者缺乏远见。然而，大部分损伤并非出现在肌肉上，而是出现在肌肉和肌腱的连接处。原因是，如果没有适宜的解剖学适应，剧烈的力量训练会损伤韧带和肌腱。如果有了解剖学适应，韧带和肌腱就会变得结实。更加具体地讲，针对韧带和肌腱的训练会导致它们的直径变大，从而增强它们承受张力和撕扯的能力。

骨骼在关节处彼此相连时，由纤维蛋白和胶原蛋白组成的韧带发挥着重要的作用。胶原纤维按照不同的折叠程度进行排列，以帮助抵抗增加的负荷。韧带的力量直接取决于其横截面积。当过多的力量被引导至关节时，韧带可能会撕裂。在常规练习或者活动期间，韧带很容易被拉长，以让关节处的运动自然地发生。然而，当承受较大的负荷时，例如在比赛或训练中，韧带的刚度会提高，以限制关节处的过量运动。如果负荷过大，韧带无法承受应力，损伤就会出现。

预防此类损伤的最佳方式是恰当地训练身体，以应对机械应力。为了让韧带产生适应以应对机械应力，并为其提供足够的复原时间，运动员可以通过增加负荷和降低负荷的减负循环来训练自己，就像在解剖学适应阶段那样。逐步地增加训练负荷会改善韧带的黏弹性，从而让它们更好地适应高张力负荷，例如动态动作、最大力量训练和快速伸缩复合训练中所用的高张力负荷。

肌腱将肌肉连接在骨骼上面，并将力量从肌肉传递到骨骼，使运动发生。肌腱还会存储弹性势能，这对于任何爆发性动作来说都至关重要，例如快速伸缩复合训练和其他跳跃形式（拉长-缩短周期）中所用的爆发性动作。肌腱越强壮，其存储弹性势能的能力就越强。这就是强有力的肌腱是短跑运动员和跳高运动员的特征的原因。如果没有强有力的肌腱，他们就无法向骨骼施加巨大的力来克服重力。

韧带和肌腱都具有可训练性。它们的材料和结构特性会因训练而发生变化——厚度、力量和刚度甚至可因此提高或增强20%（Frank, 1996）。韧带和肌腱还能够愈合，不过愈合速度要慢于肌肉，鉴于较低的血管化程度，它们可能恢复不到损伤前的能力水平。

脑海中有了所有这些概念，训练——尤其是在解剖学适应阶段进行的训练——就可以被当作预防损伤的方法。如果韧带和肌腱的强化被打断，那么运动员肌腱传递力量的能力和韧带稳固关节解剖完整性的能力可能会减弱。类固醇的滥用会以牺牲韧带和肌腱的材料特性为代价来增强肌肉力量（Woo et al., 1994）。更通俗来讲，增强力量而没有相应地强化韧带和肌腱会导致有些运动员遭受韧带和肌腱损伤，如美式橄榄球运动员遭受的那样。

发展核心力量

手臂和腿部必须与躯干一样强壮。换句话说，发育不佳的躯干只能为用力工作的肢体提供软弱的支撑。因此，力量训练计划应当先强化核心肌群，然后专注于发展手臂和腿部肌肉。

核心肌群在跳跃、弹跳和快速伸缩复合训练期间的激活程度很高。它们会稳定身体，并充当腿部和手臂之间的纽带或者力量传递者。较弱的核心肌肉无法发挥这些至关重要的作用，只会限制运动员的表现。由于它们在身体姿势上所发挥的支撑作用，并且在手臂和腿部动作期间被持续激活，这些肌肉的大部分都由慢缩型肌纤维支配。它们不断地收缩（但是未必是动态地收缩），以为其他肌肉的动作创造坚实的支撑基础。

许多人都抱怨有腰背痛的问题，却几乎不去解决它们。防止腰背问题的最佳办法是拥有良好的腹部和背部肌肉。教练和运动员不应当忽略身体的这一部位。同时，尽管核心力量训练目前被吹捧为一种新的潮流，并且伴随着新型练习，但事实上，其中一些练习并没有用处，甚至是危险的。本部分提出了我们对核心力量训练所持的观点。我们认为，过度关注核心力量并不能促进成绩提高，反而只会分散运动员进行一系列不可或缺的训练的注意力——这些训练才是提高成绩的主要推动者。

腹部和背部肌肉包围着身体的核心区域，并以沿着不同方向排布的肌肉束作为紧致、有力的支撑结构。如果腹部肌肉训练不足，人体在脊柱的腰椎区域就会出现骨盆前倾和脊柱前凸。例如，腹直肌竖向排布，并且当腿部固定时，如在仰卧起坐动作中，它会防止脊柱伸展，以维持良好的姿势。腹内斜肌和腹外斜肌有助于腹直肌向前弯曲躯干（脊柱屈曲），并执行所有的旋转、侧弯和躯干旋转运动。它们有助于运动员在许多运动中跌倒后起身，并且有助于执行拳击、摔跤和武术等运动项目中的诸多动作。腹前和腹侧肌肉能够帮助完成精细、准确的躯干动作。这些大块的肌肉呈竖向、斜向和水平向排布。

由于许多运动员的腹部肌肉比背部肌肉弱，所以推荐他们进行一般和专项的腹部肌肉训练。孤立地训练腹部肌肉需要屈曲脊柱但不屈曲髋部的练习。屈曲髋部的练习由髂腰肌（一种强有力的屈髋肌）完成，并且在较低程度上，由腹部肌肉（腹部肌肉主要以等长的方式工作，以防止脊柱在矢状面伸展）执行。最流行的腹部练习当属仰卧起坐。仰卧起坐可以被当作一种基本的核心强化练习，因为它会同时强化屈髋肌（髂腰肌）和腹部肌肉。在过去的20年间，人们一直忽略了屈髋肌也是核心肌肉，大概是因为它们对姿势存在负面影响（较短的屈髋肌会导致骨盆前倾和腰椎过度前凸）。尽管如此，强壮的屈髋肌对于避免神经抑制和促进拮抗性伸髋肌的力量发展至关重要，后者是跑步运动员和跳跃类运动项目运动员运动的基础。此外，屈髋肌积极地参与加速的最初几步，相比于最大速度，此时的屈髋肌具有较少的弹性-反应部分。屈髋肌也是格斗类运动项目中的主动肌，这类项目有擒拿动作，其中，对手的身体不仅由上肢拉伸肌肉的力量来驱动，也主要由屈髋肌来驱动。这些重要的肌肉也可以通过诸如腿部和膝盖提举对抗阻力的练习加以训练。

背部肌肉，包括沿着脊柱分布的深层背部肌肉，负责许多运动，如背部伸展及躯干伸展和旋转。躯干反过来会作为大部分手臂和腿部动作的传递物和支撑物。在落地和起跳期间作

动作溢流

当运动员完成力量训练时，许多核心肌肉会被激活，并且协同地收缩，以稳定身体，并起到支撑作用，从而使得肢体可以完成相应训练，这种协同收缩被称作动作溢流（Enoka, 2002; Zijdewind and Kernell, 2001）。下面举例说明该过程。

站姿划船

站姿划船的动作涉及双脚与髋同宽的站立，同时运动员举着杠铃的双臂会降至大腿前侧。随着双臂屈曲，运动员将重物举至胸部，再将其从胸部举起，包括竖脊肌（核心肌肉）在内的腹部和背部肌肉进行收缩以稳定躯干，从而使得双臂可以流畅地完成动作（矢状面内的抗屈动作）。如果没有核心肌肉提供的支撑来稳定躯干，主动肌就无法有效地执行任务。

在进行训练时，所有的核心肌肉（尤其是背部肌肉）都被激活和收缩（动作溢流），从而得到强化。事实上，该训练中肌肉收缩的水平要高于许多针对核心力量的体重练习。因此，使用它可以更好地锻炼核心肌肉（Hamlyn et al., 2007; Nuzzo, 2008; Colado et al., 2011; Martuscello et al., 2012）。

蹲举和硬拉

在直立姿势下执行对抗阻力的任何腿部动作期间，所有的核心肌肉都会剧烈地被激活，以稳定躯干，并起支撑作用（Martuscello et al., 2012）。这种激活还会强化涉及的肌肉。例如，大重量1/4蹲（由精英运动员执行，采用3~4倍于体重的负荷）尤其会引起核心肌肉的强烈收缩。硬拉是塑造背部肌肉力量的绝佳方式（长久以来，硬拉一直被用来强化腿部伸肌和背部肌肉。它不是一种新型的举重动作。还记得埃涅阿斯时期的赛艇手吗？他们就使用了硬拉这种动作）。

扣球

扣球是排球中最具动态性的竞技技能之一，如果没有核心肌肉的直接支撑，它就无法被恰当地执行。在扣球期间，核心肌肉进行收缩，以稳定躯干，从而使得双腿可以执行爆发性的起跳动作，并且双臂可以击打排球。核心肌群还会在手臂和腿部执行其他竞技任务的情况下，如跑步、跳跃、投掷、药球练习和各种迅速或敏捷的脚部动作，固定和稳定躯干。实际上，任何力量或专项体育练习都会涉及核心肌群，在这些练习中，核心肌群必须进行收缩，以抵抗脊柱的屈曲或伸展。因此，专项核心强化练习的总量可以减少至每节训练课有几组至关重要的练习。

稳定球练习

与所有的运动专项训练一样，稳定球（也称瑞士球或平衡球）练习并不新奇。它最早出现在20世纪60年代，现在非常受欢迎，尤其在康复训练中。自20世纪90年代以来，它在体育运动和健身中广泛流行。鉴于健身领域的人们在乎的多样性和刺激性，它在该领域的受欢迎程度是可以理解的。

在稳定球上完成的许多练习会培养良好的上肢和下肢的力量、柔韧性，当然还有核心力量。然而，这些练习对运动员的作用被运动界的某些人士过分强调了，他们宣称本体感受和平衡性的改善会转变为竞技表现的提升。实际上，平衡性不是竞技表现的限制因素；因此，它与速度、力量和耐力并不属于同一类别。通过参与体育运动本身的这种刺激，以及通过进行与运动相关的技术练习和战术练习，身体会适应不稳定的运动环境。精选的练习可以在稳定球上完成，但是它们应当被限制在训练的适应或过渡阶段，此时，一般适应要优先于专项的生理学适应。

除了这些注意事项，运动员和教练还应当意识到，在稳定球上完成最大力量训练不利于竞技表现的提升——稳定球会限制运动员可以举起的重量，因为更多的神经驱动被用于稳定整个身体和所涉及的具体关节，从而降低了主动肌的快缩型肌纤维的激活程度。我们只推荐那些以训练腹部肌肉为目的的稳定球练习，因为它们可以让运动员在练习的向心部分之前，完全伸展腹部肌肉；其他肌肉或肌群则可以通过其他方式得到更加有效的训练。

训练中确实有用到稳定球的时间和地方。动作溢流解释了一个动作所涉及的所有肌肉本质上是如何彼此沟通并提供帮助的。我们的身体具有极强的可塑性，并且可以出色地适应传统的训练方法。并且，在运动中最重要的是，当运动员的身体形成更好的适应时，他才会表现得更加出色，从而自然而然地形成稳定性。

为冲击力吸收物的脊柱也发挥着至关重要的作用。

背部问题是由脊柱上的过量且不均匀的应力或者处于不恰当姿势时的突然运动导致的。对于运动员而言，背部问题可能是由不当的姿势或者身体前倾引起的磨损和撕扯导致的。更加具体地讲，椎间盘压力会根据身体相对于外界压力的姿势而发生变化。例如，如果举重时处于坐姿或上肢摆动的站姿，在站姿划船或者屈曲肘关节的过程中，脊柱上的应力就会增加。坐姿产生的椎间盘压力要大于站姿，而当身体处于仰卧或者俯卧（就像卧推或者卧拉中的那样）姿势时，产生的椎间盘压力最小。在许多用到背部肌肉的练习中，腹部肌肉会等长地收缩，从而稳定身体。

发展稳定肌

拥有强壮的稳定肌或者固定肌时，主动肌会工作得更加高效。稳定肌进行的收缩主要是等长收缩，以此稳定关节，从而使得另一个身体部位做出动作。例如，肩膀在肘关节屈曲期间是固定不动的；而当双臂抛球时，腹部肌肉充当稳定肌。在划船的过程中，当躯干肌肉充当稳定肌时，躯干将腿部的爆发力传递给手臂，手臂再在水中划船桨。因此，无力的稳定肌会抑制主动肌的收缩能力。

发展不当的稳定肌还会妨碍主动肌的活动。当承受长期应力时，稳定肌会痉挛，从而限制主动肌，并降低竞技的有效性。在排球运动员身上经常会见到这种情况：因肩部肌肉的肌肉力量和平衡性不足而遭受损伤（Kugler et al., 1996）。在肩膀处，冈上肌和冈下肌会使手臂旋转。为了强化这两块肌肉，最简单且最有效的练习之一是在握住杠铃的同时旋转手臂，这个动作所产生的阻力会刺激稳定肩膀的两块肌肉。在髋部，梨状肌和臀中肌会执行外旋动作。为了强化这些肌肉，运动员应当站定，锁住膝关节，并利用一根连接到绳索拉力器上的带子将腿抬至体侧。

稳定肌进行的收缩也是等长收缩，以固定肢体的一部分，并让其他部分移动。此外，它们还可以监测关节处长骨相互作用的状态，并感知由不合适的技巧、不恰当的力量或者因应力处理不良产生的痉挛而导致的潜在损伤。如果出现了其中一种情况，稳定肌便会限制主动肌的活动，从而避免损伤。

稳定肌在竞技表现中发挥着重要的作用。然而，有些体能教练夸大了稳定肌训练的效果，尤其是本体感受训练（亦称作平衡性训练）。实际上，由于协同收缩（主动肌和拮抗肌同时收缩来稳定关节），不稳定的表面会引起高水平的运动单位募集，这不利于速度和爆发力型运动员所需的神经肌肉适应，这些运动员在做出强有力的动作期间，需要的是"静默"（即不活跃）的拮抗肌。

大量的研究表明，利用平衡板的本体感受训练确实有助于增强受过损伤或者不稳定的脚踝的稳定性（Caraffa et al., 1996; Wester et al., 1996; Willems et al., 2002）。其理论依据是，如果本体感受训练可以通过增强不稳定结构上稳定肌的本体感受和力量来增强稳定性，那么它会进一步强化已经稳定的结构，并预防该结构的损伤。然而，该理论还未得到证实，并且在任何情况下，真正的问题是应当向以强化稳定肌为目的的训练投入多少时间。

有研究表明，本体感受训练会减少膝盖的损伤（Caraffa et al., 1996），但也有研究反驳本体感受训练对损伤预防的好处（Söderman et al., 2000）。有研究对本体感受训练在设计和实施方面的缺陷提出了疑问（Thacker et al., 2003）。此外，在过去的10年内，有些体能教练未将本体感受训练用于集体项目（如足球和排球）中，但他们称，运动员的脚踝或膝盖损伤现象要有选择地确定花费在各种训练上的时间和精力。

- 运动员的时间通常都很宝贵。对于精英运动员来说，花费在本体感受训练和稳定球练习上的时间会是一种浪费。
- 过多的时间被花费在了灵敏训练上，而最大力量/爆发力训练没有花费足够的时间。
- 教练应当通过制定一种神经肌肉策略来反思自己的训练理念，以提升运动员的竞技表现。

并未增加。

　　尽管如此，本体感受训练或稳定球练习在准备阶段的早期（解剖学适应阶段）仍会有所帮助。训练主动肌时，单侧练习无疑是改善关节稳定性的最佳选择。然而，如果在解剖学适应阶段进行了本体感受训练，那么在下一个阶段就应当去除平衡板或者稳定球练习，这样做的目的是为直接强化身体素质和发展专项力量、速度及耐力的训练留出时间。毕竟，尽管训练的目的是改善运动员的本体感受，但是这些训练中的中速和慢速运动无法让关节免受运动中快速和有力动作的影响（Ashton-Miller et al., 2001）。让稳定肌为动作做好准备很重要。具体而言，以理想的专项速度、爆发力或耐力训练专项运动中的动作，对于提升运动员的表现和改善其身体状态来说至关重要。

要训练动作，而不是孤立地训练肌肉

　　体育运动中的力量训练的目的是向专门用于完成专项技能的关节动作施加负荷。运动员不应当孤立地训练肌肉，就像在健身中所做的那样。从一开始，某些健身人士就宣传孤立地训练肌肉的理念，该理念已经在这项活动中应用了好几代人的时间。然而，孤立地训练肌肉不适用于体育运动，因为竞技技能是按照某种顺序执行的多关节动作，这形成了所谓的运动（动作）链。

　　例如，起跳接球使用了以下运动链：先是髋部伸展，然后是膝盖伸展，最后是脚踝伸展（蹬离地面）。在此过程中，双脚向地面施加力，以抬升身体。这种强有力的连续动作是许多专项运动的特征，被称作"三伸展"。

　　根据专项性原则，尤其在（向专项力量的）转化阶段，身体姿势和肢体角度应当类似于执行具体动作时所需的姿势和角度。当运动员针对某个动作进行训练时，肌肉会被整合，并得以强化，达到用更大的爆发力执行动作的目的。因此，运动员不应当只使用负重训练，而应当通过药球、力量训练器械、较重的投掷器材及快速伸缩复合训练设备等来拓展自己的训

　　首先要确定自己的专项运动的主动肌，然后按照力量训练的原则训练它们。

练手段。利用这些器械进行的训练可以让运动员优化自己的运动技能。

早在1936年的奥运会，田径运动员便引入了多关节练习。自那以来，运动训练中的多关节练习（如蹲举、硬拉、卧推、硬推、引体向上和举重）就一直被使用。时至今日，大部分运动员仍然在使用这些传统练习。这些练习对于提高和增强力量训练的效率和功效来说很关键。一些孤立练习（被称作辅助练习）仍然可以被用来辅助进行增肌训练，或者增加血流量（保持肌腱健康所必需的），并可在低重复和高负荷训练期间被用来提高主动肌的肌肉蛋白含量。

不要专注于新鲜事物，而要专注于必要措施

多年以来，北美体育和健身市场中充斥着许多据称可以提升竞技表现的产品。然而，实际上，它们通常并不会提升竞技表现。基于对生物力学和运动生理学相关知识的了解，你会发现，许多宣称可以改善力量、速度和爆发力的产品实际上可能会抑制这些能力。有两种训练方法吸引了运动员、教练以及训练师的注意，那就是本体感受训练和超速训练。本体感受训练是安全的，尽管事实是它并没有太大的效果，但它还是被广泛地过度使用。超速训练——伴随着许多用来提高速度和增强爆发力的训练装置——会危及运动员的跑步技巧，并降低其发力速度。

选择一个好的练习是非常重要的，但是只有当练习针对用于执行某项竞技技能的主动肌或主要肌群时，它才必不可少——练习不能多，也不能少。例如，运动员是采用简单的训练椅还是稳定球来执行卧推并不重要，重要的是要在完整的关节活动范围内利用持续的加速来完成练习。在卧推开始时，快缩型肌纤维被用来克服惯性和杠铃的沉重负荷。随着运动员持续向上推举杠铃，他应当试图尽可能产生最大的加速度。在这些情况下，同一快缩型肌纤维上的放电速率会提高。因此，运动员必须在动作结束时获得最大速度，就像在掷球或其他运动器械的瞬间表现那样。

类似地，如果腿部肌肉需要产生高水平的力量适应，那么运动员应当不断地进行蹲举练习，以尽可能培养出最高水平的力量适应——换言之，要采取一切必要的措施。通过开展不同的练习来增加训练的多样性是没问题的，只要它们以专项的方式针对相同的肌群即可。

力量训练的原则

任何力量训练的目的都是持续提升运动员的身体素质。力量训练的原则不仅提供了让身体适应训练所用的各种负荷的方法，还提供了为满足运动员的专项需求而使计划变得个性化的指南。

循序渐进原则

关于克罗托那的米罗（Milo）的希腊神话可以很好地说明循序渐进原则（逐渐增加负荷的原则）。为了成为世界上最强壮的人，从青少年时期开始，米罗就每天举起并扛着一头牛犊进行锻炼。随着牛犊变得越来越重，他变得越来越强壮。等到牛犊变为成年公牛时，归功于长期的进步，米罗成了世界上最强壮的人。

更加具体地讲，训练逐渐引起了运动员在身体结构和功能上的适应，从而增强了他的运动潜力，最终促进了运动表现的提升。当然，身体会在生理和心理上对训练负荷的增加（即对所有训练刺激的总量和总强度）做出反应。因此，训练还会使神经反应和功能、神经肌肉协调性和处理压力的心理能力等方面逐渐产生变化。整个过程都需要时间和合格的技术指导。有些教练会在整年内采用始终如一的训练负荷，这被称作标准负荷。这种方法在比赛阶段后期可能会导致表现水平的降低，因为表现的生理学基础水平降低了，阻碍了持续的提升（见图3.1）。只有稳步地增加训练负荷，才能产生出色的适应和表现。

另一种传统的训练方法使用了超负荷原则。该原则的早期提倡者宣称，只有当运动员采用的训练负荷高于正常情况下所能遇到的负荷，并以最大力量进行训练时，力量增强和肌肉肥大才能实现（Hellebrand and Houtz, 1956; Lange, 1919）。该原则的当代提倡者建议，在整个计划过程中，应当增加力量训练中达到力竭状态的负荷（Fox, Bowes and Foss, 1989）。因此，负荷增量曲线是不断上升的（见图3.2）。

超负荷原则的提倡者推荐了两种增强力量的方法：一是利用最大负荷训练至力竭状态，从而使力量增强；二是利用次最大负荷训练至力竭状态，从而实现肌肉肥大（这是在健身人士中流行的一种方法）。然而，运动员不应该每次都训练至力竭状态。特别是从专项准备开始，运动员的大部分精力必须留给运动专项训练，并且他们的身体必须充分地恢复，以最佳地执行运动专项技能。

实际上，这种生理学和心理学压力会导致肌肉紧绷、运动专项技能娴熟度降低、疲劳、

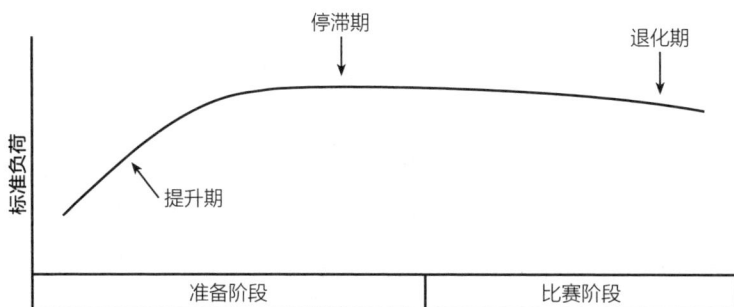

图3.1　标准负荷只会在年度计划的早期带来提升

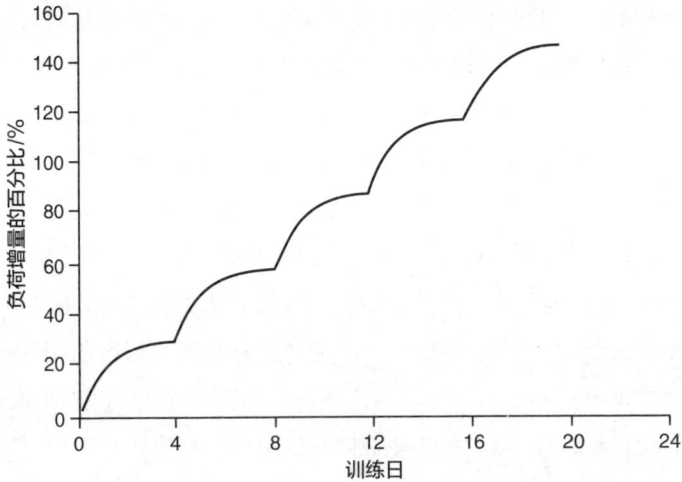

图3.2 超负荷原则下的负荷增量曲线

筋疲力尽、损伤或者过度训练。为了行之有效，力量训练计划必须遵循周期策略的理念，其中，每个阶段的专项训练目标是使运动员在一年内的主要比赛时达到最佳表现，或者是在整个冠军赛期间达到最佳表现。

为了实现这些目标，一种更加有效的方法是阶梯式加荷（见图3.3）。由于对力量训练中所施加的应激源的适应，运动员承受大负荷的能力会增强（Councilman, 1968; Harre, 1982）。阶梯式加荷是指先增加训练负荷，然后减少训练负荷，身体在此期间进行适应、复原，并为即将增加的新负荷做好准备。

减负小周期的出现频率取决于每位运动员的需求、适应速度以及比赛日程。训练负荷的增加取决于运动员表现提升的速度；大周期内阶梯（每周）之间的负荷增加量通常为2%～5%。训练负荷的急剧增加可能会导致训练负荷超过运动员的适应能力，从而影响他的生理学平衡。

阶梯式加荷未必意味着在每个训练环节中以线性的方式增加负荷。此外，单次训练不足以引起可观的身体适应。为了实现身体适应，运动员每周必须重复几次相同的练习，但是要采用不同的负荷，随后在下一周增加负荷。

在图3.3中，我们可以假设每条水平线代表一周或一个训练小周期，

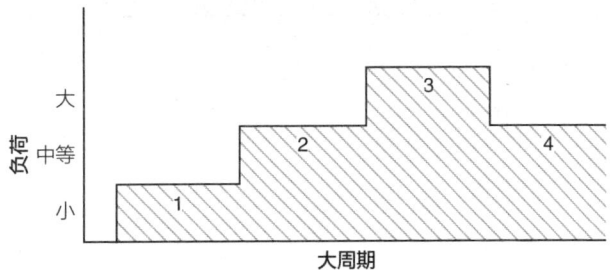

图3.3 大周期中阶梯式加荷的说明。每一列表示每周的负荷，负荷在前3周以阶梯状的方式增加（Bompa, 1965a, 1965b and 1983）

并且负荷在周一增加。此时的负荷会让运动员感到疲劳，但是仍然在运动员的能力范围内。运动员应在周三之前完成调整，并且在接下来的两天里适应这一负荷，到周五时，运动员会感觉自己变得更加强壮了，并且能够举起更大的负荷。因此，面对增加的负荷，运动员在疲劳之后会逐渐适应，然后出现生理性反弹或改善。运动员达到的新水平可以称作身体适应的新上限。到下周一时，运动员在生理和心理上会感到自在。该过程解释了我们为什么可以在整个训练小周期内线性增加训练负荷（如果大周期开始时的加荷变量完全在运动员的能力范围内）或者使用变化的负荷（周一使用大负荷，周三使用小负荷，周五使用中等负荷）。

图3.3中的第3个阶梯之后是减负小周期。整体负荷水平的降低可以让身体恢复和充分适应。在减负小周期内，运动员几乎可以完全从前3个阶梯中积累的疲劳中恢复，补充能量储备，并在心理上得到放松，运动员也就有能力应对训练负荷的进一步增加。训练表现通常会在减负小周期之后提升。在减负小周期结束时，教练可以安排测试。

大周期越短（如2+1的结构，即2个加负小周期和1个减负小周期），从起始负荷算起的负荷增加幅度就越小。因此，较长的大周期可能会产生更大幅度的负荷增加，但是通常都以较小的负荷开始。较长的大周期（如3+1，甚至是4+1）用于一般准备阶段，此时大周期开始时的负荷较小，而从专项准备往后，随着训练的加强，要使用较短的大周期。当大周期开始时的负荷已经较大时，实际上更加难以长时间地增加负荷。尽管训练负荷以阶梯的形式逐步增加，但是年度计划的负荷增量曲线呈波浪形，它代表了不断地增加和减少负荷，以刺激和实现适应（见图3.4）。

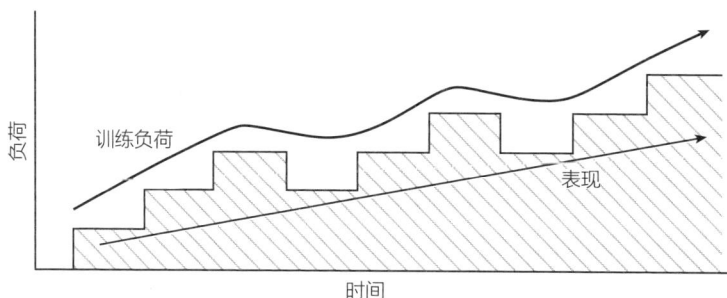

图3.4　年度计划的负荷增量曲线出现波动（呈波浪形），而表现却不断地提升（直箭头）。有些人声称波动的概念是由他们提出的，而未引用原始出处（Bompa, 1965a, 1965b and 1983）。不仅如此，有些人甚至提出了波动周期概念。波动周期？你如何使年度计划的主要训练阶段波动？

尽管阶梯式加荷适用于每个项目和每个运动员，但是有可能存在两种变式——反向阶梯加荷和扁平加荷——因此我们必须小心谨慎地使用它们。在反向阶梯加荷（见图3.5）中，负荷逐步地减少，而不是增加。自20世纪60年代以来，反向阶梯加荷就被用于举重，但是并未被任何其他运动项目所接受。原因很简单：体育运动中的力量训练的目标是逐渐形成适应——逐渐增强运动员的训练能力——并且只有当训练能力增强时，表现才有可能提升。反向阶梯加荷只应当用于比赛之前的峰化周期，且是一种减负方法。阶梯加荷可以更好地实现耐力的提升，因为训练量是一个主要因素，并且它最好在整年内都按照阶梯加荷的方式增加。

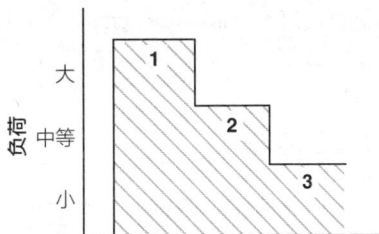

图3.5　某些举重流派所使用的反向阶梯加荷。它可能还会用于体育训练的减负阶段，以促进巅峰表现的实现

扁平加荷（见图3.6）适用于具有良好力量训练背景的高水平运动员和可以忍受长时间高强度训练的运动员，并且一般适用于爆发力类运动项目的专项准备阶段。高要求的训练会让运动员以相同的水平执行2～3个小周期的训练，紧接着是一个小负荷的恢复周。2～3个小周期必须涉及对一个或者所有要素——技术、战术、速度和耐力的高要求。在负荷较小的小周期中，对所有要素的要求也必须较低，以促进放松和恢复。

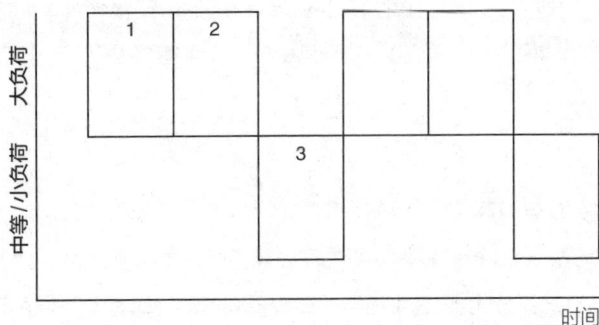

图3.6　扁平加荷通常用于爆发力类运动项目的专项准备阶段和比赛阶段早期（Bompa, 1993）

对于训练有素的运动员来说，加荷模式的动态性是训练阶段和预期训练适应的函数。在所有运动准备阶段的早期，阶梯式加荷很普遍，从而确保了更好的进展（见图3.7）。扁平加

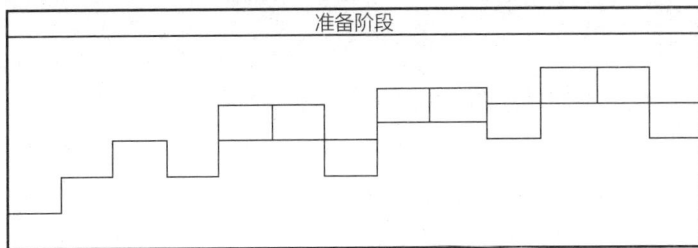

准备阶段

注：原书如此。

图3.7　建议在准备阶段采用的加荷模式。由于负荷逐渐增加，阶梯加荷被用于准备阶段的早期。在逐渐适应最初的5周之后，扁平加荷被用来确保训练的高要求，并且能产生表现提升所必需的专项适应（Bompa, 1993）

荷更适用于准备阶段的后期，尤其适用于爆发力类运动项目及参与国家级或更高级别比赛的运动员。

多样性原则

现代训练需要运动员花费大量时间。训练量和训练强度有时候每年都会增加和提高，并且练习要被重复无数次。为了实现高水平的表现，认真对待训练的运动员必须每周为力量训练投入2~4小时的时间，另外还要进行技术、战术以及能量系统的训练。

定义和理解力量训练

阶梯式加荷是随着时间推移逐渐增加肌肉、代谢或神经应力来引起形态-功能性适应的最佳方式之一。有许多种方法可以合理地增加负荷，从而引起预期的适应，例如较高水平的肌肉肥大、肌肉耐力、最大力量或者爆发力。为了理解这些训练效果，我们必须分析加荷变量，以及它们是如何影响最终的训练效果的。在整个大周期中，我们可以根据自己希望引起的训练效果（适应），推进其中的一个或者多个变量。以下部分详细描述了这些变量。

重复次数

每组的重复次数与1RM密切相关。在整个大周期中，我们可以增加重复次数来增强耐力（更多的训练量），在控制其他变量的同时保持相同的重复次数，或者减少重复次数来提高强度（1RM的百分比）、在维持或轻微降低强度的同时减负，以达到峰值。

组数

在整个大周期中，我们可以增加组数，以增强训练能力和耐力（更多的训练量）。我们还可以保持相同的组数，增加其他的一个变量，或者减少组数来减负，以达到峰值。组数（训练量）是对训练的疲劳效应最具影响力的变量之一。

休息时间

休息时间会直接影响最终的训练效果。如果大周期的重复次数减少，且强度（1RM的百分比）下降，那么我们可以增加休息时间。我们也可以减少休息时间来增强耐力（训练密度更高）；或者，我们也可以保持休息时间不变，而改变一个或者多个其他变量。当针对爆发力耐力和肌肉耐力执行一系列训练组时，减少训练组之间的休息时间（同时维持它们的输出功率水平）会提高训练密度，这种提高随后会转化为持续时间较长、平均水平更高的输出功率。

在这些情况下，厌倦感和单调性会成为积极和进步的障碍。克服这些障碍的最佳方式是保持训练的多样性。多样性会改善训练反应，并对运动员的心理健康产生积极的影响。然而，为了有效地保持训练的多样性，指导员和教练必须十分精通力量训练，但他们不应当为了追求多样性而让训练具有多样性。不要忘记，专项性是生理性适应和表现提升的关键。周期力量训练会在整个年度计划内自然地包含各种训练方法的合理变式，以引起最佳的神经肌肉适应。下面的指南将有助于你在整个年度计划的制订过程中利用合理的变化制订力量训练计划。

- 要从一般准备阶段的完整的关节活动范围练习逐渐过渡至专项准备阶段后期和比赛阶段的运动专项的关节活动范围练习。你要明确一个事实，即完整的关节活动范围练习引起的肌肉张力要高于部分的关节活动范围练习，因此，为了保持最大力量，应该使用低训练量的练习（Bloomquist et al., 2013; Hartmann et al., 2012; Bazyler et al., 2014）。
- 要通过在解剖学适应和补偿大周期内采用更多的单侧练习和哑铃练习来使练习的选择有变化，尤其对于儿童而言。
- 要遵循逐渐增加训练负荷的原则。
- 要变换肌肉收缩的类型和速度。通常的模式是，从解剖学适应中的慢速离心收缩（3～5秒）和受控向心收缩（1～2秒），到最大力量大周期中的慢速离心收缩和快速向心收缩（1秒或更短），再到针对爆发力、爆发力耐力或短时间的肌肉耐力的大周期中的快速离心收缩和爆发式向心收缩。这种模式由3个数字来表示（King, 1998）：第1个数字是离心阶段的持续时间（以秒为单位，后同），第2个数字是离心阶段和向心阶段之间停顿的时长，而第3个数字是向心阶段的持续时间（"X"表示爆发性）。
- 要变换方法。要从针对解剖学适应和肌肉肥大的大周期中所用的自重、哑铃和其他器械，过渡到针对最大力量、转变为专项力量并维持的大周期内主要采用的杠铃或其他力量训练器械。

训练的多样性会让运动员始终处于积极进取的状态，并保证适应的不断产生。然而，当教练和运动员仅仅为了做新的练习而替换一项练习或者改变一种方法时，问题就会出现。只有当替换的练习或者改变的方法能保持运动员不偏离适应轨迹时，多样性原则才应当被遵循。

当运动员达到高水平的比赛能力和体能时，某些练习应当始终被包含在他们的训练计划中。教练可以改变训练时所用的负荷或方法，但是应当始终坚持使用某些动作，这些动作可以有效地锻炼专项运动中所涉及的主要运动链，或能激发出最大收益所需的刺激阈值。

教练和运动员还应当记住，运动训练不同于健身训练，并且健身训练的理想方式极少在运动训练中奏效。例如，许多力量训练师宣扬，练习应该每隔一周就发生变化。尽管这种方法对在训练中需要持续的多样性和兴奋感的个人客户可能有利，但它并不适合运动员。只有当新练习可以针对该运动的主动肌时，教练和运动员才能替换针对某项特定运动的力量练习。

由于适应是竞技表现提升的生理性需要，所以相同类型的训练和肌群必须反复地进行或被针对，才能产生最大程度的适应。如果身体系统的适应水平没有不断地提高，那么运动员便看不到可观的表现提升。诚然，日复一日地重复相同类型的练习非常乏味。但是，不断地重复跑步、游泳、自行车和划船等技能训练也是如此。然而，没人因为该训练太乏味了，就建议跑步运动员、游泳运动员、自行车运动员和划船运动员改变主要的技能训练。教练应当选择大量的练习，这些练习虽然具有相同的功能性目的，但是可以为训练带来多样性。这样就可以为训练计划增添趣味，但是他们要始终关注运动员的生理适应程度。

个性化原则

现代训练需要遵循个性化原则。在面对每个运动员时，教练必须依据他的能力、潜力和训练背景来制订训练计划。有时候，教练倾向于照搬成功运动员的训练计划，而忽视了运动员的特定需求、经验和能力。甚至更糟的是，他们有时候会将这类计划添加到青少年运动员的训练日程中，而青少年运动员在生理或心理上并没有为这样的大负荷训练计划做好准备。

在设计训练计划之前，教练应当先评估运动员。即使是表现相同的运动员也未必具有相同的训练能力。个体的训练能力取决于若干生理学和心理学因素，并且必须在运动员所完成

为了最大限度地开发竞技潜力，运动员需要个性化和周期化的训练计划

的具体训练量、负荷（强度）和力量训练类型的基础上加以考虑。训练能力还会受到训练背景的影响。训练需求则应当基于经验得出。即使运动员表现出大幅的提升，教练也必须谨慎地估计训练负荷。当将具有不同训练背景和经验的运动员分配到相同的训练组时，教练应当考察个体的特征和潜力。

教练在制订训练计划时还要考虑的一个因素是运动员的恢复速率。在计划和评估训练的内容及其会给运动员带来的压力时，教练应当记得评估训练之外的因素。他们应当了解运动员的生活方式和情感状况。恢复速率会受到多种因素的影响。为了有效地监测恢复速率，教练可以使用心率变异性监测设备。

性别方面的差异也需要加以考虑。一般而言，女性的全身力量为男性的63.5%。更加具体地讲，女性上肢的力量平均为男性的55.8%；女性下肢的力量更加接近男性，平均为男性的71.9%（Laubach, 1976）。女性的肌肉肥大程度和训练能力往往较男性更低或更弱，主要是因为她们的睾丸素水平要比男性低得多（Wright, 1980）。女性运动员可以执行与男性运动员相同的训练计划，而不用担心会生成过于大而笨重的肌肉。她们可以不用考虑就采用与男性相同的加荷模式，并且使用与男性相同的方法，但是监测她们的恢复能力的情况除外。

女性的力量训练应当持续进行，并且不应有长时间的中断。快速伸缩复合训练应当在长时间内循序渐进地进行，以产生积极适应。由于女性在生理上往往要弱于男性，所以加强力量训练能够使女性在运动表现方面有更多的收益（Lephart et al., 2002）。因快速伸缩复合训练形成的力量的进一步增强可以促成更强的爆发力。至于对能量系统的训练，女性可以使用与男性相同的训练方法。

涉及性别差异的一个主要问题是运动损伤。女性运动员有较高的下肢损伤率，尤其是膝关节的损伤。为了从生理学和解剖学上解释这一事实，人们开展了大量的研究。例如，当执行单腿蹲举的运动学和肌电活动时，大学女性运动员与大学男性运动员相比，表现出了更少的躯干侧屈和更多的脚踝背屈、脚踝旋前、髋部内收、髋部屈曲和外旋（Zeller et al., 2003）。此外，相比于男性，参加跳跃和灵敏训练的女性运动员往往会表现出对膝盖较少的肌肉僵硬保护（Wojtys et al., 2003）。女性会不由自主地让她们的膝盖向内移动（膝内翻），这会向膝关节施加更多的压力，并且会压迫或扭伤前交叉韧带。

尽管并非完全需要专门针对不同性别制订训练计划，但是这些差异表明，教练应当为增强女性运动员的最大力量的训练投入时间，尤其是下肢力量。特别地，在早期准备阶段结束时，股四头肌和腘绳肌的强化可以让运动员在生理上为比赛专项练习和爆发力训练做好准备，而这些练习和训练会向膝关节施加更多的压力，并导致损伤。

专项性原则

为了行之有效，并且实现更高程度的适应，教练必须以发展运动专项力量为目的来设计训练计划。力量训练计划是为专项运动制订的，而为了实现上述目标，教练必须对此运动专

功能性训练的谬论

有时候，某些人会提出一种新术语，其目的是让它听起来像一种科学创新，如功能性训练。这指的是在不同类型的器械上完成训练，例如在药球、泡沫轴以及本体感受训练台上。使用所有这些器械的目的是营造更加困难的训练环境，以提高小块和深部稳定肌肉的参与度（Staley，2005）。但是，有没有可能直到2000年，运动员都在没有专注于力量训练或以最佳方式努力的情况下就赢得了奥运会和世界锦标赛的冠军，并创造了世界纪录？

专项力量和功能性力量并不是同义词。针对某个项目所需专项力量的训练在神经和代谢上都涉及复制专项力量所需的具体发力方式。这种训练通过使用专项练习来实现，专项练习会模仿特定运动技能中运动链的动作（包括特定关节的活动范围和力矢量）。在不干扰运动技术所需的运动模式的情况下，特别强调主动肌的训练。

相比之下，功能性力量指的并不是具体项目或者运动技能的生理学或生物力学参数，它更多地用于描述力量是如何训练的——也就是说，功能性训练意味着自由重量或缆绳、单侧训练，并且可能意味着不止一个运动平面中的站立和移动（该定义的例外情况存在于入门练习和一些核心稳定性练习中）。换言之，为了讨论专项力量训练，必要的起点是运动项目的生物力学参数及生理学参数；相比之下，功能性训练仅仅是由使用具有刚才所列特征的练习来界定的。

要说明的是，说运动选择完全定义了力量训练计划的功能性程度，从方法上讲就明显是错误的，但是最出色的功能学派确实也会将力量训练的周期化概念运用于他们的计划。此外，虽然他们更喜欢某些练习和方法，但是他们不仅会在选择练习时考虑生物力学因素，而且会在选择负荷时考虑生理学因素。然而，我们应当问自己，功能性训练（如抓着一根悬垂的训练带做单腿蹲举）对实现某个爆发力类项目所需的最大力量的发展的适用程度如何。至此，应当清楚的是，周期力量训练是一种比功能性训练更加全面的概念，并且专项力量的发展依据的是生物力学和生理学，而不是练习的新颖性、变式或者简单的技能。

为了行之有效，训练必须针对并适应身体的主要功能。换言之，训练具有功能性和生理性。

项进行简单的运动表现模型分析。这一分析应当包括能量系统（即3种能量系统中的每种系统对此运动专项的能量贡献）、专项关节活动范围、运动平面以及主动肌及其动作（离心、等长及向心）等方面的内容。对于运动项目的神经肌肉适应来说，专项性原则是最重要的原则之一。

专项性和主导的能量系统

教练应当仔细地考虑运动专项的主导能量系统。例如，肌肉耐力训练最适合耐力类项目，如划船、长距离游泳、皮划艇和速滑。教练还必须考虑所涉及的专项肌群（主动肌）和该项目的动作模式特征。训练应当使用专项的关键动作模式，它们还必须能增强主动肌的爆发力。正常情况下，爆发力的增强会转化为技能的提升。

专项性与系统化方法

专项性原则源自一个理念，即最佳的力量训练必须是专项的。根据该原则，专门针对某项技能或某个运动专项能力的练习或者训练类型会产生更快的适应，并且使运动员实现更快的表现提升。然而，在比赛阶段，专项性原则应当只用于高级运动员。这些运动员要利用年度力量训练计划中的大部分时间训练该运动专项的主导力量。

专项性原则的误用会导致不对称和不协调的身体发育，并且会忽略拮抗肌和稳定肌的发展。这种误用还会妨碍主动肌的发展，并导致损伤。过分强调专项性会导致范围狭窄的肌肉发展以及片面、专项化的肌肉功能。因此，在训练中应当始终使用补偿力量训练，尤其是在准备阶段早期和年度计划的过渡阶段。这些训练能平衡发展主动肌和拮抗肌的力量。

力量训练练习的专项性

当涉及专项的力量训练练习选择时，尤其是在准备阶段后期，教练应当尽力模仿专项技术的动力结构，以及相似环境的空间定向或身体姿势。换言之，教练选择的练习应当能够让运动员的身体所处的姿势类似于使用运动技能时所处的姿势。

肢体或其他身体部位之间的角度会影响肌肉的收缩方式及其收缩部位。因此，熟悉这方面的知识（特定关节的活动范围和主动肌的动作）对于有效训练来说必不可少。

为了实现最大的训练专项性，力量训练必须符合以下几点要求。

- 能提高主动肌的激活程度。
- 能模仿使用运动技能时的角度。
- 能明确运动技能的预期方向（神经通路）。

力量训练练习所针对的肌肉顺序（肌肉链）必须类似于使用运动技能时的肌肉顺序。

我们在力量训练中使用的练习通常是根据训练器械生产商所宣传的噱头来选择的，并且它们被吹捧为现代的练习方法。但是这些练习对运动员来说有效和有利吗？我们应该明白重要的是练习的有效性，而不是现代性。练习必须针对人体解剖学的一个特定部位——肌肉，并且必须具有生理学效果。因此，教练要学会拒绝训练器械生产商推广的所谓的新发明，并且尽力区分它的经济利益与自身的利益。

教练所采用的训练还必须专门针对肌肉收缩的速度，尤其是爆发力和灵敏训练，并且必须能使运动员产生神经肌肉适应，这被称为神经系统训练（Enoka, 2015）。神经肌肉适应会增加募集的运动单位的数量，最大力量和爆发力是增强快缩型肌纤维的募集能力和提高其激发率的唯一训练方法。

力量训练的生物力学有效性方面的精选评论

从我们多年从事的运动训练工作中，我们已经总结出，有些教练几乎不理解力量训练和练习选择对提升竞技表现的作用和好处。下面是有关力量训练和练习选择的概述性总结。

- 弹力带最早在1954年于罗马尼亚被用于力量训练。那时，弹力带被用于发展参与划船和皮划艇项目运动员的肌肉耐力。自20世纪80年代以来，弹力带开始在北美被使用，起初被用于健身训练，几年后被用于竞技体育。再一次，这些弹力带的生产商误解了它们的作用和好处。有人提出，弹力带还可以用于发展爆发力。这是对训练器械及其在训练中的作用的错误理解。弹力带不利于发展爆发力，原因很简单，随着弹力带被拉伸，阻力会增强。你每次对抗阻力时，运动速度会变慢，并且你不能在整个关节活动范围内加速，或者做出爆发性的动作。这就是弹力带练习不适合发展爆发力的原因。此外，在肩部区域执行的弹力带练习中，你至少会拉伸肩部韧带，这可能会导致损伤。

- 对于发展爆发力来说，药球是最为有效的器械之一。为了更好地适应药球训练，起初你要逐渐地增加药球的重量。然后，随着比赛阶段的临近，你应当逐渐地减轻药球的重量。减轻药球的重量有助于你顶着药球更快地发力，这会形成强有力和爆发性的投掷动作，最终导致投掷距离的增加。你知道为什么这些球被称为药球吗？因为19世纪中叶，在中欧地区，它们在医疗诊所中被用于康复训练。

- 跳起由屈曲踝关节和膝关节开始，随后是腿部和手臂的向上动作，以抬升重心，最后才是真正的跳跃。

- 用于增强花样滑冰中起跳力量的训练往往是不正确的。如果花样滑冰运动员增强了起跳的爆发力，那么他们将能够跳得更高，从而有较长的时间来做他们想做的旋转动作。

- 北欧式滑雪中的力量训练对于采用滑冰技巧的人来说更为重要。如果你观察其腿部和手臂动作（腿部和手臂的推离动作），你会体会到更好的力量训练计划的必要性。

- 冰球中的爆发性滑冰动作需要较低的躯干姿势。处于这种姿势时，运动员身体重心的垂直投影将落在双脚之前，这样能够产生更快的速度。然而，这种低位的躯干姿势无法恰当地保持，除非运动员的下背（腰椎）和椎骨间的肌肉比较强壮。利用躯干伸展或旋转来对抗阻力，可以增强这些肌肉的力量。

- 运动员在小回转滑雪比赛期间会产生一个离心力。这个力会让运动员淘汰出局，除非他能够向下坡板施加负荷，以借助斜坡利用离心力。通过最大力量训练得到的强壮双腿有助于滑雪运动员在这一过程中更具竞争力。

- 在许多类型的跳跃中，最大力量确实会帮助运动员克服重力，还能吸收落地时的冲击力。在自由式单板滑雪、跳台滑雪、排球、篮球等运动项目中，运动员也必须训练离心力量。遗憾的是，大部分运动员极少训练离心力量。

- 最大力量对于大部分运动中强有力的爆发性启动来说至关重要。在短跑比赛中，施加在起跑器上的力会根据运动员的最大力量而发生变化，通常为285～375磅。这一结论在其他运动项目的启动上也是成立的，例如速滑、雪橇等。

- 在许多体育运动中，最大力量对启动后的加速来说同等重要。为什么？因为在加速期间，运动员必须施加巨大的力来克服重力，并让身体向前移动。

- 拳击中的出拳速度取决于运动员的力量。对增加额外的体重的恐惧让最大力量训练似乎成了一项不受欢迎的训练。但是非常快速地执行负荷为50%～70%1RM的练习会让拳击手在不增加体重的前提下出拳速度变得更快。

- 你还记得埃涅阿斯时期的赛艇手吗？一方面，如果你想提高划船、皮划艇前进和游泳的速度，你就必须训练最大力量。另一方面，如果你想增强重复施力的能力，你就必须训练肌肉耐力。

- 单腿蹲举是否优于双腿蹲举的争论一直存在。人们往往会忘记提高最大力量是最重要的要素：这能增强在动作中募集快缩型肌纤维的能力。负荷越大，募集更多快缩型肌纤维的能力就越强。根据我们在肌电图测试中收集到的数据，在双腿蹲举中记录到了最高的肌电活动水平（肌电活动水平表明肌肉在执行具体动作时的受刺激水平）。同时，双腿蹲举可以确保较好的平衡性，运动员因而能够举起更大的负荷。

- 有些生理学家倡导的理念是，对于力量培养来说，至关重要的是肌肉处在紧张状态的时间，或者其持续收缩的时间。虽然对于健身人士来说，这是一种增大肌肉围度的好方法，但是我们不推荐将其用于竞技体育中的力量训练。要记住竞技体育中的力量训练的决定性因素：速度、爆发力和快速变向。肌肉处于紧张状态时不利于速度和爆发力的培养。

- 你是否曾问过自己，为什么许多花样滑冰运动员在跳跃落地时会摔倒？答案很简单：他们本来就没有良好的腿部力量，更不用提需要良好的离心力量来吸收落地时的冲击力。在花样滑冰运动员达到跳跃的最高点之后，其身体会朝冰面加速下落。这种加速为训练不佳的运动员带来了挑战，尤其是在一次跳跃之后必须再次跳跃的时候。为了能够再次跳跃，花样滑冰运动员还需要训练反应性爆发力，或者落地后立即再次起跳的能力。

第**2**部分

计划、周期和计划设计

在训练中，所有事情都不是偶然发生的，而是经过设计的。你想取得成功吗？那么先为训练制订计划吧！

第2部分介绍

在办公桌前、赛场上、健身房内或者游泳池边，在你与你那些辛勤训练、挥汗如雨的运动员一起度过的数千小时内，计划时时刻刻都在发生。如果你没有利用好你的时间去计划和周期化运动员的训练，以帮助其实现巅峰表现，那么竞技体育中的一切成就都是不可能取得的。

人们通常将计划、周期化以及计划设计当作同义词来使用，但事实并非如此。计划–周期化包含两个基本的理念：短期与长期计划和身体运动能力的周期化，两者都是影响成败的决定性因素。

身体运动能力的周期化有助于将运动专项的运动能力组合发展至更高的水平，以让运动员在年度主要比赛中实现巅峰表现。身体运动能力的周期化基于以下前提。

- 提升运动表现的基础是，在不牺牲运动专项技能的前提下，将运动员的生理潜力提高至最高水平。
- 形态–功能性适应，即身体结构和功能的积极变化，这需要一定时间才能显现出来。
- 身体运动能力的发展和技术与战术因素的改进需要采用循序渐进的方法，应当通过对训练强度和训练量的控制将运动员的潜力提升到之前的适应水平之上。
- 训练变量的控制及合适计划的使用有助于运动员实现巅峰表现。
- 运动员无法长时间地维持巅峰表现。

作为综合计划的基础，年度计划的周期化指的是将训练计划划分为时间较短且更易于管理的训练阶段。年度计划的周期化有益的原因如下。

- 专项训练阶段的计划目标是帮助运动员形成能实现巅峰表现的良好适应。
- 它有助于教练设计合理的训练结构。
- 它会增强教练关于每个训练阶段可用时间的认识。
- 它有助于教练在合适的时间整合技术、战术、体能、营养计划和心理技巧，以达到提升运动员表现的目的。
- 它有助于处理疲劳问题，以帮助教练借助减负阶段来制订一种合理的增负交替（训练与恢复的交替）计划，从而帮助运动员形成最佳适应。这种合理的增负交替计划也有助于避免运动员疲劳感的积累，从而有助于防止过度训练。

计划指的是通过某些计划工具，如长期计划、年度计划、大周期和小周期，为训练过程创建一种结构；而设计指的是用实际训练的细节，如要使用的训练方法和训练方式，填充这些计划工具的过程。因此，教练不仅是心理师和营养师，而且是周期训练安排者、计划制订者和训练设计者。虽然教练的工作繁多，但是我们确信，教练热爱自己的工作，能妥善应对所面临的挑战，并享受自己的付出所换来的回报。

计划–周期：术语说明

正如《周期训练理论与方法（第6版）》（*Periodization: Theory and Methodology of Training*）（Bompa and Buzzichelli, 2018）一书中讲的那样，针对运动项目的训练计划并不是新生事物。自希腊古代奥运会（公元前776—公元394）存在以来，它就已经以简单的形式存在，但是1936年柏林奥运会德国专家设计的训练计划、列昂尼德·马特维耶夫（Leonid Matveyev）和其他东欧专家的杰作，让运动项目的训练计划的复杂程度达到了巅峰。虽然马特维耶夫在其著作《运动训练的周期化问题》（*The Problem of Periodization of Sport Training*）（1965）分析了1952年赫尔辛基奥运会运动员的训练计划和日记，但是与米哈埃拉·佩内什（1964年东京奥运会标枪项目金牌得主）同一时期的图德·邦帕（Tudor Bompa）已经在运用周期训练了。他在20世纪60年代初的工作促进了其力量训练周期化理念的形成。在邦帕的著作出版之后，周期训练的受欢迎程度出现了大幅的增长，尤其在北美。

邦帕使用的术语依据的是希腊作家佛拉维乌斯·菲洛斯特拉托斯（Flavius Philostratus）（170—245）、罗马医师克劳狄乌斯·盖伦（Claudius Galenus）（129—217）及一些德国专家的原创性著作，其中，这些德国专家为参加1936年柏林奥运会的德国运动员设计了训练计划，大致如下。

- 4年一届——4年或者奥运会训练计划。
- 年度计划——一年的训练计划，所有这些计划都被划分成了较小的训练阶段。
- 大周期（约4周）。
- 小周期——4~7天的训练阶段或周训练计划。
- 训练课。

图Ⅱ.1（译者注：为了保持原书的版式，本书中这类形似表格的样例均采用图的编号。）说明了年度计划和身体运动能力的周期。

在图Ⅱ.1所示的计划列表中，我们还必须加入长期计划，这会在第7章进行简单的讨论。本书的第3部分将阐述如何创建长期计划，并列举不同的实例并加以说明。

周期	年度计划的周期	单周期
		双周期
		三周期
		多周期
	身体运动能力的周期	顺序
		同时

图Ⅱ.1　年度计划和身体运动能力的周期

我们打算批判性地分析理论术语中最近使用的含义和训练方法，这种打算从来没有让我们感到担心。然而，由于每种科学都有一套定义其知识体系中具体理念的术语，所以本书需要对一些混合术语进行说明。

自20世纪90年代以来，在训练理论和方法中引入谬误术语是不合理的，因为该理论的知识体系中并没有添加新的信息。实际上，最近提出的一些术语主要基于语义学，即没有科学实质的伪术语。对同时代术语的简要分析可能会让人们对训练理论和方法有更多的了解。

- 周期。当马特维耶夫从历史著作中借用该术语时，他指的是一种还不属于术语的新东西。当时也没有太多有关该主题的书面信息。为了更好地管理时间，年度计划被划分为各种训练阶段，他将这种计划理念称作周期。有些人将马特维耶夫的周期训练模型看作经典的周期训练。但是真正经典的周期训练实际上是由菲洛斯特图斯最早提出的。

- 年度计划自古代奥运会［盖伦（Galen）所称的奥运年］以来就已经存在了。19世纪末和20世纪初的精英教练就知道这一点，并且使用了简单的年度计划及由年度计划分解而成的较小的训练阶段。换言之，马特维耶夫的工作并没有为该主题带来太多的新信息。然而，他是首位使用周期这一术语的人。

- 马特维耶夫提出了术语大周期来定义年度计划，但是德国专家采用了4周计划（总计划或大计划）来定义我们所称的大周期。

- 小周期（马特维耶夫为周训练计划提出的术语）是一个4日系统，即菲洛斯特图斯提到的4日周期，自古代奥运会以来就已经存在。

下面列举了部分存在谬误的训练术语。

- 板块训练。有些人并没有使用传统的术语训练阶段，而是采用了术语板块训练，就好像它带来了一些新东西似的。训练阶段与板块训练之间的区别是什么？此外，术语板块被错误地用来表明一个训练阶段或者大周期。

- 线性周期。有些人引入该术语来指代传统的术语周期，它是一系列的训练阶段，旨在在比赛阶段帮助运动员实现巅峰表现。但是为什么要将周期看作线性的呢？此外，年度计划具有线性的形式。

- 波动周期是一种混合术语，没有逻辑，并且周期化过程的构建方式没有任何基础。实际上，该术语效仿的是邦帕提出的训练负荷分级曲线（Bompa，1993），并且是对小周期内训练课之间负荷变化的一种错误解读。大概是某个不熟悉体育训练的人编造了这个术语，其目的可能是扩大周期化训练的术语库。

- 身体运动能力的摆动发展和复合发展是错误地取自其原始来源的术语（Bompa, 1993）。摆动发展的原始术语是力量训练的交替（最大力量与爆发力训练的交替），这会发展出更出色的爆发力。实际上，摆动指的是不同类型力量训练的交替。复合发展指的是复合训练，它代表一种最大力量和爆发力同时进行训练的力量训练阶段，并且主要出现在赛前阶段。起初（Bompa, 1993, 1999），这种方法被称作最大训练，或者最大爆发力训练。

- 周期训练中的顺序整合和同时整合也让许多人感到困惑。两种训练方法都以完全不准确的方式存在，它们仿佛相互排斥，但实际情况并非如此。

- 顺序周期训练提出某些身体运动能力要以特定的顺序加以培养，这是正确的。例如，以年度计划的周期力量训练（见图Ⅱ.2）为例，其解剖学适应（AA）训练、最大力量训练以及爆发力（P）训练等是按照一种特定的、在生理学上较合理的顺序（神经肌肉策略）进行的。然而鉴于逻辑和生理性原因，所有的运动项目还会使用同期训练。

- 同期训练是指在设计其他大部分针对运动项目的主导能力的周期训练时，鉴于生理性适应的原因以及发展运动项目中主导能力的方法，教练应当使用同期训练模型，同时整合运动项目中的主导能力（见图Ⅱ.3）。

周期力量训练	解剖学适应训练	最大力量/爆发力训练	维持最大力量/爆发力训练	比赛

图Ⅱ.2　顺序周期力量训练示例

身体运动能力的周期化	力量	解剖学适应	最大力量	• 爆发力 • 灵敏 • 维持最大力量
	速度	节奏（重复跑200～400米，最大速度的50%～60%）	最大加速度 最大速度	• 启动 • 最大速度
	耐力	有氧耐力（运动专项部分）		• 有氧耐力 • 能量系统百分比（运动专项耐力、速度耐力）

图Ⅱ.3　身体运动能力发展的同期化和整体化示例

如果你单独地看待每项能力，尤其是周期力量训练，那么这类似于顺序周期训练。然而，对于绝大多数2～3项身体运动能力都需要进行周期训练的运动项目，该过程必须同时开展，而不是独立地开展。同期训练的持续时间取决于比赛日程和身体运动能力达到预期适应标准的持续时间。

　　虽然少数人提倡只采用顺序周期训练，但是顺序周期训练并没有被认真对待。从生理学和方法论上讲，你无法在一个阶段内训练力量，然后训练耐力，再回到力量训练。它是不合适的，是一种生理学和方法论上的错误，不能在年度的预期时间让运动员实现巅峰表现。当你训练耐力时，在适应和力量的增强上，尤其是在爆发力训练的神经肌肉策略方面，会发生什么情况呢？你如何保留之前的训练效果？一旦这样做，你会削弱先前的力量训练所带来的适应综合征、训练效果及其对运动员表现提升的影响。

　　这就是绝大多数运动项目的运动员应当使用同期训练的原因，在该训练中，你要对运动项目中的主导能力的分期进行整合，尤其是对集体项目而言，因为它的准备阶段通常要比某些个人项目短得多。

第4章

控制训练变量

　　为了制订出成功的力量训练计划，教练和运动员要控制一些训练变量，这主要是指训练量和训练强度。训练量、训练强度及训练频率都要根据比赛日程和训练目标而发生变化。训练量和训练强度中更为具体的因素包括负荷（通常表示为1RM的百分比）、重复次数、组数、完成动作的节奏或完成速度（只针对肌肉耐力训练）以及训练组之间的间歇时间。教练通过控制这些具体的变量来改变训练量、训练强度、用力程度、训练密度，从而改变训练效果。

　　力量训练计划还必须包含一般训练和运动专项训练。根据经验，年度训练计划的前期（包括准备训练的2~3个月）应当包含较大的训练量，而运动专项训练的占比较小；然而，随着赛季的临近，训练强度成为强调的对象，训练量会减少，并且运动专项训练变成了计划的主要部分。

训练量

　　训练量或者完成的锻炼量可以根据每节训练课、每个小周期和每个大周期内所举起的重量，或者根据每节训练课、每个小周期、每个大周期或者每年内完成的总训练组数或重复次数来衡量。指导员、教练和运动员应当记录每节训练课或每个训练阶段所举起的总重量或所完成的组数和重复次数，以帮助计划以后的训练量。

训练量会根据运动专项的特定生理要求、运动员的力量训练背景及其进行的力量训练类型而发生变化。例如，试图发展肌肉耐力的运动员会采用较大的训练量，原因是他们要完成大量的重复。又如，虽然采用大负荷，但是最大力量训练会导致较低的重量和训练密度，原因是总的重复次数较少，并且间歇时间较长。适中的训练量通常适用于需要参与爆发力类运动项目的运动员，因为负荷是中低水平的。

随着运动员的表现不断接近高水平，总的训练量会变得越来越重要。没有捷径可走。高水平的竞技表现需要较高的训练频率，这会导致更大的训练量。随着运动员逐渐适应较大的训练量，他们会获得更出色的恢复能力和更高水平的身体结构和神经肌肉适应。这种训练能力的增强随后会转变为更出色地应对强化阶段的能力及更出色的整体表现。

一旦达到最佳的训练量，优秀运动员的主要激励源应当是训练强度。训练能力要随着时间的推移而获得。因此，为了通过提高训练频率来增加训练量，起初必要的做法是减少每节训练课的训练量。实现这种减少的方式是将之前小周期的总训练量分至数量较多的新训练课。在维持相同周训练量的同时增加训练课的数量就可以让训练能力得到强化，这是因为随着每节课训练量和持续时间的减少，恢复水平会提高。由此，运动员产生较强的适应成了可能（Bompa and Buzzichelli, 2018）。

随后，如有必要，每节训练课的训练量可以增加。例如，假设你的目标是将每个小周期的训练课数量从3节增加为4节，并且你的起点是有3节训练课的小周期，且每节训练课的训练量为8吨（1吨=1000千克）（因此每个小周期的总训练量是24吨）。在这种情况下，下面给出了不正确的方法和正确的方法。

- 不正确的方法。增加一节8吨的训练课，从而急剧地将小周期的总训练量从24吨增加至32吨（增幅约为33%）。
- 正确的方法。将24吨的总训练量分至4节新的训练课。小周期的总训练量不变，但是单节训练课的训练量降低至6吨（降幅为25%），这样可以形成更高的平均训练强度和更好的恢复。如有需要，每节训练课的训练量可以适当增加。

力量训练的训练量取决于运动员的生理结构、运动专项的具体要求以及力量在该运动专项中的重要性。具有良好力量训练背景的运动员可以承受较大的训练量，但是不能纯粹为了增加训练量而增加训练量。相反，当具体情况需要时，它才应当增加——并且绝对不能以牺牲运动专项训练的质量为代价来增加训练量。

由于身体运动能力训练（旨在增强运动员的运动潜力）必须与运动专项训练（旨在提升专项表现）整合在一起，所以我们的起点应当是最小的训练量，它可以有效地提高某项身体运动能力的指标。在一般训练的准备阶段，身体运动能力训练的训练量会暂时影响专项表现。在运动专项训练的准备阶段，身体运动能力指标的提高与专项表现之间应当具有关联。

而在比赛阶段，身体运动能力训练应当可以实现专项表现的维持、略微提升或者峰化。

不管运动员的运动专项是什么或者能力如何，训练量的大幅或急剧增加都可能会带来不利的影响，从而导致疲劳、不经济的肌肉训练，并且可能导致损伤。实施具有恰当监测负荷增量方法的渐进式计划，可以避免这些不利影响。下面是一些经验。

- 力量训练中每次训练的持续时间不应当长于75分钟，除非它是具有长间歇时间的大训练量、最大力量训练，或者是针对超耐力运动员的长时间肌肉耐力训练。
- 解剖学适应训练中单次训练的训练量应当为16~32个训练组，增肌训练中单次训练的训练量应当为16~24个训练组（并且持续时间少于1小时），最大力量训练中单次训练的训练量应当为16~24个训练组，爆发力训练中单次训练的训练量应当为10~16个训练组，爆发力耐力或短时间肌肉耐力训练中单次训练的训练量应当为4~12个训练组。
- 一旦确定了训练组的量，那么它在一个大周期内，变化幅度不应当超过50%——例如，在第1个小周期内，每项练习2组；在第2个和第3个小周期内，每项练习3组；在第4个（减负）小周期内，每项练习2组。

总的训练量取决于多个因素，并且决定因素是力量对运动项目的重要性。例如，参与国际级比赛的举重运动员通常每次计划33吨的训练量，每年大约是44 000吨。对于其他运动项目，训练量截然不同（见表4.1）。力量和速度类运动项目的运动员需要的训练量多于拳击运动员；在肌肉耐力占主导的运动项目中，例如赛艇和皮划艇，运动员每年进行的力量训练的训练量要比拳击运动员高得多。

表4.1　每年力量训练的训练量的建议指南　　　　单位：吨

运动项目	训练阶段内每个小周期的训练量			每年的训练量	
	准备阶段	比赛阶段	过渡阶段	最小值	最大值
铅球	24~40	8~12	4~6	900	1450
足球	30~40	10~12	6	900	1400
棒球和板球	20~30	8~10	2~4	850	1250
速降滑雪	18~36	6~10	2~4	700	1250
跳远、三级跳远	20~30	8~10	2	800	1200
赛艇	30~40	10~12	4	900	1200
皮划艇	20~40	10~12	4	900	1200
摔跤	20~30	10	4	800	1200
游泳	20	8~10	2~4	700	1200
跳高	16~28	8~10	2~4	620	1000
铁人三项	16~20	8~10	2~4	600	1000
自行车	16~22	8~10	2~4	600	950
冰球	15~25	6~8	2~4	600	950

续表

运动项目	训练阶段内每个小周期的训练量			每年的训练量	
	准备阶段	比赛阶段	过渡阶段	最小值	最大值
速滑	14~26	4~6	2~4	500	930
长曲棍球	14~22	4~8	2~4	500	900
篮球	12~24	4~6	2	450	850
标枪	12~24	4	2	450	800
排球	12~20	4	2	450	600
短跑	10~18	4	2	400	600
体操	10~16	4	4	380	600
橄榄球	10~20	4~6	4	320	600
壁球	8~12	4	4	350	550
花样滑冰	8~12	2~4	2	350	550
网球	8~12	2~4	2	350	550
拳击、武术	8~14	3	1	380	500
高尔夫球	4~6	2	1	250	300

训练强度

在力量训练中，强度表示为1RM的百分比。它是训练中所采用的肌肉刺激强度的指标，并且取决于中枢神经系统（CNS）在动作中被激活的程度。肌肉刺激强度取决于负荷、动作完成速度以及两次重复之间间歇时间的变化。训练负荷指的是所举起的质量或重量。力量训练采用的是表4.2所示的强度值和负荷。

超大负荷超出了某人的1RM。大多数情况下，通过采用离心（屈服于重量）或等长（没有关节运动的最大收缩）方法，运动员可以使用100%~120%1RM的负荷。只有少数拥有

表4.2 力量训练中所使用的强度值和负荷*

强度值	负荷	1RM的百分比/%	收缩类型	方法	适应
1	超大	>105	离心或等长	最大力量	肌肉内协调性
2	最大	90~100	离心－向心		
3	大	85~90	离心－向心	最大力量和爆发力（高水平负荷）	
4		80~85	离心－向心		
5	中等	70~80	离心－向心		肌肉间协调性
6		60~70	离心－向心	爆发力（中低水平负荷）	
7	小	30~60	离心－向心		

*译者注：原书数据如此。

丰富力量训练背景的运动员才应当采用超大负荷。这类负荷的使用时间应当受到限制，并且只能用于某些肌群，如在运动专项训练期间，离心增负较高的肌群（如冲刺期间的腘绳肌，或者落地或变向期间的股四头肌）。其他大部分运动员使用的负荷应当限制在100%1RM以内。

最大负荷的范围为90%～100%1RM，大负荷的范围为80%～90%1RM，中等负荷的范围为60%～80%1RM，而小负荷的范围为30%～60%1RM。每个强度值会引起不同的神经肌肉适应，并且必须有一个准确的递增过程。虽然会产生额外的积极的神经肌肉适应，但是由于具有睾酮降低效应，运动员应当谨慎地使用90%1RM以上的强度，尤其是用到向心力竭的情况（Häkkinen and Pakarinen, 1993; Izquierdo et al., 2006）。

在大周期结束时，每3～4周测试一次1RM实际上足以获得90%～100%强度区间的好处。多年以来，西方力量训练专家通常支持将向心力竭当作力量增强的必备条件。实际上，所有强化表现的神经肌肉适应［最强的增肌效果除外（Burd et al., 2010）］都可以在不需要向心力竭的情况下出现。

随着运动员客观上变得强壮（从而具有神经肌肉高效性），他可以耐受较低频率的最大负荷（见图4.1）。

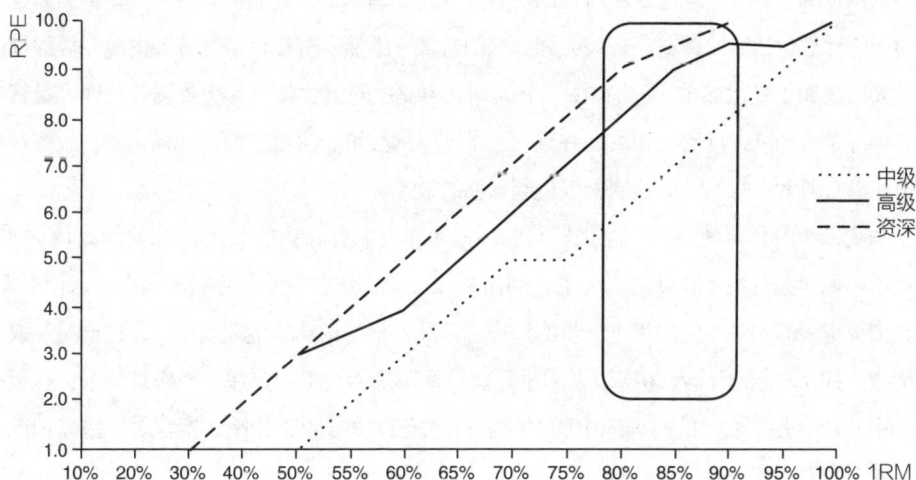

图4.1　1RM的百分比和对应运动员水平的主观用力程度分级（RPE）

经许可，转载自：P. Evangelista, "La Programmazione Della Forza-Criteri di Scelta e Analisi Degli Schemi di Allenamento," a workshop for the Tudor Bompa Institute Italia, May 23, 2010.

负荷应当与正在被发展的力量类型相关，更为重要的是，应当与因融合力量和速度或者融合力量和耐力而产生的运动专项力量组合相关。发展每种运动专项力量组合时所用负荷的一般指南见表4.3。所有训练阶段内的负荷并不相同。相反，周期训练会根据每个阶段的目标改变负荷。在表4.3中，负荷的变化范围为30%1RM到105%1RM以上，相应的强度列于表格的

表4.3　负荷与力量类型和运动专项力量组合之间的关系*

1RM 的百分比/%	>105	100	90	80	70	60	50	40	30
负荷	超大	最大	大	中等		小			
力量类型			爆发力（高水平负荷）			爆发力（中低水平负荷）			
	最大力量					肌肉耐力			
落地/反应性爆发力	■	■							
投掷爆发力			■	■	■				
起跳爆发力			■	■	■				
启动爆发力			■	■	■				
减速爆发力				■	■	■			
加速爆发力				■	■	■			
爆发力耐力					■	■	■		
短时间肌肉耐力						■	■	■	
中等时间肌肉耐力							■	■	■
长时间肌肉耐力							■	■	■

左侧纵列为：运动专项力量组合

*译者注：原书数据如此。

第二行；其下表示力量类型、运动专项力量组合及其建议使用的负荷。

周期训练包含针对运动专项所需的所有表现能力的合适计划。例如，针对中距离跑运动员的训练计划包括跑的距离、每周的训练课的数量，当然还有在每节训练课内应完成的训练量（如组数和重复次数）。运动员在一节训练课内完成的组数和重复次数越多，训练量就越大。训练量和训练强度密切相关，并且代表了训练的数量和质量。两者一样重要，教练在训练中应当对两者进行系统的控制，以达到预期的效果。

与大部分身体系统一样，总训练量和适应水平之间存在量效关系。初级力量训练师或者运动员最初会受益于较低的训练量，例如1~2个训练组，但是最终运动员会进入停滞期，并且需要更大的刺激才能产生进一步的适应。因此，根据预期的生理效应，让运动员完成多组蹲举（如6~8组）或者50次以上的重复次数便不足为奇了。记住，严格意义上，在运动训练中，训练强度表示的是训练中所用的负荷对应的1RM的百分比。换言之，提高训练强度的唯一有效的方法是增加负荷。

例如，假设运动员在第1个以90%1RM为负荷进行举重的训练组中完成了2次重复次数，接着在休息了4分钟之后，用相同的负荷完成了3次重复次数，并达到了力竭状态。从第1组到第2组，运动员并没有提高训练强度。虽然训练量增加了，并且施加在肌肉上的压力也增加了，但是负荷仍然是90%1RM，因此，训练强度没有发生变化。

教练必须小心，不要将训练强度与训练之后出现的肌肉感觉联系起来。一般来说，运动员完成的组数越多，重复次数就会越少，反之亦然。例如，在最大力量阶段，当负荷从70%1RM增加至80%1RM时，运动员可能会完成6个训练组，每组完成3次重复次数；然而在增肌训练阶段，当训练负荷为65%1RM时，相同的运动员可能只能完成3个训练组，但每组有10次重复。

运动员的训练计划应当始终是个性化的，并且教练应当留意疲劳的迹象。运动训练中最大的问题之一就是为了数量而牺牲质量。对于计划设计来说，计划应当只是一个指南。也就是说，它不应该是一成不变的；相反，教练应当注意每节训练课所带来的运动员表现的进步或退步，并将其用于修正训练计划。教练应当注意运动员无法针对具体的负荷完成建议的重复次数，或者无法以爆发性的方式和合理的技巧完成预期重复次数的时刻。这种判断至关重要，尤其在最大力量训练阶段，因为此时的主要目标是实现神经系统适应。

练习数量

训练计划有效的关键是拥有足够多的练习选择。我们很难确定一个最优的练习数量，并且有些教练选择的练习过多，因为他们希望发展更多的肌群，但由此设计的计划是超负荷的，并且会让运动员产生疲劳感。练习数量和练习类型必须根据运动员的年龄和表现水平、运动专项的需求以及训练阶段来确定。

运动员的年龄和表现水平

青少年或初学者的训练计划的主要目标之一是构筑坚实的解剖学和生理学基础。对于力量训练，教练应当选择许多（9~12项）可以锻炼主要肌群（主动肌）的练习。这样的训练计划可能会持续1~3年，具体取决于运动员的年龄和实现高水平表现的预期年龄。

相反，高水平运动员的主要训练目标是实现尽可能高水平的运动表现。因此，他们的力量训练计划，尤其是比赛阶段的力量训练计划，必须具有专项性，并且应该只有少量的（2~4项）练习是针对主动肌的。

运动专项的需求

力量训练练习，尤其是针对精英运动员的力量训练练习，应当满足运动专项的具体需求，并且要针对该运动专项中占主导地位的主动肌。例如，精英跳高运动员可能只需要完成3~4项练习就足以强化所有的主动肌，摔跤运动员、美式橄榄球运动员或者涉及多平面运动项目的运动员可能需要完成4~6项练习才能实现相同的目标。并且所有的短跑运动员都应当在膝盖挺直的前提下做一项针对伸髋肌（腘绳肌）的练习，在膝关节屈曲的前提下做一项针对伸髋肌（臀肌）的练习、一项针对伸膝肌（股四头肌）的练习，以及一项针对跖屈肌（小腿肌群）的练习。运动专项中所用的主动肌越多，运动员所需的练习就越多。然而，精选的多关节练习有可能减少练习数量。

一项原则是，先发展核心力量，再发展肢体力量

训练阶段

在过渡阶段之后，应当使用一个新的年度计划，为之后的训练构筑基础。在一般力量训练计划中，解剖学适应最好出现在准备阶段早期。为了让这类计划涉及最多的肌群，练习数量必须较多（9~12项），而与运动专项的具体需求无关。

随着计划的推进，练习数量会减少，并在比赛阶段达到最低水平，运动员在该阶段只完成对运动专项至关重要的2~5项非常具有专项性的练习。例如，美式橄榄球、冰球、篮球或排球运动员在准备阶段会完成8~9项练习，但在赛季内只完成3~4项练习。通过精心挑选，教练可以提高训练的效率，并降低运动员的疲劳水平。

力量训练是在技术和战术训练之外进行的。简而言之，训练中所用的负荷与每节训练课的练习数量成反比。练习数量的减少表明运动员在针对运动专项的具体需求进行训练。随着练习数量的减少，每项练习的训练组数会增加。这样，更多的训练负荷会被施加于运动员在运动专项中用到的主动肌上，以更精确地发展比赛时的肌肉力量和爆发力。一旦赛季开始，渐进式的适应就会被搁置，并且教练会利用少量的练习和适中的训练组数增量来维持运动员在生理上的适应。

尽管上肢在某些运动专项（如足球、许多田径项目和自行车项目）中只会最低限度地参与，但是许多力量训练计划也会强调针对上肢的练习。此外，许多教练仍然受到健身理论和现今商业主义的影响，他们为运动员建议了过多的练习数量。实际上，采用大量练习的运动员会减少针对每个主动肌的训练组数。这种方法要么会导致每节训练课拥有非常大的训练量，从而引起疲劳；要么会导致主动肌产生水平非常低的训练适应，从而产生非常差的训练效果。

只有当运动员为所选的运动链完成更多的训练组数时，预期结果——取得高度的训练适应，从而提升表现——才有可能实现。教练可以选择将所有所需的基础练习的训练组分散在小周期的更多训练课内，或者将它们集中在几节训练课内。第一种选择会使训练课较短，并且其中包含较多的辅助练习；而第二种选择则会使训练课较长，并且其中包含较少的辅助练习。

练习顺序

练习顺序的第一个决定因素是动作复杂性。实际上，复杂的多关节练习——这些练习在正常情况下针对的是与运动专项动作类似的运动链中的主动肌——应当始终在训练中被优先完成，因为此时的神经系统精力充沛。选择练习数量时，教练应当考虑完成专项技能时涉及的主动肌，并按照它们的动作复杂性的顺序安排练习。

同样，运动专项的力量训练过多地受到健身训练方法的影响。例如，许多力量训练书籍和论文提倡先练习小肌群，再练习大肌群。但是这种方法会导致小肌群产生疲劳，使得运动员无法有效地训练大肌群。大肌群是运动专项中的主动肌，并且主动肌要在非疲劳的状态下接受训练，这一点极其重要。

另一种来自健身界且被过度使用的训练方法是预疲劳法。采用这种方法时，在完成多关节练习（如蹲举）之前，训练者会利用单关节练习（如坐姿腿部伸展）让主动肌筋疲力尽。尽管这种理论对健身人士有用，但是一些研究对其在运动专项中的有用性进行了质疑（Augustsson et al., 2003）。

鉴于该原因，教练应当避免使用这种方法，即使在训练的增肌阶段也应如此。相反，运动专项的力量训练计划中的主要练习应当是主动肌协同工作的多关节练习。单关节练习可以在准备阶段早期进行，例如在解剖学适应期间，或者用于纠正运动链中被评估出的肌肉不平衡，但是在随后的训练阶段中应当被逐步取消。运动专项的力量训练的目标是最优化力量、爆发力、速度以及耐力，而不是增强运动员动作的美感。

类似于运动专项动作模式的专项力量训练会使运动员重复相似的运动，从而按照类似于运动专项所用的动作模式发展肌肉链。例如，对于排球运动员来说，合理的跳跃方法是同时完成半蹲和提踵，因为扣球和拦网需要运动员做出相同的动作，并且其涉及的肌肉链的动作顺序与跳跃时相同。所以，排球运动员并不关心小肌群或者大肌群是否会最先被调用，而只关心对运动专项动作模式的模仿，并按照与扣球和拦网时相同的方式发展肌肉链。

运动员一般有两种完成教练规定的练习的顺序：水平和垂直（见表4.4）。

表4.4　练习顺序样例的对比

水平顺序	练习	组数	重复次数	间歇时间/分	垂直顺序	练习	组数	重复次数	间歇时间/分
1	蹲举	4	3	3	⬇	蹲举	4	3	1.5
2	卧推	4	3	3	⬇	卧推	4	3	1.5
3	腿弯举	4	3	3	⬇	腿弯举	4	3	1.5
4	高滑轮下拉	4	3	3	⬇	高滑轮下拉	4	3	1.5
5	站立提踵	3	6	2	⬇	站立提踵	3	6	1.5
6	绳索内收	3	6	2	⬇	绳索内收	3	6	1.5
7	负重仰卧起坐	3	6	2	⬇	负重仰卧起坐	3	6	2
每次训练的持续时间/分	65				每次训练的持续时间/分	45			
相同练习的训练组之间的间歇时间/分	2 - 3				相同练习的训练组之间的间歇时间/分	14			

- 水平顺序。运动员可以先完成第一项练习的所有训练组，再完成下一项练习——按照水平顺序。如果间歇时间不够，那么完成一项练习的所有训练组可能会导致严重的局部疲劳。因此，这可能会导致增肌，而不是增强爆发力或最大力量，并且在最大力量训练具有长间歇时间的情况下，每次训练的总持续时间可能会过长。
- 垂直顺序。运动员可以按照自上而下的顺序——垂直顺序或力量循环——完成练习，就像表4.4右半部分所列的那样。这种方法会让所涉及的肌群得到更好的恢复。实际上，等到再次完成第一项练习时，肌肉基本上已经恢复了。为了确保更好的恢复效果，练习应当在拮抗肌之间或者上肢与下肢之间进行交替。如果要锻炼所有的身体部位，那么建议的顺序如下：下肢推练习、上肢推练习、下肢拉练习、上肢拉练习，以此类推。

重复次数和完成速度

尽管完成速度在力量训练中是一个重要的增负参数，但是它未必总是会被正确地理解。例如，在健身领域中，缓慢地举起超过85%1RM的负荷被当作一种常识，但这样做不正确。爆发力型运动员在训练时要爆发性地举重，他们可以快速地举起高达90%1RM的负荷，并且即使在如此大的负荷下，仍然能够表现出高水平的输出功率。

这一切都归结于神经系统的训练效果，它能在最短的时间内募集所有的运动单位。这种效果可以通过周期力量训练来实现，从肌肉间协调性训练（爆发性地举起中等负荷和大负荷）到肌肉内协调性训练（爆发性地举起最大负荷，或者至少企图爆发性地移动它们）（Behm and Sale, 1993）（见表4.5，也可以返回去参考表2.2）。

表4.5　最大力量阶段和爆发力阶段所用的训练强度和重复次数

	1RM 的百分比/%	最大力量-II	最大力量-I	爆发力
肌肉内协调性	100	1		
	95	1~2		
	90	1~3		
	85	3~5		
肌肉间协调性	80		3~5	
	75		3~5	
	70		3~5	1~2
	65			1~3
	60			3~5
	55			3~5
	50			3~5

　　为了发展最大力量（即以70%~100%1RM进行训练），重复次数会非常少（1~5次）。对于发展爆发力的练习（即以50%~80%1RM进行训练），重复次数为中低水平（1~10次，动态地完成）。对于发展短时间肌肉耐力的练习，10~30次重复就足够了；发展中等时间肌肉耐力需要完成30~60次不间断的重复次数；而发展长时间肌肉耐力需要完成更多的重复次数——多达200次。有些教练认为20次重复就足以增强肌肉耐力，他们可能会觉得此处建议的重复次数非常惊人。然而，对于需要中等或长时间肌肉耐力的运动项目，例如赛艇、皮划艇、长距离游泳和越野滑雪，运动员只完成20次重复所能获得的提升微乎其微。

　　完成速度在力量训练中至关重要。为了至少在向心阶段实现最佳的训练效果，大多数训练的完成必须迅速和动态。完成速度的关键在于运动员对抗阻力时施力的方式。例如，当一名美式橄榄球运动员、投掷运动员或者短跑运动员举起大负荷（90%以上1RM）时，他的运动看起来可能较慢，但是其对抗阻力的速度要尽可能快。否则，神经系统不会募集克服阻力所必需的所有运动单位，也不会高频率地激活它们。只有快速有力地对抗阻力才能训练快缩型肌纤维的主动募集能力。实际上，一项研究已经证明，采用最大预期速度完成举重时，向心动作会引起持续6周的最大力量的提高，这种提高效果是采用预期最大速度的一半进行举重时的2倍。此外，它还会提高举起所有负荷的速度（Bompa, 1993; González-Badillo et al., 2014）。

　　鉴于该原因，完成速度在力量训练中发挥着非常重要的作用，并且应当因训练阶段而发生变化。为了发展爆发力，运动员必须专注于迅速地激活肌肉，即使在慢速移动杠铃的时候也应如此。然而，在大部分时候，杠铃或其他训练器械实际上也应当被快速地移动。只有在对抗大负荷（70%以上1RM）完成高速的肌肉收缩时，人体才能迅速地激活快缩型肌纤维，并促成最大力量的提高和爆发力的增强。对于力量训练计划的每个阶段，合适的完成速度如表4.6所示。

表4.6　每个训练阶段合适的完成速度

训练目标	完成速度	
	离心阶段	向心阶段
解剖学适应	慢速	慢速或快速
增肌	慢速	快速
最大力量	慢速	快速
爆发力	快速	快速
爆发力耐力	快速	快速
短时间肌肉耐力	快速	快速
中等时间肌肉耐力	中速	中速或快速
长时间肌肉耐力	中速	中速

向心阶段较慢的完成速度会增加整个关节活动范围内的代谢压力和肌肉发力，并且可以用于增强训练的增肌效应。中等速度可以用于训练的解剖学适应阶段[*]，因为这有助于运动员实现更强的动作控制，并且会产生更多处于张力下的时间。运动员可以在举重的离心阶段花费3～4秒，并停顿1秒以完成离心阶段向向心阶段的过渡，然后在向心阶段花费2秒。

在年度计划的其余时间内，运动员必须快速且动态性或爆发性地完成练习。运动员应当快速或爆发性地完成力量训练中的向心动作，因为绝大多数运动项目需要肌肉进行快速的向心收缩。

在专注于最大力量、爆发力、爆发力耐力和短时间肌肉耐力的阶段，预期的肌肉收缩速度应当尽可能地快。在最大力量阶段，运动员应当缓慢地完成3～4秒的离心动作，随后再完成爆发性的向心动作。离心动作向向心动作的过渡可以在该阶段内进行控制。实际上，最大化向心力量的最佳方法是，在完成进一步的向心举重之前，暂停1～2秒来消除在举重的离心阶段出现的反射性或弹性。这种方法应当用于最大力量训练阶段的前期，但是不应当用于最大力量训练阶段的后期（此时运动员正在准备向专项力量训练阶段过渡）。

下面以卧推为例进行说明。当完成卧推时，运动员伸展双臂为推举的向心阶段，将杠铃落回到胸部位置并拉长胸部肌肉为离心阶段。一般而言，运动员会缓慢地屈曲肘关节，以让杠铃落回到胸部的位置，然后迅速地将杠铃放回起始位置，并再次开始循环。如果离心部分也被快速完成，那么推举的离心部分可以增强随后向心推举动作的力量，从而引起所谓的肌伸张（牵张）反射。这种反射是快速伸缩复合训练在运动训练中如此受欢迎的原因。本质上，快速伸缩复合训练是通过增强主动肌做出快速和爆发性向心动作的生理特性来提升运动表现的。

运动员迅速将杠铃落回到胸部位置的过程中，肌肉中的神经机制被增强，弹性势能被存储在肌腱中，并在练习的向心或推举阶段被使用。因此，通过在离心推举之后短暂地停顿，

---

[*]原书内容如此。——译者

并且让杠铃的向上运动成为一种纯粹的向心推举，而不受离心动作的任何影响，运动员便可以实现纯向心发力能力的真正增强。通过防止运动员作弊或者反弹重量，运动员在每次重复时，关节活动范围都能达到标准。并且由于这种方法鼓励使用更好的技巧，所以肌肉间协调性也能得到改善。

这种方法还可以用来帮助运动员突破力量停滞期。教练应当决定主要的关注点是主动向心力量最大化，还是模仿运动专项的神经肌肉模式（通常是离心–向心动作）。如前所述，在最大力量训练阶段，关注点应当从前者转变为后者。

根据训练阶段所追求的训练效果，每个训练阶段都有一种完成训练的理想方式和一个训练组的理想持续时间，这与所涉及的能量系统有关。不同训练组持续时间和训练效果如表4.7所示。

表4.7　训练组持续时间和训练效果*

训练组持续时间	训练效果
2~12秒	力量提升，并且没有增肌收益（相对力量）和爆发力发展
15~25秒	力量提升，并且有增肌收益（绝对力量）
30~60秒	增肌
15~30秒	爆发力/爆发力耐力增强
30~120秒	短时间肌肉耐力增强
2~8分钟	中等时间肌肉耐力增强
8分钟以上	长时间肌肉耐力增强

*译者注：原书数据如此。

组数

一个训练组是每项练习的重复次数和一次间歇时间。组数取决于练习数量和运动专项力量组合。每项练习的组数应随着练习数量的增加而减少，否则训练量会变得过大。每个训练组的重复次数与每项练习的组数还存在反比关系。例如，对于试图发展长时间肌肉耐力的赛艇运动员、皮划艇运动员或者越野滑雪运动员来说，关键要素是每个训练组的重复次数。由于训练组的重复次数较多，所以这些运动员难以完成3个以上的训练组。

组数还取决于运动员的能力和训练水平、目标肌群数量以及训练阶段。例如，专项训练计划中的跳高运动员或者跳水运动员可能会使用4~6个训练组，每组包含3~5项练习。练习数量较多则需要较少的组数，这会为主动肌的适应带来明显的优势。假设有一名跳高运动员，他采用8项涉及腿部、上肢和手臂肌群的练习。对于每项练习，运动员需要完成880磅负荷的训练。由于运动员只能完成4个训练组，每个肌群的总训练量是3520磅。然而，如果练习数量减少至4项，而运动员可以完成8个训练组，每个肌群的总训练量就为7040磅。因此，通过减少总的练习数量和增加组数，运动员可以让主动肌的总训练量翻倍。

　　每节训练课中应完成的组数还取决于运动员所处的训练阶段。在准备阶段——尤其在解剖学适应阶段，大部分肌群在此时接受训练——要用较少的组数完成更多的练习。然而，随着比赛阶段的临近，运动专项训练的占比增加，并且练习数量减少，而组数增加。最后，在训练目的是维持某种水平的力量或者给定力量组合的比赛阶段，一切训练负荷都会减少，包括组数，这会使得运动员的精力集中在技术和战术训练或者运动专项训练上。

　　一方面，在赛季非常长的集体项目中，运动员对于每项练习只完成几个训练组（2个、3个或者最多4个），以减轻身体疲劳并降低对恢复和运动专项表现产生消极影响的可能性。另一方面，在个人项目中，训练有素的运动员可以完成3个、6个甚至是8个训练组。当然，完成多组数的练习是有道理的。运动员完成主动肌基础练习的组数越多，其可以完成的训练量就越大，从而最终会导致更好的力量增益和更高水平的表现提升。

间歇时间

　　当然，能量对于力量训练来说是必不可少的。在训练期间，根据所采用的负荷和训练的持续时间，运动员主要使用给定能量系统提供的能量。在高强度力量训练期间，存储的能量会被极大地消耗，甚至会被完全耗尽。因此，为了完成训练，运动员必须休息一定的时间，以在完成另一个训练组之前补充消耗的能量。

　　实际上，训练组之间或者训练课之间的间歇时间与训练本身一样重要。训练组之间的间歇时间在很大程度上决定了在接下来的训练组开始之前，能量能够恢复多少。精心地计划间歇时间在避免训练期间产生不必要的生理和心理压力方面发挥着至关重要的作用。

　　间歇时间的长短取决于几个因素，包括所发展的力量类型、所采用的负荷、训练组的持续时间、所涉及的肌肉数量以及运动员的体能水平。运动员的体重也应纳入考虑，因为具有较大肌肉围度的大体重运动员的恢复速率往往要低于小体重运动员。

训练组之间的间歇时间

　　间歇时间是训练中所采用的负荷和被发展的力量类型的函数（见表4.8）。

　　在间歇时间内，高能量化合物三磷酸腺苷（ATP）和磷酸肌酸（CP）得到的补充水平与间歇时间的长短成正比。当间歇时间计算合理时，磷酸肌酸可以完全恢复，或者几乎完全恢复，并且乳酸积累的速度会更慢，从而使得运动员能够在整个训练过程中维持高水平的输出功率。如果间歇时间短于1分钟，乳酸浓度会迅速升高；当间歇时间短于30秒时，乳酸浓度会变得非常高，以致训练有素的运动员都觉得难以忍受。合适的间歇时间会降低乳酸积累的速度，并有助于从肌肉中消除乳酸。

表4.8 训练组之间的间歇时间的建议指南[*]

强度区间	负荷	1RM的百分比/%	间歇时间/分
1	超大	>105	4~8
2	最大	90~100	3~6
3	大	85~90	3~5
4		80~85	
5	中等	70~80	2~3
6		60~70	
7	小	30~60	0.5~2

[*]译者注：原书数据如此。

有些运动项目需要运动员耐受乳酸，如短距离赛跑、游泳、赛艇、皮划艇、某些集体项目、拳击，以及摔跤。针对这类运动员的力量训练应当考虑以下因素。

- 30秒的间歇时间大约会恢复消耗的三磷酸腺苷和磷酸肌酸的50%。

- 对于几个15~20次重复的训练组，采用1分钟的间歇时间不足以恢复肌肉的能量底物和实现高水平的输出功率。

- 最大力量训练阶段积累了疲劳感之后，过短的间歇时间会导致运动神经元放电速率降低，从而降低速度。安排3分钟的间歇时间则能避免出现这种现象（Bigland-Ritchie et al., 1983）；实际上，3分钟或更长的间歇时间几乎可以使消耗的三磷酸腺苷和磷酸肌酸完全恢复。

- 较长时间的间歇时间（3分钟以上）会导致腘绳肌力量大幅提升（Pincivero, Lephart and Karunakara, 1997）。

- 进行到向心力竭的训练组需要的间歇时间要远远多于不进行到向心力竭的训练组。例如，重复次数为5、负荷为70%1RM的训练组可能需要1~2分钟的间歇时间来让运动员以相同的输出功率重复该训练组；而用10次重复在相同的负荷下训练到力竭则需要5分钟以上的间歇时间来让运动员以相同的输出功率重复该训练组，而且其爆发力水平肯定会低于5次重复的训练组（见图4.2）。此外，在运动员训练到力竭之后，4分钟的间歇时间不足以让他在接受训练的肌肉中消除乳酸或者补充所有的能量，如糖原。

- 下面两种情况的输出功率和代谢特征有很大差别：在重复次数为10的5个训练组中进行到向心力竭与在重复次数为5的10个训练组中不进行到向心力竭，二者采用相同的负荷（Gorostiaga et al., 2012）。不进行到向心力竭会导致较高的平均输出功率水平，以及最后一组后较高的三磷酸腺苷水平、较高的磷酸肌酸水平及较低的乳酸水平，见图4.2和表4.9。

在两组之间，三磷酸腺苷和磷酸肌酸的恢复程度取决于间歇时间的长短：间歇时间越

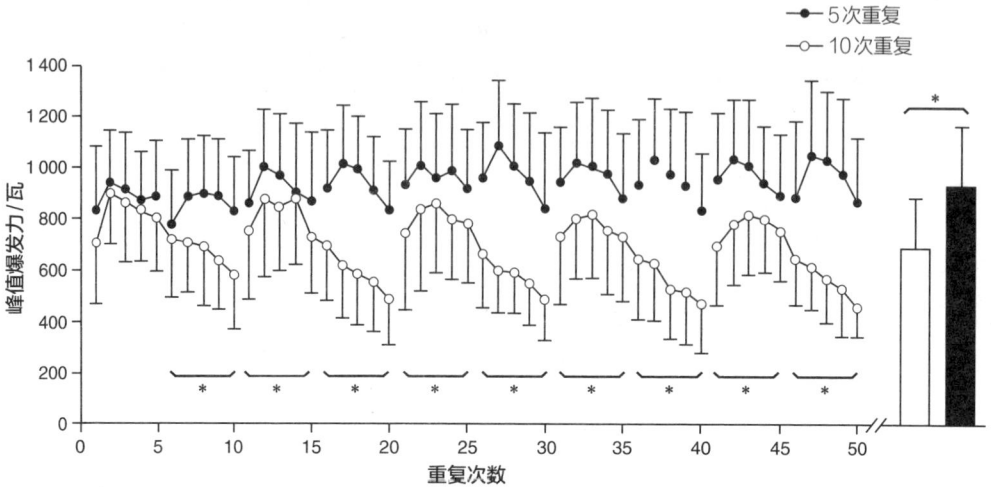

图4.2　在重复次数为10的5个训练组中进行到向心力竭与在重复次数为5的10个训练组中不进行到向心力竭的每次重复时输出功率水平的对比

源自：E.M. Gorostiaga, I. Navarro-Amézqueta, J.A.L. Calbet, et al., "Energy Metabolism During Repeated Sets of Leg Press Exercise Leading to Failure or Not," *PLoS ONE7*, no.7 (2012): e40621. Distributed under the terms of the Creative Commons Attribution License.

表4.9　在重复次数为10的5个训练组中进行到向心力竭与
在重复次数为5的10个训练组中不进行到向心力竭的代谢特征

	10次重复			5次重复		
	训练前	第一组后	最后一组后	训练前	第一组后	最后一组后
ATP/（毫摩尔/升）	6.46±0.56	6.42±0.57	4.90±0.39	6.58±0.35	6.19±0.59	6.09±0.41
ADP/（毫摩尔/升）	0.86±0.03	0.91±0.10	0.92±0.11	0.86±0.04	0.89±0.08	0.87±0.08
AMP/（毫摩尔/升）	0.07±0.04	0.09±0.03	0.09±0.04	0.08±0.04	0.08±0.03	0.08±0.03
TAN/（毫摩尔/升）	7.37±0.59	7.42±0.67	5.91±0.44	7.52±0.36	7.16±0.66	7.04±0.49
IMP/（毫摩尔/升）	0.01±0.00	0.08±0.11	0.87±0.69	0.01±0.00	0.01±0.00	0.01±0.02
PCr/（毫摩尔/升）	21.00±8.86	7.75±5.53	3.15±2.88	19.50±4.06	11.68±7.82	14.47±7.24
Cr/（毫摩尔/升）	8.93±4.96	25.45±3.80	22.90±6.89	8.40±3.25	16.97±6.33	15.57±5.01
PCr+Cr/（毫摩尔/升）	29.91±5.19	34.55±6.23	26.06±8.44	27.90±3.65	30.56±6.19	30.15±8.46
La/（毫摩尔/升）	1.70±1.18	17.20±3.50	25.01±8.09	2.02±1.05	7.10±2.54	5.80±4.62
能量变化/千焦	0.933±0.006	0.927±0.004	0.909±0.014	0.932±0.007	0.927±0.006	0.928±0.006

符号说明：ATP=三磷酸腺苷，ADP=二磷酸腺苷，AMP=一磷酸腺苷，TAN=腺嘌呤核苷酸总量，IMP=一磷酸腺苷，PCr=磷酸肌酸，Cr=肌酸，La=乳酸

源自：E.M. Gorostiaga, I. Navarro-Amézqueta, J.A.L. Calbet, et al., "Energy Metabolism During Repeated Sets of Leg Press Exercise Leading to Failure or Not," *PLoS ONE7*, no.7 (2012): e40621. Distributed under the terms of the Creative Commons Attribution License.

短，恢复的三磷酸腺苷就越少，因而下一组可用的能量就会越少。因此，训练组之间的间歇时间不足的一个后果是运动员会更加依赖糖酵解系统获取能量。如果间歇时间过短，那么糖酵解系统会提供完成后续训练组所需的大部分能量。依赖该能量系统会导致输出功率水平的降低和接受训练的肌肉中乳酸积累水平的提高，这会导致疼痛和疲劳，从而削弱运动员有效

训练的能力。除非运动员是在进行增肌或乳酸耐受性训练，否则他们需要较长的间歇时间来维持输出功率水平和克服过量的乳酸积累。

间歇时间不足的另一个后果是局部肌肉和中枢神经系统的疲劳。大部分研究得出了以下几方面的结论。

- 运动神经元。神经系统通过运动神经元将神经冲动传向肌纤维。神经冲动拥有一定的频率。更高频率的神经冲动意味着更有力的肌肉收缩，这会让运动员举起大负荷或者迅速冲刺的能力更强。神经冲动的放电速率受疲劳的影响程度很高：具体而言，随着疲劳感的增加，肌肉收缩的力量会随着放电速率的降低而降低（Ranieri and Di Lazzaro, 2012; Taylor, Todd and Gandevia, 2006）。这就是为什么在最大力量训练阶段，较长的间歇时间（长达8分钟）对于中枢神经系统的恢复来说是必不可少的。

- 神经-肌肉连接处。神经-肌肉连接处是神经与肌纤维的连接位置，它会将神经冲动传递给正在工作的肌肉。该位置的疲劳在很大程度上是由神经末梢上的化学递质（即神经递质）的释放增加导致的（Tesch, 1980）。如果运动员在完成一个训练组后休息2~3分钟，神经的电特性通常会回到正常水平。然而，在完成爆发性的收缩之后，如利用最大负荷或速度的最大力量训练或者速度-耐力训练中的典型收缩，要实现充分恢复可能需要5分钟以上的间歇时间。

- 收缩机制。肌肉的收缩构造（肌动蛋白和肌球蛋白）也会导致疲劳和表现不佳。具体而言，由重复的肌肉收缩（尤其是高强度收缩）导致的酸性增强会减小峰值张力或者削弱肌肉进行最大收缩的能力，并且会影响肌肉对神经冲动做出反应的能力（Fox, Bowes and Foss, 1989; Sahlin, 1986; Enoka, 2015）。糖原存储的耗尽也会让收缩的肌肉产生疲劳，这种情况多出现在长时间（30分钟以上）的练习中（Conlee, 1987; Karlsson and Saltin, 1971; Sahlin, 1986; Stone et al., 2007）。其他的能量，包括来自肝脏的糖原，无法完全满足工作的肌肉的能量需求。

中枢神经系统还会受到局部肌肉疲劳的影响，实际上，这种结果是进行到力竭的训练组的特征。在训练期间，肌肉内部会出现化学扰动，这种扰动会影响肌肉完成训练的潜力（Bigland-Ritchie et al., 1983; Hennig and Lomo, 1987）。当这些化学扰动的效应传回中枢神经系统时，大脑会向工作的肌肉发送较微弱的神经冲动，这会削弱其训练能力，以保护身体。在3~5分钟的间歇时间内，工作的肌肉几乎可以完全恢复。然后大脑会意识到没有危险，并向工作的肌肉发送更加强有力的神经冲动，从而促成更出色的肌肉表现。

力量训练的频率

力量训练课之间间歇时间的长短和频率取决于运动员的体能和恢复能力、训练阶段以及训练中所用的能量。体能良好的运动员总是恢复得较快，尤其是在训练向比赛阶段推进的过程中，此时他们应当发挥他们最大的生理潜力。正常情况下，力量训练紧随技术或战术训练，并且如果运动员在技术和力量训练期间让相同的能量系统和燃料（如糖原）承受大负荷，那么接下来这种类型的训练必须安排在两天以后进行，因为糖原的完全恢复需要48小时（Fox, Bowes and Foss, 1989; Piehl, 1974; Stone et al., 2007）。即使采用富含碳水化合物的饮食，糖原水平也不会在少于两天的时间内恢复正常。

如果运动员只完成力量训练，就像一些运动员在准备阶段的做法，糖原的恢复速度会更快——在5小时内会恢复55%，在24小时内几乎会恢复100%。较快的恢复意味着力量训练可以被安排得更加频繁。某些力量训练课中有多个训练组或者较少重复次数，且运动员不用训练至力竭，并且训练后留出了足够的间歇时间，在这种情况下，糖原的恢复甚至不是需要关注的问题，因为运动员主要使用的能量系统是磷酸原系统。

力量训练计划还应当考虑肌肉蛋白恢复所需的时间。当未经训练的对象参加包括向心和离心动作组合的抗阻训练计划时，他们出现了肌纤维的分解（肌肉蛋白的分解），这种分解会在力量训练之后持续48小时（Gibala et al., 1995; Bompa and Haff, 2009）。好消息是，同时出现的肌肉蛋白的合成量要大于分解量。在力量训练之后立即摄入碳水化合物和蛋白质的混合物，可以进一步促进力量训练之后的肌肉蛋白的合成或肌纤维的重建。肌肉蛋白的恢复在经过训练的运动员身上可能出现得较快。

最后，在制订力量训练计划时，最重要的考虑因素可能是神经系统的疲劳。连续几天安排高强度的训练会让神经系统无法拥有合适的恢复时间。例如，许多运动员会在周一完成最大力量训练，接着在周二完成快速伸缩复合训练。由于这两种训练都会让类似的神经通路承受大负荷，所以两种训练间的恢复时间不够，可能会让运动员出现损伤或者过度训练的迹象，除非两种训练都采用非常低的训练量。

总体来看，科学研究不可反驳地认为，力量或有氧训练之后的恢复必须足以让所有的身体系统有时间恢复和适应刺激，然后才可以引入类似或者更多具有相同性质且强度更高的训练。在训练周期内，恢复发挥的作用与训练中所施加的刺激一样至关重要。具体而言，能量系统必须恢复，神经系统必须恢复，并且肌肉蛋白的净增加量（合成量减去分解量）必须为正值，以实现肌肉力量、爆发力、耐力或肌肉大小的逐渐增强或增长。通过根据所需的能量系统来设计力量训练计划，恢复过程可以得到简化。

磷酸原的恢复

三磷酸腺苷是身体的能量货币，而磷酸肌酸被用来通过三磷酸腺苷的代谢产生的二磷酸腺苷形成新的三磷酸腺苷。由举重或完成高水平的代谢活动缓慢引起的疲劳会减少身体的能量底物，如磷酸原和糖原。身体随后会通过磷酸原和糖原的补充，将能量供应恢复和补充至练习前的水平（或者更高）。

在表4.10中，磷酸肌酸的恢复在前30秒可以达到50%，在第5分钟时可以达到100%。这种模式解释了为什么在高强度力量训练（重复次数为4～8次的举重或者50米冲刺）的组间需要3～5分钟的间歇时间。例如，在50米冲刺期间，如果组间的间歇时间不足（如只有1～2分钟），那么训练会逐渐变得越来越乳酸化，从而由速度训练转变为乳酸耐受性训练（Janssen, 2001）。

表4.10 磷酸肌酸恢复的时间及百分比

时间/分	恢复的百分比/%
0.5	50
1	75
1.5	87.5
2	93.7
2.5	96.8
3	98.3
3.5	99
4	99.4
4.5	99.8
5	100

在磷酸原没有适当恢复的前提下开始一个训练组，运动员无法在整个训练组内或者从一个训练组过渡到下一个训练组时维持输出功率水平。因此，在最大力量训练阶段，运动员应当在组间休息3～5分钟，然后完成更多利用相同肌群的训练组，否则他们就应保守地完成训练组，即重复次数不超过1次。当以非常高的强度进行训练并且接近力竭时，为了实现最大限度的恢复，运动员必须按垂直顺序进行训练——完成一项练习的一个训练组之后，再转向下一项练习。换言之，在回过头完成第一项练习的第二个训练组之前，他们应当完成各项练习的第一个训练组。这可以让肌肉中的磷酸原拥有足够的恢复时间。

间歇时间内的活动

当在高强度间歇（乳酸）练习的训练组之间进行恢复时，进行大约20%的最大摄氧量（$\dot{V}O_{2max}$）有氧活动对后续训练组中的表现的影响要比拉伸或被动休息更加积极（Dorado, Sanchis-Moysi and Calbet, 2004）。为了实现组间的更快恢复，运动员还可以做放松练习（如抖动腿部、双臂和肩膀）或者接受轻柔的按摩。此外，他们还可以完成转移注意力的活动，这些活动会轻微地收缩不疲劳的肌肉，据报道，这有助于主动肌实现较快的恢复（Asmussen and Mazin, 1978）。

将要在力或爆发力训练中接受训练的肌肉不应当进行静态拉伸，除非是在长时间热身活动开始时进行，因为这种拉伸可能会大幅抑制这些肌肉的输出功率水平（Power et al., 2004; Cramer et al., 2005; Nelson et al., 2005; Yamaguchi et al., 2006; Samuel et al., 2008; La Torre et al., 2010）。对所使用的肌肉进行的静态拉伸应当安排在训练课结束的时候。静态拉伸是指人为地拉伸肌球蛋白和肌动蛋白重合处的肌肉。肌肉达到解剖学长度的时间越早，它们开始恢复的时间就越早，复原的速度就越快，从而越容易在训练期间消除积累的代谢产物。

力量训练的增负模式

最为流行的力量训练的增负模式之一是金字塔式增负模式。它的结构如图4.3所示，这种结构表明，负荷逐渐增加时，重复次数会成比例地减少。使用金字塔式增负模式的生理学优势是，它会让神经系统以渐进的方式为更大的张力做好准备，从而稳定技巧水平并减弱抑制机制的作用。为了促成最高水平的力量适应，运动员应当避免在任何训练组中达到向心力竭的状态，并且从金字塔的第一个训练组到最后一个训练组，增负模式的负荷变化范围应当为10%~15%1RM。任何大于15%1RM的变化都不会使力量收益最优化。

另一种模式是双金字塔式增负模式，它由两个金字塔组成，其中一个倒置在另一个的上方。下方的金字塔中的重复次数自下往上减少，上方的金字塔中的重复次数自下往上增加。随着重复次数的减少，负荷变得越来越大；随着重复次数的增加，负荷变得越来越小（见图4.4）。

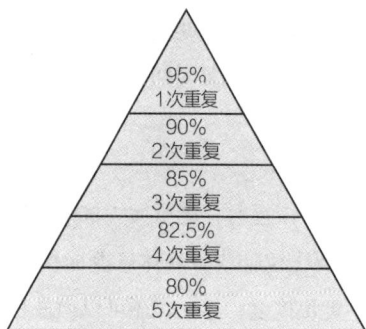

75%
5次重复

77.5%
4次重复

80%
3次重复

82.5%
2次重复

85% 1次
重复

85%
1次
重复

82.5%
2次重复

80%
3次重复

77.5%
4次重复

75%
5次重复

图4.4 双金字塔式增负模式。可以保持组数和重复数方案不变，但是将每个小周期的强度增加2.5%1RM，以使最大力量阶段的强度提高2.5%

95%
1次重复

90%
2次重复

85%
3次重复

82.5%
4次重复

80%
5次重复

图4.3 金字塔式增负模式

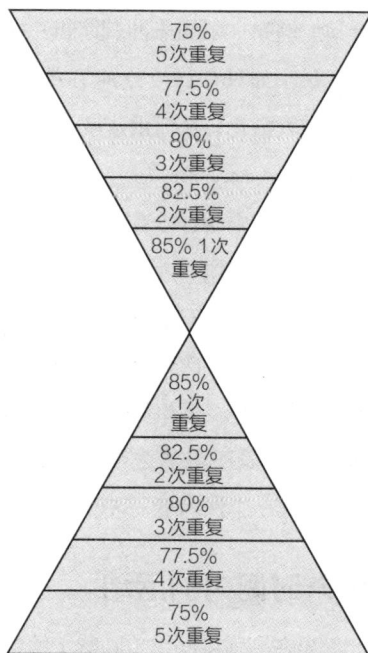

尽管双金字塔式增负模式有其优点，但是我们有必要注意一些事项。该模式的大部分支持者建议运动员在所有的训练组中达到向心力竭状态。然而，在使用这种方法时，等到完成最后一个训练组的时候，中枢神经系统和所涉及的肌肉可能都会筋疲力尽，在这种情况下，完成这些训练组不会产生预期的效果。

由于疲劳会影响快缩型肌纤维的激活，所以双金字塔式增负模式中的最后一个训练组会使肌肉围度增大，而不是发展力量或爆发力。爆发力的增强只有在运动员处于非疲劳状态时才会实现，这种状态通常出现在热身活动之后、训练开始之时。然而，如果将最大力量训练和增肌训练都计划在同一节训练课之中（绝对力量的方法），那么双金字塔式增负模式可能是一种可以接受的解决方案，因为它会让快缩型肌纤维处在张力下的总时间变长。

为了得到一种改进的双金字塔式增负模式的变式，有研究者（Bompa, 1993）提出了斜金字塔式增负模式（见图4.5）。在这种增负模式中，负荷在整个训练中不断地增加，但最后一个训练组除外，此时负荷会减小（如80%、85%、90%、95%和80%）。据证实，在最后一个训练组（即后退组）中减小负荷，并让运动员训练至向心力竭状态，可以增肌，而此时，大部分高强度、较少重复次数的训练组只会发展相对力量（Goto et al., 2004）。这种方法可以用于年度计划的力量维持阶段。

对于最大化力量收益来说，最佳的增负模式之一是扁平金字塔式增负模式（Bompa, 1993）（见图4.6）。它可以发展最大力量，并且可以引起一定程度专门针对快缩型肌纤维的增肌效应，这要归因于以大负荷完成的总重复次数较多。这种增负模式从热身组开始，如从负荷为50%1RM的热身组开始，随后是负荷为60%、70%和75%的间歇训练组，之后的训练使负荷稳定在80%。扁平金字塔式增负模式的生理学优势是，使用一种稳定的负荷水平，既可以实现神经肌肉对最大力量的最佳适应，又不会向身体施加采用几种强度时产生的相冲突的适应刺激。

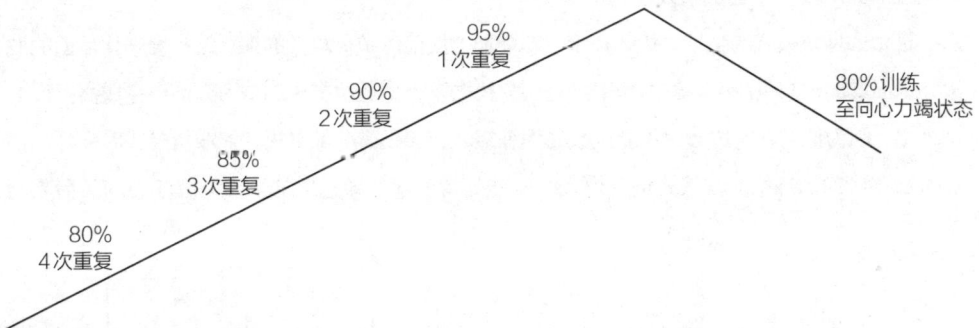

图4.5 斜金字塔式增负模式

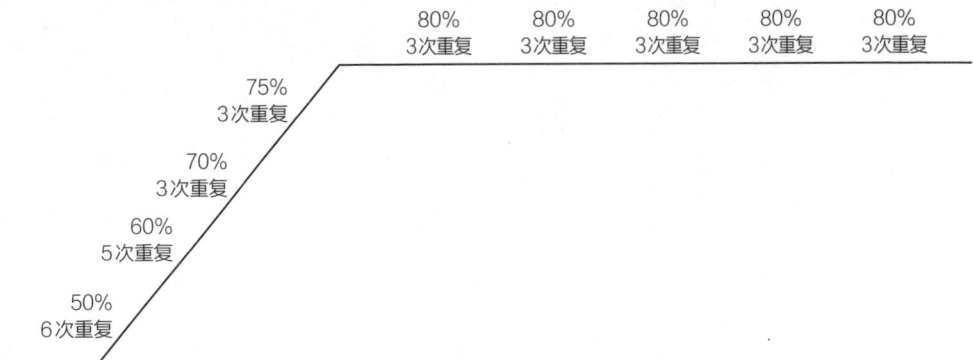

图4.6 扁平金字塔式增负模式

---

*原书数据如此。——译者

在传统的金字塔式增负模式中，负荷通常从70%到100%不等[*]。这跨越了3个负荷水平：中等、大和最大。虽然事实是产生最大力量收益所需的负荷介于70%和100%之间，但是每个强度区间（70%~80%、80%~90%及90%~100%）引起的神经肌肉适应略有不同，并且负荷必须有一个准确的递增过程。投入每个强度区间的训练量决定了主要的神经肌肉适应。因此，采用负荷为70%~100%的传统的金字塔式增负模式可能会带来爆发力和最大力量方面的收益，虽然这一般来说有利于运动员，但是它不能最大化任意一个方面的收益。

金字塔式增负模式中的负荷的变化肯定是可能的，并且是有必要的，只要在从一个训练组过渡至另一个训练组的某个具体小周期内，负荷处在预期神经肌肉适应所需的强度范围内即可（70%~80%用于肌肉间协调性，80%~90%用于肌肉内协调性）。

当力求最大化中级和高级运动员的力量收益时，波浪式增负模式是一种非常不错的模式。由于它的实际应用要比金字塔式增负模式更加复杂，所以我们往往不会在初学者身上使用波浪式增负模式，并会在中级和高级运动员训练的后期使用。一个持续14周的波浪式增负模式见图4.7。波浪式增负模式通常会涉及两个波浪，这两个波浪通常由3个训练组构成，训练组中的负荷会逐渐地增加，而重复次数会逐渐地减少。第一个波浪所用的负荷和重复次数方案在后面的波浪中会被重复使用。

波浪式增负模式的生理学优势在于，即前面的波浪（负荷较大的训练组）会强化后面的波浪，从而增加相同负荷下的输出功率。它还会让爆发力型运动员更加精力充沛地完成高强度的训练组，因为他们在完成较少重复次数的训练组之前，不需要像采用其他增负模式时那样，完成更高强度的训练组。波浪式增负模式的一些支持者建议通过增加第二个波浪中的负荷来利

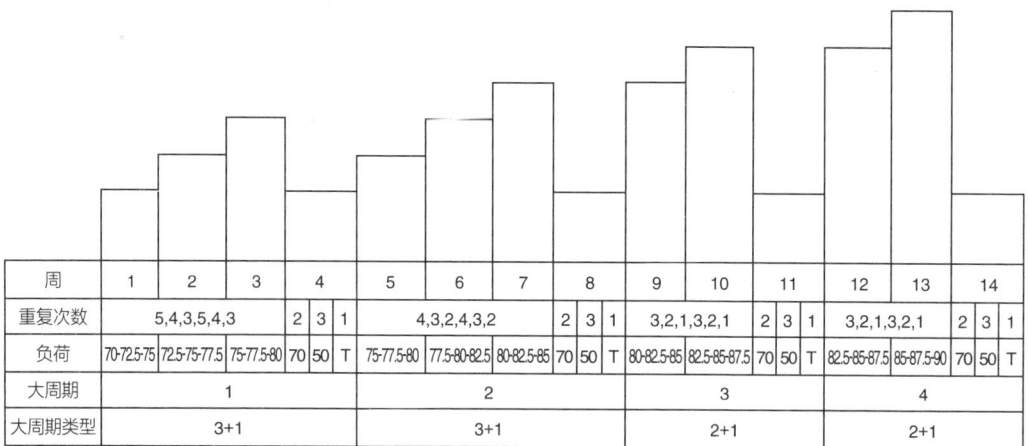

周	1	2	3	4			5	6	7	8			9	10	11			12	13	14		
重复次数	5,4,3,5,4,3			2	3	1	4,3,2,4,3,2			2	3	1	3,2,1,3,2,1		2	3	1	3,2,1,3,2,1		2	3	1
负荷	70-72.5-75	72.5-75-77.5	75-77.5-80	70	50	T	75-77.5-80	77.5-80-82.5	80-82.5-85	70	50	T	80-82.5-85	82.5-85-87.5	70	50	T	82.5-85-87.5	85-87.5-90	70	50	T
大周期	1						2						3					4				
大周期类型	3+1						3+1						2+1					2+1				

注："T"为1RM测试。

图4.7　波浪式增负模式尤其适用于中级和高级爆发力型运动员。这里展示的是一个14周的递进过程，它在整个大周期内有3种重复次数方案

---

[*]原书数据如此。——译者

用第一个波浪中的神经强化。尽管这种方法可以用来增大力量和增肌收益，但是我们更偏向于逐周（小周期）地递增负荷，从而增强力量和爆发力，并为运动专项活动储存更多的能量。

训练计划的设计

所有的训练计划都必须经过设计和衡量，以评估其能否实现训练目标。下面的内容有助于消除教练在设计一套训练计划并评估其对运动员发展的意义的过程中存在的一些困惑。

对运动项目表现模型的分析

分析每项身体运动能力的贡献，并确定运动专项的训练特征。

耐力

（1）利用科学文献来确定每种能量系统（在集体项目或个人项目中）对训练活动的贡献。

- 磷酸原（ATP-CP）。
- 糖酵解（LA）。
- 氧化（有氧）（O_2）。

（2）评价活动是连续的还是间断的。

（3）确定耐力训练的强度区间和整个训练计划要使用的递进过程。

（4）选择每个大周期内要使用的方法和训练手段的递进过程。

速度

（1）评价冲刺或快速动作的次数、强度和持续时间。

（2）考虑下面每种速度特征之间的差别及其贡献：磷酸原速度（加速和最大速度）、短时间乳酸速度（反复冲刺的能力）及长时间乳酸速度（速度耐力）。注意，长时间乳酸速度（速度耐力）是乳酸爆发力的表现形式，要维持8秒以上。相比之下，短时间乳酸速度（反复冲刺的能力）是磷酸原能力的表现形式，其中，6秒以下的冲刺在部分恢复的前提下重复进行，直到它们变为短时间乳酸爆发力的表现形式为止，这种表现形式仍然在很大程度上涉及短间歇时间内的有氧爆发力，以通过有氧磷酸化作用恢复磷酸原。

（3）评价冲刺或快速动作期间恢复的类型（主动或被动）和持续时间。

（4）评价速度的表现方式是线性还是非线性的。

（5）选择每个大周期内要使用的方法和训练手段的递进过程。

力量

（1）选择力量特性。确定下面哪种力量特性是运动专项需要的：爆发力，爆发力耐力，短时间、中等时间或长时间肌肉耐力。增强所需力量特性是整个周期力量训练的终极目标。记住，对于力量（更具代谢性）的耐力特性，训练的形态 – 功能性适应所需接触刺激的时间要长于神经肌肉适应的情况。该因素会直接影响转化阶段的长短，从而影响留给其他阶段的时间，因为计划的设计是从终点往前倒推的。

（2）根据运动员的特征（包括他的竞技发展阶段和力量训练经验）和入门阶段可用的时间，确定解剖学适应阶段的持续时间。

（3）确定是否要根据运动员和运动专项的特征来设计一个专门用于增肌训练的阶段。

（4）选择训练时要使用的练习。教练应当根据运动专项的具体要求、运动员的需求和训练阶段来选择训练所用的练习。每项竞技技能都是由主动肌完成的，而主动肌会因运动专项而异，要视具体的技能需求而定。教练必须先确定主动肌，然后选择涉及这些肌肉的最佳力量练习。同时，教练还必须考虑运动员的需求，这种需求取决于他的力量训练背景以及个人的强项和弱项。由于链条中最薄弱的一环通常最先断裂，所以应当选择补偿练习（也称辅助练习）来强化最薄弱的肌肉。练习的选择还具有阶段专项性。正常情况下，在解剖学适应阶段，大部分肌肉都会被使用，以构筑更坚实和更全面的基础。随着比赛阶段的临近，训练会变得更加针对运动专项，并且教练要选择涉及主动肌的专项性练习。教练必须分析运动专项的动作，以确定练习和增负参数；并且应当考虑以下因素。

- 动作发生的平面（矢状面、额状面和水平面）。
- 在运动专项动作的关节活动范围（即必须最大限度地受到专项力量训练影响的区间）内，处于不同关节角度时发出的力量。
- 产生动作的肌群（主动肌，它们也必须最大限度地受到专项力量训练的影响）。
- 肌肉动作（向心、离心和等长）。

（5）选择每个大周期内要使用的方法和训练手段的递进过程。

对运动专项的训练传统的分析

基于对运动专项的训练传统的分析，多年以来，教练已经发现了许多解决方法，这些方法更多地基于实践，而非理论。具备了新的知识和实践经验，你便可以找到克服这种训练传统的不足的理想出发点。

对运动员的分析

为了确定当前的训练状态，你需要测试运动员对每项身体运动能力的发展程度或者它们的特性，这可能与你将在训练计划中使用的方法息息相关。教练应考虑测试结果和运动员的比赛水平，以为年度计划内各项身体运动能力确定训练负荷递增幅度和表现目标。

首先，确定运动员的力量训练程度。最大力量是运动员在一次重复时可以举起的最大负荷，即1RM。在设计最大力量或者爆发力训练计划之前，教练至少应当知道每个运动员在主导练习中的最大力量。运动员的个体数据只在一定的训练周期内是有效的，因为训练程度在不断地发生变化。1RM测试只能由具有一定力量训练经验的运动员完成，并且只能在接触负荷等于或大于70%1RM的大周期之后完成，对于初学者来说尤其如此。其次，教练还应当测试对于运动专项来说最为重要的关节周围肌肉力量的平衡性（采用3RM～8RM的次最大重量），并且测量赛季初的运动专项力量，以监测其进展和得到有关运动员对训练计划的动态适应的信息。

前面的步骤可以让教练清楚地了解运动员的竞技发展水平和每项身体运动能力的训练程度。教练可以利用这些信息来确定练习的类型和数量、增负模式、1RM的百分比、重复数和组数，以达到既定的大周期训练计划的目的。然而，每个大周期的训练计划不能都相同。训练负荷必须逐渐地增加，这样运动员才能适应更高的训练强度，而这会转化为力量的增强。在每个新的大周期开始之前，教练应当对运动员进行测试来重新确定他们的1RM，这样做的

1RM测试

有些教练认为，1RM测试具有危险性——举起100%1RM的负荷可能会导致损伤。但是对于受过训练的运动员来说，每3~4周举起100%1RM的负荷并不危险。运动员的大部分损伤是在训练和比赛期间出现的，而不是在测试期间。有时候，运动员的身体在运动专项训练期间承受的力量高达其体重的5倍，所以1RM测试通常不会引发安全问题。另外还要考虑的是，测试是在大周期内的减负小周期结束时进行的，此时运动员已经从之前的增负小周期的疲劳中恢复了。运动员在进行1RM测试之前必须进行彻底、逐步的热身，比如下面是为蹲举（预计1RM为150千克）建议的热身。

- 第1组：20千克×10次重复，30秒的间歇时间，13%1RM。
- 第2组：60千克×4次重复，60秒的间歇时间，40%1RM。
- 第3组：80千克×2次重复，90秒的间歇时间，53%1RM。
- 第4组：100千克×2次重复，2分钟的间歇时间，67%1RM。
- 第5组：120千克×1次重复，2分钟的间歇时间，80%1RM。
- 第6组：130千克×1次重复，3分钟的间歇时间，87%1RM。
- 第7组：140千克×1次重复，4分钟的间歇时间，93%1RM。
- 第8组：145千克×1次重复，5分钟的间歇时间，97%1RM。
- 第9组：150千克×1次重复，6分钟的间歇时间，100%1RM。

目的是确保在最大力量方面取得进展，并使新的负荷与力量方面取得的收益具有相关性。

另一种可能的做法是，利用一种或多种运动专项爆发力或者体能测试来了解运动员在整个训练过程中运动专项技能的发展状况。

为了有效地记录信息，教练必须理解训练计划表中用来表示负荷、重复次数和组数的形式。

负荷表示为1RM的百分比，并且运动员必须接受1RM测试，尤其是在每个大周期结束时的准备阶段。知道运动员的1RM可以让教练根据每个阶段的训练目标，选择训练中要使用的负荷。负荷、重复次数和组数的表示形式如下所示。

$$\frac{负荷}{重复次数}（\times）组数$$

$$\frac{80}{10}（\times）4$$

分子（如80）指的是以1RM的百分比表示的负荷，分母（如10）表示重复次数，而乘数（如4）代表组数。

将负荷表示为1RM的百分比，其优势是，当与较多的运动员共事时，例如一支足球队，教练不必为每个运动员计算负荷；每个运动员可利用自己的1RM来计算负荷，算得的负荷可能会因运动员而异。因此，这种方法具备个性化特点。

力量训练计划的简化格式

任何一套力量训练计划都应当写在一页纸上或记在训练日志或者计算机中。表4.11展示了力量训练计划的一种简化格式，要么以公式形式表示，要么以练习序列的形式表示。第一列按照先后顺序列出了练习。第二列明确规定了负荷、重复次数和组数。最后一列表明了训练组间的间歇时间。

表4.11　力量训练计划格式样例

练习	负荷/重复次数 × 组数（负荷表示为1RM的百分比/%）	间歇时间/分
蹲举	80/4 × 4	3
卧推	85/3 × 4	3
硬拉	70/3 × 4	2
高位下拉	60/5 × 3	3
仰卧卷腹	体重/15 × 3	2

运动处方

分布在人体内的600多块肌肉能够完成各种各样的动作。所有的运动专项技能和动作都是通过肌肉收缩来完成的。因此,如果一名运动员想提升自己的技能或运动表现,他就必须专注于训练完成动作的肌肉——主动肌。

给特定的肌群设计运动处方必须基于专项阶段的考虑因素。在解剖学适应阶段,必须选择发展大部分肌群——主动肌和拮抗肌的练习,以为后续的阶段构筑更加坚实的基础。随着比赛阶段的临近,练习必须变得越来越具有专项性,并且要专门针对主动肌来进行安排(见表4.12)。

运动处方不应当基于从举重或健身中借鉴来的练习,而应当基于对肌肉产生动作的方式的理解。尤其从准备阶段后期开始,练习如果遵循了专项性原则,就会帮助特定运动项目的运动员提升技能或运动表现。这意味着它必须涉及用于完成运动专项技能的主动肌和协同肌。

教练通常在不理解健身和其他运动项目之间的差别的前提下转向健身领域,以期获取选择练习的灵感。在用于确定一项练习如何实现具体训练目标的方法(解析法或复合法)上,两者存在一个区别。健身人士利用解析法得到优美的肌肉线条。他们会分析每块肌肉的动作和运动,然后孤立地训练每块肌肉,以塑造最佳的肌肉围度。

然而,在运动专项训练中,应当使用复合法,因为此时的训练不仅涉及单块肌肉,还涉及完成运动专项技能所必需的所有关节肌肉。练习涉及的肌肉和关节的顺序还应当类似于完成所需技能时所使用的肌肉和顺序。教练可以让运动员利用工业制造的各种力量训练器械来更出色地训练主动肌。(注意:举重杠铃及其练习的刚性远远不能满足大部分运动项目在针对主动肌方面的具体训练需求。)

在多数情况下,运动员和教练可以根据运动员塑造的肌肉量(增肌)来对力量训练计划的成功程度进行评级。然而,除了美式橄榄球边锋、铅球运动员、重量级拳击运动员及摔跤运动员等例外情况,肌肉围度的不断增大并不是大部分运动员预期实现的效果。爆发力和速

表4.12 整年内运动处方的周期

练习类型	解剖学适应	最大力量 (准备阶段前期)	最大力量 (准备阶段后期)	专项力量转化
单侧	*****	***	***	**
双侧	***	*****	*****	*****
完整的关节活动范围	*****	****	***	**
专项的关节活动范围	—	—	****	*****

*表示投入每组练习中的相对训练量。

度类运动项目或者具有迅速、爆发性动作的运动项目（如棒球、足球、曲棍球、大部分田径项目及排球）的运动员依赖于神经系统的训练，这种训练包括许多可以形成神经肌肉适应的爆发力练习和中高水平的负荷（70%以上的1RM）（Sale, 1986; Schmidtbleicher, 1992; Enoka, 2015）。对于大部分运动项目来说，力量训练的神经肌肉适应意味着增强爆发力和提高收缩的速度，但是不会增加肌肉量——换言之，意味着增强相对力量和爆发力。

较高水平的神经肌肉适应可以通过精心选择训练方法和练习来实现。关于什么代表了力量训练的专项性，研究人员和国际级的教练持类似的观点。他们的观点总结如下。

- 训练方法必须专门针对运动项目中肌肉所用的收缩速度（Coyle et al., 1991; Kanehisa and Miyashita, 1983）。该必要条件意味着，从准备阶段的后半段一直到比赛阶段，教练应当选择可以针对性地提高收缩速度，从而提升爆发力或敏捷性水平的方法。

- 训练方法和练习必须沿着预期的动作方向增强收缩力量。该必要条件意味着，教练要根据用来完成运动项目的技术动作的肌肉（主动肌）来选择练习。这就是选择健身练习和方法是在浪费时间的原因，尤其是在准备阶段的后半段和整个比赛阶段。

- 训练方法必须能提高主动肌的激活程度。鉴于该原因，所选的练习必须具有运动专项性，并且主要涉及的是主动肌。

- 训练方法必须提高运动神经元的放电速率（Hortobagyi et al., 1996; Enoka, 2015）或者刺激肌肉以爆发性和高速的方式完成技术动作。运动神经元会支配、刺激和激活肌肉。训练方法和练习越具有专项性，运动员完成快速和爆发性技术动作的训练效果就越好。

- 运动单位募集和激发率随着负荷和收缩速度的增加而增加（De Luca et al., 1982）。增强最大力量和爆发力的训练方法是促进快缩型肌纤维激活和运动单位募集的唯一方法。

- 练习动作必须沿着运动项目中所用的神经通路完成（Häkkinen, 1989）。更加具体地讲，所选的练习必须使得完成肌肉收缩时的激活顺序与完成相关技术动作时出现的激活顺序相同。如果一项练习没有切实地模仿或者专门针对技术动作，那么结果只会是较低的练习转化率和较低水平的表现提升。

- 力量专项性训练导致的神经肌肉适应会增加主动募集的运动单位数量。这种能力会从一般练习转移至专项练习。精选的训练方法（如最大力量训练和爆发力训练）会募集更多的运动单位。因此，运动员可以以较高的收缩速度和更强的爆发力使用运动专项技能。

短期小周期计划

　　成功的力量训练计划应当是长期训练计划的一部分，并且不能只在年度计划的某些部分实施。教练和运动员也不应该为了开展力量训练而开展力量训练。当（且只有当）完成得恰当时，力量训练才有助于让运动员免受损伤、延迟疲劳的出现，并使运动员产生最佳竞技表现所需的高水平输出功率。为了行之有效，力量训练必须满足特定训练阶段的目标并且契合整个长期训练计划。

　　由于训练计划是一种用于提升竞技表现的方法性和科学性策略，所以应当对它进行精心的组织和安排。一套有效的训练计划应包含整年的力量周期训练。不管是短期还是长期，训练计划会反映出教练对方法论的了解，并且教练在设计时应考虑运动项目竞技表现模型以及运动员的训练背景和生理潜力。

　　一套良好的训练计划应具有简单性、客观性和灵活性，以促进运动员的生理适应和表现提升。然而，计划理论非常复杂，并且本书之所以讨论计划，只是因为它与力量训练相关。更多信息可参见《周期训练理论与方法（第6版）》(*Periodization: Theory and Methodology of Training*)（Bompa and Buzzichelli, 2018）。在本章，我们要讨论训练课计划、训练课模型、小周期计划等；在第6章，我们会谈及力量周期化的年度计划。更多运动项目的信息请参考第6章的"体育运动中的周期力量训练模型"部分。

训练课计划

训练课是组织每日训练计划的主要工具。为了实现更好的管理和组织，训练课可以分解为4个主要部分。前两个部分（介绍和热身活动）可以让运动员为主要部分做好准备，协同训练在主要部分中进行，最后一个部分（放松活动）可以让运动员恢复正常的生理状态。

介绍

在训练课的介绍部分，教练会向运动员分享当天的训练目标及如何实现这些目标。教练还会将运动员们分组，并为他们提供每日训练计划方面的必要建议。

热身活动

热身活动的具体目标是让运动员为随后的训练做好准备。在热身活动阶段，运动员的体温会升高，这似乎是有助于提升表现的主要因素之一。热身活动会刺激和协调所有生理系统的中枢神经系统，通过更多的神经冲动传输来加速运动反应，提升运动系统的生物力学表现，提高运动员可以产生的收缩速度和峰值爆发力，并改善协调性（Wade et al., 2000;

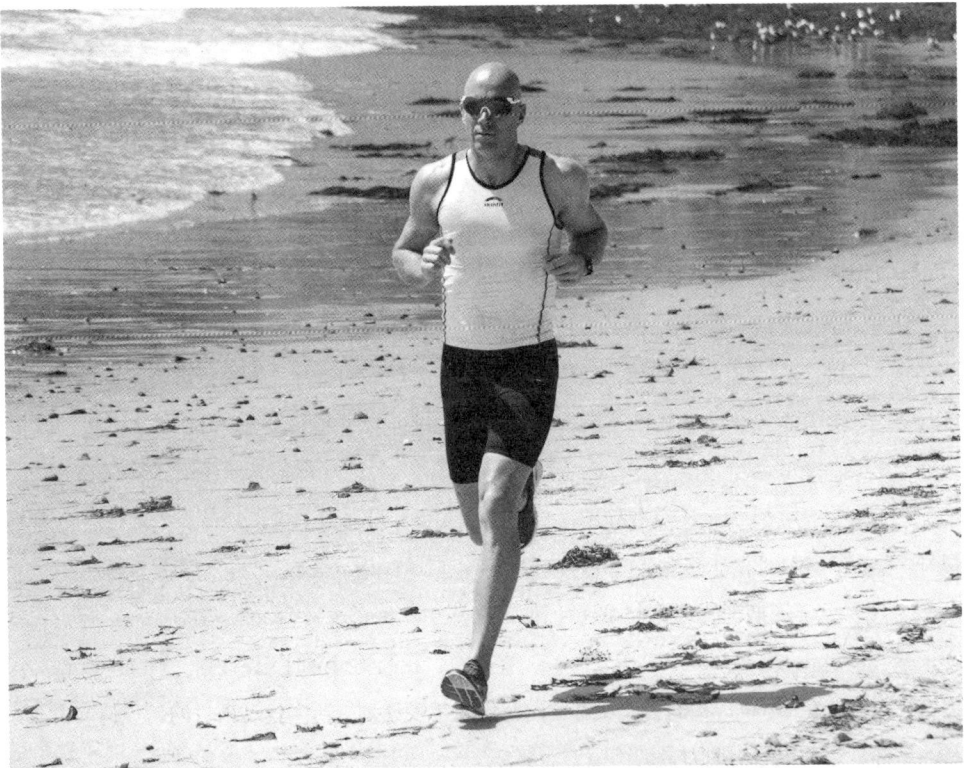

体温升高有助于让一些生理系统为即将开展的训练做好功能准备

Enoka, 2015）。体温的升高还会预热和辅助肌肉、肌筋膜及肌腱的拉伸，从而防止或者减少韧带扭伤以及肌腱和肌肉拉伤。在肌肉－骨骼耦合点遭受损伤之前，预热后的肌肉组织能够承受更高速的拉伸（Enoka, 2015）。

力量训练的热身活动包括两个部分：一般热身活动和专项热身活动。一般热身活动（5～10分钟）涉及较低强度的慢跑、骑自行车或登台阶，随后是体操和动态拉伸练习，用以增加血流量，而血流量的增加会使体温升高。该活动让肌肉和肌腱为开展制订好的训练计划做好准备。在热身活动期间，运动员还应当通过想象训练和鼓励自己应对训练的压力，从而从心理上为训练课的主要部分做好准备。力量训练的专项热身活动所需的时间要远远短于速度训练课所需的时间（3～5分钟），实际上，它是热身活动向训练课主要部分的短暂过渡。在该部分中，运动员通过在要使用的器械上完成多个重复次数较少的训练组和采用逐渐朝着当日计划负荷增加的负荷，让自己为成功的训练做好准备。

主要部分

训练课的主要部分专门用于协同训练计划，训练目标在该计划中得以完成，该计划也包括力量训练计划。在大部分运动项目中，技术和战术训练是训练的第一要务，而力量发展是第二要务。第一要务的活动在热身活动之后立即完成，随后运动员要完成力量训练。运动员在特定的一天中要完成的训练类型取决于训练阶段及训练目标。表5.1列举了一些训练课的训练顺序。

训练计划必须基于科学原则，并且其基本指南取决于运动项目中占主导地位的能量系统。当讨论训练课和小周期的某种组合时，教练和运动员应当记住下面的要点。

- 在以短时（少于10秒）爆发性动作为特征的运动项目中，爆发力是最具专项性的力量特性。例如，短跑、跳跃和田径运动中的投掷项目，骑自行车时的冲刺，跳台滑雪，自由式滑雪，跳水，投球和击球，美式橄榄球中的抛球，集体项目中的起跳和快速变向，拳击、摔跤和武术中的迅速肢体动作。

- 以穿插迅速变向、跳跃和短间歇时间的快速动作为特征的速度耐力（糖酵解型速度，15～30秒）活动往往依赖于爆发力耐力或短时间肌肉耐力，例如，50～100米游泳、

表5.1　训练课的训练顺序样例

训练课1	训练课2	训练课3	训练课4
1.热身活动	1.热身活动	1.热身活动	1.热身活动
2.磷酸肌酸型（磷酸原）技术技能	2.糖酵解型（乳酸）技术和战术技能	2.氧化型（有氧）战术技能	2.磷酸肌酸型（磷酸原）战术技能
3.速度	3.爆发力耐力	3.肌肉耐力	3.爆发力
4.最大力量或爆发力			

田径运动中的200～400米项目、500米速滑、网球、花样滑冰、集体项目中的许多比赛要素。

- 对抗阻力（可以是重力，也可以是由地面、水、雪或冰产生的）的长时间活动主要依赖于肌肉耐力。例如，赛艇、距离超过100米的游泳项目、皮划艇、越野滑雪及集体项目、格斗类运动项目和球拍类运动项目的某些要素。

因此，教练必须仔细地分析运动项目的特征，并确定自己的运动员在爆发力、爆发力耐力和肌肉耐力上的练习比例。

放松活动

热身活动的作用是让运动员从日常活动的正常生理状态向高强度训练过渡，而放松活动是具有相反效果的一种过渡方式：它会让身体恢复正常运转的状态。因此，在完成最后一项练习后，运动员不应当立即去洗澡。在10～20分钟的放松活动中，他们可以从训练过劳中更快地复原和恢复。

训练，尤其是剧烈训练导致的结果是，运动员的体内积累了大量的乳酸，并且他们的肌肉处于筋疲力尽、紧绷和僵硬的状态。为了缓解这种疲劳，并加速恢复过程，他们应当完成放松活动和拉伸练习。具体来讲，在训练结束时，他们应当完成5～10分钟低强度、连续的有氧活动，这些活动会让身体继续出汗，然后，他们应当进行5～10分钟的拉伸练习。这样做会改善恢复的效果，并促进代谢产物从肌肉细胞排到循环系统中，从而降低运动员的体温、心率和血压（Moeller et al., 1985; Hagberg et al., 1979; Bompa and Haff, 2009）。

放松活动还会降低皮质醇水平，如果不降低，它可能会影响夜间休息，并在训练之后长达24小时都维持在高水平。这会延缓恢复并削弱对训练的适应，并且它会降低儿茶酚胺水平，尤其是肾上腺素和去甲肾上腺素的水平（Jezova et al., 1985; Stone et al., 2007）。放松活动还会减弱运动员的情感张力，从而在心理层面也有利于运动员恢复。最后，拉伸尤其会让肌肉恢复至解剖学长度，并恢复关节活动范围，如若不然，该过程可能需要长达24小时的时间。

一旦放松活动开始削弱疲劳带来的影响，那么最基本的事情便是通过开始恢复能量底物来加速恢复和训练适应。实际上，我们强调了一个事实，即恢复和适应率不仅取决于所完成的训练类型，还取决于运动员的训练水平、他在训练课结束时的内在负荷以及他的营养干预措施（Bompa and Buzzichelli, 2018）。

训练课模型

许多运动项目不仅需要技术和战术训练，还需要针对最大速度、速度耐力和有氧耐力的训练——所有这些训练都会让不同的能量系统承受大负荷。训练的这些部分如何才能在不导致高度疲劳，并且不让一个要素的适应影响其他要素的提升的前提下进行组合呢？这个问题可以通过下面两种方法之一加以解决：组合训练部分，使运动员在每节训练课中只让一种能量系统承受大负荷；或者在每个小周期内交替使用不同的能量系统，使运动员根据特定运动项目中普遍使用的能量系统进行训练。下面描述了训练课模型，这些模型会让运动项目中所用的各种能量系统承受大负荷。

让磷酸原系统承受大负荷的训练模型

（1）热身活动。

（2）短时间技术训练项目（3～6秒）。

（3）最大速度和灵敏训练（2～6秒）。

（4）最大力量训练。

（5）爆发力训练。

该模型中的训练顺序是根据运动员的生理和心理需求确定的。首先，运动员必须专注于需要更高神经系统专注度、心理专注度和让头脑清醒的训练——换言之，要专注于技巧、速度或者同时专注于两者。最大速度训练应当在最大力量训练之前进行，因为研究发现，当先进行最大速度和灵敏训练时，最大力量训练和爆发力训练的收益提升更加有效（Enoka, 2015）。

此模型适用于集体项目，如美式橄榄球、足球、棒球、垒球和板球，田径运动中的短跑、跳跃和投掷项目，跳水，球拍类运动项目，武术，身体接触类运动项目，以及磷酸原系统占主导的其他运动项目。尽管有两种力量训练选项，但是我们建议根据训练阶段只使用其中的一种，但这并未排除同时使用两者的可能性。

在该模型中，力量训练课的持续时间同时取决于运动项目中力量的重要性和训练阶段：在准备阶段，力量训练课可以持续45～75分钟；在比赛阶段，力量训练课的持续时间要短得多（20～40分钟），并且主要用于维持准备期间增强的力量。这条通用原则的例外情况包括田径运动中的投掷运动员、美式橄榄球中的边锋及重量组中的摔跤运动员，他们需要进行更长时间（60～90分钟）的力量训练。

让糖酵解系统承受大负荷的训练模型

（1）热身活动。

（2）中等时间的技术或战术训练（10～60秒）。

（3）较长时间的速度耐力和灵敏训练（15～50秒）或短间歇时间（3～10秒）的短时重复。

（4）短时间爆发力耐力或肌肉耐力训练。

该模型建议用于让糖酵解系统承受大负荷的运动项目（10~60秒的爆发活动）。因此，战术训练，尤其是长时间的高强度训练，可以综合力量训练，其中使用一定程度的乳酸耐力——无论是爆发力耐力还是短时间的肌肉耐力。每周使用1~2次这种训练模型对使用糖酵解系统的运动项目的运动员有帮助，如50~100米游泳、场地自行车，田径运动中的200~800米赛跑，集体、球拍类和身体接触类运动项目及武术等项目的运动员。

同时让糖酵解和氧化系统承受大负荷的训练模型

（1）热身活动。

（2）长时间的技术或战术训练（1.5~8分钟）。

（3）中等时间的肌肉耐力训练。

有氧耐力包括同时涉及糖酵解系统和氧化系统的中等时间肌肉耐力。氧化系统训练通常是长时间的，专注于严格训练氧化系统，而对无氧系统的适应性影响较小。前面描述的训练模型将长时间的战术训练（1.5~8分钟）与中等时间的肌肉耐力训练结合起来，两种训练模型都会让糖酵解系统承受大负荷，但是主要针对的是运动员的有氧耐力或延迟疲劳出现的能力。对于集体、球拍类和身体接触类运动项目及武术项目来说，在训练课中采用这种训练模型有利于运动员通过训练来维持比赛最后时刻的输出功率水平。

让氧化系统承受大负荷的训练模型

（1）热身活动。

（2）有氧耐力训练。

（3）长时间的肌肉耐力训练（>8分钟）。

对于有氧耐力占主导地位或者对于实现预期的竞技表现来说尤为重要的运动项目来说，这种训练模型最为有效。这些运动项目包括长距离赛跑、铁人三项、公路自行车、越野滑雪、赛艇、皮划艇、山地自行车和皮划艇马拉松。对于这些运动项目，肌肉耐力应在训练课即将结束时进行训练，因为由此产生的疲劳可能会影响运动员实现有氧训练目标的能力。

发展疲劳时爆发力和灵敏的训练模型

（1）热身活动。

（2）让氧化系统承受大负荷的技术和战术训练（1.5~8分钟）。

（3）爆发力和灵敏训练。

比赛的结果通常取决于运动员在比赛最后几分钟时的表现。运动员必须针对这种情况进行训练，以产生更强的爆发力和更出色的敏捷性，在比赛结束时表现出高水平的灵敏素质，从而表现出更高的竞技表现水平。强化这些能力的有效方式是在类似于运动员会在比赛中遇到的疲劳状况下训练运动员。为了满足该目标而设计的训练计划首先应当通过代谢式训练（强度区间为3或4）让运动员产生疲劳，然后，运动员进行20~30分钟的高强度的爆发力和灵敏训练。这些训练可以具有专项性，也可以不具有专项性。另一种尤其适用于球拍类运动项目、武术、拳击和摔跤的训练模式是先进行20~30分钟的肌肉耐力训练，再进行高强度的爆发力和灵敏训练。该模型对集体、球拍类和身体接触类运动项目及武术项目的专项训练课有帮助，这些训练课中的训练目标是提升比赛的最后时刻的表现。

小周期计划

小周期或周训练计划是最重要的计划工具之一。在整个年度计划中，小周期的结构和动态性会根据训练阶段、训练目标与运动员所面临的生理学及心理学需求而发生变化。大周期是由2~6个小周期或2~6周构成的训练计划，它的结构和持续时间取决于阶段的训练目标。

负荷增量

在整个大周期内，力量训练的负荷根据周期类型和训练阶段而增加。每个大周期内的训练遵循阶梯型的递进方式。从强度的观点来看，小周期遵循训练负荷逐步增加的原则。在表5.2（a）~表5.2（c）中，在前3个周期内，负荷逐渐地增加，随后是一个恢复小周期，在该小周期中，负荷降低，以促进能量的恢复和补充。然后，在另一个大周期开始之前，开展1RM测试。根据此模型，表格利用第4章所介绍的建议的负荷增量，其中，分子表示以1RM的百分比表示的负荷，分母表示重复次数，而乘数表示组数。下面是负荷递增的3种可能方式。

- 在表5.2（a）中，训练量保持不变，强度提高，预留给主要训练组的重复次数减少，并且1RM测试是在第4个（减负）小周期即将结束时开展的。
- 在表5.2（b）中，训练量减少，强度提高，重复次数减少，预留的重复次数保持不变，并且1RM测试是在第4个小周期即将结束时开展的。
- 在表5.2（c）中，训练量增加，预留的强度和重复次数保持不变。

如表5.2所示，训练中的总负荷呈阶梯式增加，最大的负荷都出现在第3个小周期。为了逐个小周期增加训练，教练有3种选择：增大负荷，同时减少预留的重复次数［见表5.2（a）］；增大负荷，同时保持预留的重复次数不变，从而为每组中的重复练习增负［见表5.2（b）］；或者从第1个小周期到第3个小周期，增加主要训练组的数量［见表5.2（c）］。

表5.2（a）　大周期：训练量保持不变，主要训练组的强度每周提高2.5%*

训练负荷	$\frac{70}{6}$1 $\frac{75}{4}$1 $\frac{80}{3}$3	$\frac{70}{6}$1 $\frac{75}{4}$1 $\frac{80}{3}$3	$\frac{70}{6}$1 $\frac{75}{4}$1 $\frac{85}{3}$3	第1天 $\frac{70}{2}$4	第2天 $\frac{50}{3}$3 $\frac{80}{1}$1	第3天 1RM测试
小周期	1	2	3	4（减负）		

*每个小周期中所建议的负荷指的是每天的训练量，根据训练目标，每周可以将其重复2~4次。

表5.2（b）　大周期：训练量减少，同时平均强度*每周提高5%**

训练负荷	$\frac{70}{6}$1 $\frac{75}{4}$1 $\frac{80}{3}$3	$\frac{75}{5}$1 $\frac{80}{3}$1 $\frac{85}{2}$3	$\frac{80}{3}$1 $\frac{85}{2}$1 $\frac{90}{1}$3	第1天 $\frac{70}{2}$4	第2天 $\frac{50}{3}$3 $\frac{80}{1}$1	第3天 1RM测试
小周期	1	2	3	4		

*平均强度=[（强度1×重复次数1×组数1）+（强度2×重复次数2×组数2）+（强度3×重复次数3×组数3）]÷总重复次数。在这种情况下，第1~第3个小周期的平均强度依次为：[（70×6×1）+（75×4×1）+（80×3×3）]÷（6+4+9）≈75.8%，[（75×5×1）+（80×3×1）+（85×2×3）]÷（5+3+6）≈80.4%，[（80×3×1）+（85×2×1）+（90×1×3）]÷（3+2+3）=85%。
**每个小周期中所建议的负荷指的是每天的训练量，根据训练目标，每周可以将其重复2~4次。

表5.2（c）　大周期：主要训练组的训练量每周增加1个单位*

训练负荷	$\frac{70}{6}$1 $\frac{75}{4}$1 $\frac{80}{3}$3	$\frac{70}{6}$1 $\frac{75}{4}$1 $\frac{80}{3}$4	$\frac{70}{6}$1 $\frac{75}{4}$1 $\frac{80}{3}$5	第1天 $\frac{70}{2}$4	第2天 $\frac{50}{3}$3 $\frac{80}{1}$1	第3天 1RM测试
小周期	1	2	3	4（减负）		

*每个小周期中所建议的负荷指的是每天的训练量，根据训练目标，每周可以将其重复2~4次。

　　选择的方法要满足不同类别运动员的需求。例如，青少年运动员难以承受较大的重复次数。诚然，他们应当完成大量的练习，以发展整个肌肉系统并让肌腱适应力量训练。但是，由于他们难以同时承受大量的练习和大量的训练组，所以教练最好以减少组数的方式为其安排大量的练习。

　　第4个小周期代表恢复周，在该周内减少训练量，并且增加预留的重复次数，以减少由前3个周期引起的疲劳，补充能量，并促进心理放松。

　　再次说明，在竞技体育中，力量训练次于技术和战术训练。因此，每个小周期的力量训练负荷应当根据训练的总量和强度进行计算。

　　在讨论每个小周期的力量训练选择之前，值得一提的是，每个小周期的总训练量还要根据训练的递增和负荷交替原则加以计划。图5.1~图5.3展示了3个小周期，每个小周期都是根据前面提到的建议来设计的。

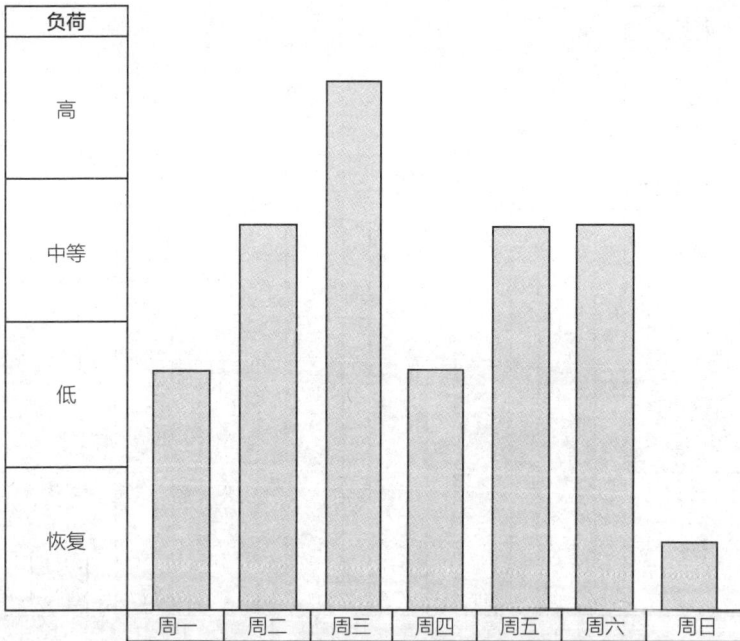

图5.1 具有1个高负荷训练日和5个中低负荷训练日的低训练负荷小周期（周日是恢复日）

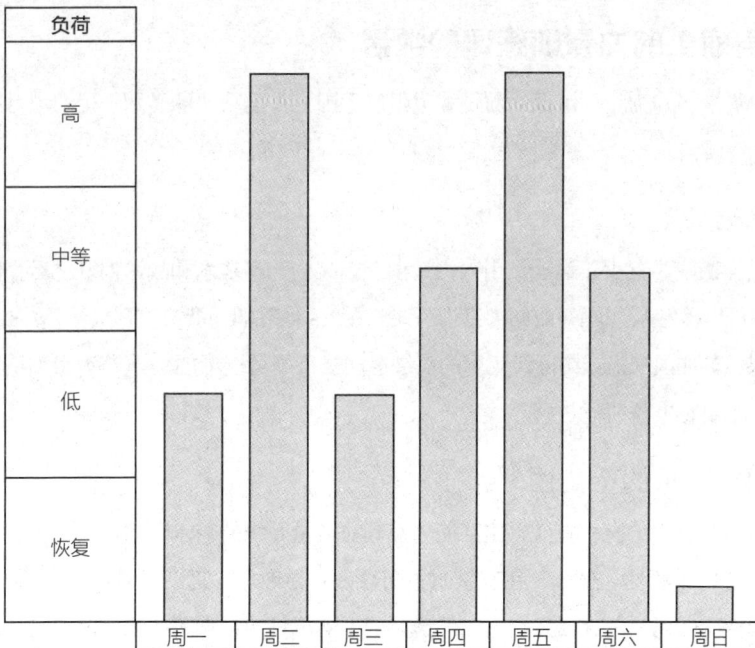

图5.2 具有2个高负荷训练日和4个中低负荷训练日的中等训练负荷小周期（周日是恢复日）

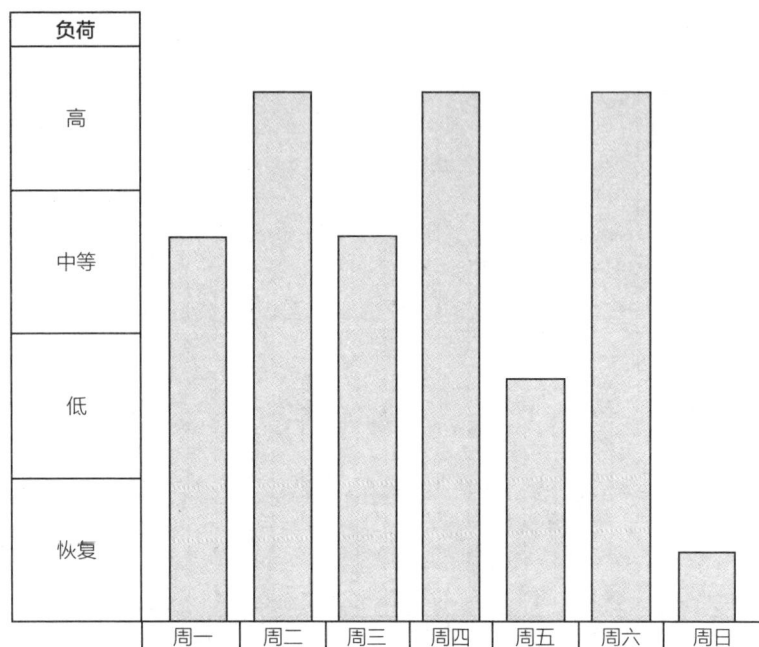

图5.3　具有3个高强度训练日和3个中低负荷训练日的高训练负荷小周期（周日是恢复日）

每个小周期中的力量训练课的数量

每个小周期中的力量训练课的数量取决于以下因素：运动员的类别、运动项目中力量的重要性及训练阶段。

运动员的类别

教练应当逐渐为青少年运动员引入力量训练。起初，在技术和战术训练之后，他们在每个小周期中可以接触1~2节短时间力量训练课。在2~4年的时间内，可以逐渐增加为3~4节力量训练课。参加国家级或国际级比赛的高级运动员每周可以参加3~4节力量训练课，并且力量训练课主要在准备阶段进行。

运动项目中力量的重要性

根据运动项目中的相关技能、主导能力及其对能量系统的需求，力量训练在运动项目中或多或少地具有重要性。例如，在有氧耐力明显占主导地位的运动项目中，如马拉松赛跑，力量的重要性比较弱；而在爆发力占主导地位的运动项目中，如美式橄榄球和田径运动的投掷项目，力量发挥着至关重要的作用。当力量不太重要时，每周安排1~2节力量训练课就足够了；而当它比较重要时，每周必须至少安排3节力量训练课，尤其是在准备阶段。

训练阶段

每个小周期中的力量训练课的数量还取决于训练阶段。根据运动项目不同，在准备阶段，运动员在每个小周期内应当完成2~4节力量训练课；而在比赛阶段，运动员在每个小周期内应当完成1~3节力量训练课。

每周完成4节力量训练课的运动员必须连续几天完成一些训练课。在这样的情况下，教练有两种选择：在每节训练课内训练相同的肌群，但是要交替使用不同的强度——第一天发展最大力量，第二天发展爆发力；或者划分为上肢和下肢的练习，以让运动员实现更快的恢复。对于第一种选择，某种形式的强度交替是必要的，因为如果在24小时内将相同的增负参数用于2节训练课，甚至更加糟糕的是在96小时内将其用于4节训练课，那么相同的肌群就无法完全恢复。

力量训练是在技术和战术训练之后完成的。为了实现最大的有效性——并且为了最经济地使用能量——教练必须本着主要让主动肌承受压力的原则来选择练习。当我们谈论运动项目的力量训练时，为了增强有效性，一次训练中，力量训练练习的数量应当尽可能减少，尤其在解剖学适应阶段之后。这种减少可以让运动员完成更多的训练组，并迫使主动肌进行多次收缩，以让所需使用的肌肉发展更强的力量和爆发力。不过，特殊的关注点表现在多平面（即在多个运动平面内做动作的）运动项目中，如集体项目、身体接触类运动项目和武术。对于这些运动项目，教练应当采用更多的练习，如水平面上的较高力量需求。

力量类型与能量系统的恢复

有些人建议，力量训练应当安排在轻松训练日。从生理学的观点来看，这并没有什么道理。在某种程度上，参与大部分运动项目的运动员就算不需要训练速度、力量和耐力等所有的身体运动能力，也要训练其中的大部分能力。每种能力会使用和依赖于某个特定的能量系统，并且不同的能量系统在恢复速率和燃料的恢复方面有所不同。

糖原的恢复在休息5分钟之后开始，但是它可能需要48小时才能完全恢复，具体取决于运动专项训练和运动员当日完成的力量训练类型。实际上，只有运动员在间歇活动之后24小时以及在非常费力的代谢式训练课之后48小时内，恰当摄入碳水化合物，糖原才可以完全恢复（Hermansen and Vaage, 1977; Stone et al., 2007）。连续剧烈训练后需要48小时才能完全恢复糖原；但是在间歇活动，例如力量训练之后，只需要大约24小时，糖原就能完全恢复（Fox, 1989; Bompa and Haff, 2009）。在中枢神经系统承受大负荷的高强度力量或速度训练之后，中枢神经系统的彻底恢复可能需要48小时。在让中枢神经系统承受巨大压力的最大强度的训练之后，如100米跑或者力量举，运动员可能需要长达7天的低水平增负，才能再次达到相同的表现水平，这表明所有涉及的生理系统都实现了彻底的恢复。

底物的恢复时间很大程度上受到食物摄入量和时机的影响，还受到训练期间肌原纤维损伤程度的影响（Bompa and Haff, 2009）。低强度有氧活动之后，底物的恢复速率要快得多——大约为8小时。有氧补偿课或者较低强度的战术训练可能会加速能量存储的恢复和神经系统的恢复。包含这些类型训练的训练日可以被看作轻松训练日，并且可以被安排在一周中最艰苦的训练日或者比赛之后。

训练课的最大效应出现在训练期间主要接受训练的能量系统上，其他两种能量系统受影响的程度较低。这意味着，接受训练的能量系统需要的恢复时间要长于其他两种能量系统。例如，当在给定的一周内最先训练其中一个无氧系统时，教练有可能会在第二天训练氧化系统，然后训练另一个无氧系统（没有在第一天接受训练的能量系统），最后再次训练第一个无氧系统。当氧化系统最先接受训练时，磷酸原系统可以在其后进行训练。实际上，磷酸原训练需要的来自氧化系统的支持要少于糖酵解训练，因为前者引起的氧气负债要低于后者。

在爆发力和速度类运动项目中，小周期使用的能量系统应当在无氧系统和氧化系统之间交替。根据运动项目和训练阶段，这里有3种选择。

- 磷酸原—氧化—糖酵解—氧化—磷酸原—氧化—休息。
- 磷酸原—氧化—糖酵解—氧化—磷酸原—糖酵解—休息。
- 磷酸原—糖酵解—氧化—磷酸原—糖酵解—氧化—休息。

而在长时间有氧耐力型运动项目中，训练选择在能量系统交替方面会受到限制。因此，运动员每天都会以不同的强度（如以无氧阈值速度、低于赛跑速度、略高于比赛速度或者以恢复速度等）使用氧化系统。

让我们假设，教练把周一、周三和周五安排为剧烈训练日（其中有剧烈的训练），把周二和周四安排为轻松训练日。由于剧烈训练日间隔48小时——尤其是因为在这48小时内安排了轻松训练日——所以在下一个剧烈训练日之前，糖原可以完全恢复，并且中枢神经系统也可以恢复。然而，如果教练在轻松训练日安排了剧烈的力量训练，那么这种动态性就会发生明显的变化。在这种情况下，运动员在轻松训练日会让无氧能量系统承受大负荷，在剧烈训练日也是如此，从而每天都让神经系统和糖原存储承受大负荷。这样做的结果是，力量训练成了完全恢复的障碍。这种模式会让能量消耗与神经系统的恢复情况变得复杂——这是一种会让运动员产生疲劳甚至筋疲力尽的状况。而筋疲力尽与过度训练只有一步之遥。

这就是为什么力量训练必须与技术和战术训练或者速度和爆发力训练安排在同一天，即无氧训练日。若采用这种方法，运动员会让糖原存储和神经系统承受相当大的负荷，但是在进行48小时之后的下一次高强度训练之前，整体的训练计划不会影响糖原和神经系统的恢复。表5.3展示了根据能量系统分组的训练，从而有可能让运动员在3个不同的训练日进行训练。此外，这种分组训练方式具有双重优势：一是它允许在力量训练中使用较大的负荷，因为在下一节剧烈的具体训练课之前，神经肌肉系统拥有整整48小时的恢复窗口期；二是它允许根据运动员在后续具体的训练课期间的主观和客观状态，对训练量和强度进行轻微的调整。

除了确定小周期内的训练课顺序以外，我们还必须考虑训练课内的练习顺序。实际上，某些训练目标只有在正确的环境下才能实现——也就是说，在运动员的身体疲劳水平足以实现某些身体运动能力的发展、保持或者强化的时候才能实现。表5.4展示了在训练某些身体运动能力时，运动员可以接受的身体疲劳水平。

表5.3　根据承受大负荷的主要能量系统分组的训练

磷酸原系统训练日	糖酵解系统训练日	氧化系统训练日
技术训练（1~10秒）	技术训练（10~60秒）	长时间的技术训练（>60秒）
战术训练（5~10秒）	战术训练（10~60秒）	中长时间的技术训练（>60秒）
加速和最大速度训练	速度耐力训练（10~60秒）	有氧耐力训练
最大力量和爆发力训练	爆发力耐力、短时间肌肉耐力训练	中长时间肌肉耐力训练

表5.4　运动员的身体疲劳水平及训练目标

运动员的身体疲劳水平	训练目标*
无（精力充沛）	技术、战术、加速、最大速度及爆发力
低	技术、战术、加速、速度耐力、最大力量、爆发力及爆发力耐力
中等	运动专项耐力、氧化（有氧）爆发力及中等时间和短时间肌肉耐力
高（疲劳）	氧化（有氧）能力、疲劳状态下的技术和战术强化及长时间肌肉耐力

*需要运动员在精力充沛的状态下实现的训练目标所对应的训练应当在轻松训练日之后进行，并且应当放在训练课的前面。

表5.5~表5.10提供了与其他竞技训练和主导能量系统相关的力量训练计划示例。表5.5提供了针对个人速度和爆发力型运动项目（如田径运动中的短跑和跳跃项目）在一个小周期内的能量系统和训练的交替的建议。力量训练要与主要能量系统相同的训练活动安排在同一天的训练计划中。例如，让磷酸原系统承受大负荷的速度训练之后才是爆发力训练。此外，每个无氧活动训练日（周一、周三和周五）之后是一个让氧化系统承受大负荷的训练日，其采用的形式是节奏跑步（以最大速度的60%跑100~200米，重复次数为8~20次）。

表5.6说明了对于有氧耐力型运动项目，如赛艇、皮划艇、自行车、铁人三项、越野滑雪或者400米以上的游泳项目来说，能量系统和具体训练该如何进行交替。每次训练有氧耐

表5.5　针对个人速度和爆发力型运动项目的能量系统和训练的交替

周一	周二	周三	周四	周五	周六	周日
磷酸原型技术训练	速度训练爆发力耐力训练	磷酸原型技术训练	节奏跑步战术训练	速度-耐力训练爆发力耐力训练	节奏跑步战术训练	

力时，唯一推荐的力量训练类型是肌肉耐力训练。当计划使用糖酵解系统时（周二），其后便是爆发力耐力训练，它会让相同的系统（糖酵解系统）承受大负荷。

表5.6 有氧耐力型运动项目的能量系统和训练的交替

周一	周二	周三	周四	周五	周六	周日
氧化（有氧）耐力训练	糖酵解耐力训练 爆发力耐力训练	氧化耐力训练 补偿	混合训练 爆发力耐力训练	氧化耐力训练 肌肉耐力训练	氧化耐力训练 补偿	

两个艰苦的训练日（周一和周二）之后是一个较轻松的有氧训练日，目的是补偿和超补偿前两天消耗的糖原。相同的方法在周期的第二部分被再次使用。

对于需要高复杂性训练（技术、战术和生理方面）的运动项目，如所有的集体项目、武术和球拍类运动项目，能量系统和训练的交替应当遵循表5.7所示的模型。所有建议的训练每天都会让相同的能量系统承受大负荷。显然，不可以安排3个以上建议的训练。对于力量训练来说，这可能意味着要么选择最大力量训练，要么选择爆发力训练。

表5.7 需要高复杂性训练的运动项目的能量系统和训练的交替

周一	周二	周三	周四	周五	周六	周日
磷酸原型技术训练 最大力量训练	糖酵解型战术训练 爆发力耐力和肌肉耐力训练	氧化型技术或战术训练 补偿	磷酸原型技术或战术训练 速度训练 最大力量训练	糖酵解型技术或战术训练 速度耐力训练 爆发力耐力或肌肉耐力训练	技术或战术训练 氧化训练 补偿	

在周二可以计划一个糖酵解训练日（战术和专项耐力训练）。为了利用相同的能量系统，力量训练计划应当由旨在发展爆发力耐力或短时间肌肉耐力的活动组成。周三是要求不太高的技术和战术训练补偿日。剩余的3个训练日要使用同前3天相同的顺序模式。

在比赛阶段，用于维持力量的训练方法完全取决于比赛日程。有3种可能性：每周一场比赛、每周两场比赛或者每周一场锦标赛。

表5.8展示了为介于两场比赛之间的小周期建议的训练计划。由于典型的比赛日会因运动项目而不同，所以我们对训练课进行了编号，而不是为每节训练课指定一周中的某一天。比赛后的一天用于恢复和复原，消除疲劳，并且让运动员为继续进行下一天的训练做好准备。

与其他小周期一样，建议的训练计划考虑了交替的生理需求，从而每天都会让一个能量系统最大限度地承受大负荷。因此，最大力量训练要安排在磷酸原系统承受大负荷的训练日，并且要具有力量维持的目标。当然，所建议的最大力量训练是短时间的，并且使用的是专门

表5.8　为介于两场比赛之间的小周期建议的训练计划

训练日	1	2	3	4	5	6	7	8
运动类型	比赛	以恢复和复原为目的的休息日	较长时间的技术和战术训练	技术和战术训练 磷酸原型训练 最大力量或爆发力训练	技术和战术训练	技术和战术训练 速度或灵敏训练 爆发力训练	训练模型	比赛
增负模式	高	休息	中低	高	中高	中等	低	高

针对运动员正在为之训练的运动项目的精选练习。训练负荷必须细分为低强度、中等强度和高强度。计划训练课相应地会有助于运动员更好地满足和应对与训练和比赛相关的需求和压力。在继续训练之前，要做好训练、减负、比赛与恢复之间的交替。

表5.9展示了为一个有3场比赛的小周期——这是集体项目中常见的一种情况，队伍要同时打冠军赛和奖杯赛，或者冠军赛本身就需要每周进行2场比赛——提供的训练计划建议。在这种情况下，力量的维持策略略有不同——一个最大力量训练日和一个爆发力、爆发力耐力或肌肉耐力训练日。在第5天，即一周内第二场比赛后的一天，我们建议做可以促进恢复和复原的活动，如按摩、拉伸、桑拿以及低强度的训练。为了最好地涵盖这些活动，第5天也可以划分为两个部分（对于有自由时间的运动员）：早上的恢复和复原与下午的短时间、低强度的技术和战术训练。在比赛前的训练日，运动员参与的技术和战术训练要匹配他们将在第二天的比赛中遇到的活动。

表5.9　为有3场比赛的小周期建议的训练计划

训练日	1	2	3	4	5	6	7	8
运动类型	比赛	恢复和复原	技术或战术训练	比赛	恢复和复原	技术或战术训练 速度训练 最大力量训练	战术训练 训练模型	比赛
增负模式	高	休息	中等	高		高	低	高

表5.10展示了一个小周期，它针对的是周末锦标赛（如在周五、周六和周日举行）。因为这样的锦标赛可以隔数周安排一场，或者连续数周重复进行（如高中和大学的比赛），所以相同的结构可以用于一周或者多周。教练应当根据运动员的具体情况、疲劳水平、类别以及其他因素（如出行和组织日常性训练课的可行性）对小周期及其中的训练进行调整。

在周二，教练应当组织一次技术和战术训练，以模拟运动员将在锦标赛期间使用的策略。在比赛期间有时间安排短时间训练课的教练甚至可以在上午安排强度非常低的训练，以模仿运动员将在下午或者晚上比赛时使用的策略。

111

表5.10　为周末锦标赛的小周期建议的训练计划

训练日	周一	周二	周三	周四	周五	周六	周日
运动类型	恢复和复原	较长时间的技术和战术训练	技术和战术训练 磷酸原训练 速度和灵敏训练 最大力量训练	技、战术模拟训练	比赛	比赛	比赛
增负模式	休息	中等	中高	低	高	高	高

小周期向大周期的整合

小周期不应当是一个孤立的对象，而应被精心地整合到大周期中。这种整合应该是常态的。

不同类型的小周期向大周期的整合取决于训练阶段、运动员的类别、运动员的力量训练背景以及大周期的类型。准备阶段会用到两种类型的大周期：阶梯式大周期和扁平式大周期。阶梯式大周期中负荷会逐步增加，压力较小，因此适用于准备阶段的早期。教练最好在整年内将阶梯式大周期用于入门级和中级运动员，并且用于耐力型运动员；而对于爆发性运动项目中的优秀运动员而言，可以将阶梯式大周期限制在一般准备阶段的早期。

扁平式大周期会让运动员承受较高的平均训练量或强度水平，或者二者都较高，因此甚至会为他们提高适应水平带来更大的挑战。建议教练将扁平式大周期用于具有丰富训练背景的精英运动员，或仅仅用于强度很高的训练或者专项训练中，这种周期需要更加频繁地减负。实际上，建议的做法是使用扁平式大周期中的"2+1"结构，而不使用阶梯式大周期中通常的"3+1"结构。

在图5.4中，每个色块的高度反映了所需的训练。字母L表示增负小周期，字母U表示减负小周期，减负小周期被安排在每个大周期的末尾，目的是恢复。在比赛阶段，小周期向大周期的整合直接取决于比赛日程。由于比赛日程因运动项目而异，所以大周期的结构也与运动项目有关。例如，让我们考虑一下个人项目的比赛阶段。表5.11所示的大周期包括赛后恢复和复原小周期，以让运动员在继续进行正常训练之前消除疲劳；该小周期后面是两个发

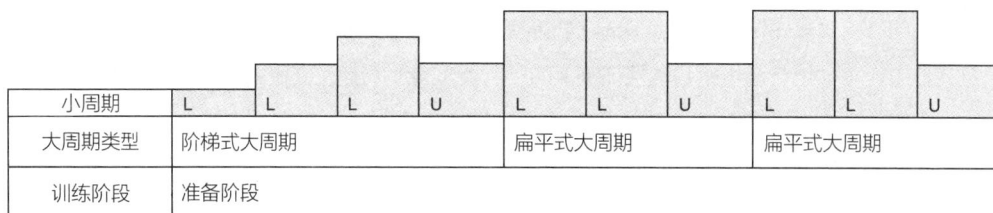

小周期	L	L	L	U	L	L	U	L	L	U
大周期类型	阶梯式大周期				扁平式大周期			扁平式大周期		
训练阶段	准备阶段									

图5.4　准备阶段内的阶梯式和扁平式大周期

表5.11　个人运动项目比赛阶段的大周期结构

小周期类型	赛后恢复和复原小周期	发展性小周期	发展性小周期	赛前峰化小周期	比赛
每个小周期中力量训练的次数	1~2（至小周期结尾）	2~4	2~4	1（小周期的前几天）	

展性小周期，教练用它们来训练运动员，以进一步地提升或者保持运动员的专项身体运动能力；接下来是一个赛前峰化小周期，该小周期中的训练量大幅减少（减少幅度高达60%），而强度只是轻微地降低，目的是让运动员的比赛表现达到巅峰。

力量训练通常可以在培养性小周期内开展，以确保停训不会在比赛阶段末期影响运动员达到巅峰表现的能力，在比赛阶段末期，冠军赛的日程已经排好了。大周期的结构因集体项目而异，在这类运动项目中，运动员每周都有比赛，有时候甚至会有两场比赛。因此，力量训练必须根据本章中列出的小周期计划示例加以实施，尤其应参考图5.1～图5.3。由于集体项目有大量的比赛，所以力量训练计划的目标必须是维持准备阶段所实现的专项力量水平。采用这种方法可以避免停训效应。此外，由于维持高水平的专项力量所具备的生理学好处，运动员的竞技能力在整个赛季都能得以维持。

第 6 章

年度计划

作为实现目标的工具，年度计划对实现长期竞技目标的重要性与小周期对实现短期目标的重要性一样。有条不紊和精心组织的年度计划是最大幅度提升运动表现的必备条件，为了行之有效，它必须基于周期化理念，并且以其训练原则为指导准则。训练的一个主要目标是让运动员在特定的时间，通常是年内主要比赛的时候，达到巅峰表现。为了让运动员达到这种高水平的表现，教练必须对整个训练计划进行合适的周期划分和安排，从而使技能和身体运动能力的发展在整年内有逻辑、有条理地推进。

周期训练包括两个基本的部分。第一个部分是年度计划的周期训练，它涉及整年内不同的训练阶段。第二个部分是身体运动能力的周期训练，它涉及各项身体运动能力的发展，以增强运动员的运动潜力。周期力量训练会让力量训练结构化，以最大限度地满足运动项目的需求。

年度计划的周期化

周期训练的第一个部分涉及将年度计划划分为更短、更易于管理的训练阶段。这样做会强化训练的结构，并且可以让教练系统地实施计划。在大部分运动项目中，年度计划被划分为3个主要的训练阶段：准备阶段（赛季前）、比赛阶段（赛季）和过渡阶段（休赛期）。每个训练阶段被进一步细分为不同的周期。

每个训练阶段的持续时间在很大程度上取决于比赛日程，还取决于提升运动员的技能和发展其主导身体运动能力所需的时间。在准备阶段，教练的主要目标是构筑运动员的生理学基础；而在比赛阶段，教练的主要目标是根据比赛的具体需求，让运动员的表现臻于完美。

图6.1说明了将年度计划划分为训练阶段和训练周期的过程。这套特殊的计划中只有一个比赛阶段，因此运动员在一年内只需达到一次巅峰表现。这样的计划称作单周期或者单次峰化年度计划。当然，并不是所有的运动项目都只有一个比赛阶段。例如，田径运动、游泳和其他一些运动项目具有室内赛季和室外赛季，或者两个主要的比赛阶段，运动员必须在这些时刻都达到巅峰表现。这种类型的计划通常称作双周期或两次峰化年度计划（见图6.2）。参加国际级比赛的高级运动员一般在一年内必须达到3次巅峰表现。想象一下，大部分个人项目运动员必须在冬季冠军赛和夏季冠军赛（通常作为国家选拔赛）期间达到巅峰表现，最后还要在世界冠军赛或者奥运会期间达到巅峰表现。我们称这种类型的计划为三周期或三次峰化年度计划。

	年度计划				
训练阶段	准备阶段		比赛阶段		过渡阶段
亚阶段	一般准备	专项准备	赛前阶段	比赛阶段	过渡阶段
大周期					
小周期					

图6.1 单周期年度计划

年度计划					
准备阶段（Ⅰ）	比赛阶段（Ⅰ）	过渡阶段（Ⅰ）	准备阶段（Ⅱ）	比赛阶段（Ⅱ）	过渡阶段（Ⅱ）

图6.2 双周期年度计划

周期力量训练

教练应当关心的是哪种类型的生理适应或者训练适应会产生最大幅度的提升，而不是在特定的训练课或者训练阶段中专注于哪些练习或技能。一旦教练做出了第一种决定，他们能更加容易地选择类型合适的训练来实现预期的发展目标。只有通过考虑这些首要的生理学因素，教练才能选择出能够产生最佳训练适应并最终实现生理能力和表现能力提升的训练方法。

这种新型的训练方法是由周期化促成的。回顾第1章，力量训练并不是为了发展力量而发展力量，其目的是根据所选运动项目的需求最大限度地发展爆发力、爆发力耐力或者肌肉耐力。本章证明了实现该目标的最佳方式是使用周期力量训练并明确训练阶段的具体顺序。

在图6.3中，周期力量训练包括7个有具体力量训练目标的阶段。训练阶段以竖线进行划分，从而说明了一个阶段在哪里结束、另一个阶段从哪里开始。然而，从力量训练的一个阶段向另一个阶段的过渡并不会如图6.3所示的那样突然，而是比较平顺的（如从最大力量训练向爆发力训练过渡）。

准备阶段				比赛阶段		过渡阶段
解剖学适应阶段	增肌训练（如有必要）阶段	最大力量训练阶段	专项力量转化（爆发力，爆发力耐力，或者短时间、中等时间或长时间肌肉耐力）阶段	（最大力量和专项力量的）维持阶段	停止力量训练阶段	补偿训练阶段

图6.3　单周期的力量训练

阶段1：解剖学适应阶段

周期力量训练已经在世界范围内非常流行，并且许多训练专家和作者已经针对这种非常有效的力量训练理念进行了讨论和研究。然而，在试图做到与众不同或者声称自己的理念具有原创性的过程中，有些训练专家和作者建议人们使用一种从增肌训练开始的周期力量训练计划。这在健身中可能是可以接受的，但是在竞技体育中是绝对不可接受的。实际上，除了田径运动中的投掷运动员和美式橄榄球中的某些位置上的运动员，增肌训练或者肌肉围度增大并不是高水平竞技表现的决定因素。

相反，大部分运动项目（如篮球、足球和游泳，更别提划分重量级的运动项目）中的运动员都极其不愿意增加非功能性的增肌训练。此外，为了最大化增肌效果，运动员必须将每个训练组都进行到力竭状态，这有时候可能会导致高度的不适，从而对运动专项训练产生负面影响，甚至引起损伤。鉴于该原因，周期力量训练的原始模型应从解剖学适应阶段开始。

在过渡阶段，运动员通常进行非常少的力量训练，在此阶段之后，从科学和方法上讲，合理的做法是开始执行以对后续的大负荷训练产生解剖学适应为目的的力量训练计划。本阶段的主要目标是训练大部分肌群，并让肌肉、韧带、肌腱和关节为随后承受长时间的大负荷做好准备。力量训练计划不应当只专注于双腿或双臂，还应当专注于强化核心区域——腹部、腰部和脊柱肌肉。这些肌肉一起协作才能确保躯干在所有动作期间为双腿和双臂提供支撑，并且还能完成大量技能和作为练习期间的冲击力吸收装置，尤其是在落地和摔倒时。

解剖学适应阶段的额外目标是平衡围绕每个关节的主动肌与拮抗肌之间的力量；平衡身体的两侧，尤其是双腿、双肩和双臂；以及强化稳定肌。肌肉功能之间，换言之，围绕关节的主动肌与拮抗肌之间的力量训练量必须保持平衡（见图6.4）。不这样做可能会导致运动员姿势不平衡和遭受损伤。

在某些情况下，主动肌和拮抗肌的平衡发展是不可能的，因为某些主动肌要比其他主动肌更大、更强壮。例如，伸膝肌（股四头肌）要比屈膝肌（腘绳肌）更加强壮；对于踝跖屈肌（腓肠肌）和踝背屈肌（胫骨前肌）来说，情况也是如此。伸膝肌和踝跖屈肌要接受更多的训练，因为跑步和跳跃等活动在大部分运动项目中都会大量出现。田赛中的专业人士必须了解主动肌与拮抗肌的最佳比例，并且试图通过训练维持这一比例；然而，如果他们不这样做，并且不断地训练主动肌——专项运动的主动肌，那么由于主动肌发力的神经抑制和损伤（如棒球中的肩袖损伤），运动员的表现将会受到影响。

过渡阶段和解剖学适应阶段最适合平衡地发展主动肌与拮抗肌，因为这两个阶段中的运动员没有比赛的压力。关于主动肌与拮抗肌比例方面的信息很少，尤其是运动专项特有的高速肢体动作。表6.1提供了一些有关慢速、等速等主题的信息，这些信息应当只能用作维持相关比例的指南，至少在解剖学适应阶段和过渡阶段是这样。

解剖学适应阶段的目标就算不是激活在综合计划中所有的肌群，也是激活大部分肌群。

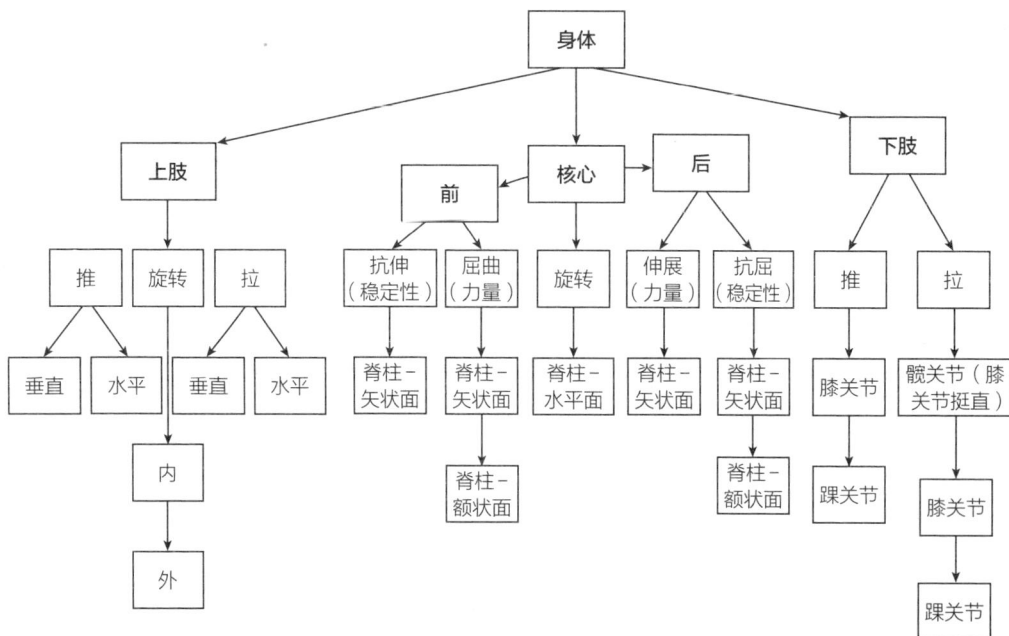

图6.4　实现肌肉平衡的一种方法是为围绕关节的主动肌和拮抗肌安排相同的训练量

表6.1 慢速向心等速动作中主动肌与拮抗肌的比例

关节	力量训练	比例
踝关节	跖屈（腓肠肌和比目鱼肌）：背屈（胫骨前肌）	3：1
踝关节	内翻（胫骨前肌）：外翻（腓骨肌）	1：1
膝关节	伸展（股四头肌）：屈曲（腘绳肌）	3：2
髋关节	伸展（竖脊肌、臀大肌和腘绳肌）：屈曲（髂腰肌、股直肌、阔筋膜张肌和缝匠肌）	1：1
肩关节	屈曲（三角肌前束）：伸展（斜方肌和三角肌后束）	2：3
肩关节	内旋（肩胛下肌、背阔肌、胸大肌和大圆肌）：外旋（冈上肌、冈下肌和小圆肌）	3：2
肘关节	屈曲（肱二头肌）：伸展（肱三头肌）	1：1
腰椎	屈曲（腹肌）：伸展（竖脊肌）	1：1

源自：D. Wathen, "Muscle Balance." In *Essentials of Strength Training and Conditioning*, edited for the National Strength and Conditioning Association by T.R. Baechle (Champaign, IL: Human Kinetics, 1994), 425.

这样的计划应当在不强迫运动员的前提下，包含大量（9～12项）运动员可以舒服地完成的练习。记住，剧烈的力量训练发展肌肉力量的速度总是快于发展肌肉连接部位（肌腱）和关节连接部位（韧带）力量的速度。因此，过早地采用这样的计划通常会导致这些组织出现损伤。

此外，当大肌群薄弱时，小肌群不得不代替承担训练的负荷。因此，小肌群可能会更快地出现损伤。其他的损伤也会出现，因为训练不足的肌肉缺乏控制落地、吸收冲击力和快速平衡身体来准备完成下一个动作的力量（而不是运动员缺乏落地技巧）。这就是为什么快速伸缩复合训练在解剖学适应了2～3周以后才逐渐引入，并利用低强度的跳跃和弹跳来在最大力量训练阶段之后（此时运动员已经具有坚实的肌肉力量基础）立即达到最高强度。

解剖学适应阶段的持续时间取决于准备阶段的长短、运动员的力量训练背景以及力量在运动项目中的重要性。当然，长时间的准备阶段可以为产生解剖学适应提供更多的时间。从逻辑上来说，没有力量训练背景的运动员需要的解剖学适应阶段要长得多，因为该阶段发展的是对训练负荷的逐渐适应，并改善肌肉组织和肌肉连接部位承受后续阶段较大负荷的能力。

青少年运动员或者经验不足的运动员的解剖学适应阶段长达8～10个月；而拥有4～6年力量训练背景的成熟运动员，其产生解剖学适应所需的时间不超过2～3周，因为对这些运动员来说，较长的解剖学适应阶段可能并不会额外带来显著的训练效果。

阶段2：增肌训练阶段

在某些运动项目中，肌肉围度的增加是一个重要的方面。然而，正如本书常常提到的，在健身中极度受欢迎的增肌训练在竞技体育中被过度使用了。当用于运动专项力量训练时，增肌训练的定义必须延伸到训练至力竭状态的旧定义以外。具体而言，它可以用作最大力量训练阶段的入门训练，以便让身体适应随后逐渐变大的负荷。

如果某些运动员（如铅球、摔跤的重量级、拳击及武术运动员，或者橄榄球中的争球运动员）需要增大肌肉围度，那么他们可以利用3种不同的方法：I型增肌训练、II型增肌训练，或者二者兼用。

　　I型增肌训练通常用于需要显著增大肌肉围度和增强力量的运动员。它依赖于使用1RM（如重复15次到力竭状态）~10RM之间的负荷，并且组间的间歇时间极短（60~90秒）。如果在此阶段使用诸如暂停休息和减少组数等健身技巧来增强肌肉的张力和蛋白质合成，那么所用的负荷为5RM~8RM，因为这些技巧会进一步增加每个训练组处于张力之下的总时间。

　　II型增肌训练涉及介于增肌训练与最大力量训练之间的更偏向于两者混合的训练，这种增肌训练可以让快缩型肌纤维为最大力量训练阶段的艰苦训练做好准备。II型增肌训练通过引起神经和结构适应来增强绝对力量。该阶段使用的负荷为5RM~8RM，并且具有相对较长的间歇时间（120~180秒）。

　　对于I型增肌训练和II型增肌训练，所需的时间及负荷取决于运动员的年龄、生理发育程度和力量训练背景。在增肌阶段结束时，为了计划首个最大力量训练大周期的训练百分比，运动员需要进行1RM测试。

阶段3：最大力量训练阶段

　　该阶段的主要目标是尽可能发展最大力量。该目标只能通过在训练中采用大负荷来实现：70%~95%1RM，或者不太常用的90%~100%1RM。

　　为了实现更好的训练效果，可以将最大力量训练阶段划分为2个不同的部分：最大力量I和最大力量II。

- 最大力量I主要专注于肌肉间协调性，并且由1个或者2个"3+1"结构的大周期组成，其中，主要力量练习的负荷为70%~80%1RM。
- 最大力量II的目标主要是通过利用70%~80%1RM的大负荷和3个"2+1"结构的大周期来训练肌肉内协调性（见图6.5）。该类型的力量训练计划建议由国家级运动员使用。其他例子的建议对象是国际级运动员（见图6.6和图6.7）。

　　该阶段的持续时间为1~3个月，具体取决于运动项目及运动员的需求。铅球运动员或者美式橄榄球运动员需要的最大力量训练阶段的持续时间可能稍微长一些，一般为3个月以上；而其他许多运动员可能只需要1~2个月的时间来发展最大力量。负荷可以按照3周大周期的方法增加，并且每个大周期通常递增5%。针对肌肉间协调性的大周期使用的负荷高达80%1RM，而针对肌肉内协调性的大周期使用82.5%1RM及以上的负荷。

　　最大力量训练阶段的特征是训练组较多，练习数量较少。该阶段的持续时间还取决于运动员使用的是单周期还是双周期年度计划。出于显而易见的原因，青少年运动员的最大力量训练阶段的持续时间可能较短，同时使用的负荷较低。

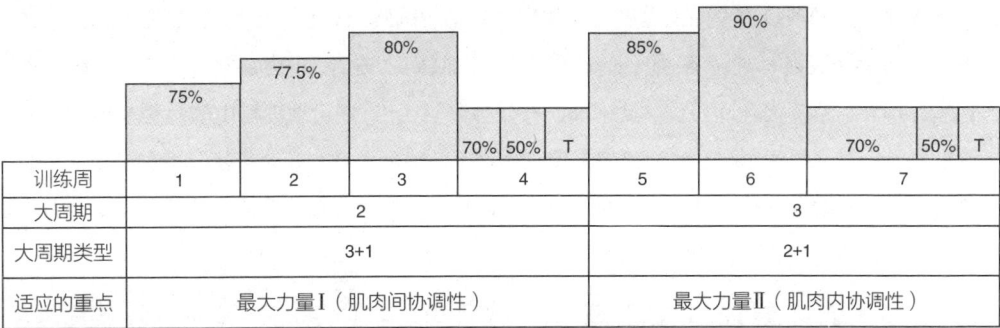

训练周	1	2	3	4	5	6	7
大周期			2			3	
大周期类型		3+1				2+1	
适应的重点		最大力量Ⅰ（肌肉间协调性）				最大力量Ⅱ（肌肉内协调性）	

图6.5 建议持续7周的最大力量训练阶段使用的负荷递进模式（"3+1"结构和"2+1"结构），其中，在减负阶段要进行一次1RM测试。"3+1"结构建议由国家级运动员使用

符号说明：T=1RM测试。

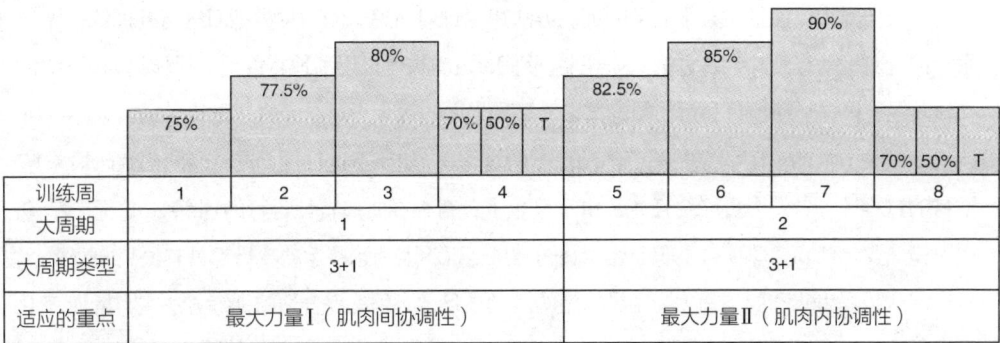

训练周	1	2	3	4	5	6	7	8
大周期			1				2	
大周期类型		3+1					3+1	
适应的重点		最大力量Ⅰ（肌肉间协调性）					最大力量Ⅱ（肌肉内协调性）	

图6.6 建议在持续8周的高要求的最大力量训练阶段使用的负荷递进模式。在减负阶段的最后几天要进行一次1RM测试

符号说明：T=1RM测试。

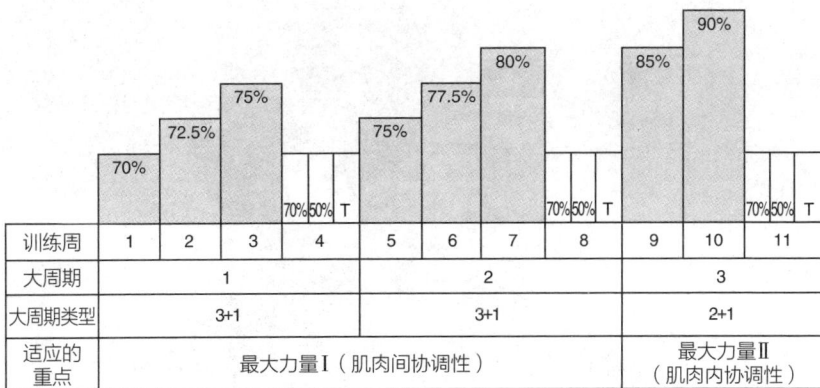

训练周	1	2	3	4	5	6	7	8	9	10	11
大周期		1				2				3	
大周期类型		3+1				3+1				2+1	
适应的重点		最大力量Ⅰ（肌肉间协调性）							最大力量Ⅱ（肌肉内协调性）		

图6.7 建议在有3个大周期（持续11周）的最大力量训练阶段使用的负荷递进模式，该阶段针对的是能对大负荷产生良好适应的运动员

符号说明：T=1RM测试。

大部分运动项目需要的是爆发力（如田径运动中的跳跃和投掷项目）、爆发力耐力（如田径运动中的短跑）、肌肉耐力（如800~1500米游泳），或者3种力量都需要（如赛艇、皮划艇、摔跤、格斗类运动项目、武术和某些集体项目）。这些运动项目中的每种专项力量都受到最大力量水平的影响。例如，如果没有高水平的最大力量，运动员就无法实现高水平的爆发力。由于爆发力是力量和速度的乘积，所以先发展最大力量，然后将其转化为爆发力的做法是符合逻辑的。

阶段4：专项力量转化阶段

该阶段的主要目的是将最大力量的收益转化为富有竞争力且具有运动专项性的力量组合。根据运动专项的特征，最大力量必须被转化为爆发力，爆发力耐力，或者短时间、中等时间或长时间肌肉耐力。通过将合乎需求的训练方法用于针对所追求的力量类型而进行的训练，并利用专门针对运动专项的训练方法（如速度训练），运动员可以逐渐地将最大力量转化为爆发力。在该阶段，根据运动项目和运动员的需求，某种水平的最大力量必须得以维持（通常采用针对运动专项关节活动范围和完整关节活动范围的练习）。如果不这样做，在时间向比赛阶段末期推移的过程中，爆发力可能会衰减（由于停止了针对神经肌肉特性进行的训练）。这无疑是美式橄榄球、足球和棒球项目中职业运动员的常见情况，因为这些运动项目都具有很长的赛季。

对于以爆发力和肌肉耐力为主导力量的运动项目，必须确保合适的训练方法在力量训练中占主导地位。当需要爆发力和肌肉耐力时，训练时间和方法应当足以反映出这两种能力之间的最佳比例。例如，对于摔跤运动员，两者的占比应当基本相当；对于500米速滑运动员，爆发

专项力量转化阶段有助于运动员将自己的最大力量收益转化为竞技表现

力的占比应较大；对于赛艇运动员，肌肉耐力的占比应较大。在集体项目、武术、摔跤、拳击和其他大部分爆发力占主导地位的运动项目中，教练应当在专项力量转化阶段将爆发力训练与发展灵敏和快速反应能力的练习结合起来。只有这样才能让运动员为比赛做好准备。

专项力量转化阶段的持续时间取决于需要发展的身体运动能力。向爆发力的转化在4~8周的专项爆发力训练中就可以实现；而向肌肉耐力的转化需要长达6~9周的时间，因为实现对如此高要求训练的生理学和解剖学适应需要更长的时间。

阶段5：维持阶段

许多传统的做法是在比赛阶段开始时停止力量训练。然而，在比赛期间停止力量训练的运动员会产生具有后续影响的停训效应。

- 肌纤维会减小至训练前的围度，从而导致力量和爆发力的损失（Thorstensson, 1977; Staron, Hagerman and Hikida, 1981; McMaster et al., 2013）。
- 力量的损失本质上是运动单位募集数量减少的结果。运动员不能像以前那样主动地募集相同数量的运动单位，这会导致力量水平的净降低（Edgerton, 1976; Hainaut and Duchateau, 1989; Houmard, 1991; Kraemer and Ratamess, 2005）。
- 爆发力之所以损失，是因为运动单位的激发率降低导致力的生成速率降低。
- 停训效应会在停止训练4周后变得很明显，此时运动员开始无法像专项力量转化阶段刚结束时那样娴熟地完成需要力量和爆发力的技能了。

顾名思义，维持阶段的力量训练的主要目标是维持运动员在之前阶段达到的水平。因为该阶段后续的计划取决于运动专项的具体需求，所以这些需求必须反映在最大力量与专项力量之间的训练比例上。例如，铅球运动员可能会计划两节最大力量训练课和两节爆发力训练课，而跳高运动员可能会计划一节最大力量训练课和两节爆发力训练课。类似地，100米游泳运动员可能会计划一节最大力量训练课、一节爆发力训练课及一节短时间肌肉耐力训练课，而1500米游泳运动员可能会将整个力量训练计划用于维持长时间肌肉耐力。

集体项目中最大力量与专项力量之间的比例应当根据其在运动专项中发挥的作用来确定。此外，它们应当具有位置专项性。例如，投球手应当同等地完成最大力量和爆发力训练，同时还要做补偿训练来避免肩袖损伤。同样，具体的力量训练在美式橄榄球的边锋和外接手之间以及在足球的拖后中卫、中场球员和前锋之间必须有区别。边锋和外接手应当在最大力量和爆发力训练上花费相等的时间，但是要使用不同的1RM的百分比（边锋在自己的专项活动中采用较低的发力速度）；而足球运动员必须维持爆发力和短时间爆发力耐力，即在不充分休息的前提下进行重复做大量爆发力类动作的能力训练。

教练每周必须安排1~4节力量维持课来维持运动员所需的力量特性，具体的持续时间应根据运动员的表现水平和力量在运动表现中发挥的作用而定。研究表明，每周至少1节力量维持课是在维持阶段维持大部分力量收益和输出功率水平的必备条件（Graves et al., 1988; Wilmore and Costill, 2004; Rønnestad et al., 2011）。与准备阶段相比，维持阶段分配给力量维持课的时间要少得多。因此，教练必须制订出一套非常高效和具有专项性的计划。例如，涉及主动肌的2~4项练习（最多）使运动员能够维持之前实现的力量水平。因此，每节力量训练课的持续时间会较短——20~40分钟。

阶段6：停止力量训练阶段

随着年内主要比赛的临近，运动员的大部分精力必须用于发展专项的身体运动能力或者综合的身体运动能力。停训阶段的目的是将运动员的精力留给比赛，并且让他的专项身体运动能力达到巅峰水平。鉴于该原因，力量训练应当在主要比赛前的3~14天结束，具体的结束时间取决于多种因素。

- 运动员的性别。女性运动员对力量收益的保持不如男性容易，她们应当将力量训练维持到比赛的前3天。
- 运动专项。由于IIx型肌纤维的过度适应，较长的停训阶段，即1~2周的时间，可能会导致磷酸原系统的供能速度的提升。对于力量不如无氧运动重要的长时间耐力类项目，力量训练可以在年内主要比赛的前2周结束。
- 运动员的体重。较重的运动员往往会较长时间地维持适应和身体疲劳，因此他们结束力量训练的时间应当早于较轻的运动员。

阶段7：过渡阶段（补偿训练阶段）

传统意义上的年度计划的最后一个阶段被不当地称作休赛期，但实际上，它代表的是一个年度计划向另一个年度计划的过渡。该阶段的主要目标是，通过减少训练量（降低频率）和降低训练强度，来消除训练年度内产生的疲劳和补充耗尽的能量存储。在训练和比赛的几个月内，大部分运动员都会接触大量的生理性和社会性应激源，这些应激源会耗尽他们的心理能量。在过渡阶段，通过参与各种自己喜欢的体育锻炼和社交活动，运动员可以在心理上进行放松。

两个年度计划之间的过渡阶段的持续时间不应当超过2周，并且通常仅为1周；而年度计划结束时的过渡阶段可以持续4~8周，具体的持续时间应根据运动员的水平而定。初学者必须具有较短的过渡阶段，因为他们还没有稳定自己的适应，并且他们的比赛阶段的持续时间通常要短于职业运动员。较长的过渡阶段会导致停训效应，如损失大部分训练收益，尤其是力量收益。但在4年一届的奥运会结束时，参加奥运会项目的职业运动员可以采用8周的过渡阶段。在休赛期忽视力量训练所导致的停训效应不利于运动员在下一年提升表现。

停训

只有在力量训练中保持足够的负荷或训练强度时，力量水平才会得以提升或者维持。当力量训练减少或者停止时，就像比赛阶段或长过渡阶段内出现的情况，肌肉细胞和身体器官的生物状态会陷入紊乱，这会导致运动员的生理健康和工作成果的水平显著降低（Fry, Morton and Keast, 1991; Kuipers and Keizer, 1988; McMaster et al., 2013）。

减少或者停止训练让运动员易于出现停训综合征（Israel, 1972）。力量损失的严重程度取决于停训的时间。许多细胞和器官的适应好处可能会减少，如肌球蛋白的蛋白质含量减少。

当训练按照计划推进时，身体会利用蛋白质来构建和修复受损的组织。然而，当身体处于停训状态时，它会开始异化或分解蛋白质，因为蛋白质不再被需要（Edgerton, 1976; Appell, 1990; Mujika and Padilla, 2000）。随着蛋白质的异化或分解过程的持续，训练期间得到的某些收益会被逆转。由于停训，对获取力量收益很重要的睾酮水平也会降低，这反过来会减少蛋白的合成量（Houmard, 1991; Kraemer and Ratamess, 2005）。

完全停训会导致一系列相关的症状，包括由心理障碍引起的不良表现的增加，如头痛、失眠、疲惫、紧张、烦恼的增加，食欲缺乏，以及心理抑郁。运动员可能会出现这些症状中的任意一种或者两种及以上的组合。这些症状都与睾酮和β-内啡肽水平的降低有关，后者是一种内分泌化合物，它是训练后使运动员产生愉悦感的主要因素（Houmard 1991, Petibois and Deleris, 2003）。

停训症状不是病理性的，并且如果不久之后继续训练的话，其可以被减轻或消除。然而，如果长时间停止训练，运动员可能会表现出一段时间的停训症状。这表明人体及其系统无法适应不运动的状态。表现出这些症状的时间长短因运动员而异，但是它们通常出现在停训之后的2~3周，并且严重程度不尽相同。

对于速度和爆发力类运动项目的运动员，其教练必须知道一个事实，即当肌肉没有受到力量或爆发力训练的刺激时，肌纤维的激活会被打断。这种打断会导致表现水平的降低（Wilmore and Costill, 2004）。威尔莫尔和科斯蒂尔（Wilmore and Costill, 2004）称，由于12周的力量训练计划被中断，其间的力量收益会减少68%。这对于一些运动员来说是一种相当大的损失，尤其对于速度和爆发力类运动项目的运动员而言。相比之下，每周坚持至少完成一节力量训练课的运动员保持住了他们在12周训练期间增强的力量。

停训几周之后，肌纤维横截面积的减小非常明显。最快的肌肉萎缩速率，尤其是收缩蛋白质的退化，出现在停训后的前两周。这些变化是由肌肉中较低的糖原含量引起的，尤其是由细胞无氧路径的抑制导致的蛋白质分解引起的（Kandarian and Jackman, 2006;

Zhang et al., 2007)。此外，由于胶原纤维的萎缩及韧带总胶原蛋白量的减少，肌腱的抗伸强度会降低（Kannus et al., 1992)。

慢缩型肌纤维通常最先损失自己的发力能力，而快缩型肌纤维受停训的影响通常较小。实际上，当接受乳酸训练时，IIx型肌纤维（更加准确地讲，它们的肌球蛋白重链）会呈现出IIa型肌纤维的特征（Andersen et al., 2005)。然而，当训练量大幅减少时，它们会恢复原有特征。这并不是说这些肌纤维不会出现萎缩，而是指它出现萎缩的时间会比慢缩型肌纤维晚一点。

在因快缩型肌纤维的反弹导致的初始提高之后，速度会受到较长时间停训的影响，因为蛋白质的分解和神经肌肉适应的损失会减弱肌肉收缩的爆发力。由于运动单位募集能力的减弱，爆发力的损失会变得越来越明显。肌纤维神经冲动强度和频率的降低会让肌肉以较低的速率进行收缩和放松。这些肌纤维神经冲动强度和频率的降低还会减少一系列重复收缩期间被募集的运动单位的总量（Edgerton, 1976; Hainaut and Duchateau, 1989; Houmard, 1991; Mujika and Padilla, 2000)。

停训还会影响有氧主导型运动项目的运动员表现。科伊尔及其同事（Coyle et al., 1991) 观察到，停训84天并不会影响糖酵解酶的活性，但是会使氧化酶的活性降低60%。这个研究结论表明，无氧表现的维持时间要长于有氧表现，不过乳酸能力和氧化爆发力在肌肉糖原含量降低40%时将受到影响，这一现象将在至少停训4周后出现（Wilmore and Costill, 2004)。

运动员和教练应当记住，力量难以增强，但易于损失。在过渡阶段完全不进行力量训练的运动员会经历肌肉围度的减小和相当大幅度的爆发力损失（Wilmore and Costill, 2004; Mujika and Padille, 2000)。由于爆发力和速度是相互依存的，所以这类运动员还会损失速度。有些人认为，停训还会降低放电速率和肌纤维激发率。因此，力量和爆发力损失可能是没有尽可能多地募集运动单位的结果。

尽管在过渡阶段，运动员的训练量会减少50%～60%，但是运动员应当抽时间来维持在之前的力量训练中的收益。具体而言，有利的做法是专注于拮抗肌、稳定肌及其他可能未在完成运动专项技能时涉及的肌肉。类似地，教练应当为参与可能会导致身体部位或者身体两侧不平衡的运动项目，如投掷项目及射箭、足球（更多地锻炼上肢）和自行车项目的运动员，计划补偿训练。

周期力量训练模型的变式

本章前面呈现的周期力量训练的示例（见图6.3）有助于说明周期力量训练的基本理念，

但是它不适用于所有情况或者所有运动项目。教练应根据每个或者每群运动员的训练背景、性别和运动项目的具体特征，专门对其周期力量训练进行计划和编排。本章的这一部分会介绍周期力量训练模型的变式，并为某些运动项目的具体周期力量训练模型提供补充说明。

有些运动项目的运动员需要较强的力量和大量的肌肉。例如，对于田径项目中的投掷运动员、美式橄榄球中的边锋、重量级摔跤运动员和拳击运动员来说，体重大和爆发力强是有利的。这些运动员应当遵循一种独特的周期力量训练模型，该模型包含长时间的增肌训练阶段。因为增肌似乎会更快地增强力量，尤其是在增肌后进行最大力量和爆发力训练的时候，据说这会提高快缩型肌纤维的激活速度和激发率。

图6.8展示了针对需要增肌的大体重和强爆发力运动员的周期力量训练模型。其中，传统的解剖学适应阶段之后是至少6周的增肌训练阶段，6周的增肌训练阶段之后是最大力量训练阶段以及向爆发力转化的阶段。在维持阶段，这些运动员应当投入时间以维持爆发力和最大力量，这还有助于维持其在前面阶段实现的增肌收益。年度计划以专门针对过渡阶段的补偿训练阶段为结束阶段。

由于爆发力类运动项目（如美国和加拿大高校中的橄榄球比赛）的运动员需要的准备阶段非常长，教练可以决定为运动员塑造更多的肌肉量。为了实现该目标，教练可以采用另一种模型（见图6.9），其中，增肌训练阶段与最大力量训练阶段会交替出现。在图6.9和后面的一些图中，每个阶段上面的数字表明了该阶段以周为单位的持续时间。

图6.10展示了一个有较长准备阶段，并且最大力量训练阶段和爆发力训练阶段会交替出

准备阶段				比赛阶段	过渡阶段
解剖学适应	增肌	最大力量	转化为爆发力	维持：爆发力、最大力量	补偿

图6.8　需要增肌的运动员的周期力量训练模型

准备阶段								比赛阶段	过渡阶段
3 解剖学适应	7 增肌	6 最大力量	3 增肌	3 最大力量	3 增肌	3 最大力量	4 转化为爆发力	16 维持：爆发力、最大力量	4 补偿

图6.9　需要增肌和发展最大力量的运动员的周期力量训练模型的变式

准备阶段							比赛阶段	过渡阶段
7 解剖学适应	6 最大力量	3 爆发力	6 最大力量	3 爆发力	3 最大力量	4 爆发力	16 维持：爆发力、最大力量	4 补偿

图6.10　能力训练重点频繁交替的高级运动员的周期力量训练模型

现的周期力量训练模型。拥有较长准备阶段的运动项目要么是夏季运动项目，要么是在冬季或早春开展的运动项目。不同能力之间的交替总是会导致较大的爆发力水平的提升，并且适用于以整年内有少量集中比赛为特征的运动项目（如球拍类和格斗类运动项目），这意味着较长的最大力量训练阶段可能不利于运动专项技能的提升（Bompa, 1993）。

此外，采用爆发力和最大力量训练阶段的类似变式是有必要的，因为如果肌肉以不同的收缩速度进行训练，爆发力的收益会产生得比较快（Bührle, 1985; Bührle and Schmidtbleicher, 1981; Bompa, 1993; McMaster et al., 2013）。爆发力和最大力量训练针对的都是快缩型肌纤维。此外，最大力量训练会形成显示出高力量水平的运动单位募集模式，而爆发力训练会提高肌肉做功的频率或速度。任何目睹过铅球运动员、标枪运动员或链球运动员表现的人都能体会到这些运动项目所涉及的力量和速度。交替进行最大力量和爆发力训练的大周期还适用于爆发力类运动员，如田径运动中处于更高级发展阶段的短跑运动员和跳跃运动员。

如果使用相同的训练方法和增负模式的时间超过了2个月，尤其对于具有丰富力量训练背景的运动员而言，其运动单位募集模式中的力量水平会变成标准水平，从而最终进入停滞期，此时，其力量水平无望实现大幅的提升。因此，采用健身方法满足不了以速度和爆发力为主导能力的运动项目的需求。这解释了为什么本章中的一些数据建议运动员使用一种按最大力量和爆发力的顺序进行的大周期。

另外，最大力量训练阶段的重要性不应当被低估，因为任何最大力量的退化都会影响运动员在整个比赛阶段将爆发力或肌肉耐力维持在预期水平的能力。在运动员必须在一年内实现两次巅峰表现的运动项目（如游泳和田径运动）中，双周期年度计划是最优的。图6.11展示了双周期年度计划的周期力量训练模型。

10月	11月	12月	1月	2月	3月	4月	5月	6月	7月	8月	9月
准备阶段 I			比赛阶段 I			过渡阶段 I	准备阶段 II	比赛阶段 II		过渡阶段 II	
解剖学适应	最大力量		转化为爆发力	转化		解剖学适应	最大力量	转化为爆发力	维持	补偿	

图6.11　双周期年度计划的周期力量训练模型

对于具有3个比赛阶段的运动项目，运动员必须在一年内实现3次巅峰表现。例如摔跤、拳击和国际级的游泳和田径运动，它们的特点是具有一个冬季赛季、一个以冠军赛或选拔赛为结束点的早春赛季以及一个以世界冠军赛或奥运会为结束点的夏季赛季。这类运动项目的年度计划称作三周期年度计划，针对这种计划设计的一个周期力量训练模型如图6.12所示。

对于具有较长准备阶段的运动项目（如足球、美式橄榄球和场地自行车），图6.13展示了一个针对双周期年度计划设计的周期力量训练模型：4月末有一个假峰值，秋季有一个真

10月	11月	12月	1月	2月	3月	4月	5月	6月	7月	8月			9月
准备阶段I				比赛阶段I	过渡阶段I	准备阶段II	比赛阶段II			过渡阶段II	准备阶段III	比赛阶段III	过渡阶段III
3	9			4	6	1	6	4	6	1	2	3	3
解剖学适应	最大力量			转化为爆发力	维持:爆发力和最大力量	解剖学适应	最大力量	转化为爆发力	维持:爆发力和最大力量	解剖学适应	最大力量和爆发力	维持:爆发力和最大力量	补偿

图6.12　针对三周期年度计划设计的周期力量训练模型

12月	1月	2月	3月	4月	5月	6月	7月	8月	9月	10月	11月
准备阶段I				过渡阶段I	准备阶段II		比赛阶段			过渡阶段II	
解剖学适应	最大力量		转化为爆发力	解剖学适应	最大力量		转化为爆发力	维持: 爆发力, 最大力量		补偿	

图6.13　针对双周期年度计划设计的周期力量训练模型

峰值（如对于足球而言）。该模型是应希望提升运动员的最大力量和爆发力的教练的请求而设计的。该模型对于足球运动员和场地自行车运动员来说都非常有效，使用该模型的所有运动员都将自己的最大力量和爆发力提高到了前所未有的水平。这种针对典型双周期运动项目的新模型的使用基于以下原因。

- 人们认为，时间非常长且具有较大负荷和较低多样性的准备阶段具有过多的压力，从而具有不确定的生理学好处。
- 双周期模型有两个最大力量训练阶段和爆发力训练阶段，而美式橄榄球边锋在最大力量训练阶段之前还增加了一个增肌训练阶段。教练预期的好处得以实现：运动员实现了整体肌肉量的增加、最大力量的提高，并且其爆发力提高到了前所未有的水平。

体育运动中的周期力量训练模型

为了让本书切合实际并使其中的内容易于实践，我们提供了一些运动项目的周期力量训练模型。对于每种模型，我们给出了5个表明相关运动项目的生理学特征的因素。

- 主导的能量系统。
- 供能系统百分比（每种能量系统为最终表现所做贡献的百分比）。
- 主要的能量底物。
- 运动表现的限制因素。

- 力量训练目标。

力量训练应当与运动项目的主导能量系统联系在一起。这样做会让确定力量训练的目标变得相对容易。例如，对于磷酸原系统占主导地位的运动项目，运动表现的限制因素是爆发力；而对于糖酵解系统或者氧化系统占主导地位的运动项目，运动表现的限制因素是肌肉耐力。

这样，教练便可以在生理上更好地训练自己的运动员，从而提升他们的运动表现。如果在训练中使用了健身方法，那么就不可能使爆发力增强。运动表现的限制因素指的是，除非尽可能将这些因素发展到最高的水平，否则便无法实现预期的运动表现。更加具体地讲，如果运动员只拥有较低水平的所需的运动专项力量组合，那么预期的良好运动表现就会受到限制或者影响。

下面的例子不能涵盖每个运动项目中所有可能的变式。因为要设计出这样的训练模型，我们必须知道具体的比赛日程，以及运动员个体的比赛水平和目标。因此，对于田径和游泳等运动项目而言，周期训练模型要围绕冬季和夏季的主要比赛进行设计。

运动项目索引

美式橄榄球：边锋	第131页
美式橄榄球：外接手、防守后卫和尾后卫	第132页
棒球、垒球和板球	第133页
篮球	第134页
拳击	第135页
皮划艇（500米和1000米）	第136页
皮划艇（马拉松）	第137页
自行车（公路赛车）	第138页
花样滑冰	第139页
高尔夫球	第140页
冰球	第141页
长距离（10 000米）赛跑和马拉松	第142页
长跑和中长跑	第143页
武术	第144页
球拍类运动项目：网球、美式墙壁球、壁球和羽毛球	第145页
赛艇	第147页
橄榄球	第148页
滑雪（高山）	第149页
滑雪（越野滑雪和冬季两项）	第150页

足球	第151页
短跑	第153页
游泳（长距离）	第154页
游泳（精英运动员短距离）	第155页
游泳（短距离）	第156页
投掷项目（铅球、铁饼、链球和标枪）	第157页
铁人三项	第158页
排球	第159页
水球	第160页
摔跤	第161页

美式橄榄球：边锋

开球之后，边锋必须能够做出爆发性的反应，还必须承受来自对手的力。因此，为了塑造大块的肌肉，其周期训练模型中要包含一个增肌训练阶段。大学美式橄榄球边锋的周期训练模型样例见图6.14，精英美式橄榄球边锋的周期训练模型样例见图6.15。

周期	3月	4月	5月	6月	7月	8月	9月	10月	11月	12月	1月	2月
	准备阶段						比赛阶段				过渡阶段	
力量	3 解剖学适应	6 增肌	9 最大力量			6 转化为爆发力	18 维持：最大力量、爆发力				6 补偿	
能量系统	糖酵解系统、磷酸原系统	磷酸原系统、糖酵解系统	磷酸原系统、短时间糖酵解系统								氧化系统、磷酸原系统	

图6.14 大学美式橄榄球边锋的周期训练模型

周期	4月	5月	6月	7月	8月	9月	10月	11月	12月	1月	2月	3月
	准备阶段				比赛阶段							过渡阶段
力量	2 解剖学适应	8 增肌			6 最大力量	4 转化为爆发力	22 维持：最大力量、爆发力					6 补偿
能量系统	糖酵解系统、磷酸原系统			磷酸原系统、短时间糖酵解系统								氧化系统、磷酸原系统

图6.15 精英美式橄榄球边锋的周期训练模型

- 主导的能量系统：磷酸原系统和糖酵解系统。
- 供能系统百分比：70%的磷酸原系统和30%的糖酵解系统。
- 主要的能量底物：磷酸肌酸和糖原。
- 运动表现的限制因素：启动爆发力和最大力量。
- 力量训练目标：最大力量、增肌和爆发力。

美式橄榄球：外接手、防守后卫和尾后卫

与边锋不同，外接手、防守后卫和尾后卫需要的是速度和灵敏，而不是大块肌肉。大学美式橄榄球外接手、防守后卫和尾后卫的周期训练模型样例见图6.16，职业美式橄榄球外接手、防守后卫和尾后卫的周期训练模型样例见图6.17。

- 主导的能量系统：磷酸原系统和糖酵解系统。
- 供能系统百分比：60%的磷酸原系统、30%的糖酵解系统及10%的氧化系统。
- 主要的能量底物：磷酸肌酸和糖原。
- 运动表现的限制因素：加速爆发力、反应性爆发力及启动爆发力。
- 力量训练目标：爆发力和最大力量。

周期	3月	4月	5月	6月	7月	8月	9月	10月	11月	12月	1月	2月
	准备阶段						比赛阶段					过渡阶段
力量	4 解剖学适应	4 最大力量	3 爆发力	3 最大力量	3 爆发力	4 爆发力	18 维持：爆发力、最大力量					6 补偿
能量系统	氧化系统、糖酵解系统、磷酸原系统	糖酵解系统、磷酸原系统、氧化系统	糖酵解系统、磷酸原系统、氧化系统			磷酸原系统、糖酵解系统						氧化系统、磷酸原系统

图6.16 大学美式橄榄球外接手、防守后卫和尾后卫的周期训练模型

周期	4月	5月	6月	7月	8月	9月	10月	11月	12月	1月	2月	3月
	准备阶段					比赛阶段						过渡阶段
力量	2 解剖学适应	3 最大力量	3 爆发力 / 3 最大力量	3 爆发力 / 3 最大力量	3 转化为爆发力	22 维持：爆发力						6 补偿
能量系统	氧化系统、糖酵解系统、磷酸原系统	糖酵解系统、磷酸原系统、氧化系统	糖酵解系统、磷酸原系统、氧化系统		磷酸原系统、糖酵解系统							氧化系统、磷酸原系统

图6.17 职业美式橄榄球外接手、防守后卫和尾后卫的周期训练模型

棒球、垒球和板球

这3种运动项目中的主导能力是反应性爆发力、加速爆发力以及表现在击球和投球等具体练习中的投掷爆发力。长准备阶段内，尤其在职业棒球队中，训练上存在的任何限制都可能会减少准备时间，并且长比赛日程会导致疲劳或损伤。由于爆发力和加速能力在很大程度上取决于激活尽可能多的快缩型肌纤维的能力，所以最大力量在这些运动员追求成功的过程中发挥着非常重要的作用。维持高水平的爆发力和最大力量有助于运动员在整个赛季内取得成功。顶级棒球、垒球或板球队的周期训练模型样例见图6.18，业余棒球、垒球或板球队的周期训练模型样例见图6.19。

- 主导的能量系统：磷酸原系统。
- 供能系统百分比：95%的磷酸原系统和5%的糖酵解系统。
- 主要的能量底物：磷酸肌酸。
- 运动表现的限制因素：反应性爆发力、加速爆发力及投掷爆发力。
- 力量训练目标：爆发力和最大力量。

	12月	1月	2月	3月	4月	5月	6月	7月	8月	9月	10月	11月
周期	准备阶段			准备比赛阶段	比赛阶段							过渡阶段
力量	4 解剖学适应	9 最大力量		6 转化为爆发力	23 维持：爆发力、最大力量							6 补偿
能量系统	氧化系统、糖酵解系统	磷酸原系统、短时间糖酵解系统										有氧补偿

图6.18　顶级棒球、垒球或板球队的周期训练模型
代谢式训练反映的是速度训练和专项战术训练的累积效果。建议的能量系统训练顺序还表明了每个训练阶段的训练优先次序。由于比赛阶段非常长，所以其间可能会停止力量训练，因此，运动员必须维持高水平的爆发力和最大力量

	11月	12月	1月	2月	3月	4月	5月	6月	7月	8月	9月	10月
周期	准备阶段						比赛阶段					过渡阶段
力量	4 解剖学适应	4 最大力量	4 爆发力	4 最大力量	4 爆发力	4 最大力量	4 爆发力	16 维持：爆发力、最大力量				4 补偿
能量系统	氧化系统、糖酵解系统	磷酸原系统、短时间糖酵解系统										有氧补偿

图6.19　业余棒球、垒球或板球队的周期训练模型

篮球

篮球运动员需要身体强壮、动作灵敏并且能够快速地加速、减速和变向。合适的力量和爆发力训练会让篮球运动员为艰苦的赛季做好准备。大学篮球队的周期训练模型样例见图6.20，顶级篮球队的周期训练模型样例见图6.21。

- 主导的能量系统：磷酸原系统、糖酵解系统及氧化系统。
- 供能系统百分比：60%的磷酸原系统、20%的糖酵解系统及20%的氧化系统。
- 主要的能量底物：磷酸肌酸和糖原。
- 运动表现的限制因素：起跳爆发力、加速爆发力和爆发力耐力。
- 力量训练目标：最大力量、爆发力和爆发力耐力。

周期	7月	8月	9月	10月	11月	12月	1月	2月	3月	4月	5月	6月
	准备阶段				比赛阶段							过渡阶段
力量	4 解剖学适应	8 最大力量		8 转化为爆发力		22 维持：爆发力、最大力量						6 补偿
能量系统	氧化系统、糖酵解系统、磷酸原系统	糖酵解系统、磷酸原系统、氧化系统		短时间糖酵解系统、磷酸原系统、氧化系统								有氧补偿

图6.20 大学篮球队的周期训练模型

周期	8月	9月	10月	11月	12月	1月	2月	3月	4月	5月	6月	7月
	准备阶段				比赛阶段							过渡阶段
力量	3 解剖学适应	7 最大力量	6 转化为爆发力		26 维持：爆发力、最大力量							6 补偿
能量系统	氧化系统、糖酵解系统、磷酸原系统	糖酵解系统、磷酸原系统、氧化系统		短时间糖酵解系统、磷酸原系统、氧化系统								有氧补偿

图6.21 顶级篮球队的周期训练模型

有氧训练表示解剖学适应阶段的速度训练和其他训练阶段针对有氧训练的具体练习（2~5分钟不停歇）的累积效应。建议的能量系统训练顺序还表明了每个训练阶段的训练优先次序。

拳击

在整场比赛期间，拳击运动员都要能够快速有力地攻击对手并对对手的攻击做出反应。他们需要有氧和无氧系统。拳击的周期训练模型样例见图6.22。

- 主导的能量系统：糖酵解系统和氧化系统。
- 供能系统百分比：10%的磷酸原系统、40%的糖酵解系统及50%的氧化系统。
- 主要的能量底物：磷酸肌酸和糖原。
- 运动表现的限制因素：爆发力耐力、反应性爆发力和中等时间肌肉耐力。
- 力量训练目标：爆发力耐力、最大力量和中等时间肌肉耐力。

	9月	10月	11月	12月	1月	2月	3月	4月	5月	6月	7月	8月
周期	准备阶段I	准备阶段I	专项准备阶段I	比赛阶段I	过渡阶段I	准备阶段II	专项准备阶段II	比赛阶段II	过渡阶段II／准备阶段III	专项准备阶段III	比赛阶段III	过渡阶段III
力量	3 解剖学适应	6 最大力量、爆发力	3 转化为中等时间肌肉耐力	2 维持：中等时间肌肉耐力、最大力量	2 解剖学适应	4 最大力量、爆发力	4 转化为中等时间肌肉耐力	4 维持：中等时间肌肉耐力、最大力量	1 解剖学适应／3 最大力量、爆发力	4 转化为中等时间肌肉耐力	8 维持：中等时间肌肉耐力、最大力量	4 补偿
能量系统	氧化系统	氧化系统、磷酸原系统、糖酵解系统	糖酵解系统、氧化系统、磷酸原系统	氧化系统	氧化系统、磷酸原系统、糖酵解系统	糖酵解系统、氧化系统、磷酸原系统	氧化系统	氧化系统、磷酸原系统、糖酵解系统	氧化系统、磷酸原系统、糖酵解系统	糖酵解系统、氧化系统、磷酸原系统	糖酵解系统、氧化系统、磷酸原系统	有氧补偿

图6.22　拳击的周期训练模型

在3个阶段中的前2个阶段，运动员以70%~80%1RM完成最大力量训练；在第3个阶段以80%~90%1RM完成。重量级拳击运动员在第2个和第3个阶段采用80%~90%1RM。有氧训练应当包括2~5分钟不停歇的专项拳击练习。建议的能量系统训练顺序还表明了每个训练阶段的训练优先次序。

皮划艇（500米和1 000米）

在皮划艇（500米和1000米）比赛中，运动员在静水冲刺时拼的就是速度和专项耐力。为了快速地划到终点，运动员必须迅速地对抗水的阻力划动船桨。皮划艇（500米和1000米）的周期训练模型样例见图6.23。

- 主导的能量系统：氧化系统、糖酵解系统和磷酸原系统。
- 供能系统百分比：500米是16%的磷酸原系统、22%的糖酵解系统和62%的氧化系统；1000米是8%的磷酸原系统、10%的糖酵解系统和82%的氧化系统。
- 主要的能量底物：磷酸肌酸和糖原。
- 运动表现的限制因素：肌肉耐力、爆发力耐力和启动爆发力。
- 力量训练目标：爆发力耐力、最大力量、中等时间和短时间肌肉耐力。

周期	10月	11月	12月	1月	2月	3月	4月	5月	6月	7月	8月	9月
	准备阶段							比赛阶段				过渡阶段
力量	4 解剖学适应	6 最大力量	4 爆发力耐力	6 最大力量	3 短时间肌肉耐力	3 最大力量	6 转化为中等时间肌肉耐力		12 维持：中等时间肌肉耐力、最大力量			4 补偿
能量系统	氧化系统	氧化系统、糖酵解系统	氧化系统、磷酸原系统、糖酵解系统	氧化系统、糖酵解系统、磷酸原系统		氧化系统、糖酵解系统、磷酸原系统			氧化系统			氧化系统

图6.23　皮划艇（500米和1000米）的周期训练模型
建议的能量系统训练顺序还表明了每个训练阶段的训练优先次序。

皮划艇（马拉松）

与短距离比赛不同，皮划艇（马拉松）比赛考验的是运动员的长时间肌肉耐力。此外，运动员还必须充分发展能忍受长时间比赛的氧化系统。皮划艇（马拉松）的周期训练模型样例见图6.24。

- 主导的能量系统：氧化系统。
- 供能系统百分比：5%的糖酵解系统和95%的氧化系统。
- 主要的能量底物：糖原和游离脂肪酸。
- 运动表现的限制因素：长时间肌肉耐力。
- 力量训练目标：长时间肌肉耐力、爆发力耐力和最大力量。

周期	11月	12月	1月	2月	3月	4月	5月	6月	7月	8月	9月	10月
	准备阶段						比赛阶段					过渡阶段
力量	6 解剖学适应	6 最大力量	4 中等时间肌肉耐力	4 最大力量	12 转化为长时间肌肉耐力				12 维持：长时间肌肉耐力、最大力量			4 补偿
能量系统	氧化系统	氧化系统			氧化系统、糖酵解系统							氧化系统

图6.24　皮划艇（马拉松）的周期训练模型

自行车（公路赛车）

自行车（公路赛车）运动员主要依赖于氧化系统，运动员让无氧系统承受大负荷的时刻是爬陡坡期间和比赛即将结束的时候。运动员必须为长距离的艰苦骑行做好准备，每分钟让车轮产生恒定的旋转，以对抗踏板、环境和地形的阻力，并维持速度和爆发力水平。自行车（公路赛车）的周期训练模型样例见图6.25。

- 主导的能量系统：氧化系统。
- 供能系统百分比：5%的糖酵解系统和95%的氧化系统。
- 主要的能量底物：糖原和游离脂肪酸。
- 运动表现的限制因素：长时间肌肉耐力和爆发力耐力。
- 力量训练目标：长时间肌肉耐力、爆发力耐力和最大力量。

周期	11月	12月	1月	2月	3月	4月	5月	6月	7月	8月	9月	10月
	准备阶段						比赛阶段					过渡阶段
力量	4 解剖学适应	6 最大力量		6 长时间肌肉耐力	3 最大力量	9 转化为长时间肌肉耐力		14 维持：长时间肌肉耐力、爆发力耐力、最大力量				6 补偿
能量系统	氧化系统			氧化系统、糖酵解系统								氧化系统

图6.25 自行车（公路赛车）的周期训练模型

花样滑冰

为了完成所需的跳跃，花样滑冰运动员必须发展强有力的起跳（向心）爆发力和落地（离心）爆发力。他们还需要强大的无氧和氧化系统，尤其对于长时间的计划而言。花样滑冰的周期训练模型样例见图6.26。

- 主导的能量系统：糖酵解系统和氧化系统。
- 供能系统百分比：40%的磷酸原系统、40%的糖酵解系统及20%的氧化系统。
- 主要的能量底物：磷酸肌酸和糖原。
- 运动表现的限制因素：起跳爆发力、落地爆发力、反应性爆发力和爆发力耐力。
- 力量训练目标：爆发力、爆发力耐力和最大力量。

周期	5月	6月	7月	8月	9月	10月	11月	12月	1月	2月	3月	4月
	准备阶段							比赛阶段			过渡阶段	
力量	8 解剖学适应		4 最大力量	4 爆发力	4 最大力量	4 爆发力	4 最大力量	4 爆发力耐力	10 维持：爆发力、爆发力耐力、最大力量		6 补偿	
能量系统	氧化系统			糖酵解系统、氧化系统		糖酵解系统、氧化系统、磷酸原系统		糖酵解系统、磷酸原系统、氧化系统			备选的活动	

图6.26 花样滑冰的周期训练模型
有氧训练通过完成专项练习及相应的组数和重复次数来实现。建议的能量系统训练顺序还表明了每个训练阶段的训练优先次序。

高尔夫球

在这个流行的运动项目中，最重要的因素是高尔夫球运动员将球从球座上击出时的爆发力以及在草坪上推杆时的精度。良好的有氧耐力有助于运动员应对运动过程中产生的疲劳，从而提高专注度和效率，尤其是在最后几个洞期间。高尔夫球的周期训练模型样例见图6.27。

- 主导的能量系统：氧化系统。
- 供能系统百分比：100%的氧化系统。
- 主要的能量底物：磷酸肌酸和糖原。
- 运动表现的限制因素：爆发力、专注度和有氧耐力。
- 力量训练目标：爆发力和最大力量。

周期	10月	11月	12月	1月	2月	3月		4月	5月	6月	7月	8月	9月
	准备阶段							比赛阶段					过渡阶段
力量	6 解剖学适应	5 最大力量	1 过渡阶段	8 最大力量、爆发力		2 过渡阶段	4 转化为爆发力	18 维持：爆发力、最大力量					4 补偿
能量系统	氧化系统			氧化系统									氧化系统

图6.27 高尔夫球的周期训练模型

冰球

在冰球中，最重要的限制因素包括加速爆发力和减速爆发力。训练应当专注于提升技能，以及发展爆发力及有氧和无氧耐力。冰球的周期训练模型样例见图6.28。

- 主导的能量系统：糖酵解系统和氧化系统。
- 供能系统百分比：10%的磷酸原系统、40%的糖酵解系统及50%的氧化系统。
- 主要的能量底物：磷酸肌酸和糖原。
- 运动表现的限制因素：加速爆发力、减速爆发力和爆发力耐力。
- 力量训练目标：最大力量、爆发力和爆发力耐力。

周期	6月	7月	8月	9月	10月	11月	12月	1月	2月	3月	4月	5月
	准备阶段				比赛阶段							过渡阶段
力量	4 解剖学适应	6 最大力量	3 爆发力	3 最大力量	4 转化为爆发力耐力	22 维持：爆发力、爆发力耐力、最大力量						6 补偿
能量系统	氧化系统、磷酸原系统	糖酵解系统、氧化系统、磷酸原系统		短时间糖酵解系统和磷酸原系统、氧化系统								氧化系统

图6.28 冰球的周期训练模型

长距离（10 000米）赛跑和马拉松

高水平的有氧能力是长距离（10 000米）赛跑和马拉松运动员的重要生理特征。实际上，在整个长距离（10 000米）赛跑和马拉松过程中，运动员都有必要维持稳定、快速的节奏。糖原和游离脂肪酸是用来为比赛产生能量的能量底物。长距离（10 000米）赛跑和马拉松的周期训练模型样例见图6.29。

- 主导的能量系统：氧化系统。
- 供能系统百分比：10 000米是3%的糖酵解系统和97%的氧化系统；马拉松是100%的氧化系统。
- 主要的能量底物：糖原和游离脂肪酸。
- 运动表现的限制因素：长时间肌肉耐力。
- 力量训练目标：长时间肌肉耐力（两种项目）和爆发力耐力（10 000米）。

周期	10月	11月	12月	1月	2月	3月	4月	5月	6月	7月	8月	9月
	准备阶段							比赛阶段			过渡阶段	
力量	8 解剖学适应		6 最大力量、爆发力	6 中等时间肌肉耐力、最大力量、爆发力耐力		8 转化为长时间肌肉耐力		14 维持：长时间肌肉耐力、最大力量、爆发力耐力			6 补偿	
能量系统	氧化系统			氧化系统		氧化系统、糖酵解系统					备选的活动	

图6.29 长距离（10 000米）赛跑和马拉松的周期训练模型
最大力量＜80%1RM。

长跑和中长跑

长跑和中长跑运动员需要忍受比赛期间自己体内累积的大量乳酸。为了取得良好的表现，这些运动员需要具有对跑步速度的变化做出快速响应的能力。因此，这些运动员需要良好的有氧爆发力、抗乳酸能力以及乳酸耐受性。长跑和中长跑的周期训练模型样例见图6.30。

- 主导的能量系统：糖酵解系统和氧化系统。
- 供能系统百分比：400米是12%的磷酸原系统、50%的糖酵解系统和38%的氧化系统，800米是6%的磷酸原系统、33%的糖酵解系统和61%的氧化系统，1500米是2%的磷酸原系统、18%的糖酵解系统和80%的氧化系统。
- 主要的能量底物：磷酸肌酸和糖原。
- 运动表现的限制因素：400米是启动爆发力和加速爆发力，400米和800米顶级水平是短时间肌肉耐力，800米和1500米是中等时间肌肉耐力。
- 力量训练目标：400米是爆发力耐力，400米和800米顶级水平是短时间肌肉耐力，800米和1500米是中等时间肌肉耐力，所有项目都要训练最大力量。

	10月	11月	12月	1月	2月	3月	4月	5月	6月	7月	8月	9月
周期	准备阶段 I			比赛阶段 I		过渡阶段 I	准备阶段 II		比赛阶段 II			过渡阶段 II
力量	3 解剖学适应	6 最大力量	5 转化为肌肉耐力	6 维持：肌肉耐力、最大力量	1 解剖学适应	6 最大力量	6 转化为肌肉耐力	11 维持：肌肉耐力、最大力量				4 补偿
能量系统	氧化系统		糖酵解系统、氧化系统、磷酸原系统		氧化系统		氧化系统、糖酵解系统、磷酸原系统					有氧

图6.30　长跑和中长跑的周期训练模型
建议的能量系统训练顺序还表明了每个训练阶段的训练优先次序。

武术

武术运动员需要具备由3种能量系统所提供能量而发展的柔韧性、爆发力、灵敏和快速反应能力。图6.31展示了一个没有较大肌肉耐力部分的武术周期训练模型样例，图6.32展示了一个具有较大肌肉耐力部分的武术周期训练模型样例。

- 主导的能量系统：磷酸原系统、糖酵解系统及氧化系统。
- 供能系统百分比：50%的磷酸原系统、30%的糖酵解系统及20%的氧化系统。
- 主要的能量底物：磷酸肌酸和糖原。
- 运动表现的限制因素：启动爆发力、爆发力耐力、反应性爆发力和短时间肌肉耐力。
- 力量训练目标：爆发力、最大力量、爆发力耐力、短时间肌肉耐力。

	6月	7月	8月	9月	10月	11月	12月	1月	2月	3月	4月	5月
周期	准备阶段I						比赛阶段I	过渡阶段I	准备阶段II		比赛阶段II	过渡阶段II
力量	4 解剖学适应	12 最大力量			8 转化为爆发力		4 维持：爆发力、最大力量	2 解剖学适应	6 最大力量	4 转化为爆发力	4 维持：爆发力、最大力量	4 补偿
能量系统	氧化系统	氧化系统、糖酵解系统、磷酸原系统			磷酸原系统、糖酵解系统、氧化系统			氧化系统	氧化系统、糖酵解系统、磷酸原系统		磷酸原系统、糖酵解系统、氧化系统	备选的活动

图6.31　没有较大肌肉耐力部分的武术周期训练模型
有氧训练可以通过专项练习完成。建议的能量系统训练顺序还表明了每个训练阶段的训练优先次序。

	6月	7月	8月	9月	10月	11月	12月	1月	2月	3月	4月	5月
周期	准备阶段I						比赛阶段I	过渡阶段I	准备阶段II		比赛阶段II	过渡阶段II
力量	4 解剖学适应	8 最大力量	4 爆发力	3 最大力量	6 转化为中等时间肌肉耐力		3 维持：中等时间肌肉耐力、最大力量	1 解剖学适应	7 最大力量	4 转化为中等时间肌肉耐力	3 维持：中等时间肌肉耐力、最大力量	5 补偿
能量系统	氧化系统	氧化系统、糖酵解系统、磷酸原系统			氧化系统、磷酸原系统、糖酵解系统			氧化系统	氧化系统、糖酵解系统、磷酸原系统		氧化系统、磷酸原系统、糖酵解系统	备选的活动

图6.32　具有较大肌肉耐力部分的武术周期训练模型
有氧训练可以通过专项练习完成。建议的能量系统训练顺序还表明了每个训练阶段的训练优先次序。

球拍类运动项目：网球、美式墙壁球[*]、壁球和羽毛球

球拍类运动项目涉及快速和反应性的动作，其中，运动员能否取胜取决于运动员的反应时间和变向能力。业余网球运动员的周期训练模型样例见图6.33，职业网球运动员的周期训练模型样例见图6.34，美式墙壁球、壁球和羽毛球的周期训练模型样例见图6.35。

- 主导的能量系统：磷酸原系统、氧化系统和糖酵解系统。
- 供能系统百分比：网球是50%的磷酸原系统、20%的糖酵解系统和30%的氧化系统；壁球是40%的磷酸原系统、20%的糖酵解系统和40%的氧化系统；羽毛球是60%的磷酸原系统、20%的糖酵解系统和20%的氧化系统。
- 主要的能量底物：磷酸肌酸和糖原。
- 运动表现的限制因素：爆发力、反应性爆发力和爆发力耐力。
- 力量训练目标：爆发力、爆发力耐力和最大力量。

周期	10月	11月	12月	1月	2月	3月	4月	5月	6月	7月	8月	9月
	准备阶段					比赛阶段					过渡阶段	
力量	6 解剖学适应	8 最大力量、爆发力		6 转化为爆发力耐力		20 维持：爆发力、爆发力耐力、最大力量					8 补偿	
能量系统	氧化系统、糖酵解系统	糖酵解系统、磷酸原系统、氧化系统		磷酸原系统、短时间糖酵解系统、氧化系统							有氧补偿	

图6.33　业余网球运动员的周期训练模型

	1	2	3	4	5	6	7	8	9	10	11	12
周期	准备阶段Ⅰ	比赛阶段Ⅰ	过渡阶段Ⅰ	准备阶段Ⅱ	比赛阶段Ⅱ	过渡阶段Ⅱ	准备阶段Ⅲ	比赛阶段Ⅲ	过渡阶段Ⅲ	准备阶段Ⅳ	比赛阶段Ⅳ	过渡阶段Ⅳ
力量	4 解剖学适应	6 最大力量、爆发力	4 维持：爆发力耐力、最大力量	2 解剖学适应	4 最大力量、爆发力耐力	4 维持：爆发力耐力、最大力量	2 解剖学适应	4 最大力量、爆发力耐力	4 维持：爆发力耐力、最大力量	2 解剖学适应	4 最大力量、爆发力耐力	4 维持：爆发力耐力、最大力量	4 补偿
能量系统	氧化系统、糖酵解系统	糖酵解系统、磷酸原系统、氧化系统	磷酸原系统、短时间糖酵解系统、氧化系统	氧化系统、糖酵解系统	糖酵解系统、磷酸原系统、氧化系统	磷酸原系统、短时间糖酵解系统、氧化系统	氧化系统、糖酵解系统	糖酵解系统、磷酸原系统、氧化系统	磷酸原系统、短时间糖酵解系统、氧化系统	氧化系统、糖酵解系统	糖酵解系统、磷酸原系统、氧化系统	磷酸原系统、短时间糖酵解系统、氧化系统	氧化系统

图6.34　职业网球运动员的周期训练模型

该模型假设了一个包含4场主要锦标赛的计划。由于主要锦标赛的日期各异，故对年内的月份进行了编号，而不是用月份的名称。有氧训练意味着在较长持续时间（3~5分钟）内不停歇完成的专项练习。建议的能量系统训练顺序还表明了每个训练阶段的训练优先次序。

---

[*]原文未提及美式墙壁球的供能系统百分比。——译者

	1	2	3	4	5	6	7	8	9	10	11	12
周期	准备阶段I			比赛阶段I	过渡阶段I	准备阶段II	比赛阶段II	过渡阶段II	准备阶段III	比赛阶段III		过渡阶段III
力量	3 解剖学适应	6 最大力量	3 爆发力耐力	4 维持:爆发力、最大力量	2 解剖学适应	6 最大力量 4 爆发力耐力	4 维持:爆发力耐力、最大力量	2 解剖学适应	3 最大力量　3 爆发力耐力	4 维持:爆发力耐力、最大力量		8 补偿
能量系统	氧化系统、糖酵解系统	糖酵解系统、磷酸原系统、氧化系统	磷酸原系统、短时间糖酵解系统、氧化系统		氧化系统、糖酵解系统	糖酵解系统、磷酸原系统、氧化系统	磷酸原系统、短时间糖酵解系统、氧化系统	氧化系统、糖酵解系统	糖酵解系统、磷酸原系统、氧化系统	磷酸原系统、短时间糖酵解系统、氧化系统		有氧补偿

图6.35 美式墙壁球、壁球和羽毛球的周期训练模型

由于比赛日期因地理区域而不同，故对月份进行了编号，而不是采用月份的名称。该模型是一个三周期年度计划模型。能量系统接受训练的顺序还表明了给定训练阶段的训练优先次序。有氧训练可以通过速度训练和专项练习来实现。

赛艇

赛艇运动员需要具备有氧耐力和对抗水的阻力进行爆发式划水的能力。赛艇运动员还应当发展强大的启动爆发力和肌肉耐力。赛艇的周期训练模型样例见图6.36。

- 主导的能量系统：糖酵解系统和氧化系统。
- 供能系统百分比：10%的磷酸原系统、15%的糖酵解系统及75%的氧化系统。
- 主要的能量底物：磷酸肌酸和糖原。
- 运动表现的限制因素：中等时间、短时间肌肉耐力和启动爆发力。
- 力量训练目标：中等时间肌肉耐力、短时间肌肉耐力和最大力量。

	9月	10月	11月	12月	1月	2月	3月	4月	5月	6月	7月	8月
周期	准备阶段							比赛阶段				过渡阶段
力量	6 解剖学适应	6 最大力量		4 短时间肌肉耐力	4 最大力量	4 中等时间肌肉耐力	4 最大力量	6 中等时间肌肉耐力	10 维持：中等时间肌肉耐力、短时间肌肉耐力、最大力量			4 补偿
能量系统	氧化系统	氧化系统		氧化系统、糖酵解系统、磷酸原系统	糖酵解系统、磷酸原系统、氧化系统			磷酸原系统、糖酵解系统、氧化系统				

图6.36 赛艇的周期训练模型
建议的能量系统训练顺序还表明了每个训练阶段的训练优先次序。

橄榄球

橄榄球是一个运动员需要具有高能量、高爆发力，并且有节奏地实施复杂技能的项目。业余橄榄球队的周期训练模型样例见图6.37，职业橄榄球队的周期训练模型样例见图6.38。

- 主导的能量系统：磷酸原系统、糖酵解系统和氧化系统。
- 供能系统百分比：10%的磷酸原系统、30%的糖酵解系统以及60%的氧化系统。
- 主要的能量底物：磷酸肌酸和糖原。
- 运动表现的限制因素：爆发力、爆发力耐力和加速爆发力。
- 力量训练目标：爆发力和最大力量。

周期	9月	10月	11月	12月	1月	2月	3月	4月	5月	6月	7月	8月
	准备阶段						比赛阶段				过渡阶段	
力量	4 解剖学适应	12 最大力量			8 转化为爆发力		16 维持：爆发力、最大力量				8 补偿	
能量系统	氧化系统	氧化系统、磷酸原系统、短时间糖酵解系统、有氧补偿			磷酸原系统、短时间糖酵解系统、有氧补偿		磷酸原系统、短时间糖酵解系统、氧化系统、有氧补偿				氧化系统	

图6.37 业余橄榄球队的周期训练模型

有氧训练主要指的是完成较长持续时间（3~5分钟）的专项战术练习。建议的能量系统训练顺序还表明了每个训练阶段的训练优先次序。

周期	7月	8月	9月	10月	11月	12月	1月	2月	3月	4月	5月	6月
	准备阶段			比赛阶段							过渡阶段	
力量	3 解剖学适应	9 最大力量		4 转化为爆发力	26 维持：爆发力、最大力量						6 补偿	
能量系统	氧化系统	氧化系统、磷酸原系统、短时间糖酵解系统、有氧补偿		磷酸原系统、短时间糖酵解系统、氧化系统、有氧补偿							氧化系统	

图6.38 职业橄榄球队的周期训练模型

滑雪（高山）

滑雪（高山）运动员必须能够迅速地对雪道标志旗做出反应。在长时间的准备阶段，最大力量训练要与爆发力训练交替进行。滑雪（高山）的周期训练模型样例见图6.39。

- 主导的能量系统：糖酵解系统、氧化系统和磷酸原系统。
- 供能系统百分比：10%的磷酸原系统、40%的糖酵解系统及50%的氧化系统。
- 主要的能量底物：磷酸肌酸和糖原。
- 运动表现的限制因素：反应性爆发力和爆发力耐力。
- 力量训练目标：最大力量、爆发力耐力和短时间肌肉耐力。

	5月	6月	7月	8月	9月	10月	11月	12月	1月	2月	3月	4月
周期	准备阶段						比赛阶段					过渡阶段
力量	4 解剖学适应	4 最大力量	4 爆发力耐力	4 最大力量	4 爆发力耐力	4 最大力量	6 转化为短时间肌肉耐力	14 维持：短时间肌肉耐力、最大力量、爆发力耐力				4 补偿
能量系统	氧化系统	氧化系统、糖酵解系统	糖酵解系统、氧化系统									备选的活动

图6.39　滑雪（高山）的周期训练模型
有氧训练可以以较长时间的专项练习形成累积效应。

滑雪（越野滑雪和冬季两项）

滑雪（越野滑雪和冬季两项）比赛需要运动员具备强大的有氧耐力。在时间向准备阶段末期推移的过程中，最大力量要转化为长时间肌肉耐力，使运动员为进行长时间比赛做好准备。滑雪（越野滑雪和冬季两项）的周期训练模型样例见图6.40。

- 主导的能量系统：氧化系统。
- 供能系统百分比：5%的糖酵解系统和95%氧化系统。
- 主要的能量底物：糖原和游离脂肪酸。
- 运动表现的限制因素：长时间肌肉耐力。
- 力量训练目标：长时间肌肉耐力、爆发力耐力和最大力量。

	5月	6月	7月	8月	9月	10月	11月	12月	1月	2月	3月	4月
周期	准备阶段								比赛阶段			过渡阶段
力量	4 解剖学适应	8 最大力量		6 长时间肌肉耐力	3 最大力量	11 转化为长时间肌肉耐力			12 维持：长时间肌肉耐力			4 补偿
能量系统	氧化系统	氧化系统		氧化系统、糖酵解系统								氧化系统

图6.40 滑雪（越野滑雪和冬季两项）的周期训练模型
建议的能量系统训练顺序还表明了每个训练阶段的训练优先次序。

足球

作为世界上最受欢迎的运动项目之一，足球是一种对运动员的技术和生理要求极高的比赛，其结果取决于运动员的爆发力、速度、灵敏和专项耐力。下面给出了美国业余足球队（见图6.41）、美国职业足球队（见图6.42）、欧洲联赛业余足球队（见图6.43）、欧洲联赛职业足球队（见图6.44）和欧洲联赛足球守门员（见图6.45）的周期训练模型样例。

- 主导的能量系统：氧化系统、糖酵解系统和磷酸原系统。
- 供能系统百分比：2%的磷酸原系统、23%的糖酵解系统和75%的氧化系统。
- 主要的能量底物：磷酸肌酸和糖原。
- 运动表现的限制因素：爆发力、启动爆发力、短时间爆发力耐力、加速爆发力、减速爆发力和反应性爆发力。
- 力量训练目标：爆发力和最大力量。

周期	10月	11月	12月	1月	2月	3月	4月	5月	6月	7月	8月	9月
	准备阶段						比赛阶段				过渡阶段	
力量	4 解剖学适应	8 最大力量		4 爆发力、最大力量	2 过渡	6 转化为爆发力	16 维持：爆发力、最大力量				8 补偿	
能量系统	氧化系统	氧化系统、磷酸原系统		氧化系统、磷酸原系统、短时间糖酵解系统	氧化系统		磷酸原系统、短时间糖酵解系统、氧化系统				补偿	

图6.41　美国业余足球队的周期训练模型
能量系统可以通过速度训练、间歇训练或者重复训练加以训练，也可以通过具体的练习和小规模的比赛加以训练。建议的能量系统训练顺序还表明了每个训练阶段的训练优先次序。

周期	8月	9月	10月	11月	12月	1月	2月	3月	4月	5月	6月	7月
	准备阶段		比赛阶段I			过渡阶段I	比赛阶段II					过渡阶段II
力量	2 解剖学适应	6 最大力量、爆发力	12 维持：爆发力、最大力量			2 过渡	20 维持：爆发力、最大力量					6 补偿
能量系统	氧化系统	氧化系统、磷酸原系统、短时间糖酵解系统、有氧补偿	磷酸原系统、短时间糖酵解系统、氧化系统、有氧补偿			氧化系统	磷酸原系统、短时间糖酵解系统、氧化系统、有氧补偿					氧化系统

图6.42　美国职业足球队的周期训练模型

	8月		9月	10月	11月	12月	1月	2月	3月	4月	5月	6月	7月
周期	准备阶段I		比赛阶段I			过渡阶段I	准备阶段II	比赛阶段II				过渡阶段II	
力量	2 解剖学适应	4 最大力量、爆发力	10 维持：爆发力、最大力量			1 停止	3 最大力量、爆发力	20 维持：爆发力、最大力量				8 补偿	
能量系统	氧化系统	氧化系统、磷酸原系统、短时间糖酵解系统、有氧补偿	磷酸原系统、短时间糖酵解系统、氧化系统、有氧补偿			停止	磷酸原系统、短时间糖酵解系统、氧化系统、有氧补偿					比赛，氧化系统	

图6.43　欧洲联赛业余足球队的周期训练模型

	7月		8月	9月	10月	11月	12月	1月	2月	3月	4月	5月	6月
周期	准备阶段I		比赛阶段I				过渡阶段I	准备阶段II	比赛阶段II				过渡阶段II
力量	2 解剖学适应	6 最大力量、爆发力	15 维持：爆发力、最大力量				1 停止	3 最大力量、爆发力	17 维持：爆发力、最大力量				4 补偿
能量系统	氧化系统	氧化系统、磷酸原系统、短时间糖酵解系统、有氧补偿	磷酸原系统、短时间糖酵解系统、氧化系统、有氧补偿				停止	磷酸原系统、短时间糖酵解系统、氧化系统、有氧补偿					氧化系统

图6.44　欧洲联赛职业足球队的周期训练模型

	7月	8月	9月	10月	11月	12月	1月	2月	3月	4月	5月	6月
周期	准备阶段I		比赛阶段I		过渡阶段I	准备阶段II	比赛阶段II					过渡阶段II
力量	2 解剖学适应	6 最大力量、爆发力	8 维持：爆发力、最大力量		1 停止	3 最大力量、爆发力	22 维持：爆发力、最大力量					6 补偿
能量系统	磷酸原系统、有氧补偿				停止	磷酸原系统、有氧补偿						比赛、氧化系统

图6.45　欧洲联赛足球守门员的周期训练模型

短跑

　　短跑运动员需要大步幅、高频率。他的速度与其在每次迈步时非常短的触地时间（从起跑器出发时的200毫秒和最大速度时的80毫秒）内所施加的力直接相关。对于60米项目，耐力不如加速爆发力重要，因为短跑运动员需要在60米内跑得尽可能快。而对于100米和200米项目，速度耐力（乳酸爆发力）十分重要；实际上，它也是顶级和次顶级短跑运动员之间的差异所在。短跑运动员的周期训练模型样例见图6.46。

- 主导的能量系统：60米是磷酸原系统，100米和200米是糖酵解系统。
- 供能系统百分比：60米是80%的磷酸原系统和20%的糖酵解系统；100米是53%的磷酸原系统、44%的糖酵解系统和3%的氧化系统；200米是26%的磷酸原系统、45%的糖酵解系统和29%的氧化系统。
- 主要的能量底物：60米是磷酸肌酸，100米和200米是磷酸肌酸和糖原。
- 运动表现的限制因素：60米是加速爆发力，100米和200米是爆发力耐力，所有项目都受启动爆发力和反应性爆发力的限制。
- 力量训练目标：60米是爆发力，100米和200米是爆发力耐力，所有项目都要训练最大力量。

	10月	11月	12月	1月	2月	3月	3月	4月	5月	6月	7月	7月	8月	9月
周期	准备阶段I			比赛阶段I		过渡阶段I	准备阶段II			比赛阶段II	过渡阶段II	准备阶段III	比赛阶段III	过渡阶段III
力量	3 解剖学适应	9 最大力量		4 转化为爆发力	4 维持：爆发力和最大力量	1 解剖学适应	6 最大力量		5 转化为爆发力耐力	4 维持：爆发力耐力和最大力量	1 解剖学适应	3 最大力量、爆发力耐力	4 维持：爆发力耐力和最大力量	4 补偿
能量系统	氧化系统	糖酵解系统、磷酸原系统和氧化系统		磷酸原系统和糖酵解系统		磷酸原系统和糖酵解系统		磷酸原系统和糖酵解系统		磷酸原系统和糖酵解系统		磷酸原系统和糖酵解系统		比赛

图6.46　短跑运动员的周期训练模型

针对短跑运动员的有氧训练应以速度训练形成累积效应（重复进行200米、400米和600米跑）。

游泳（长距离）

　　游泳（长距离）运动员必须训练肌肉耐力。长距离比赛会让氧化系统承受大负荷，而合适的肌肉耐力训练会让有氧运动员具备耐力优势。国家级游泳（长距离）运动员的周期训练模型样例见图6.47，该模型假设有两个比赛阶段——一个在1月开始，另一个在5月开始。

- 主导的能量系统：氧化系统。
- 供能系统百分比：10%的糖酵解系统和90%的氧化系统。
- 主要的能量底物：糖原和游离脂肪酸。
- 运动表现的限制因素：长时间肌肉耐力。
- 力量训练目标：中等时间肌肉耐力和长时间肌肉耐力。

	9月	10月	11月	12月	1月	2月	3月	4月	5月	6月	7月	8月
周期	准备阶段I				比赛阶段I		过渡阶段I	准备阶段II		比赛阶段II		过渡阶段II
力量	4 解剖学适应	4 最大力量	4 中等时间肌肉耐力	4 最大力量	4 转化为长时间肌肉耐力	4 维持：长时间肌肉耐力、最大力量	2 解剖学适应	6 最大力量	4 转化为长时间肌肉耐力	8 维持：长时间肌肉耐力、最大力量		4 补偿
能量系统	氧化系统	氧化系统	氧化系统	糖酵解系统、氧化系统			氧化系统	氧化系统	糖酵解系统、氧化系统			有氧补偿

图6.47　国家级游泳（长距离）运动员的周期训练模型

游泳（精英运动员短距离）

游泳（精英运动员短距离）的主导训练因素是爆发力。发展爆发力和最大力量需要长时间的准备阶段。游泳（精英运动员短距离）的周期训练模型样例见图6.48，该模型假设只有一个比赛阶段——5月到7月。

- 主导的能量系统：糖酵解系统、磷酸原系统和氧化系统。
- 供能系统百分比：50米是18%的磷酸原系统、45%的糖酵解系统和37%的氧化系统；100米是15%的磷酸原系统、25%的糖酵解系统和60%的氧化系统。
- 主要的能量底物：磷酸肌酸和糖原。
- 运动表现的限制因素：50米是爆发力耐力，100米是短时间有氧耐力，所有项目都受爆发力的限制。
- 力量训练目标：50米是爆发力耐力，100米是短时间肌肉耐力，所有项目都要训练最大力量。

周期	10月	11月	12月	1月	2月	3月	4月	5月	6月	7月	8月	9月
	准备阶段							比赛阶段			过渡阶段	
力量	8 解剖学适应		3 最大力量	3 爆发力	3 最大力量	3 爆发力	3 最大力量	5 转化为爆发力耐力	12 维持：爆发力耐力、最大力量			8 补偿	
能量系统	氧化系统		氧化系统		糖酵解系统、氧化系统	糖酵解系统、氧化系统、磷酸原系统	糖酵解系统、磷酸原系统、氧化系统				氧化系统	

图6.48　游泳（精英运动员短距离）的周期训练模型

游泳（短距离）

游泳（短距离）运动员主要使用的是糖酵解系统供能。他们必须做出快速有力的划水动作，以长时间在水中有效地移动。国家级游泳（短距离）运动员的周期训练模型样例见图6.49，它代表了一个双周期年度计划。

- 主导的能量系统：糖酵解系统、氧化系统和磷酸原系统。
- 供能系统百分比：50米是20%的磷酸原系统、50%的糖酵解系统和30%的氧化系统；100米是19%的磷酸原系统、26%的糖酵解系统和55%的氧化系统。
- 主要的能量底物：磷酸肌酸和糖原。
- 运动表现的限制因素：50米是爆发力耐力，100米是短时间有氧耐力，所有项目都受爆发力的限制。
- 力量训练目标：50米是爆发力耐力，100米是短时间肌肉耐力，所有项目都要训练最大力量。

	9月	10月	11月	12月	1月	2月	3月	4月	5月	6月	7月	8月
周期	准备阶段I				比赛阶段I		过渡阶段I	准备阶段II	比赛阶段II			过渡阶段II
力量	4 解剖学适应	8 最大力量		4 转化为专项力量	8 维持：专项力量、最大力量	2 解剖学适应	6 最大力量		4 转化为专项力量	7 维持：专项力量、最大力量		5 补偿
能量系统	氧化系统	糖酵解系统、氧化系统	氧化系统、糖酵解系统、磷酸原系统	糖酵解系统、磷酸原系统、有氧补偿		氧化系统、糖酵解系统	氧化系统、糖酵解系统、磷酸原系统	糖酵解系统、磷酸原系统、有氧补偿				氧化系统

图6.49 国家级游泳（短距离）运动员的周期训练模型（双周期）
建议的能量系统训练顺序还表明了每个训练阶段的训练优先次序。

投掷项目：铅球、铁饼、链球和标枪

投掷项目需要运动员有极强的爆发力（基于最大力量的提升）和较大围度的肌肉（尤其对于铅球，并且在一定程度上对于铁饼而言）。具体而言，运动员的双腿、躯干和双臂需要具有高水平的肌肉力量以在整个关节活动范围内产生加速动作，并产生最大的投掷爆发力。投掷项目的周期训练模型样例见图6.50。

- 主导的能量系统：磷酸原系统。
- 供能系统百分比：95%的磷酸原系统和5%的糖酵解系统。
- 主要的能量底物：磷酸肌酸。
- 运动表现的限制因素：投掷爆发力。
- 力量训练目标：最大力量和爆发力。

	10月	11月	12月	1月	2月	3月	4月	5月	6月	7月	8月	9月
周期	准备阶段I			比赛阶段I			过渡阶段I	准备阶段II		比赛阶段II		过渡阶段II
力量	3 解剖学适应	3 增肌	6 最大力量、增肌	4 转化为爆发力	8 维持：最大力量、增肌、爆发力		1 解剖学适应	3 增肌	4 最大力量、增肌	2 转化为爆发力	10 维持：最大力量、爆发力	4 补偿
能量系统	糖酵解系统和磷酸原系统		磷酸原系统				磷酸原系统	磷酸原系统				比赛

图6.50　投掷项目的周期训练模型

增肌训练阶段在解剖学适应阶段之后，并且其收益在最大力量训练阶段内都必须加以维持，每3个最大力量训练组应搭配1个增肌训练组（后退组法可以用于这种情况）。

铁人三项

铁人三项的运动员需要娴熟地实施3种竞技技能,这为运动员的生理和心理耐力带来了巨大的挑战。在铁人三项中,对成功至关重要的是身体使用主要的能量底物(即游离脂肪酸)的效率。铁人三项的周期训练模型样例见图6.51。

- 主导的能量系统:氧化系统。
- 供能系统百分比:5%的糖酵解系统和95%的氧化系统。
- 主要的能量底物:糖原、游离脂肪酸。
- 运动表现的限制因素:长时间肌肉耐力。
- 力量训练目标:长时间肌肉耐力和最大力量。

周期	10月	11月	12月	1月	2月	3月	4月	5月	6月	7月	8月	9月
	准备阶段						比赛阶段					过渡阶段
力量	4 解剖学适应	8 最大力量		12 转化为长时间肌肉耐力			20 维持:长时间肌肉耐力、最大力量					4 补偿
能量系统	氧化系统	氧化系统		氧化系统、糖酵解系统								氧化系统

图6.51 铁人三项的周期训练模型
建议的能量系统训练顺序还表明了每个训练阶段的训练优先次序。

排球

排球运动员必须迅速地做出响应，并且爆发式地从地面上起跳，以进行扣球、拦网或者飞身救球。运动员需要最大力量和爆发力的支持以保持稳定的表现和自信，并度过长时间的比赛阶段。美国大学排球比赛的周期训练模型样例见图6.52。欧洲排球联赛的周期训练模型样例见图6.53。

- 主导的能量系统：磷酸原系统和糖酵解系统。
- 供能系统百分比：70%的磷酸原系统、20%的糖酵解系统及10%的氧化系统。
- 主要的能量底物：磷酸肌酸和糖原。
- 运动表现的限制因素：反应性爆发力、起跳爆发力和爆发力。
- 力量训练目标：爆发力和最大力量。

周期	6月	7月	8月	9月	10月	11月	12月	1月	2月	3月	4月	5月
	准备阶段					比赛阶段					过渡阶段	
力量	4 解剖学适应	6 最大力量	4 爆发力	3 最大力量	3 爆发力	20 维持：最大力量、爆发力					8 补偿	
能量系统	氧化系统、磷酸原系统、短时间糖酵解系统	磷酸原系统、短时间糖酵解系统									备选的活动（如沙滩排球）	

图6.52 美国大学排球比赛的周期训练模型
建议的能量系统训练顺序还表明了每个训练阶段的训练优先次序。

周期	8月	9月	10月	11月	12月	1月	2月	3月	4月	5月	6月	7月
	准备阶段			比赛阶段Ⅰ	过渡阶段Ⅰ	比赛阶段Ⅱ				过渡阶段Ⅱ		
力量	2 解剖学适应	4 最大力量	4 转化为爆发力	8 维持：最大力量、爆发力	2 解剖学适应	18 维持：最大力量、爆发力				10 补偿		
能量系统	氧化系统、磷酸原系统、短时间糖酵解系统	磷酸原系统、短时间糖酵解系统								备选的活动（如沙滩排球）		

图6.53 欧洲排球联赛的周期训练模型
建议的能量系统训练顺序还表明了每个训练阶段的训练优先次序。

水球

水球运动员会产生高水平的能量消耗，其使用的是氧化系统，并且水球运动员有时会做出加速和爆发性的射门动作。传球技能和射门的精准度是水球运动员在大量训练期间要学习的。国家联赛水球队的周期训练模型样例见图6.54。

- 主导的能量系统：糖酵解系统和氧化系统。
- 供能系统百分比：10%的磷酸原系统、30%的糖酵解系统及60%的氧化系统。
- 主要的能量底物：糖原。
- 运动表现的限制因素：中等时间肌肉耐力、爆发力耐力、加速爆发力和射门爆发力。
- 力量训练目标：中等时间肌肉耐力、爆发力耐力和最大力量。

周期	8月	9月	10月	11月	12月	1月	2月	3月	4月	5月	6月	7月
	准备阶段							比赛阶段			过渡阶段	
力量	4 解剖学适应	8 最大力量		6 爆发力耐力	4 最大力量	6 转化为中等时间肌肉耐力		12 维持：中等时间肌肉耐力、最大力量、爆发力耐力			8 补偿	
能量系统	氧化系统	氧化系统、糖酵解系统、磷酸原系统			糖酵解系统、磷酸原系统、氧化系统		氧化系统、糖酵解系统、磷酸原系统				氧化系统	

图6.54　国家联赛水球队的周期训练模型
有氧训练表明要使用较长持续时间（2~4分钟）的战术练习。

摔跤

摔跤运动员的成功取决于良好的技术和战术练习，还取决于强大的爆发力和爆发力耐力，以及良好的柔韧性。摔跤的周期训练模型样例见图6.55。

- 主导的能量系统：磷酸原系统、糖酵解系统和氧化系统。
- 供能系统百分比：30%的磷酸原系统、30%的糖酵解系统及40%的氧化系统。
- 主要的能量底物：磷酸肌酸和糖原。
- 运动表现的限制因素：爆发力、爆发力耐力和柔韧性。
- 力量训练目标：爆发力、爆发力耐力、最大力量和短时间肌肉耐力。

	1月	2月	3月	4月	5月	6月	7月	8月	9月	10月	11月	12月
周期	准备阶段Ⅰ			比赛阶段Ⅰ		过渡阶段Ⅰ	准备阶段Ⅱ		比赛阶段Ⅱ		过渡阶段Ⅱ	
力量	4 解剖学适应	8 最大力量、爆发力、爆发力耐力		8 维持：爆发力、爆发力耐力、最大力量		2 补偿	4 解剖学适应	6 最大力量、爆发力、短时间肌肉耐力	10 维持：爆发力、短时间肌肉耐力、最大力量		6 补偿	
能量系统	氧化系统	氧化系统、糖酵解系统、磷酸原系统		氧化系统、磷酸原系统、糖酵解系统		氧化系统		氧化系统、糖酵解系统、磷酸原系统	氧化系统、磷酸原系统、糖酵解系统		有氧补偿	

图6.55 摔跤的周期训练模型

这是一个用于国家冠军赛和国际比赛的双周期年度计划。有氧训练可以通过较长时间（2~3分钟）的运动专项练习实现。建议的能量系统训练顺序还表明了每个训练阶段的训练优先次序。

每个训练阶段增负模式的周期训练

　　训练中的增负模式并不是标准或者固定的。正如它们会根据运动项目或运动员的表现水平而发生变化一样，它们还会根据给定训练阶段所追求的力量类型而发生变化。为了让该理念更加易于理解，图6.56～图6.62展示了将其用于一些运动项目中的例子。这些例子说明了针对业余棒球、垒球和板球队（见图6.56）、大学篮球队（见图6.57）、美国大学橄榄球边锋（见图6.58）、皮划艇（马拉松）等长时间肌肉耐力型运动项目（见图6.59）、田径运动短跑项目的双周期年度计划的第一部分（见图6.60）、游泳（短距离）的双周期年度计划的第一部分（见图6.61）和游泳（长距离）（见图6.62）的增负模式及其变式。

　　图6.56～图6.62中的内容（自上而下）分别为每个特定训练阶段所计划的周数、该阶段所追求的力量训练类型及使用的负荷（高、中或者低）。即使你选择的运动项目不在这些例子中，但只要你理解了相关理念，你也能够将其用于你自己的训练计划设计。此外，例子的变化非常多样，所以它们也可以关联使用。

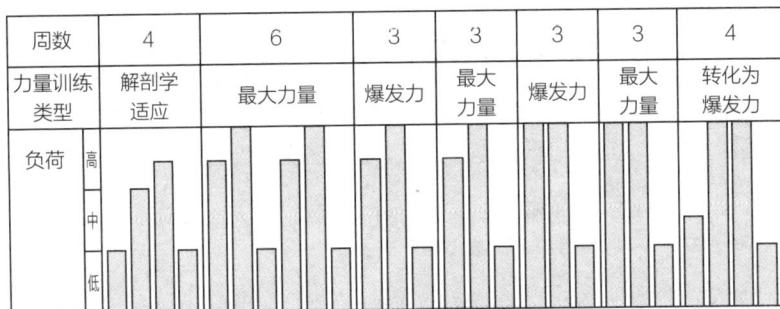

周数		4	6	3	3	3	3	4
力量训练类型		解剖学适应	最大力量	爆发力	最大力量	爆发力	最大力量	转化为爆发力
负荷	高 中 低							

图6.56　针对业余棒球、垒球和板球队力量训练阶段的增负模式的变式。为了最大限度地提高爆发力水平，最后的3个大周期涉及2个连续的高负荷小周期，随后是1个复原小周期（低负荷）

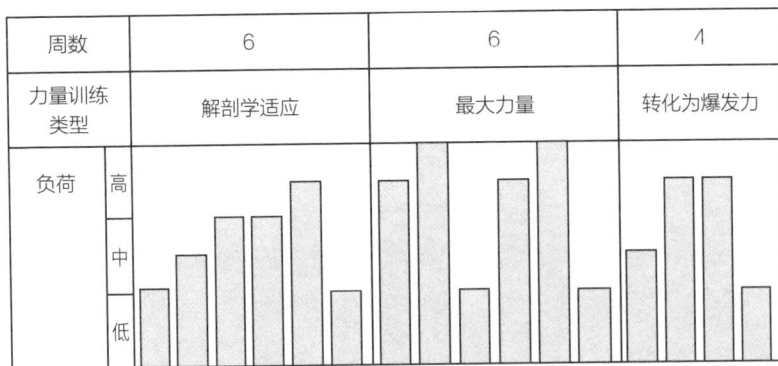

周数		6	6	4
力量训练类型		解剖学适应	最大力量	转化为爆发力
负荷	高 中 低			

图6.57　建议大学篮球队使用的增负模式，准备阶段必须从7月上旬一直持续到10下旬

周数	4	8	9	4
力量训练类型	解剖学适应	增肌	最大力量	转化为爆发力
负荷				

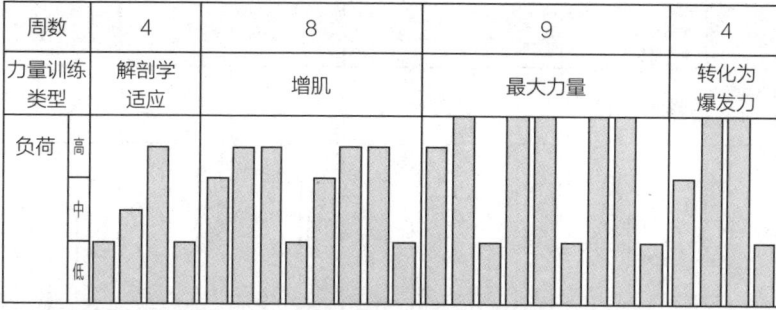

图6.58 针对美国大学橄榄球边锋力量周期训练的增负模式的变式。类似的增负模式可以用于训练田径运动中的投掷运动员和重量级摔跤运动员

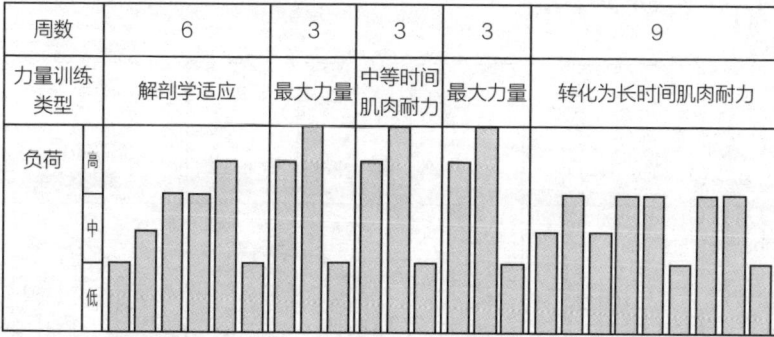

周数	6	3	3	3	9
力量训练类型	解剖学适应	最大力量	中等时间肌肉耐力	最大力量	转化为长时间肌肉耐力
负荷					

图6.59 针对皮划艇（马拉松）的增负模式的变式，其中，长时间肌肉耐力是主导能力。类似的增负模式可以用于训练自行车、北欧式滑雪、铁人三项和赛艇项目的运动员

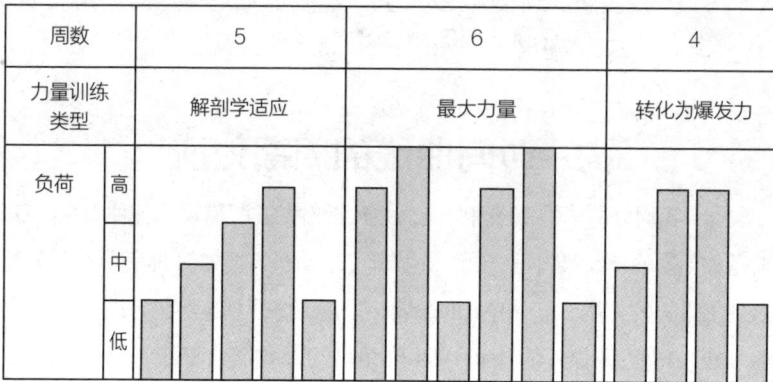

周数	5	6	4
力量训练类型	解剖学适应	最大力量	转化为爆发力
负荷			

图6.60 针对田径运动短跑项目的双周期年度计划的第一部分的增负模式的变式

周数	4	6	3	3	4
力量训练类型	解剖学适应	最大力量	爆发力	最大力量	转化为爆发力
负荷 高 中 低					

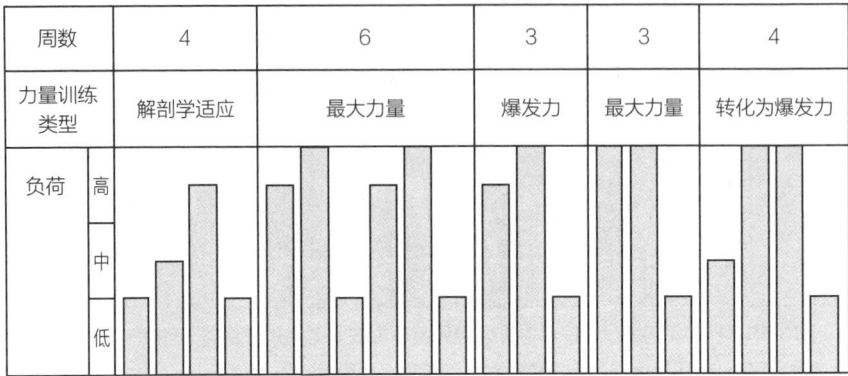

图6.61 游泳（短距离）双周期年度计划的第一部分的增负模式的变式。最后两个阶段的训练要求较高，因为连续2个小周期的负荷都比较高

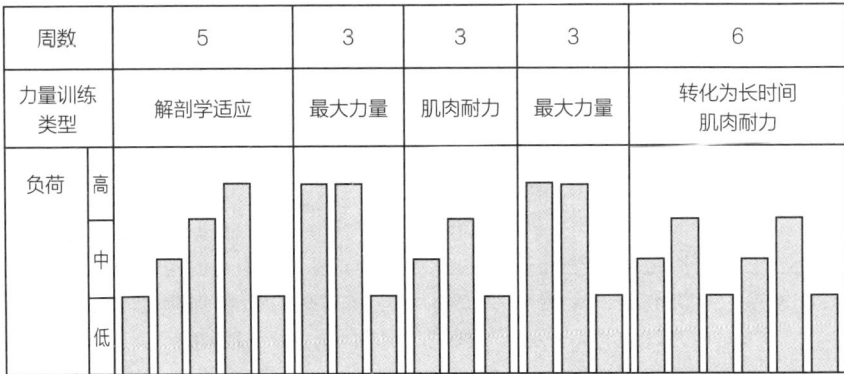

周数	5	3	3	3	6
力量训练类型	解剖学适应	最大力量	肌肉耐力	最大力量	转化为长时间肌肉耐力
负荷 高 中 低					

图6.62 游泳（长距离）的增负模式的变式。最大力量训练的负荷不应当超过80%1RM。类似地，肌肉耐力训练的负荷较低（30%~40%1RM），但是重复次数非常多

力-时间曲线的周期效应

在第2章中，我们分析了力-时间曲线，并且指出了它所描述的各种力量。我们还展示了不同负荷是如何影响神经肌肉适应的，并解释了运动员需要如何训练神经系统才能在最短的时间内表现出最大的力量。由于健身的影响，力量训练计划通常包含进行到力竭状态的较多重复次数（12~15次）。这样的计划主要针对的是肌肉围度，而不是肌肉收缩的速度。在图6.63中，运动项目中的发力过程非常迅速——具体而言，持续时间为100毫秒以下到200毫秒。促进这类迅速发力能力实现最高程度发展的唯一方法是按顺序使用最大力量训练和爆发力训练（Bompa, 1993; Verkhoshansky, 1997）。

如果训练采用了健身训练的变式，那么情况恰恰相反。在这种情况下，每个训练组的重复次数要多于最大力量训练和爆发力训练，所以发力需要更长的时间（250毫秒以上）。因

此，它没有专门针对大部分运动项目的需求。由于运动项目中的发力过程通常非常快速，所以运动项目的力量训练的主要目的是，通过按照顺序进行最大力量训练和爆发力训练，让力–时间曲线向左移动——或者让运动员的发力时间尽可能接近运动项目的典型发力时间（200毫秒以下）（见图6.64）。

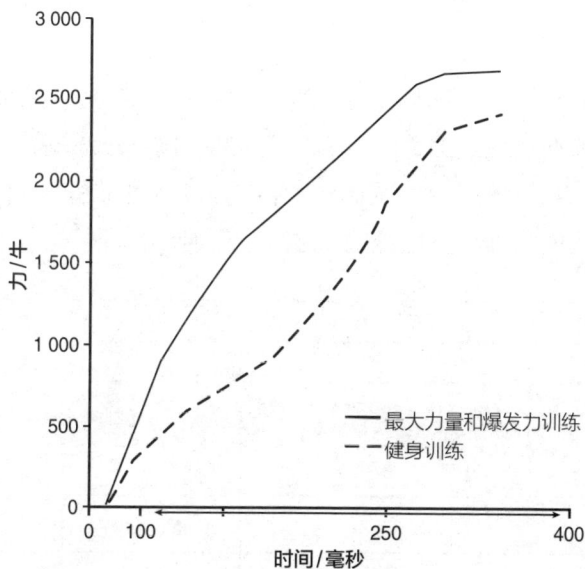

图6.63　两个力量训练计划的力–时间曲线

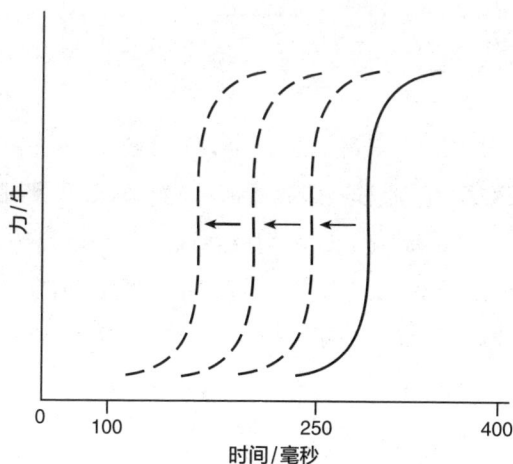

图6.64　力量训练的目的是向左移动力–时间曲线，以得到更短的发力时间

　　让运动员的发力时间尽可能接近运动项目的典型发力时间无法迅速地实现。实际上，周期力量训练的重点是，在重大比赛开始之前，利用运动项目的力量训练将力–时间曲线向左

移动——缩短发力时间。此时正是运动员需要快速发力和从爆发力中获益的时候。

正如前面所解释的，周期力量训练的每个阶段都会专注于某些目标。通过绘制每个训练阶段的力-时间曲线，教练和运动员可以从另一个角度看到训练是如何影响该曲线的。图6.65展示了包含增肌训练阶段的周期力量训练对力-时间曲线的影响。毫无疑问的是，只有某些运动项目中的运动员会使用该模型，而其他许多运动项目中的运动员并不会将增肌训练包含在年度计划中。

在图6.65中，解剖学适应阶段的完成几乎不会对力-时间曲线产生影响。它最多可能将其稍微地向右移动一点（即增加发力时间）。典型的增肌训练会让力-时间曲线向右移动，因为运动员在每个训练组都要进行到力竭状态，所以每个训练组的输出功率会变得越来越低。结果就是，在肌肉围度上的收益不会转化为快速发力上的收益。

准备阶段				比赛阶段
解剖学适应	增肌	最大力量	转换为爆发力	维持
100 250 400*	100 250 400*	100 250 400*	100 250*	100 250*
保持不变	向右移动	向左或向右移动	向左移动	保持移动到左边的状态

*译者注：本行数字对应图6.64横坐标时间。

图6.65　每个训练阶段对力-时间曲线的影响

在最大力量训练阶段，使用大负荷可能会也可能不会增强爆发力，具体视一般训练和专项训练之间的比例以及最大力量训练的总训练量而定。如果最大力量训练阶段位于一般准备阶段，并且计划了大量的力量训练来让这种身体运动能力的增强具有优先性，那么力-时间曲线可能会向右移动。而如果最大力量阶段处于专项准备阶段，而教练在该阶段使用了多种高速的专项训练手段，那么最大力量训练的总训练量就较低，力-时间曲线就会向左移动。

在最大力量向爆发力转化的阶段，力-时间曲线肯定会向左移动，正如预期的那样。随着在维持阶段持续进行这种力量训练，力-时间曲线应该会维持在左边。

在比赛阶段开始之前，不应当实现高水平的爆发力。爆发力只有在专项力量转化阶段才能实现最大化，因此，在增肌训练阶段，甚至在最大力量训练阶段都不应当实现高水平的爆发力。然而，如果期望逐年实现爆发力的增强，那么最大力量的发展至关重要，因为爆发力以最大力量为基础。所以，周期力量训练为肌肉耐力和爆发力的发展提供了最佳的途径。

集体项目的长期计划

观察青少年运动员如何进行训练是人们以前的关注点。观察青少年运动员在某些俱乐部中所接受的训练类型并编写相关文章已经成了一种真正的风尚。如果青少年运动员的专项需求被看作是肤浅和无组织的,那么人们在为其设计训练计划时,其成长和发展需求往往会被忽视。人们认为长期计划是有必要的,但是极少对它采取什么措施。

文献中可获得的信息与某些青少年运动员所在俱乐部中的实际训练之间也存在着明显的差异。很多时候,教练仍然根据他们记忆中自己在青少年末期所做的事情来制订青少年运动员的训练计划。创新非常罕见,并且几乎不存在。非常令人不安的是,在某些情况下,青少年运动员的训练计划似乎是在模仿职业运动员的训练计划。在下文,我们将尽力为集体项目中涉及的青少年运动员提供一个长期计划方面的概述。

图7.1展示了一个青少年集体项目运动员的长期计划。我们之所以只选择集体项目进行说明,是因为我们经常能在集体项目中观察到大部分错误。对于青少年运动员来说,个人项目的进展要略好于集体项目。

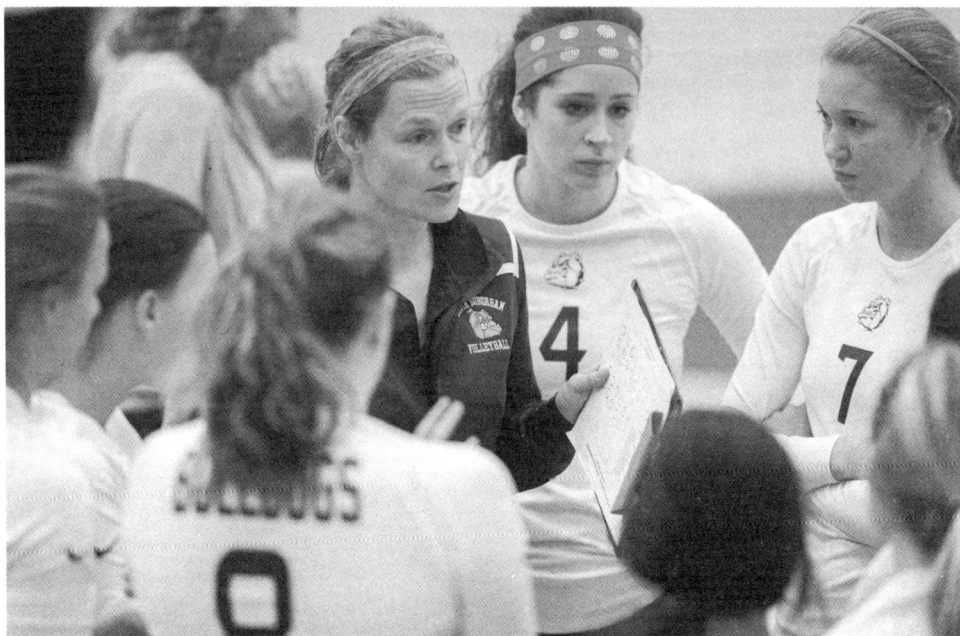

指导某个年龄层运动员的教练需要深入地了解该年龄层运动员的发展阶段和训练需求

通常，儿童的训练计划几乎是按照精英职业运动员的训练计划来设计的，12岁以下（U12）的儿童像职业运动员一样参加篮球、排球和冰球锦标赛。有时候，这些心理和生理发育不成熟的儿童每个周末要打2~3场比赛。这类比赛的组织者赚得盆满钵满，但是他们甚至不知道（或者不在乎）这些年轻运动员在多场比赛中承受着来自身体、精神和心理的压力，甚至可能承受精神和心理折磨。这就是为什么儿童训练所涉及的每个人都应当考虑图7.1和图7.2所提出的长期计划。

图7.1提出的长期计划依赖于两个基本的阶段。

（1）让儿童成为一名玩家。

（2）让玩家成为一名运动员。

在第一阶段——让儿童成为一名玩家——训练的目标涉及开始培养儿童比赛的基本技术。要使用较轻的球、较低的篮筐和篮网以及较小的场地，从而使得儿童可以自在地玩耍和学习基本技术。所有儿童都应当学习简单的技术要素。记住，教练始终都需要大量的耐心。这几年是儿童学习基本运动技能的时候，并且他们肯定会犯许多错误。他们越好地掌握主要技术的基本要素，最终就越容易达到技术高超和完美的阶段。

在第二阶段——让玩家成为一名运动员——运动员要力争实现技术和战术的完善。教练应当花时间帮助运动员变为精英运动员，并且实现最高水平的竞技能力：速度快、具有爆发性、具有抵抗力，并且能够在不影响技术和战术效率的前提下，有效地忍受疲劳。这时，教练要强调运动员在比赛场合、疲劳和力竭的前提下传球和投篮的精准度。

年龄	训练内容及目标
U12	• 技术发起，通过各种玩法和比赛获得乐趣，偶尔参加所选运动项目以外的比赛 • 学习简单的战术 • 参与充满乐趣的比赛 • 参与没有压力的锦标赛
U15	• 让儿童成为一名玩家 • 强调比赛的基本技术：控球、运球、传球和投篮 • 让儿童感到非常自在，尤其在这一阶段的最后，掌握进攻和防守的关键技术 • 教授进攻和防守时所有关键的战术要素 • 进行基础体能训练：全身柔韧性训练、使用轻器材的解剖学适应训练及自重练习 • 通过较轻的器材和较小负荷的训练器械，促进韧带和肌腱的逐步适应和强化
U17	• 从玩家向精英运动员过渡 • 完善比赛的所有基础技能 • 提高传球和投篮的精准度 • 改善比赛战术（进攻和防守）的所有复杂要素 • 构筑体育训练的基础（如采用不同的训练器械和负荷实现解剖学适应） • 让运动员为下一个使用较大负荷的训练阶段做好准备 • 强化韧带和肌腱，主要是腿部（脚踝和膝盖）的韧带和肌腱
U19	• 在疲劳条件下，完善比赛的所有技术/战术技能 • 增强比赛所需的所有身体运动能力 • 增强或提高爆发力/灵敏/最大速度 • 提高与所选运动项目有关的所有竞技要素（如敏捷性、爆发力和抗阻训练）的水平
U21	• 让玩家成为运动员 • 强调在疲劳/力竭条件下，让比赛的所有技术技能变得高超/完善 • 增强最大力量 • 增强或提高最大力量、速度、灵敏和专项耐力 • 完善竞技能力：所选运动项目中的主导能力 • 理解自身与精英运动员的差距

图7.1 为青少年集体项目运动员提出的长期计划

符号说明：U=××岁以下。

　　当集体项目由精英运动员参加时，比赛看上去将大有不同。如果不使用精心安排的长期计划，比如图7.1所建议的，那么训练会是无组织的、令人困惑且捉摸不定的。

　　让玩家成为精英运动员要使其具有一些必备的生理特征和能力，而图7.2说明了增强或发展所有这些生理特征和能力的渐进式方法。这些训练年是实现高水平竞技能力所要花费的时间。教练要使用专项训练课来达到尽力提高运动员速度、力量、爆发力和灵敏水平的目的。

训练阶段	技术发起		让儿童成为一名玩家		让儿童从玩家向运动员过渡				让玩家成为运动员		
年龄/岁	6~8	9~10	11~12	13~14	15	16	17	18	19~20	21~23	≥24
柔韧性	发起	→	发展	→	最大化	→	→	→	完善	→	→
力量： 解剖学适应<50%			发起	→	→	→	→				
自重练习			发起	→	→	→	→				
解剖学适应： 50%~60%					发起	发展	→	→	→	→	→
最大力量： 60%~70%						发起	→	发展	→		
80%~90%								发起	发展	最大化	完善
爆发力： 药球<3千克				发起	发展	→	→	最大化	→	完善	→
药球≥3千克						发起	→	发展	最大化	完善	完善
快速伸缩复合训练					发起	→	发展	→	最大化	完善	→
爆发力耐力							发起	发展	→	最大化	完善
灵敏： 磷酸原			发起	→	→	→	发展	→	最大化	完善	→
糖酵解					发起	→	发展	→	最大化	完善	→
氧化							发起	发展	最大化	完善	→
速度： 磷酸原			发起	→	→	发展	最大化	→	→	完善	→
糖酵解					发起	→	发展	→	最大化	完善	→
氧化							发起	→	发展	→	→
耐力： 短时间（1~2分钟）					发起	→	发展	→	最大化	完善	→
中等时间（3~5分钟）						发起	发展	→	最大化	完善	→

图7.2　针对让儿童成为精英运动员所需的所有能力的长期计划

我们使用下面的术语来描述运动员的不同培养阶段。

- 发起：逐渐让儿童接触无压力的训练，如整体柔韧性训练、小负荷的解剖学适应训练以及其他与力量相关的器材（药球和哑铃等）类训练。
- 发展：需要对所选运动项目中的身体运动能力进行较高水平的发展。
- 最大化：使专项能力实现高水平的发展。
- 完善：实现适合运动员与比赛需求的最高水平的身体素质和潜力。

在运用我们在年龄和训练类型方面的具体建议时，请最好只将它们当作指南。教练应利用在运动员能力方面的常识、专业素养和知识来调整我们的建议。这样，教练将能够帮运动员避免解剖学上的压力，并预防损伤。

图7.2的第一行说明了长期训练计划的主要训练阶段，其对应的儿童或运动员的年龄为6岁~24岁及24岁以上。接下来，我们将更加详细地讨论每项运动能力的培养。

柔韧性训练

教练可以让儿童从较小的年龄就开始进行简单、全身的柔韧性训练，因为在该年龄段，儿童身体所有的关节都相对灵活。全身柔韧性主要针对用于体育运动的主要身体关节：踝关节、膝关节、髋关节和肩关节。记住，该年龄段的儿童的肌肉还不强壮，因此拉伸这些主要身体关节涉及的肌肉较为容易。对于集体项目中的运动员，至关重要的是培养踝关节的柔韧性，因为身体的许多动作都是自踝关节向上发起的，僵硬的踝关节会影响多种竞技动作的完成。在柔韧性训练期间，教练应当持放松的态度，不要强求或者营造充满压力的环境，而要营造轻柔、放松和快乐的环境。儿童会享受这样的环境，教练也一样。柔韧性训练是一种相对简单的训练方法，不要将其复杂化。教练要让儿童学习针对主要关节的专项练习，并且在大部分热身课结束时重复做这些练习。

力量训练

任何力量训练计划都必须将训练的关键要素视为让运动员免受损伤的必备条件：长期的进展和适应、良好的举重技术以及丰富多样的练习选择。我们建议为不同年龄段的准运动员或运动员考虑下面的练习数量。

- U15运动员：为每个身体部位安排数量较多（12~15项）的练习，以构筑力量训练的基础。
- U17运动员：为其安排针对身体主要肌群的数量中等（8~12项）的练习，并且练习的重点在于身体的核心部位和双腿。
- U19及以上的运动员：为其安排数量较少（6~8项）的练习，但是练习应有较多的组数和总重复次数，并且主要专注于发展运动专项所使用的主动肌。

解剖学适应训练

- 对于U12的运动员，教练可以通过使用轻型药球的游戏开始简单的力量训练。在游戏和接力赛期间，儿童可以（在头顶上方、体侧、双腿之间或者向后）举药球、滚药球或者抛药球。此外，教练可以使用非常轻（5～10磅）的哑铃和易于完成且简单的自重练习：引体向上、俯卧撑、腹部练习及腰部和腿部练习，如沿着不同的方向跨步等。

- U15的运动员也可以采用简单的器材和力量训练器械，但是不要让儿童接触具有挑战性的负荷和充满压力的重复次数与组数。在该年龄段，可以引入解剖学适应训练，其训练目标应当是让肌肉、韧带和肌腱适应较低负荷的力量训练。损伤预防应当是力量训练的一个重要目标。为了实现该目标，教练需要使用低负荷的练习，如下面的练习。
  - 踝关节跖屈和背屈。
  - 膝关节屈曲和伸展（半蹲和腿部弯举）。
  - 腹部（核心）练习。
  - 针对腰部肌肉的躯干伸展和旋转。
  - 针对椎间肌肉的躯干旋转、侧弯和躯干伸展。
  - 针对肩膀的体侧、肩上内收和外展。
  - 肘关节屈曲和伸展。

- 对于U17的运动员，教练可以在解剖学适应训练中采用50%～60%1RM，让训练变得更苛刻一点。训练目标应当是通过使用专门针对适应和预防损伤的方法，构筑坚实的力量训练基础（参见第8章）。该训练目标可以通过无压力的训练环境来实现，因此，重复次数和组数都不应当接近最高水平。为什么？因为最高水平的重复次数和组数会让青少年运动员承受解剖学压力，这意味着它会让肌肉、韧带和肌腱面临超出无压力适应训练的挑战。

首要的关注点始终都应当放在力量训练所用的技巧上。举重或者使用力量训练器械的技巧对于避免损伤来说至关重要。

最大力量训练

根据从U15开始就已经被使用的解剖学适应训练，对U17的运动员，教练可以引入较低的负荷——50%～60%1RM。再次强调，要确保循序渐进地提高训练负荷。教练应谨记不要强求！此外，不要死板地安排训练。要确保训练组间的间歇时间长于网上或者一些力量训练书籍中的大部分计划所建议的间歇时间。记住，你仍然是在指导青少年运动员。遗憾的是，网上和一些力量训练书籍中可用的大部分信息仍然受到20世纪60年代到80年代格言——一分耕耘，一分收获——的影响，这对于经验丰富的运动员来说可能是成立的，但是对于U15至U17的青少年运动员来说就过于不现实和危险了。要最大限度地关注身体的核心区域，例如腹部、腰部和椎间肌肉。这个年龄段的运动员花费在核心肌肉上的时间会让其在发育成熟时受益匪浅。同等重要的是，教练应当摒弃充满压力的环境。不要忽略良好和有条理的渐进。在U17之后，教练逐步开始使用70%的最大力量负荷，而从U19开始，教练可以谨慎地引入更重的负荷（80%1RM），但是要采用较少的重复次数和组数以及较长的间歇时间。教练始终都要记住的是，高水平的表现是在运动员发育成熟时实现的，在许多运动项目中，运动员发育成熟时为23岁或者24岁以后。最大力量训练是一种具有压力的训练，它会让神经系统承受大负荷，最大收缩是其中一种必备要素。在最大力量训练期间，肌肉、韧带和肌腱都处在持续的解剖学压力之下。采用精心计划、具有良好渐进性和适当间歇时间的训练计划是教练的职责所在。

爆发力训练

从运动员的儿童时代到青春中期所计划的力量训练构成了运动员发展其爆发力，或者对抗阻力并迅速发力以更快移动，或者将器材掷向更远距离的能力的基础。如果最大力量训练的目标是让运动员尽可能激活最多的快缩型肌纤维，那么爆发力训练的目标便是提高这些肌纤维的放电速率。这里有一个重要的生理学定律：一个人无法变得快速和强有力，除非他先训练最大力量。从U12往后，教练可以引入简单、无压力的爆发力训练。轻型的药球及其他器材和简单的快速伸缩复合训练可以在旨在发展爆发力的训练课中使用。接力赛在体育课上非常受欢迎，在接力赛期间，儿童们可以在举、滚、抛或者抱药球的同时，反复完成简单的跳跃。

随后，从U15往后，教练可以让其使用更重的药球，尤其是带把手的药球。大约在相同的年龄，教练可以让儿童们接触简单的快速伸缩复合训练，如跳上箱子，再从箱子上跳下，并立即向前面、向侧面或向后面进行短距离跳跃。运动员的渐进性、想象力和创造性会是快速伸缩复合训练和灵敏训练的重要部分。

难度较大的快速伸缩复合训练（70~100厘米的反弹跳）可以从青春期晚期（U21）之后开始引入，反应性跳跃也可以在这时被引入，但是采用的高度应为40~50厘米。到目前为止，青少年运动员已经具备了5~6年的力量训练背景，并且已经为困难的最大力量和爆发力训练做好了准备。爆发力耐力或者重复完成一些强有力和快速动作的能力的训练可以从U17之后开始引入。在格斗类项目、球拍类项目和集体项目中，重复完成快速和强有力动作的能力是一个重要的部分，但这类训练必须在运动员具备了良好的最大力量和爆发力训练背景之后才能引入。为了实现最大的竞技适应，教练可以使用能量系统训练的理念来组织训练课，举例如下。

- 磷酸原系统：由5~10秒的不断重复的练习构成的训练组，并且间歇时间为1~2分钟。
- 糖酵解系统：由30~90秒的重复练习构成的训练组，并且间歇时间为2~3分钟，为了更好地促进爆发力耐力的适应，间歇时间可以逐渐减少至45~90秒。

灵敏训练

运动员快速变向和从一个位置迅速移动到另一个位置的能力在自身的成功方面发挥着决定性的作用。为了获得最大的生理学和专项位置的好处，灵敏训练课的持续时间和强度必须根据能量系统训练的理念加以组织。

- 磷酸原系统：5 ~ 10秒的重复练习，并且间歇时间为1 ~ 2分钟。
- 糖酵解系统：30 ~ 120秒的重复练习，并且间歇时间为2分钟或者更长。
- 氧化系统：2 ~ 3分钟的重复练习，并且间歇时间为1 ~ 2分钟。

遗憾的是，大部分教练选择灵敏训练课时，并没有遵守前面的建议。一些教练只是机械地让运动员完成某些灵敏训练课，而不顾运动项目、运动员在场上的位置以及3种能量系统实际应用的需求。如果教练想组织一种有效的针对运动项目或专项位置的训练，那么教练应当根据能量系统的具体需求来设计灵敏训练。

速度训练

U12的水平就可以开始短距离的速度训练。大部分儿童都喜欢做高速的短时间重复练习（让磷酸原系统承受大负荷），前提是教练遵守以下原则。

- 不要强迫儿童冲刺5 ~ 8秒以上的时间。
- 由于高度冲刺的负担非常重，所以要留有较长的间歇时间（2 ~ 3分钟），以实现充分的恢复。
- 要强调姿势，而不是速度。在该年龄段，姿势要比最大速度重要，仅仅是因为它会从较小的年龄就教儿童使用有效的跑步技巧。
- 不要指望儿童在这个年龄段跑得非常快。只有在他们使用良好的技巧，并且增加了力量之后（从U15往后），速度才会提高。
- 儿童喜欢比赛，因此教练可以使用接力赛，前提是教练遵守下面有关持续时间和间歇时间的建议，因为速度训练必须根据儿童在训练期间使用的能量系统加以组织。
  - 磷酸原系统：5 ~ 8秒的重复练习，强调良好的姿势，并且间歇时间为2 ~ 3分钟。
  - 糖酵解系统：15 ~ 45秒的重复练习，并且间歇时间为3 ~ 4分钟。

耐力训练

集体项目的耐力训练经常被误解。有些教练仍然将慢跑作为耐力训练的一种形式。为了使运动员最佳地适应集体项目的专项耐力，教练可以使用1 ~ 5分钟的专项技术和战术练习。比起让人感觉无聊的慢跑，运动员会更喜欢这种类型的训练。请考虑下面的选项。

- 为每组运动员创造具有防守和进攻条件（也称作比赛的具体细节）的战术练习。

- 基于较快的（反击）速度和较短的持续时间（1～2分钟），创造针对具体持续时间的战术练习。

- 创造持续时间较长（3～5分钟）且具有专项战术目标的战术练习。

- 根据专项练习的间隔时间设定跑步速度。

- 确定练习的持续时间：持续时间较短的练习采用较快的速度，持续时间较长的练习采用适中的速度。

- 利用想象力和创造性模拟具体的比赛情况，同时将生理学指南记在脑中。

- 将慢跑主要用于热身和准备阶段，但是在赛季内只能使用3～4次。通过具有选择性的训练，教练可以提高运动员的训练效率，并降低运动员的身体疲劳水平。

第**3**部分

周期力量训练

如果没有力量训练的决定性贡献，你绝对培养不出精英运动员。

第8章

解剖学适应

你目睹过房子是如何建造的吗？是从地基开始建造，直到屋顶的吗？你知道地基的坚实程度决定了你能建造多少层房子吗？我们可以用这个例子与培养精英运动员的方法进行类比：先要构筑坚实的"地基"，即解剖学适应，再逐渐实现最高水平的力量、爆发力、灵敏、速度和运动专项耐力。解剖学适应对于构筑逐步适应的坚实"地基"来说至关重要，只有打好"地基"，才能培养出一个免受损伤的运动员。

解剖学适应阶段的精选法则如下。

- 始终缓慢地开始，尤其在前两周，并且要从中低负荷开始，逐步地增加负荷。
- 不要强求，尤其是对于没有接触过力量训练的青少年运动员。谨记"欲速则不达"（要缓慢地加速）。
- 要留出时间让肌肉、韧带和肌腱产生良好的解剖学适应。
- 要发展全身和特定部位的柔韧性，尤其是脚踝和髋部。

损伤及其诱因

一般来说，体育运动不仅是一种重要的社交手段，而且是改善身心健康的重要手段。在美国，体育行业就创造了170亿美元的经济效益（*The Atlantic*, November 6, 2018）。尽管参与体育运动的年轻人的数量非常多（美国有3000万人），但是流失率也非常高（70%）（*Washington Post*, January 1, 2016）。一些年轻人不再参与体育运动的原因包括体育运动变得不再有趣、过分地强调胜负以及给人体带来了生理不适，包括许多损伤。大部分损伤出现在美式橄榄球、自行车、篮球、棒球、垒球、足球及蹦床等运动项目中。

在美国，遭受运动损伤的年轻人已经达到了350万人。在这些人中，775 000名年龄为14岁及以下的患者在医院接受了治疗（Stanford Children's Health, 2019）。在7~17岁的人群中，在医院接受治疗的人数每年增加78%（National Children's Hospitals, 2016）。2017年，全美大学体育协会（NCAA）报道了45 000起损伤。NCAA还称，这些损伤中的65.6%出现在下肢：脚踝扭伤、前交叉韧带撕裂、半月板损伤和腘绳肌拉伤。一项针对高中足球10年间损伤的研究总结道，职业运动员表现出了对损伤预防计划的需求（*British Journal of Sports Medicine*, March 2017）。

在意大利，运动员每小时在足球比赛中出现的损伤要多于橄榄球比赛，但是相比足球，橄榄球是一种身体对抗更加剧烈的比赛。这是为什么？因为橄榄球运动员接受了更好的力量训练，所以比足球运动员有更强的预防损伤的能力吗？因为足球是更危险的体育运动吗？还是因为足球运动员在训练中忽略的因素要多于橄榄球运动员？

足球中所用的新花招也会引发身体训练（力量和柔韧性训练）不当的问题。类似地，足球中的过度使用性损伤在过去几年内呈现大幅增加。

在体育运动，并且主要在集体和球拍类运动项目中，怎么会存在如此多的损伤？在足球、其他集体项目和身体接触类运动项目中，大部分损伤都具有以下共同的诱因。

- 比赛过多。职业运动员（足球、篮球和美式橄榄球运动员）的薪水非常高。球队的所有者将其解读为："我为你支付薪水，因此你必须尽可能频繁地参加比赛，以为我带来回报。"在欧洲，足球运动员一年到头都有比赛。许多职业运动员极少有超过两周的假期，他们长期处在高压之下，尤其是脚踝和膝盖等身体特定部位所承受的解剖学和机械应力。
- 某些体能教练的专业素养低到了极限。有的体能教练只接受过有限的教育，对体育科学和方法的理解很差，并且在参加完一周的夏季课程之后就认为自己具备了执教资格。要想真正成为合格和专业的体能教练，完整且基于科学的体能训练教育是必不可少的。
- 力量训练极少被当作预防损伤的工具，尤其对于脚部、踝关节和膝关节来说。
- 不足为奇的是，大部分损伤都出现在8月和1月，早于或者正好在新联赛开始的时候：37.6%的损伤由赛跑或加速跑引起，16.6%由过度使用引起（Prof. Jan Ekstrand, MD,

UEFA Medical Committee ）。

- 体能教练是否知道加速跑之前必须进行良好的力量训练？只有当可以向地面施加更大的力时，运动员才有可能在加速跑时获得高速。
- 在比赛期间受伤的次数是原来的3倍（参见后面有关损伤预防的部分）。
- 伴随着许多新发明和骗人的商品涌入市场，商业化似乎已经让良好的体育训练变成了过去式。
- 大部分损伤并没有出现在肌肉层面，而是出现在韧带、肌腱，即结缔组织层面。然而，体能教练极少通过强化韧带和肌腱来满足运动员预防损伤的需求。
- 踝关节是最常被忽略的关节之一。这就是球拍类运动项目和集体项目中出现这么多不适和损伤的原因。为了预防损伤，运动员必须利用屈曲－伸展和侧向动作以及对抗阻力的旋转来强化由足骨（跗骨和距骨）和韧带构成的踝关节。
- 由于韧带和肌腱没有接受合适的训练，它们无法承受大部分竞技动作所特有的高机械应力。
- 准备性的力量训练，尤其是在解剖学适应阶段的准备性力量训练太浮于表面了。
- 许多运动员通常没有接受足够的柔韧性训练。

损伤预防

在针对青少年的力量训练计划，尤其在针对某些职业运动项目的力量训练计划中，损伤预防经常遭到了忽略。更加具体地讲，力量训练计划通常会忽略对韧带和肌腱的训练，因为解剖学适应训练根本不恰当或者不存在。这就是为什么损伤预防对于所有运动员来说都是一个大问题，并让教练、运动员和俱乐部所有者都极为感兴趣。毕竟，俱乐部所有者会因为运动员无法参加比赛而损失自己的一部分投资。

为了获得最大的竞技好处，损伤预防应当考虑下面两个基本的训练法则。

（1）柔韧性训练。比赛期间所需的最大角度或者柔韧度必须是运动员在训练期间进行训练的最小角度或柔韧度。换言之，在每节训练课中，主要是在热身活动结束时和在训练结束时，柔韧性训练应当尽可能以最大的锐角进行。如果这样做了的话，运动员的损伤率将会大幅地降低。

（2）力量训练。比赛期间，为对抗阻力、地面或水而施加的最大力量必须是整个最大力量训练阶段所用的最小负荷。需要再次强调的是，比赛期间高速跑动时所用的力量（负荷），比如蹬地发力时的685牛，必须是力量训练阶段所用的最小负荷——这是一种非常安全和有效的损伤预防方法。然而，运动员在力量训练阶段采用的负荷通常非常小，因此不应在蹬地发力阶段增强施加在地面上的力。如果想让运动员跑得更快，并能迅速地改变方向，那么教练要增强他们的主动肌的力量（蹬地发力，即跑步迈步的推进阶段的力量）。

韧带和肌腱

由肌肉所做的功，即收缩力量，不仅取决于肌动蛋白-肌球蛋白耦联的作用，而且取决于韧带和肌腱承受压力的能力。当肌肉通过收缩来执行工作时，肌肉的力量会通过肌腱传递给骨骼，从而移动肢体来执行一项运动技术。因此，如果肌腱是力量的传递者，那么韧带则维持关节的解剖学完整性。韧带越强壮，关节越稳定。关节越稳定，运动员就越容易预防损伤。

充分训练、强壮有力的肌腱可以承受巨大的应力。如果肌腱和韧带的强度不合适，那么它们可能会成为提升运动表现的限制因素，即成为较结实的链条中的一个薄弱环节。后果是，每当这些结缔组织接触到高水平的张力时，它们都可能会产生解剖学不适，甚至损伤。

教练应当记住，与肌肉组织需要较短时间的适应不同，结缔组织（韧带和肌腱）的适应通常需要数周的时间（McDonagh and Davies, 1984; Enoka, 2015）。这种时间需求解释了为什么我们建议大部分运动员，尤其是年轻运动员，开展较长时间的解剖学适应训练。解剖学适应训练不仅必须专注于强化肌肉，而且必须专注于增强结缔组织。

图8.1说明了腓肠肌在小腿上的位置以及跟腱嵌固在跟骨（脚跟）上的位置。在教练用来预防这种大块、强壮的肌腱出现损伤的策略中，他们还必须认识到同等重要的解剖学要素，即跟腱在骨骼上嵌固的面积。强壮的肌腱通常具有较大的肌腱-骨骼连接面积，在这种情况下为65毫米^{2}或者更大（Enoka, 2015）。对于训练有素的短跑运动员，该面积要大得多。跟腱的尺寸越大，并且在骨骼上的连接面积越大，就越不容易出现损伤。

腓肠肌是人体内最强壮的骨骼肌之一，是速度和灵敏的动力源。腓肠肌的其他特征如下。

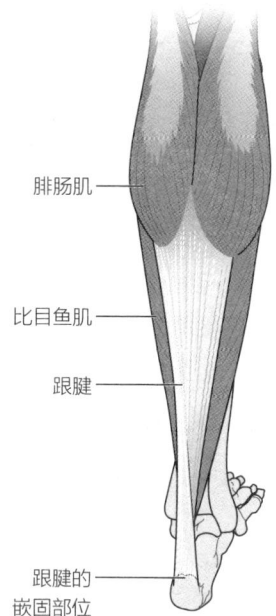

腓肠肌

比目鱼肌

跟腱

跟腱的
嵌固部位

图8.1 小腿的图示，其中展示了腓肠肌、比目鱼肌和跟腱在跟骨（脚跟）上的嵌固部位（基于Neto et al., 2004; Enoka, 2015的信息）

- 迄今为止，它具有最多的肌肉细胞，这意味着对于许多向前的蹬地发力动作来说，在身体的所有骨骼肌中，它可以激活最多的肌肉细胞。因此，在所有的肌肉中，它可以产生最大的力量。记住，力量的增加等同于较快的速度。

- 它具有最多的终板（约2000个），这些终板可以支配肌细胞。被支配（刺激）的肌肉细胞越多，运动员的力量就会越强，速度就会越快。

- 跟腱可以将来自腓肠肌的最大力量（4900牛/510千克）传递给脚部（Enoka, 2015）。当脚部可以向地面施加更大的力时，运动员便可以实现更高的速度和更快的变向。

- 对于在地面赛道上开展的所有体育运动，腓肠肌是最强有力的肌肉之一。通过解剖学适应和最大力量训练强化该肌肉应当是训练的主要目标，目的是让运动员能够快速地变向和执行灵敏的动作。

关节活动范围的重要性

在损伤预防策略中，另一个至关重要的因素是身体主要关节的活动范围。尽管良好的全身柔韧性很重要，但是应当强调踝关节、膝关节和髋关节的运动专项关节活动范围。有效的柔韧性训练，在身体两部分之间形成锐角，总是会拉伸肌肉、韧带和肌腱等组织。运动员在开始任何柔韧性训练前都应当进行热身活动，并且缓慢、逐渐地减小两个部位之间的角度。

图8.2说明了处于不同身体姿势时踝关节的角度。在第一种情况下，即站立姿势，脚和小腿之间的夹角是90度。随着运动员向前倾斜并开始跑步，未抬起脚跟时，踝关节背屈的平均最大角度是60度。随着运动员向前倾斜身体至踝关节背屈到最大限度，由于缺乏柔韧性，当踝关节背屈至更小的角度（小于60度）时，运动员会被迫抬起脚跟。当出现这种情况时，腓肠肌的力量会减弱30%（Bompa, 2006）。

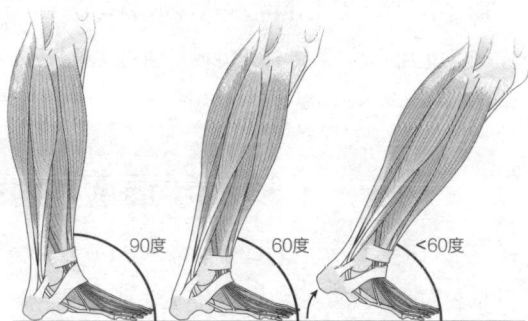

图8.2 处于3种不同姿势时踝关节的角度：处于站姿时为90度；未抬起脚跟时的最大背屈角度为00度；背屈至更小的角度（小于60度）时，柔韧性不足会让运动员抬起脚跟，并且损失所施加最大力量的30%（Bompa, 2006）。

即使踝关节在任何类型的跑动中都极其重要，尤其是在短跑和跳跃中，大部分柔韧性训练计划也还是会忽略踝关节的柔韧性。教练应当经常利用测角仪测量运动员的踝关节在背屈（将脚趾向小腿方向移动）时的最小角度。

限制关节活动范围的肌肉，或者跨越两个关节的肌肉，如腓肠肌、股直肌（属于股四头肌）、股二头肌长头（属于腘绳肌）、肱三头肌、胸大肌，似乎更容易遭受损伤。运动员在做大负荷的离心动作时要格外注意，因为这些动作容易导致损伤。

为什么评估踝关节在背屈时的最小角度很重要？因为最大的蹬地发力（即跑步迈步的推进阶段）是在踝关节的背屈角度小于60度时实现的。在脚跟不抬离地面的前提下，运动员的踝关节在背屈时能达到的角度越小，腓肠肌能够施加的力就会越大。要想增大运动员对地面施加的推进力，就要改善他的踝关节背屈能力。

图8.3展示了小腿与脚部之间的平均背屈柔韧性（60度）。它还表明，训练的目的是改善踝关节柔韧性，逐渐使腿部的这两个部位达成更小的角度，以能够施加更大的推进力：27.5～39牛，平均约为33.3牛。

该研究成果表明，踝关节背屈与由腓肠肌和比目鱼肌产生的推进力之间存在着直接的关系。希望增大这种推进力的教练还必须减小运动员踝关节的背屈角度。因此，教练不仅应当发展运动员的全身柔韧性，在集体项目和短跑项目中，为了最大化由腓肠肌和比目鱼肌产生的推进力，还应当专注于发展运动员踝关节的柔韧性。

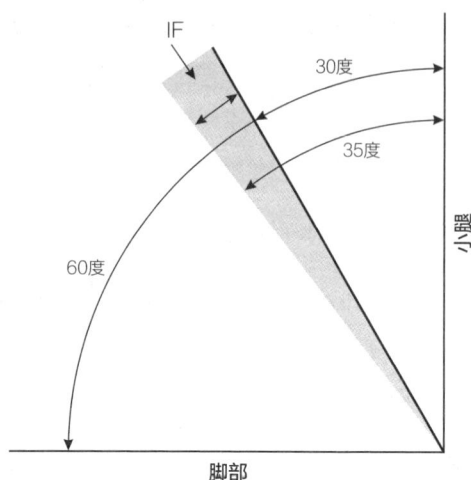

图8.3　踝关节柔韧性和推进力之间的关系。背屈角度每减小1度，推进力会增加27.5～39牛（Bompa，2006）（IF=改善后的柔韧性）

解剖学适应阶段的力量训练

竞技体育运动中涉及的所有运动员都要执行一个旨在在主要比赛时实现巅峰表现的年度计划。巅峰表现需要运动员构筑合适的生理学基础，而实现该目的的一个关键因素是力量训练，对于致力于培养优秀运动员的教练来说，这是一个至关重要的因素。

教练在一般竞技训练时所采用的计划和周期化方式要能确保在一个阶段向下一个阶段过渡时提升运动员的表现，并且能够使运动员在比赛期间实现巅峰表现。力量训练也是如此。与一般的运动能力和技能一样，力量可以通过不同的方法和训练阶段得以增强，以达成预期的最终结果：专项力量的提升。

在整个年度计划内，教练都应当按照周期力量训练的理念，并根据专项的生理学需求和具体细节来开展力量训练。通过应用周期力量训练和采用专门针对每个力量训练阶段的需求的训练方法，运动员可以将力量转化为具有专项性的专项力量。因此，运动员的训练方法必须随着训练阶段的变化而变化。

本章接下来的内容及接下来的4章会讨论可用的训练方法，因为它们与周期力量训练有关。每个训练阶段都会被单独介绍，以展示出哪种训练方法最适合某个特定的阶段和运动员的需求。讨论会涉及大部分方法的正面和负面影响以及如何应用它们，此外还会涉及采用特定方法的训练计划。

循环训练和解剖学适应阶段

在力量训练的早期，尤其对于入门级运动员，任何力量训练方法或计划基本上都会在一定程度上发展力量。然而，随着运动员打下力量的基础，教练便应当创建更加专项化的周期力量训练计划，以最大限度地激发运动员的先天能力。教练必须记住一个事实，即每个运动员对于特定的方法都具有独特的适应率——因此具有不同的提升率。

力量训练是一项长期的任务。运动员并不会在4～6周的力量训练计划之后就达到最高的表现水平，而是会在比赛阶段达到最高的表现水平，而比赛阶段通常在解剖学适应阶段之后的数月才会到来。解剖学适应阶段的目标是逐渐让肌肉产生适应，尤其是让它们与骨骼连接的部位（肌腱）产生适应，这样它们便可以更加容易地应对在即将到来的训练阶段所使用的较大负荷。因此，整个训练负荷必须在不会让运动员感到太多不适的前提下增加。

教练在解剖学适应阶段可以考虑使用的较简单的方法是循环训练，主要是因为它具备组织化的结构，并且会交替训练不同肌群。循环训练不仅可以用来为以后的训练阶段构筑力量基础，还可以通过结合力量和耐力训练来发展非专项的心肺耐力。有些作者认为，在同一个阶段将有氧耐力训练与力量训练结合起来可能会让最大力量和爆发力的发展大打折扣。他们称，力量训练与长距离的有氧训练不兼容，因为快缩型肌纤维可能会适应慢缩型肌纤维的行为。这些研究证实了一个理论，即在同一天将有氧活动与最大力量或者增肌训练结合起来会对速度和爆发力类运动项目的适应产生消极的影响。短期适应也会受到影响。

在解剖学适应阶段，教练所选的练习必须涉及尽可能多的肌群，还要强调主动肌。教练应更关注以下部位。

- 核心，主要指背部和腹部的肌肉。记住，躯干的作用是将力量从腿部传递至手臂，并从手臂传递至腿部。这就是为什么它必须是强壮的，以便作为运动员在比赛期间执行大部分技能和动作的支撑。运动员要专注于发展椎间肌肉（躯干伸展和旋转）、腰部肌肉（躯干伸展）、腹部肌肉（弯曲和旋转）。
- 腿部（踝关节、髋关节和膝关节）。运动员要专注于进行提踵、臀冲、髋关节屈曲、膝关节屈曲和膝关节伸展，还要专注于脚部在矢状面上的侧向运动，比如内翻（抬起内侧）和外翻（抬起外侧）。对抗阻力采用以上的动作来强化脚部的肌肉力量是大部分体育运动中脚部的损伤预防措施，尤其是在球拍类运动项目和集体项目中。
- 手臂和肩膀。运动员要专注于练习屈曲和伸展、推和拉、内收和外翻等动作，还要使用自身的重量、中低水平的负荷、药球、简单的装置和训练器械进行训练。

然而，力量和有氧耐力在有些运动项目（如足球、赛艇、皮划艇和越野滑雪）中同等重要，这类运动项目的运动员除了在准备阶段训练两者之外，别无选择。此外，关于这类组合训练的论点主要基于仅开展了几周的研究，但是训练是一个长期的过程。接受了这类组合训练的运动员是否真正出现了完整的适应？实际上，有些研究显示的情况正好相反——在同时执行的力量训练与有氧耐力训练之间存在一定程度的兼容性。对于长持续时间和短持续时间的两种活动，本书为它们的解剖学适应阶段建议的耐力训练类型大有不同。

循环训练最先是由利兹大学的摩根和亚当森（Morgan and Adamson, 1959）提出的，当时被用作退役军人康复和发展一般身体素质的方法。他们最初设计的循环训练由一些排列成圆形的站点组成（术语循环训练由此而来），目的是在不同的站点交替地训练肌群。随着循环训练变得越来越流行，其他作者开始对其进行改进。

各种各样的方法和器材器械可以用于循环训练，如自重练习、药球、轻型器材、哑铃、杠铃和力量训练器械。循环训练持续时间可以较短（6~9项练习）、适中（10~12项练习）或者较长（13~15项练习），并且可以重复若干次，具体根据所选择的练习数量而定——练习越多，循环的重复次数就越少。对于持续时间较长的循环训练来说，循环的重复次数不应当超过2次；对于持续时间较短的循环训练来说，循环的重复次数不应该超过4次。每个站点的重复次数在开始时应当较多（如20次），并应随着时间减少（如减少至8~10次）。对于

在解剖学适应阶段，自重练习可以强化躯干肌肉

186

至少拥有3年周期力量训练经验的高水平运动员来说，其可以在基础练习时采用较少的重复次数（5~6次），开始储备的较多重复次数会随着时间的推移而减少。

在确定每个站点的重复次数、循环重复次数及负荷时，教练必须考虑运动员的训练耐受性和体能水平。解剖学适应阶段的总训练负荷不应当很大，以免让运动员感到疼痛或者不适。运动员自己应当帮助教练确定要完成的训练量。

对于在解剖学适应阶段构筑力量基础来说，循环训练虽然不是一种神奇的方法，但也称得上是一种有用的方法。如果运动员旨在交替训练不同的肌群，那么其他的训练方法（如跳组）也会有用。

教练必须根据运动项目的生理特点（如速度、爆发力或耐力）和运动员的需求，对用于解剖学适应阶段的训练方法做出调整。该方法必须能发展体育运动中所用的大部分肌肉，更加具体地讲，与准备阶段的整体目标——尤其是解剖学适应阶段的目标——相一致，所选的练习应当发展身体的核心区域和主动肌。

循环训练中的肌群交替有助于恢复。站点之间的间歇时间可以为30~90秒，循环训练组间的间歇时间可以为1~3分钟。循环训练还使得教练能够创造出各种各样的变化，因为大部分健身房都包含大量的器材、训练站点和力量训练器械。这种多样性会不断地发展运动员的技能，还会提高他的兴趣。

循环训练方法的计划设计

循环训练方法可以从解剖学适应阶段的前几周就开始使用。教练应当根据可用的器械选择训练站点。运动员应当根据他们的类别和训练背景循序渐进地进行训练。拥有极少或者没有力量训练背景的运动员在开始时应当使用自身的重量或者较小的负荷（如较轻的药球、小哑铃和空杠铃）。随着时间的推移，他们可以通过使用较重的药球、负重杠铃和力量训练器械来使负荷逐渐增加。该阶段所选的练习必须涉及大部分肌群，而与运动专项的需求无关。换言之，教练应当运用一种综合的方法。然而，主动肌仍应当是被关注的对象，毕竟它们是运动专项技能有效表现的动力源。

图8.4所示的3个循环训练并未包含所有可能的选择，但是对于入门级或者青少年运动员来说，其是典型的循环训练。刚接触循环训练的年轻运动员应当将循环训练划分为2个阶段。随着适应的出现，年轻运动员可以开始逐渐地将阶段2中的练习移至阶段1的末尾，直到可以不停歇地执行完所有的练习为止。开始时，年轻运动员可采用2个各包含4项练习的训练组，如循环B所示；随着年轻运动员逐渐适应，教练可以在阶段1中引入第5项练习，以此类推。该方法可以让运动员积极地实现目标，并且让其身体欣然地接受新的挑战和达到新的适应水平。

循环A：自身体重	1. 下蹲至大腿与地面平行 2. 俯卧撑 3. 屈膝仰卧起坐 4. 股四头肌伸展 5. 俯卧背起 6. 提踵 7. 平板支撑
循环B：自身体重 （2个微循环的组合）	阶段1 1. 下蹲至大腿与地面平行 2. 俯卧撑（宽姿势） 3. 屈膝仰卧起坐 4. 股四头肌伸展 阶段2 1. 俯卧撑（窄姿势） 2. 背部伸展 3. 提踵 4. 平板支撑
循环C：哑铃和药球	1. 下蹲至大腿与地面平行 2. 仰卧推举 3. 股四头肌伸展 4. 俯身划船 5. 提踵 6. 硬推 7. 站姿划船 8. 向前投掷药球 9. 蹲跳 10. 过顶投掷药球 11. 屈膝仰卧起坐 12. 平板支撑

图8.4　循环训练计划样例

注意：教练可以改动本章建议的练习，以使计划符合运动员的需求和运动专项的技术要求（主动肌）。

　　新手运动员应当通过训练至感到轻微不适或者真正不适的方式，对规定的重复次数所用的负荷进行个性化设计。运动员可将轻微不适解读为不自在；而真正不适指的是运动员正在维持良好的技巧，但是由于疼痛必须停下来时的阈值。

　　表8.1展示了如何为新手和有训练经验的运动员计划一套循环训练计划，包括持续时间、每周的频率及其他参数。如你所见，有训练经验的运动员的训练参数与新手运动员大有不同。例如，对于新手运动员来说，解剖学适应阶段的持续时间较长是很合理的，因为他们需要更多的时间来产生适应，并为以后构筑良好的基础。而将本阶段的持续时间延长至4周以上并不会对有训练经验的运动员产生显著的增益。

　　类似的差异也体现在每个循环的站点数方面。由于新手运动员必须切实地训练尽可能多的肌群，所以他们要使用更多的站点，并且他们的循环之间的间歇时间更长。然而，有训练经验的运动员可以减少每个循环的站点数，以专注于针对主动肌的练习、补偿以及核心练习，这会导致重复更多次的较短循环。

每个循环的负荷必须逐渐、分别地增加。图8.5所示的例子说明，新手和有训练经验的运动员的增负模式有所不同。当然，随着重复次数的减少，负荷会增加，并且负荷会因循环而发生变化。对于对抗阻力而执行的练习，新手运动员要使用较小的负荷，而有训练经验的运动员要使用较大的负荷（并且每组使用较少的重复次数）。

表8.1 循环训练的训练参数

训练参数	新手运动员	有训练经验的运动员
解剖学适应阶段的持续时间	6~9周（应为3的倍数，以便于阶梯式加荷）	2~4周
负荷（如果适用）	在整个阶段，从20次重复减少至8次	在整个阶段，从12~15次重复减少至8次
每个循环的站点数	9~12个	6~8个
每节训练课的循环数	2~3个	3~4个
训练课的总时间	35~60分钟	40~60分钟
练习之间的间歇时间	30~90秒	30~120秒
循环训练组间的间歇时间	2~3分钟	1~2分钟
每周的频率	2~3次	3~4次

新手运动员（执行训练组，直到轻微不适状态）	20次重复，2个循环	15次重复，3个循环	12次重复，2个循环	12次重复，3个循环	10次重复，3个循环	8次重复，2个循环
有训练经验的运动员（执行训练组，直到真正不适状态）	15次重复，2个循环	12次重复，3个循环	10次重复，2个循环	12次重复，3个循环	10次重复，3个循环	8次重复，2个循环
小周期	1	2	3	4	5	6

图8.5 建议新手和有训练经验的运动员在循环训练期间使用的增负模式

解剖学适应阶段的标准力量训练计划

循环训练并不是解剖学适应阶段组织力量训练的唯一可能的方式，教练也可以使用借助水平方法完成的标准力量训练计划。在水平方法中，在完成一项练习的所有热身活动和训练组之后，才会转换至计划中的下一项练习。只要重视解剖学适应阶段在方法上的特征（如以较多的练习、较短的间歇时间和较多的重复次数开始，并在计划的实施过程中逐渐调整至较少的重复次数和较大的负荷），水平方法与循环训练一样有效，并且实际上要更加适用于中等水平和高水平运动员。

下面展示了如何在解剖学适应阶段为中等水平和高水平运动员制订一套标准力量训练计划，计划包括持续时间、每周的频率及其他参数。

标准力量训练的训练参数

（解剖学适应阶段的）持续时间：2～4周。

负荷：在整个解剖学适应阶段，从12～20次重复减少至6～8次。

练习数量：6～8项。

组数：2～4组。

训练环节的总时间：40～60分钟。

练习之间的间歇时间：30～120秒。

每周的频率：3～4次。

对于持续7周、4周和6周的解剖学适应训练，图8.6～图8.10列举了不同运动项目的标准力量训练和循环训练计划示例。7周的周期力量训练让运动员有时间构筑更坚实的基础，并为较长期和较出色的适应提供生理学上的好处。这些计划应当根据每个运动员的类别和能力加以调整。

在解剖学适应阶段临近结束时，运动员所采用的负荷应能让其立即过渡至最大力量训练阶段，如图8.6所示。该方法可以用于所有运动员，但是那些需要增大肌肉围度的运动员除外，如投掷运动员和美式橄榄球的边锋。对于这些运动员，教练在解剖学适应阶段和最大力量训练阶段之间必须计划一个增肌训练阶段。图8.7给出了一个为期4周的解剖学适应阶段的循环训练计划，其适用于准备阶段非常短的运动员，尤其是每年需要实现3～4次巅峰表现的球拍类和格斗类项目的运动员。由于解剖学适应阶段非常短，所以训练中的负荷增加得非常迅速，以让运动员为最大力量训练阶段做好准备。停止力量训练在这些运动项目中引起

练习	周						
	1	2	3	4	5	6	7
1. 腿蹬举	2×15	3×12	3×10	2×10	3×8	3×6	2×6
2. 胸部推举	2×15	3×12	3×10	2×10	3×8	3×6	2×6
3. 哑铃直腿硬拉	2×15	3×12	3×10	2×10	3×8	3×6	2×6
4. 硬拉	2×15	3×12	3×10	2×10	3×8	3×6	2×6
5. 腿弯举	2×12	3×10	3×8	2×8	3×8	3×6	2×5
6. 站姿划船	2×15	3×12	3×10	2×10	3×8	3×6	2×6
7. 提踵	2×15	3×12	3×10	2×10	3×8	3×6	2×6
8. 屈膝仰卧起坐	2×12	3×12	3×15	2×15	3×18	3×20	2×20
增负模式							

图8.6　解剖学适应阶段的标准力量训练计划示例

练习	周				间歇时间
	1	2	3	4	
1.跳绳	3分钟	2×3分钟	4×2分钟	2×2分钟	30秒
2.半蹲	2×10	3×8	3×6	2×5	2分钟
3.卧推	2×10	3×8	3×6	2×5	2分钟
4.背飞	2×15	3×12	3×10	2×8	2分钟
5.正高位下拉	2×10	3×8	3×6	2×5	2分钟
6.提踵	2×15	3×12	3×10	2×8	1分钟
7.卷腹	2×15	3×20	3×30	2×30	1分钟
8.体侧屈（每侧）	2×10	3×8	3×6	2×5	1分钟
9.胸前抛药球（4千克）	2×8	3×8	3×10	2×8	1分钟
10.低冲击快速伸缩复合训练	2×10	3×10	3×12	2×12	1分钟
增负模式					
低	适中	高	低		

图8.7　建议准备阶段较短的运动员使用的循环训练计划样例
跳绳有助于进行心肺训练。

的问题较少，因为它们的过渡阶段要比其他大部分运动项目短得多。图8.8给出了具有高心肺耐力需求的集体项目运动员使用的循环训练计划，其中心肺练习的重复执行安排在了开端和结尾。图8.9给出了一个循环训练计划，其具有数量较多的单侧下肢练习，并且针对的是集体项目，如足球、篮球、橄榄球、长曲棍球、水球和冰球等项目的运动员。图8.10给出了一个针对棒球、垒球和球拍类运动项目中的运动员的循环训练计划。为了使运动员能够在这些运动项目中实现最高程度的适应，教练在解剖学适应阶段早期就为躯干和髋部旋转引入了一些专项练习，如腹部起拱和侧向投掷动力球。

191

练习	周							间歇时间
	1	2	3	4	5	6	7	
1.心肺练习	10分钟	10分钟	2×5分钟	2×5分钟	3×3分钟	4×2分钟	2×2分钟	1分钟
2.半蹲	2×15	3×12	3×10	2×10	3×8	3×6	2×6	2分钟
3.哑铃推举	2×15	3×12	3×10	2×10	3×8	3×6	2×6	1分钟
4.腿弯举	2×12	3×12	3×10	2×10	3×8	3×6	2×5	2分钟
5.哑铃划船	2×15	3×15	3×12	2×12	3×10	3×8	2×8	1分钟
6.提踵	2×15	3×15	3×12	2×12	3×10	3×8	2×8	1分钟
7.卷腹	2×20	3×20	3×25	2×20	3×25	3×30	2×25	1分钟
8.向后抛药球（4千克）	2×6	3×8	3×10	2×8	3×10	3×10	2×8	2分钟
9.低冲击快速伸缩复合训练	2×8	3×10	3×12	2×10	3×12	3×12	2×10	1分钟
10.侧向投掷动力球（10千克）	2×6	3×8	3×10	2×8	3×10	3×10	2×8	1分钟
11.心肺练习	5分钟	7分钟	7分钟	2×5分钟	3×3分钟	3×3分钟	2×2分钟	1分钟
增负模式								
		高			高			
	适中			适中				
低				低			低	

图8.8　建议具有高心肺耐力需求的集体项目运动员使用的循环训练计划样例

本例中的心肺练习部分可以包括多种选择（如跑步、采用登梯器练习或者骑功率自行车）。

练习	重复次数或持续时间					
	第1周	第2周	第3周	第4周	第5周	第6周
1.腿蹬举	20	15	12	10	8	6
2.仰卧哑铃推举	20	15	12	10	8	6
3.单腿臀桥	20	15	12	10	8	6
4.哑铃划船	20	15	12	10	8	6
5.硬拉	20	15	12	10	8	6
6.坐姿卧推	20	15	12	10	8	6
7.站立提踵	20	15	12	10	8	6
8.哑铃站姿划船	20	15	12	10	8	6
9.屈膝仰卧起坐	20	15	12	10	8	6
10.平板支撑	45秒	60秒	75秒	75秒	90秒	负重60秒
循环数	2	3	2	2	3	2
练习之间的间歇时间	1分钟					
循环训练组间的间歇时间	2分钟		1分钟	2分钟		1分钟
训练持续时间（近似值）	50分钟	65分钟	40分钟	35分钟	50分钟	30分钟
增负模式						
		高			高	
	适中			适中		
		低				低

图8.9　建议集体项目运动员使用的循环训练计划样例（采用单侧练习和哑铃）

练习	周							间歇时间
	1	2	3	4	5	6	7	
1. 侧弓步或斜弓步（每侧）	2×15	3×12	3×10	2×10	3×8	3×6	2×6	2分钟
2. 绳索交叉	2×15	3×12	3×10	2×10	3×8	3×6	2×6	1~2分钟
3. 俯卧背起	2×15	3×15	3×12	2×12	3×10	3×8	2×8	1~2分钟
4. 正高位下拉	2×15	3×12	3×10	2×10	3×8	3×6	2×6	2分钟
5. 哑铃外旋肌练习	2×15	3×15	3×12	2×12	3×10	3×8	2×8	1分钟
6. 提踵	2×15	3×15	3×12	2×12	3×10	3×8	2×8	1~2分钟
7. 屈膝仰卧起坐	2×20	3×20	3×25	2×20	3×25	3×30	2×25	2分钟
8. 腹部起拱（每侧）	2×20	3×20	3×25	2×20	3×25	3×30	2×25	1~2分钟
9. 侧向投掷动力球（10千克）	2×6	3×8	3×10	2×8	3×10	3×10	2×8	1~2分钟
10. 低冲击快速伸缩复合训练	2×8	3×10	3×12	2×10	3×12	3×12	2×10	2~3分钟
增负模式								

增负模式：低—适中—高—低—适中—高—低

图8.10 建议棒球、垒球和球拍类运动项目中的运动员使用的循环训练计划样例

第9章

增肌训练

　　许多人认为一个人的体形越大，这个人就会越强壮。事实并非总是如此。例如，相比于体形和块头更大的健身人士，举重运动员可以举起更大的负荷。这就是为什么运动员应当力求增加对体育运动来说很有用的瘦体重，但有些肌肉肥大（肌肉围度的增大），尤其是快缩型肌纤维的肥大，有助于提高发力水平。

　　正如上述区别所表明的那样，健身的增肌训练和运动专项的增肌训练在很多重要的方面都有所不同。在健身的增肌训练中，健身人士通常会使用60% ~ 80%1RM，重复8 ~ 15个，直至力竭。然而，有些健身人士将他们的成功归因于采用了较少的重复次数及借助强迫和退让重复法执行到力竭的较大训练负荷，而有些人则坚定地执行多重复次数（通常多达20次）的训练计划。鉴于这类健身人士都体形庞大，并且有着类似的纪录和获胜场数，我们可以推断出，在职业健身中发挥作用的并不仅仅是训练。

　　在任何情况下，其他体育运动的运动员和教练都必须记住，健身的目的不是追求最佳的表现，而是追求最佳的对称性和最大的肌肉量。然而，美学对称性与以功能为第一要务的许多体育运动并不相关。并且尽管健身人士的肌肉量确实会增加，但是该肌肉量的功能性值得怀疑，而功能性——运动表现的提升——是增肌训练的目标。

运动专项的增肌训练

　　增肌训练通过肌肉围度的增加来提升运动员的运动表现。举几个例子，这样的运动员包括橄榄球边锋、铅球运动员、铁饼运动员和身体接触类运动项目中的重量级运动员（有关体育运动的详细周期力量训练模型，请参阅第6章）。对于大部分其他运动项目，增肌训练阶段不是必需的，因为由于最大力量训练，主动肌的快缩型肌纤维最终会变得肥大（肌球蛋白增多）。相比于一般的增肌训练计划，这可以使运动员获得更好的力量–体重比（相对力量）。

　　对于运动员来说，增肌训练应当通过采用符合运动专项特征的训练方法来实现。换言之，健身专注的是增大整体的肌肉，而竞技体育的增肌训练主要专注于在不忽略发力神经组成部分的前提下，增大具体的主动肌的围度。

　　这种增肌训练——运动专项的增肌训练——是通过健身以外的方法实现的。具体而言，运动专项的增肌训练需要大负荷和多重复次数来增加主动肌的围度（厚度）及其中的蛋白质数量。体育运动增肌训练的持续时间较长，因为肌肉围度的增加基于力量的增加。

　　在将增肌方法纳入训练计划中时，运动员和教练应当谨慎。具体而言，他们必须相对于年度训练计划，考虑运动员的生理成熟度和时机。在准备阶段的早期，增肌训练方法可以非常有效地刺激瘦肌肉，并使瘦肌肉量高水平增加。计划的大部分应当由多关节练习组成，如蹲举、腿蹬举、卧推、向后划船、引体向上、双臂屈伸和核心练习，以刺激肌肉生长，并像在体育运动中那样强化形式复杂的运动链不可或缺的主动肌。应当尽量减少孤立的单关节练习。

　　增肌训练阶段可以持续6~8周或9周，具体根据所用的大周期和小周期类型（计划了多少个"2+1"和"3+1"结构）以及运动员和运动专项的需求而定。再次强调，增肌训练方法应当尽早地用于准备阶段。准备阶段的总持续时间也很重要，因为持续时间越长，运动员耗费在增肌训练和最大力量训练上的时间就越多。

运动员利用运动专项训练方法，而不是健身方法
来增加肌肉量

196

增肌训练阶段的结束，并不意味着需要增加肌肉量的运动员就必须停止该训练。正如图9.1中针对美式橄榄球边锋的例子所说明的，如果有需要，运动员可以持续进行增肌训练，甚至可以在最大力量训练阶段进一步地开展增肌训练。根据运动员的需求，最大力量训练与增肌训练的比例可以为3∶1、2∶1，甚至可以是1∶1。然而，在比赛阶段，只有某些运动员——如铅球运动员和美式橄榄球边锋——应当继续进行增肌训练，并且仅限于比赛阶段的前半段。随着最重要比赛的临近，爆发力和最大力量训练应当占主导地位。

准备阶段				比赛阶段
3 解剖学适应	6 增肌：3~4节训练课	6 最大力量：2~3节训练课 增肌：1~2节训练课	5 转化为爆发力：2节训练课 最大力量：1节训练课 增肌：1节训练课	维持：爆发力、最大力量、增肌

图9.1 建议美式橄榄球边锋使用的增肌、最大力量和爆发力训练的比例

运动专项增肌训练计划的设计

一旦解剖学适应阶段让结缔组织（肌腱和韧带）做好了准备并实现了强化，增肌训练阶段便可以从1RM测试开始。在这种情况下，1RM测试必须在解剖学适应阶段的最后一个小周期（减负）结束时进行。运动员可以以60%1RM开始，也可以执行12次重复。然后教练在每个小周期中增加负荷，直到运动员只能执行6次重复。增肌训练阶段的训练参数见表9.1。

为了获得最优的训练效果，运动员必须在每个训练组内实现最多的重复次数。这意味着要达到某种力竭程度，即使采用最大程度的肌肉收缩，这种力竭程度也会让他无法再执行一次重复。如果不将每个训练组执行到力竭状态，那么运动员便实现不了预期的增肌水平，因

表9.1 增肌训练阶段的训练参数

增肌训练阶段的持续时间	6~8周
负荷	60%~80%1RM
练习数	6~9项
每组的重复次数	从12次减至6次
每节训练课的组数	分步*或者全身；主动肌多达8组
间歇时间	2~5分钟
执行速度	缓慢的离心阶段（3~5秒），可能在离心阶段和向心阶段之间有停顿（1~5秒），快速的向心阶段（1秒或更短——爆发式）
每周的频率	2~4次

*针对下肢的练习与针对上肢的练习在不同的训练日进行。增肌训练阶段的一个常用分步安排如下：周一，下肢；周二，上肢；周三，休息；周四，下肢；周五，上肢；周六和周日，休息。

增肌训练方法的变式

人们并没有完全理解影响增肌效果的主要因素，但是研究人员越来越相信，肌肉围度的增加主要是由施加到肌纤维上的机械应力刺激产生的（Owino et al., 2001; Goldspink, 2005; Ahtiainen et al., 2001; Liu et al., 2008; Hameed et al., 2008; Roschel et al., 2011; Goldspink, 2012; Schoenfeld, 2012），且主要取决于所用的负荷、处于张力下的总时间（尤其是离心阶段）以及与重复次数有关的训练量；代谢压力（Sjøgaard, 1985; Febbraio and Pedersen, 2005; Hornberger et al., 2006）主要取决于训练组的持续时间，这种持续时间最好属于糖酵解系统的范畴（30~60秒），并且还取决于与重复次数有关的训练量。由于将训练组执行到向心力竭状态是成功实现增肌的主要因素，人们基于原始的增肌训练方法开发了一些变式。大部分变式都追求相同的目标：当达到力竭状态时，运动员必须通过努力才能再执行几次重复。预期的结果是更多的肌肉生长或肌肉围度的增加。在所有的变式（共有20多种变式）中，下面一些变式比较具有代表性。

- 拆分练习。运动员的每个肌群都会执行2~3项练习。由于要针对身体中的每一块肌肉训练，所以他们可能需要在健身房中待将近2小时才能完成整个计划。即使运动员有精力这样做，但是对这种耐久性做出的生理响应也并不利于增肌训练效果的最大化。这个问题的解决方法是将总训练量划分为几个部分，并且每天只针对身体中的一个部分进行训练——术语"拆分练习"由此而来。这种方法意味着，即使运动员每周训练4次，任何特定的肌群每周也只能接受2次训练。

- 强迫重复。在运动员将一个训练组执行到向心力竭状态的过程中，其可通过由一位搭档提供足够的支撑的方式再做1~2次重复。

- 休息-停顿。运动员在训练组中达到向心力竭状态，然后只休息10~20秒就再次开始训练，直到进行到向心力竭状态（通常在1~3次重复之后即可实现）。这种变式会增加训练组的持续时间和提升增肌训练效果。

- 减组。运动员在一个训练组中达到向心力竭状态，然后迅速地将负荷降低5%~10%（具体根据运动员期望执行多少次重复或者是否计划了额外的减组而定），并再次开始训练，直到进行到向心力竭状态。这种变式也会增加训练组的持续时间和提升增肌训练效果。

休息-停顿和减组方法中的初始负荷可以高于一般的健身计划，因为通过（休息-停顿中的）小停顿或者（减组中的）小幅减负，训练组的持续时间会增加。这种特征让这两种变式尤其适用于增肌训练，因为它会增加快缩型肌纤维在训练期间处于张力下的时间。健身书刊通常会提到许多其他变式，据说其中一些变式能够创造奇迹，但是教练和运动员应当仔细地辨别事实与幻想之间的分界线。

为第一个重复产生的刺激不足以最大化肌肉量。增肌训练的关键因素不仅是将每个训练组执行到力竭状态，还是总组数中力竭状态的累积效果。这种累积的力竭状态会刺激产生实现最佳增肌训练效果所必需的化学反应和蛋白质代谢。由于在增肌阶段将训练组执行到了力竭状态，所以运动员可以不进行1RM测试，并且只在第一个增负周采用12RM进行训练，在第二个训练周采用10RM（减负）并在随后的训练周中逐渐减负（如8RM、6RM）。

增肌训练一般应当以中低速执行，以增加肌肉处于张力下的时间（增加肌肉处于张力下的时间有利于增大肌肉围度）。然而，我们强烈建议，速度和爆发力类运动项目中的运动员不要采用缓慢的向心执行速度，尤其当增肌训练阶段已进行到6周时。提出这种建议的主要原因是，神经肌肉系统会适应缓慢的向心执行速度，从而不会刺激快缩型肌纤维的即时募集，而即时募集对于速度和爆发力类运动项目来说至关重要。

与健身相比，运动专项的增肌训练涉及更少的练习，以专注于训练主动肌，而不是所有的肌群。这种方法的好处是可以使每项练习执行更多的组数（3~6组，甚至多达8组），从而刺激主动肌达到更好的增肌效果。

根据小周期，组间的间歇时间为2~5分钟。运动员离最大力量训练阶段越近，组间的间歇时间就越长。例如，在一个6~9周的增肌训练阶段，前3周可以通过采用较短的间歇时间（60~90秒）来刺激产生最大限度的增肌效果，从而增加持续时间内可能的训练量，而后3~4周可以采用较长的间歇时间。

训练课结束时，运动员应当拉伸相应的肌肉。由于多次收缩，肌肉会缩短。这会导致肌肉活动范围的减小和收缩敏捷性的降低（这反过来会影响关节定位和身体姿势）。此外，它还会从神经上促进主动肌并抑制拮抗肌，从而随着时间的推移，降低受影响肌肉的整体表现能力。此外，缩短的肌肉具有较慢的复原速率，因为肌肉只有在正常的解剖学长度下才会产生活跃的生物化学交换。这些交换会为肌肉提供营养素，并会移除代谢废物，从而在组间和训练课之后促成更好的恢复。

图9.2展示了一个为重量级摔跤运动员制订的针对增肌训练阶段的8周训练计划样例。每个方格中建议的计划应每周重复3次。图9.3展示了一个为女子大学排球运动员制订的针对增肌训练阶段的6周训练计划样例。图9.4展示了一个为冰球运动员制订的针对增肌训练阶段的6周训练计划样例。其中，针对下肢的6项练习在每周的第1天和第4天执行，另外7项针对上肢的练习在每周的第2天和第5天执行。图9.5展示了一个为重量级摔跤运动员制订的针对增肌训练阶段的6周训练计划样例，目的是节省时间。图9.6展示了一个采用健身强化方法来增肌的拆分练习方案。采用这类方法时，教练必须为每节训练课计划较少的组数，因为它们会让肌肉和中枢神经系统承受重负。在下面这些图中，你会发现重复次数在逐周减少。重复次数的每次减少都对应着负荷的增加，这样每个训练组才会被执行到力竭状态。由于身体

练习	周								间歇时间
	1	2	3	4	5	6	7	8	
硬拉	2×12	3×12	3×10	2×10	3×8	3×6	3×5	2×5	2分钟（第1~4周） 3分钟（第5~8周）
卧推	2×12	3×12	3×10	2×10	3×8	3×6	3×5	2×5	2分钟（第1~4周） 3分钟（第5~8周）
蹲举	2×12	3×12	3×10	2×10	3×8	3×6	3×5	2×5	2分钟（第1~4周） 3分钟（第5~8周）
坐姿滑轮 划船	2×12	3×12	3×10	2×10	3×8	3×6	3×5	2×5	2分钟（第1~4周） 3分钟（第5~8周）
臀冲	2×12	3×12	3×10	2×10	3×8	3×6	3×5	2×5	1分钟（第1~4周） 2分钟（第5~8周）
仰卧推举	2×12	3×12	3×10	2×10	3×8	3×6	3×5	2×5	1分钟（第1~4周） 2分钟（第5~8周）
体前屈	2×12	3×12	3×10	2×10	3×8	3×6	3×5	2×5	1分钟（第1~4周） 2分钟（第5~8周）
农夫走道 （一侧负重； 时间以秒为 单位）	30+30 ×2组	40+40 ×2组	50+50 ×2组	30+30 ×2组	40+40 ×2组	50+50 ×2组	60+60 ×2组	40+40 ×2组	1分钟

增负模式									
		高					高		
	适中					适中			
低				低	低				低

图9.2　针对增肌训练阶段（重量级摔跤运动员）的8周训练计划样例

疲劳，在第2个和第3个训练组，负荷可以向下调整，以使运动员完成规定的重复次数。

　　健身训练，尤其是采用拆分练习的训练，非常地耗费精力；实际上，健身人士在单节训练课中通常会执行120~180次重复，如此高水平的肌肉增负需要长时间的恢复。由于健身特有的训练类型，在要求苛刻的训练课之后，磷酸原系统和糖原存储会承受极大的负担。尽管磷酸原系统的恢复非常迅速，但是肝糖原（一经使用）需要40~48小时才能恢复。因此，对于相同的肌群和进行到完全力竭状态的大负荷训练来说，每个小周期内执行的重复数不应当超过2个。

练习	周						间歇时间
	1	2	3	4	5	6	
半蹲	2×12	3×12	3×10	2×10	3×8	3×6	1分钟（第1~4周） 2分钟（第5~6周）
斜板哑铃推举	2×12	3×12	3×10	2×10	3×8	3×6	1分钟（第1~4周） 2分钟（第5~6周）
哑铃弓步行进	2×20	2×15	2×12	1×12	3×10	3×8	1分钟（第1~4周） 2分钟（第5~6周）
中度旋前高位下拉	2×12	3×12	3×10	2×10	3×8	3×6	1分钟（第1~4周） 2分钟（第5~6周）
背飞	2×12	2×12	2×10	1×10	2×8	2×6	1分钟（第1~4周） 2分钟（第5~6周）
哑铃肩上推举	2×12	3×12	3×10	2×10	3×8	3×6	1分钟
站立提踵	2×12	2×12	3×10	2×10	2×8	2×6	1分钟
哑铃肱三头肌伸展	2×12	2×12	2×10	1×10	2×8	2×6	1分钟
哑铃外旋肌练习	2×12	2×12	2×10	1×10	2×8	2×6	1分钟
下肢弯曲	2×12	2×12	2×10	1×10	2×8	2×8	1分钟

增负模式

低 / 适中 / 高 / 低 / 适中 / 高

图9.3 针对增肌训练阶段（女子大学排球运动员）的6周训练计划样例

有些人可能会辩称，采用拆分练习的运动员隔一天才会训练某个特定的肌群，因此在训练课之间会留有24小时的时间，这足以实现能量底物的恢复。然而，尽管这对于局部肌肉存储来说可能是正确的，但是这种观点忽略了一个事实，即当肌肉中的糖原被耗尽时，身体便会开始使用肝脏的糖原存储。如果每天都要使用肝脏的糖原存储，那么24小时的时间可能不足以恢复糖原。这种逆差可能会导致功能性的过度训练现象（影响肌群正常发力的局部神经肌肉疲劳）。此外，健身人士所用的许多方案和方法，如4天或5天拆分练习，或者每天2次的训练，并不会实现神经系统的恢复或者快缩型肌纤维的激活，但神经系统的恢复或者快缩型肌纤维的激活是竞技表现提升不可或缺的一部分。

练习	第1周	第2周	第3周	第4周	第5周	第6周	间歇时间
	第1天和第4天	第1天和第4天	第1天和第4天	第1天和第4天	第1天和第4天	第1天和第4天	
蹲举（第1天）或硬拉（第4天）	2×8	3×8	3×6	2×6	3×5	4×5	2分钟（第1~4周）3分钟（第5~6周）
臀冲	2×12	3×12	3×10	2×10	3×8	3×6	1分钟（第1~4周）2分钟（第5~6周）
背飞	2×12	3×12	3×10	2×10	3×8	3×6	1分钟（第1~4周）2分钟（第5~6周）
腿弯举	2×8	3×8	3×6	2×6	3×5	4×5	1分钟（第1~4周）2分钟（第5~6周）
站立提踵	2×12	3×12	3×10	2×10	3×8	3×6	1分钟
下肢弯曲	2×12	3×12	3×12	2×10	3×8	3×6	1分钟

练习	第1周	第2周	第3周	第4周	第5周	第6周	间歇时间
	第2天和第5天	第2天和第5天	第2天和第5天	第2天和第5天	第2天和第5天	第2天和第5天	
卧推	2×12	3×12	3×10	2×10	3×8	3×6	2分钟（第1~4周）3分钟（第5~6周）
中度旋前高位下拉	2×12	3×12	3×10	2×10	3×8	3×6	2分钟（第1~4周）3分钟（第5~6周）
硬拉	2×12	3×12	3×10	2×10	3×8	3×6	1分钟（第1~4周）2分钟（第5~6周）
哑铃弯举	2×8	3×8	3×6	2×6	3×5	4×5	1分钟
颈后杠铃臂屈伸	2×12	3×12	3×10	2×10	3×8	3×6	1分钟
地雷单筒（重复，左侧和右侧）	12+12	14+14	16+16	14+14	16+16	18+18	1分钟
农夫走道（时间以秒为单位，左侧和右侧）	30+30	40+40	50+50	40+40	50+50	60+60	1分钟

增负模式						
		高				高
	适中				适中	
低				低		

图9.4　针对增肌训练阶段（冰球运动员）的6周训练计划样例

序列*	练习	间歇时间	第1周	第2周	第3周	第4周	第5周	第6周
A1	蹲举	2分钟	3×12	4×10	2×10	3×8	4×6	2×6
A2	臀冲	2分钟	3×12	4×10	2×10	3×8	4×6	2×6
B1	卧推	2分钟	3×12	4×10	2×10	3×8	4×6	2×6
B2	杠铃划船	2分钟	3×12	4×10	2×10	3×8	4×6	2×6
C1	半直腿硬拉	1分钟	2×12	2×10	1×10	2×8	2×6	1×6
C2	站立提踵	1分钟	2×12	2×10	1×10	2×8	2×6	1×6
D1	窄握距双臂屈伸	1分钟	2×12	2×10	1×10	2×8	2×6	1×6
D2	哑铃弯举	1分钟	2×12	2×10	1×10	2×8	2×6	1×6
E	下肢弯曲	1分钟	2×12	2×10	1×10	2×8	2×6	1×6
			增负模式					
			适中	高	低	适中	高	低

*跳组形式：做一个A1序列的训练组，进入间歇时间，再做一个A2序列的训练组，进入间歇时间，并且重复序列；然后转到下一对序列（B1和B2），并一直持续到E序列。

图9.5 针对增肌训练阶段（重量级摔跤运动员）的6周训练计划样例

注：所有的训练组都要进行到力竭状态，因此在第2个和第3个训练组，负荷可以减少，以便运动员能完成每个训练组中的重复次数。

除了耗尽糖原存储外，持续剧烈的训练会消耗收缩蛋白质，从而使消耗超过它们的同化作用（肌球蛋白的合成速率）。这样的过度增负训练会导致相关的肌肉围度不再增加；换言之，运动员可能不会再获得增肌训练的效果。

当出现这种情况时，教练应当重新评估过度增负方法的应用情况，并开始使用阶梯式增负的方法，即逐渐增加训练负荷。他们还应当考虑更加频繁地插入减负小周期，以促进运动员恢复，因为这与训练一样重要。一个训练计划的好坏与运动员从训练中恢复的能力有关。运动员每周最多可以执行4次训练量较少的分步环节——利用总共12～18个训练组，可训练2～3个肌群，从而较少地使用肝脏中的糖原，并且产生较少的肌肉分解（异化作用）——相同的肌群在两次训练之间至少有72小时的恢复时间。例如，运动员可以将周一和周四用于下肢训练，并将周二和周五用于上肢训练。

练习	第1周	第2周	第3周	第4周	第5周	第6周	间歇时间
	第1天和第4天	第1天和第4天	第1天和第4天	第1天和第4天	第1天和第4天	第1天和第4天	
腿蹬举	2×8	2×8+ds	2×6+ds	2×8	3×5	4×5	2分钟（第1~4周）3分钟（第5~6周）
哑铃弓步行进	2×10	2×12+rp	2×14+rp	2×10	3×8	3×6	2分钟
半直腿硬拉	2×12	3×10	3×8	2×10	3×8	3×6	1分钟（第1~4周）2分钟（第5~6周）
腿弯举	2×8	2×8+rp	2×6+rp	2×6	3×5	4×5	2分钟
站立提踵	2×8	2×+ds	2×6+ds	2×10	3×8	3×6	2分钟
下肢弯曲	2×12	3×12	3×10	2×10	3×8	3×6	1分钟

练习	第1周	第2周	第3周	第4周	第5周	第6周	间歇时间
	第2天和第5天	第2天和第5天	第2天和第5天	第2天和第5天	第2天和第5天	第2天和第5天	
卧推	2×8	2×+ds	2×6+ds	2×6	3×5	4×5	2分钟（第1~4周）3分钟（第5~6周）
坐姿滑轮划船	2×8	2×8+ds	2×+ds	2×6	3×5	4×5	2分钟（第1~4周）3分钟（第5~6周）
哑铃肩上推举	2×12	3×10+ds	3×8+ds	2×10	3×8	3×6	1分钟（第1~4周）2分钟（第5~6周）
哑铃弯举	2×8	2×8+rp	2×6+rp	2×6	3×5	4×5	1分钟
缆绳下拉	2×12	3×10+ds	3×8+ds	2×10	3×8	3×6	1分钟
平板支撑（秒）	40	50	60	40	60	70	—

增负模式							
		高				高	
	适中				适中		
低				低			

图9.6　采用健身强化方法来增肌的拆分练习方案

符号说明：ds＝减组；rp＝休息-停顿。

　　由于不当地使用健身技巧会影响大部分运动员，所以健身技巧很少用于运动训练。即使如此，健身技巧可能还是会让处于某种力量训练阶段的运动员获益。例如，由于健身相对安全，并且采用适度沉重的负荷，所以某些新手运动员可以使用健身技巧，前提是他们在每个训练组中只是短时间地训练到力竭状态。有些竞技运动项目（如拳击、摔跤和武术）中的运动员希望提高重量级，而健身技巧也有可能让这些运动员获益。

第10章

最大力量

请想象两辆汽车并排停靠，其中一辆是普通汽车，另一辆是跑车。你知道哪辆车更快吗？你肯定知道。然而，你知道为什么吗？因为引擎。引擎越强劲，汽车就能行驶得越快。同理，最大力量就是运动员的"引擎"——运动员的"引擎"越强劲，他们就会表现得越出色。

几乎每项体育运动都需要力量，但是每项体育运动需要的其实是专项力量。在发展专项力量的过程中，最大力量（即使不起决定性作用）发挥着重要的作用。最大力量发挥的具体作用因运动项目而异，并且会决定运动专项的最大力量训练阶段的长短。例如，最大力量发挥的作用越重要——它对于田径运动中的投掷运动员和美式橄榄球的边锋来说非常重要——运动专项的最大力量训练阶段就越长。类似地，对于最大力量对最终表现贡献较小的运动项目（如高尔夫球和乒乓球）来说，最大力量训练阶段较短。不要惊讶于乒乓球也包含在这类运动项目内。重要的不是球的重量或者球桌上出现的情况，而是球桌下发生的情况：运动员的双腿越强壮和越具爆发力，其反应速度就会越快。这就是为什么教练必须知道提高最大力量水平及每个训练阶段使用的方法背后的生理学原理，从而最优化训练结果——尽可能实现最高水平的专项力量。

力量训练的生理学

直到几年之前，我们还坚信力量主要取决于肌肉的横截面积。鉴于该原因，负重训练被用来增加"引擎尺寸"——换言之，用来增肌。现在，我们的看法不同了。肌肉的横截面积仍然是个人力量的一个最佳预测因素，但是与力量增加相关的主要因素（尤其对于高水平运动员而言）实际上是对力量训练的神经肌肉适应，如肌肉间协调性和肌肉内协调性的改善和抑制机制的解除（有关神经肌肉对力量训练的适应的解释请参阅第2章）。

在所有类型的力量训练中，最大力量训练对高水平表现的贡献最大。

简而言之，运动员发出高水平力量的能力在很大程度上取决于以下因素。

- 肌肉间协调性：使一个动作涉及的运动链中所有肌肉同步的能力。
- 肌肉内协调性：主动募集尽可能多的运动单位和以高频率发送神经冲动的能力。
- 肌肉围度：所涉及肌肉的直径或横截面积。

改善肌肉间协调性——肌群之间的协调性——完全取决于学习（技巧），这需要利用中等负荷（40%~80%1RM）、采用完美的技巧且以动态执行的方式，多次重复相同的练习（最大力量-Ⅰ）。肌肉内协调性——激活快缩型肌纤维的能力——取决于训练内容，其中，大负荷（80%~90%的1RM）以爆发的方式被移动（最大力量-Ⅱ）。两种类型的训练，即最大力量-Ⅰ和最大力量-Ⅱ，会募集具有爆发性的快缩型运动单位。

总肌肉量取决于增肌训练阶段的持续时间，但是运动员未必需要发展大块的肌肉和大体重才能变得极为有力。在整个最大力量和爆发力训练中，运动员要学习更好地协调相关的肌群，并使用会产生较高快缩型肌纤维募集水平的负荷（高于80%1RM）。通过使用本章概括的最大力量训练方法，运动员可以提高他们的最大力量，并且在增加功能性肌肉量上获得一定的效果。

在3种肌肉收缩类型中，离心收缩会产生最大的张力（高达向心1RM力量的140%）；等长收缩会产生第二大的张力（高达向心1RM力量的120%）；虽然如此，向心力量也必须被发展至最高的水平，因为大部分体育动作是向心的。实际上，通过使向心力量进一步提高，其他肌肉收缩类型——等长，尤其是离心——的应用会让运动员直接获益。

用来发展最大力量的训练绝对不应该像健身中的那样在力竭状态下执行，但是训练目标是实现绝对力量增长（增加力量和增肌）的情况除外。由于最大力量训练涉及中枢神经系统的最大限度的激活——包括专注度和积极性等因素——它会改善肌肉间协调性和肌肉内协调性。高水平的中枢神经适应（如神经肌肉协调性的改善）还会导致拮抗肌的充分抑制。这意味着，当施加最大力量时，这些肌肉会以这样的方式进行协调，即拮抗肌不沿着运动的反方

最大力量可以通过增强肌肉内协调性的方法来提高，它会转化为运动员的专项技能

向进行收缩。中枢神经通常会阻止所有可用来收缩的运动单位的募集。消除这种抑制是最大力量-Ⅱ训练，即采用80%1RM以上负荷的肌肉内协调性训练的主要目标之一。中枢神经抑制水平的降低伴随着力量的增强，这会使专项表现潜力得到最大幅度的提升。

最大力量训练阶段的训练方法

整个最大力量训练阶段有许多训练方法可以使用。选择常用的方法时，运动员需要按照一定的顺序使用负荷，即在最大力量-Ⅰ训练内使用中等负荷，在最大力量-Ⅱ训练内使用大负荷。在某些情况下，离心方法、等长方法或者最大训练可以补充前面的基本方法。在下文，你将了解这些方法以及如何在周期训练计划中应用它们。

请注意，所有这些方法都是基于百分比的，这意味着负荷都表示为1RM的百分比。鉴于该原因，在最大力量训练阶段开始之前（如果有解剖学适应阶段或增肌训练阶段，也可以在这两个阶段结束的时候），并且在构成它的每个大周期结束时，必须进行主要练习的1RM测试。进行1RM测试有两方面的目的：评估运动员最大力量的提升，并将其作为计算后续大周期训练负荷的基础。

次最大（最大力量-Ⅰ）负荷和最大（最大力量-Ⅱ）负荷方法

在周期力量训练中，次最大负荷和最大负荷方法可能是发展最大力量的最有效方法。在次最大负荷的情况下，它应当被看作从解剖学适应阶段向最大负荷阶段的过渡，因为在最大负荷阶段会采用大负荷。鉴于以下原因，提高最大力量对于大部分运动项目来说至关重要。

- 运动单位募集水平的提高会导致快缩型肌纤维的高水平激活，这种激活可以用于任何体育运动。

- 最大力量是增加爆发力的决定性因素。它可以让运动员在速度和爆发力类运动项目中实现高水平的神经输出。

- 提高最大力量是增强肌肉耐力的关键要素，尤其是短时间肌肉耐力和中等时间肌肉耐力。

- 最大力量对于相对力量至关重要的运动项目（如武术、拳击、短跑、田径运动中的跳跃项目和大部分集体项目）来说很重要。相对力量是最大力量与体重的比例，这意味着相对力量越大，运动员的表现就会越出色。

通过增加肌肉围度和激活更多的快缩型肌纤维，次最大负荷和最大负荷方法会对速度和爆发力类运动项目中的运动员产生积极的影响。刚开始使用这些方法的运动员有可能实现肌肉围度的大幅增加，但是拥有较丰富训练背景的运动员不太可能实现肌肉围度的大幅增加。在训练负荷随着时间流逝而增加的过程中，拥有较丰富训练背景的运动员也会稳步地增加少量的功能性肌肉。然而，最大力量的最大效益源自较好的肌群协调性和快缩型运动单位募集的增加。

用于发展最大力量的负荷——70%~95%1RM只用于1~5次重复——会导致持续时间较短的训练，并且当结合完整的间歇时间时，还会实现三磷酸腺苷的完全恢复。结果是，三磷酸腺苷不足的程度和结构蛋白质的消耗水平太低，以致不能够有力地激活刺激增肌的蛋白质代谢。因此，当采用足够的间歇时间时，这样的负荷会导致最大力量的增加，但是肌肉负荷的增加不会太多，除非总训练量足够大（即肌肉处于张力下的总时间很长）。

次最大负荷和最大负荷方法还会提高睾酮水平，这进一步解释了最大力量的提高。血液中的睾酮水平似乎取决于采用最大负荷方法的频率（每天和每周）。当每周中这些训练的数量较少时，睾酮水平会提高；当一天执行两次最大负荷训练时，睾酮水平会降低。在最大负荷训练中，正确的训练频率会导致较高的睾酮水平，而过高的频率可能会导致睾酮水平的降低。这类研究成果证明并进一步解释了我们之前在每个大周期高强度训练内容的频率以及减少高强度大周期持续时间方面所提供的建议。

最大负荷方法只能在（采用解剖学适应和次最大负荷方法的）一般力量训练至少进行1年（青少年运动员为2年）以后才能使用。甚至在次最大负荷方法的长期使用期间，运动员也有望实现力量增长，主要原因是动作学习发生在运动员学会更好地使用和协调参与训练的肌肉时。

然而，拥有4~5年最大力量训练背景且训练有素的运动员对这类训练能做出很好的适应，以致其可能难以实现最大力量的进一步增加。因此，如果有必要进一步发展最大力量，那么交替方法可以实现持续的提高。具体做法如下。

- 如果运动员已经使用周期力量训练3~4年的时间，并且没有实现力量向专项表现的进一步积极转化，那么他便可以交替进行针对不同神经肌肉系统的刺激。在解剖学适应和最大力量训练的第一阶段之后，运动员应当在3周的最大力量训练和3周的爆发力训练之间进行交替。借助其爆发性和快速的发力，爆发力训练会刺激中枢神经系统。
- 对于爆发力类项目，如田径运动中的投掷项目，教练可利用另一种交替方案实现对运动员的刺激：将3周的增肌训练和3周的最大力量训练交替进行。额外的增肌训练会导致肌肉围度的轻微增大或者瘦肌肉量的增加。这种增肌训练的额外增益会为最大力量的进一步提升提供新的生物学基础。
- 增大离心收缩和向心收缩类型之间的比率，就像本章后面会解释的那样。额外的离心训练会为最大力量的提升提供更强的刺激，因为离心收缩会在肌肉上产生较大的张力。

采用最大负荷方法的训练取得成功的重要因素包括负荷、间歇时间、练习顺序、收缩速度和增负模式。后文会讨论这些因素。

最大力量不仅对于克服阻力（如重力）来说很重要，而且对于吸收落地冲击力和成功地处理对手的剧烈身体碰撞（如在身体接触类运动项目中）来说也很重要。

负荷

最大力量只能通过在肌肉上尽可能产生较大的张力来发展。尽管较小的负荷涉及慢缩型肌纤维，但是如果要在收缩中激活大部分肌纤维，尤其是快缩型肌纤维，那么有必要爆发性地使用超过70%1RM的负荷。实际上，使用80%1RM或者更大的负荷可能会更好。采用重复次数较少的大负荷会导致显著的中枢神经系统适应：运动链所涉及肌肉的协调性更出色以及激活快缩型肌纤维的能力更强。

这些变化是最大力量和爆发力训练被称为神经系统训练的原因（Schmidtbleicher, 1984; Enoka, 2015）。此外，正如戈德堡及其同事（Goldberg et al., 1975）和赫塞尔等人（Hessel et al., 2017）建议的那样，蛋白质合成的刺激因素是肌丝和巨大的肌联蛋白丝上产生的张力，这进一步证明，最大力量训练的开展应当主要采用大负荷（80%~90%1RM）。

为了产生最多的可以转化为运动专项的最大力量的提升，主动肌必须完成最大的训练量。教练在计划训练课时，应当为每块主动肌安排运动员可以承受的最大组数。因为只有采用较少的主动肌练习（少于5项）时，才有可能成功地运用该方法，所以教练应当抵挡采用较多主动肌练习的诱惑。

练习可以划分为主动肌练习或辅助肌练习。主动肌练习是力量训练计划的核心所在，并且它们的增负参数是在最大力量训练阶段使用的参数。辅助肌练习是旨在针对单个薄弱部位或者对主动肌练习中的力量增加起支持作用的孤立练习——例如，将内收肌器械用于内收肌力量不足的运动员，或者利用颈后杠铃臂屈伸来增强运动员的卧推力量。鉴于辅助肌练习的性质，它们的负荷较小，并且它们的重复次数要多于主动肌练习。

　　表10.1提供了建议U19和U21运动员使用的次最大负荷方法的训练参数，表10.2提供了建议国家级和国际级运动员使用的最大负荷方法的训练参数。注意：主要建议中级运动员，如U19和U21运动员，使用辅助肌练习。对于高水平或国际级运动员，辅助肌练习的好处非常有限，因为在根据辐射性生理原则而进行的主动肌练习期间，许多辅助肌都得到了激活（Enoka, 2015）。当主动肌得到激活，并且确实产生了收缩时，这些肌肉的激活会扩散到整个关节区域，还会支配辅助肌。

　　当采用大负荷时，每组的重复次数保持在较低水平（1～5次），并且为训练课的每项练习建议的总重复次数为6～25次。每项练习的重复次数会根据运动员的类别、训练背景和训练阶段而发生变化。为了刺激必要的生理性和形态性中枢神经系统产生变化，较多的组数应当始终优先于较多的重复次数。在最大力量训练阶段训练课中，建议的每项练习的训练参数见表10.3。主动肌练习的数量决定了要使用较少还是较多的总重复次数（见表10.3）。执行5

表10.1　主要建议U19和U21运动员使用的次最大负荷方法的训练参数

负荷	70%~80%1RM（每3~4周增加至100%1RM，以进行1RM测试）
练习数	2 -5项主动肌练习 2~3项辅助肌练习
每组的重复次数	主动肌练习3~6次 辅助肌练习8~12次
每项练习的组数	主动肌练习3~8组 辅助肌练习1~3组
间歇时间	主动肌练习2~3分钟，辅助肌练习1~2分钟
每节训练课的总组数	16~24组
每周的频率	2~4次（通常为3次）

表10.2　建议国家级和国际级运动员使用的最大负荷方法的训练参数

负荷	80%~95%1RM（每3~4周增加至100%1RM，以进行1RM测试）
练习数	2~5项主动肌练习
每组的重复次数	主动肌练习1~3次
每项练习的组数	主动肌练习3~8组
间歇时间	3~5分钟
每节训练课的总组数	16~24组
每周的频率	2~4次（通常为3次）

表10.3　在最大力量训练阶段训练课中建议的每项练习的训练参数

1RM 的百分比 /%	每组的重复次数 /次	每节训练课使用的重复次数和组数范围	每节训练课的总重复次数范围 /次
70~75	5~8	4次×3组~5次×5组	12~25
75~80	3~5	4次×2组~5次×4组	8~20
80~85	2~3	4次×2组~5次×3组	8~15
85~90	1~2	6次×1组~5次×2组	6~10
90~95	1	3次×1组~6次×1组	3~6

项基本练习的运动员应当采用较少的重复次数，而执行2项基本练习的运动员应当采用较多的重复次数。如果总重复次数远少于推荐的重复次数，最大力量训练带来的好处就会大幅地减少。这些建议应当强调选择较少练习的智慧——练习越少，运动员可以执行的组数和重复次数就会越多，并且主动肌最大力量提升的幅度也会越大。

图10.1展示了一个9周的进程样例，该进程从次最大负荷方法转到最大负荷方法。负荷、重复次数和组数的含义如下：在图10.1中第1周的下面，分子（72.5）指的是以1RM的百分比计的负荷，分母（5）代表重复次数，而乘数（4）指的是组数。

次最大负荷方法						最大负荷方法		
第1周	第2周	第3周	第4周	第5周	第6周	第7周	第8周	第9周
$\frac{72.5}{5}4$	$\frac{75}{5}4$	$\frac{70}{5}2$	$\frac{77.5}{4}3$	$\frac{80}{3}4$	$\frac{75}{4}2$	$\frac{85}{3}3$	$\frac{90}{2}4$	$\frac{80}{2}2$
增负模式								

图10.1　从次最大负荷方法转到最大负荷方法的9周进程样例

在每个低阶梯期间，1RM测试计划在每周靠后的时间进行，此时运动员已经从之前较高的阶梯压力中实现了较好的恢复。对于低阶梯，负荷总是会降低（降低5%~10%），并且每项练习的总重复次数也会减少（50%）。

间歇时间

组间的间歇时间基于运动员的体能水平确定，并且应当通过计算来确保神经肌肉系统实现充分的恢复。对于次最大负荷方法，组间有2~3分钟的休息就足以实现中枢神经系统和磷酸原系统的恢复。对于最大负荷方法，教练则有必要安排3~5分钟的间歇时间，因为最大负荷会让中枢神经系统承受较大负荷，它需要更长的时间来恢复。如果间歇时间过短，那么中枢神经系统在最高专注度、积极性和向正在收缩的肌肉发送神经冲动方面的参与度会暴跌

（Robinson et al., 1995; Pincivero, Lephart and Karunakara, 1997; Pincivero and Campy, 2004; de Salles et al., 2010）。不充足的休息还可能会影响收缩所需燃料（ATP-CP）的完全恢复。

练习顺序

通过安排练习顺序来确保肌群实现更好的交替，这会促进组间局部肌肉的恢复。人们提出了4种排列练习的方法，其目的是最大化肌群的参与。

- 垂直顺序。我们的建议是从练习清单中自上而下为每项练习执行一个训练组，然后一直重复到完成所有规定的训练组为止。

- 水平顺序。其他人，尤其是健身人士会选择执行完第一项练习的所有训练组，再继续执行下一项练习。为了实现最佳的增肌效果，运动员可以采用水平顺序。

- 跳组。这也是一些健身人十偏爱的方法，它是垂直顺序和水平顺序的组合。在这种方法中，运动员交替为一对拮抗肌练习中的每项练习执行一个训练组，直到完成为每项练习计划的训练组为止，然后训练另一对拮抗肌。举例如下。

  - A1：蹲举。

  - A2：腿弯举。

  - B1：卧推。

  - B2：手臂下拉。

- 小循环。出于同时训练大量的运动员以及对有效组织训练时间的需求，这种方法主要适用于集体项目。在这种方法中，练习会被分组——如上肢练习、下肢练习、核心练习和快速伸缩复合训练——并且通过轮换运动员群组来执行这些练习，运动员群组会从一个训练组的站点转到下一个站点。

与其他所有方法相比，垂直顺序方法会在组间实现最好的恢复、较弱的局部和神经疲劳以及增肌训练响应水平的降低。垂直顺序方法尤其适用于采用最大负荷方法的大周期。

当运动员针对特定关节完成一项练习时，如主要针对股四头肌（伸膝肌）的蹲举或腿蹬举，肌肉生物电激活信号也会被发送至伸髋肌，如半膜肌、半腱肌和股二头肌长头。该练习的主动肌是股四头肌。然而，训练不只有利于股四头肌：由于协同作用，它还会增强伸髋肌以及稳定肌和辅助肌（如蹲举中的竖脊肌）的力量。协同作用是一个至关重要的概念（Enoka, 2015），为最大力量训练选择练习时，教练应当对其加以考虑。这解释了为什么教练应选择

当计划最大力量训练时，教练要尽可能地对练习精挑细选，从而选择出有效针对主动肌的数量较少的练习。练习数量越少，组数就会越多，运动员获得的生理学适应和训练好处就会越多。

较少的练习来针对主动肌，而且也解释了为什么应当较少地强调辅助肌。这一至关重要的理念可以让运动员的时间和能量利用变得更加有效，以达到主要专注于训练主动肌的目的。精英运动员已经承受了大负荷，并且需要更多的时间来进行恢复—复原—补偿活动。

在极端的商业主义时代，为训练选择丰富的练习似乎要比训练的质量和效果更加重要。似乎在足球这项体育运动中，体能教练的主要关注点是他们为训练计划了多少项练习，而未必是这些练习对运动员的有益程度。许多练习是灵敏练习的变式。虽然最大力量是发展爆发力、最大速度和灵敏素质的先决条件，但是最大力量在实际中受重视的程度低到让人难以置信的地步。有些体能教练似乎忽略了一个至关重要的训练法则：练习的数量越多，为单块肌肉带来的好处就会越少，尤其对于主动肌来说。

收缩速度

收缩速度在次最大负荷和最大负荷训练中发挥着重要的作用。竞技动作通常以快速和爆发性的方式执行，鉴于该原因，在力量训练期间，运动员基本上整年都应当完成爆发性的向心动作（解剖学适应阶段可以除外）。为了发展速度，整个神经肌肉系统必须适应快缩型肌纤维的迅速募集——这是所有速度和爆发力类运动项目的一个关键因素。因此，即使采用最大力量方法特有的最大负荷，运动员对抗阻力的力量也应当尽可能迅速地释放，甚至是爆发性地释放。对于神经肌肉适应向力量训练以及向运动专项训练的转化来说，在最短的时间内施加尽可能多的力，或者尽可能加快移动杠铃或其他训练器械的速度至关重要。这就是为什么最大力量和爆发力训练在每次重复时都需要运动员有很高的积极性。

为了获得动力或爆发力，运动员在执行每个训练组之前必须保持较高的专注度和良好的积极性，从而专注于迅速地收缩或激活肌肉。只有在对抗次最大负荷或最大负荷时执行的高速收缩才能迅速地募集快缩型肌纤维，从而使最大力量和爆发力出现最大幅度的提高（González-Badillo et al., 2014）。为了获得最大的训练好处，在举重的前面部分，运动员必须尽可能在最短的时间内发挥所有的力量潜力。在最大负荷的情况下，如90%1RM，收缩速度看起来会比较慢，但是对抗阻力应用的向心力必须是最大的，以募集最多的承担负荷所必需的快缩型肌纤维。

增负模式

考虑到对神经肌肉系统的要求很高，大部分运动员每周应当执行不超过2~3次的次最大负荷和最大负荷训练。只有精英运动员，尤其是铅球运动员和美式橄榄球边锋，才应当一周执行4次这样的训练。在比赛阶段，这种训练可以减少为每周1~2节最大负荷课，并且通常与其他力量，如爆发力，结合在一起。

图10.2展示了一个奥运会级别的短跑运动员的最大力量训练阶段样例。为了更好地解释

阶梯式增负的方法，我们在下方以图表的形式对阶梯式增负模式做了说明。这个9周的计划每天会被重复2次，因为短跑运动员通常会执行双周期年度计划。在每个低阶梯中都计划了一个测试环节，并且该环节会在后半周开展，此时运动员已经从高阶梯的负荷中实现了较好的恢复。对于低阶梯，负荷始终会降低（降低10%～20%），并且组数也会减少（减少30%～50%）。当然，测试的目标是确定新的1RM，这样它便可以用来计算随后3周的负荷。组数的差异源自这样一个事实，即主动肌具有较高的优先级，而教练对辅助肌练习的关注度相对较低。这样，运动员的大部分能力和精力会集中在优先级较高的主动肌练习上面。

图10.3展示了一个大学级别的女子排球队的6周最大力量训练计划样例。在该计划中，力量被使劲地施加，并且运动员没有突然移动或猛然移动。在间歇时间，运动员可抖动所用的肢体来放松肌肉。该计划每周会被重复3次。

图10.4展示了一个采用扁平式增负模式的6周最大力量训练计划样例。设计该训练计划的目的是应对一个事实，即拳击运动员不能非常快速地发起对对手的进攻，也不能挥出拥有足够力量的拳来打倒对手。因此，我们设计了一个弥补其弱项的训练计划：激发拳击运动员的侵略性，让他在比赛期间不断地发起攻击；并增强其挥出更多拥有足够力量的拳来压制对手的能力。

由于在拳击中，对对手的战术攻击是由脚踝和膝盖发起的，所以图10.4所示的训练计划也可用来增强这些部位肌肉的力量。

练习	间歇时间/分	1	2	3	4	5	6	7	8	9
1.半蹲	3	$\frac{75}{3}$ 4	$\frac{80}{3}$ 3	$\frac{75}{2}$ 3	$\frac{85}{3}$ 3	$\frac{90}{3}$ 4	$\frac{70}{1}$	$\frac{85}{2}$ 3	$\frac{90}{2}$ 4	$\frac{70}{1}$ 4
2.卧推	3	$\frac{75}{3}$ 4	$\frac{80}{3}$ 3	$\frac{70}{1}$ 3	$\frac{80}{3}$ 3	$\frac{85}{3}$ 3	$\frac{70}{1}$	$\frac{85}{2}$ 3	$\frac{90}{2}$ 4	$\frac{70}{1}$
3.高位下拉	2	$\frac{75}{3}$ 3	$\frac{80}{4}$	$\frac{80}{3}$ 3	$\frac{85}{4}$ 3	$\frac{85}{4}$	$\frac{80}{3}$ 3	$\frac{85}{3\sim4}$	$\frac{90}{4}$ 2~3	$\frac{75}{3}$ 3
4.腿弯举	2	3×10	3×10	1×10	3×8	3×8	1×8	3×6	3×6	1×6
5.站立提踵	2	$\frac{80}{5}$ 3	$\frac{85}{4}$	$\frac{80}{3}$ 3	$\frac{85}{4}$ 4	$\frac{90}{3}$	$\frac{90}{4}$ 2~3	$\frac{95}{2}$ 4		1×$\frac{80}{3}$ 3

增负模式								
			高			高		
	适中				适中			
低				低				低

图10.2　奥运会级别的短跑运动员的最大力量训练阶段样例

练习	周					
	1	2	3	4	5	6
1.半蹲	$\frac{70}{5}$3	$\frac{75}{4}$3	$\frac{80}{3}$3	$\frac{75}{2}$2	$\frac{85}{3}$3	$\frac{90}{2}$3
2.高位下拉	$\frac{70}{5}$3	$\frac{75}{4}$3	$\frac{80}{3}$3	$\frac{75}{2}$2	$\frac{85}{3}$3	$\frac{90}{2}$3
3.罗马尼亚硬拉	$\frac{70}{5}$3	$\frac{75}{4}$3	$\frac{80}{3}$3	$\frac{75}{2}$2	$\frac{85}{3}$3	$\frac{90}{2}$3
4.斜板哑铃推举	$\frac{70}{5}$3	$\frac{75}{4}$3	$\frac{80}{3}$3	$\frac{75}{2}$2	$\frac{85}{3}$3	$\frac{90}{2}$3
5.负重提踵	2×12	2×10	1×10	2×8	2×6	1×6
6.外旋肌练习（矢状面）	2×15	2×12	1×12	2×10	2×8	1×8
7.下肢弯曲	2×12	2×10	1×10	2×8	2×6	1×6
增负模式	低	适中	高	低	适中	高

注：选择罗马尼亚硬拉时，请确保运动员具有不错的训练背景，尤其应考虑背部的椎间肌肉或外展肌的情况。

图10.3 大学级别的女子排球队的6周最大力量训练计划样例

数量	练习	第1周	第2周	第3~6周	间歇时间/分
1	半蹲或下颌骨蹲举	$\frac{75}{8}$3	$\frac{80}{6}$4	$\frac{85}{4}$4	4
2	卧推	$\frac{70}{8}$3	$\frac{80}{6}$4	$\frac{85}{4}$4	4
3	负重提踵/小腿推举	$\frac{80}{7}$4	$\frac{85}{8}$4	$\frac{85}{4}$4	3

图10.4 采用扁平式增负模式的6周最大力量训练计划样例

等长方法

在赫廷格和穆勒（Hettinger and Muller, 1953）以及赫廷格（Hettinger, 1966）再一次从科学上解释静态收缩在最大力量培养过程中的价值之前，等长方法已经广为人知，并被使用了一段时间。该方法的受欢迎程度在20世纪60年代达到了巅峰，随后出现了衰退。尽管静态收缩整体上几乎没有功能性的效果，但是它对最大力量的培养仍然有用，并且可以用于以下运动项目中运动员的力量训练，包括格斗、巴西柔术、综合格斗、帆船、风帆冲浪或者其他特定的运动项目。在这些运动项目中，运动员需要重复或者长时间做等长收缩。静态条件可以通过两种技巧实现：试图举起比体重更重的重物，（通过推或拉的方式）对固定不动的物体施加力。

等长收缩会在肌肉上产生高水平的张力，这使得这种方法在最大力量训练阶段最为有用，不过如有需要，它还可以用于专项肌肉耐力训练。即使如此，正如一些运动爱好者所声称的，相比于其他方法，等长方法还可以使最大力量提高10%～15%；然而，它在爆发力方面具有明显的局限性。实际上，通过等长方法获得的最大力量效果无法轻易地用于动态收缩，因为它们不会让力-时间曲线向左移动，这是它的一个绝对不能忽略的缺点。

在对抗特定阻力以施加等长力量的过程中，肌肉的张力会逐渐增加，并在2～3秒之后达到最大，在临近结束的时候会在较短的时间（1～2秒）内减少。由于训练具有角度专项性，所以涉及的每个肌群都必须按照运动专项角度进行训练。例如，如果关节的运动角度为180度，并且运动专项训练期间通常遇到的等长动作是180度和45度的，那么这些角度涉及的动作是在训练过程中必须执行的等长收缩，要么孤立地执行，要么穿插在练习的离心-向心运动中执行（这种方法被称作功能性等长练习）。

等长方法还可以用来修复损伤的肌肉。由于不涉及关节运动，"所以运动员甚至可以带着关节或骨骼损伤继续进行训练"（Hartmann and Tünnemann, 1988）。该方法无疑可以降低肌肉萎缩的风险。

如前所述，力量发展具有角度专项性。实际上，为了更加精确，力量会在15度的范围内增加——完成等长收缩的角度上下各7.5度。我们极其不鼓励具有心脏、血压或血液循环问题的运动员参与等长训练，因为在等长收缩的肌肉中，血流会暂时停住，这会使血压升高，并且可能为具有此类健康疾病的人带来严重的后果。

通过等长训练实现最大的可以转化的增益需要运动员完成与运动专项角度尽可能类似的练习。等长方法主要应当由高水平运动员结合其他最大力量训练方法使用。等长方法的训练参数见表10.4。

所有的肢体都可以采用从完全展开到完全弯曲的角度范围执行等长收缩。教练应当考虑以下问题。

- 当收缩接近最高水平（80%～100%）时，等长训练最为有效。
- 为了实现运动专项角度下的最大力量，单次收缩可以持续6～8秒，并且每个训练环节中每块肌肉收缩的总时间为30～50秒。

表10.4　等长方法的训练参数

负荷	80%～100%1RM
练习数	2～4项
每节训练课的组数	6～8组
每组的收缩持续时间	最大力量练习为6～8秒，专项肌肉耐力练习更长
每节训练课等长收缩的总持续时间	最大力量练习为30～50秒，专项肌肉耐力练习更长
间歇时间	60～90秒
每周的频率	2次或3次

- 训练负荷可以通过增加负荷或者组数的方式来增加，而不能通过增加收缩持续时间的方式来增加。

- 在60~90秒的间歇时间中，推荐进行放松和呼吸练习。完成呼吸练习是一种补偿性的必要做法，因为静态收缩是在呼吸暂停（屏住呼吸）的状态下执行的。此外，该训练还会增加胸腔内压力，而这种压力会限制血液循环，从而限制氧气供应。

- 为了实施更加有效的计划，静态收缩应当与等张收缩交替进行，尤其对于需要速度和爆发力的运动项目。

- 一种更加有效的等长方法的变式是涉及自由重量的功能性等长收缩。这种变式将等长练习与等张练习结合在了一起。运动员会将举重动作完成到一定的角度，然后保持3~6秒。在整个运动过程中，运动员可能会在运动专项角度停顿2~4次，并且停顿时间为运动专项的持续时间，从而将等张方法和等长方法结合在一起。这种变式会带来更多的生理学好处（从而用到了术语"功能性"），尤其是对于涉及反复执行等长动作的体育运动来说。

离心方法

任何采用自由重量或者等速器械执行的力量练习都会采用向心和离心动作。在向心阶段，力量在肌肉缩短的同时产生；在离心阶段，力量随着肌肉的伸长而产生。

有关离心训练生理学的实践和科学研究证明，离心阶段的动作似乎总是比向心阶段的动作更加容易执行。例如，在执行卧推时，将杠铃放回胸部（举重的离心阶段）似乎总是比举重本身更加容易。我们可以合乎逻辑地总结出，由于运动员在离心动作期间可以采用更大的负荷进行训练，所以通过只采用离心方法，力量可以被提升到较高的水平。有关研究确实已经证明，相比于等长或等张收缩，离心训练可以产生更大的张力。反过来，由于更大的肌肉张力通常意味着较高水平的力量发展（Goldberg et al., 1975），所以离心训练被认为是一种优于向心和等长方法的训练方法（Roig et al., 2009; Hassel et al., 2017; Franchi et al., 2017）。

研究人员发现，最大力量的提升主要源自神经激活的变化，而不是源自增肌响应（Dudley and Fleck, 1987; Mallinson et al., 2020）。

该发现意味着，最大力量的提升主要不是源自肌肉量的增加，而是源自专项的神经肌肉适应水平的提高，如快缩型肌纤维募集数量的增加（肌肉内协调性）、在极少或者没有增肌的前提下力量的增加以及用于控制动作的神经指令的改进（肌肉间协调性），从而使运动员在极少或者没有增肌的前提下实现了力量的增强。中枢神经系统对离心收缩的控制不同于向心收缩。

该过程主要随着对完成任务所需肌肉激活量的分级或定级而发生（Enoka, 1996 and 2015）。

具体而言，肌肉激活量和所涉及的肌纤维数量与训练负荷成正比。离心收缩神经指令的独特之处在于，它决定了哪些运动单位应当被募集，它们需要被募集多少，它们应何时被募集，以及训练应当在肌群内如何分布（Abbruzzese et al., 1994）。

由于在离心动作期间，肌肉可以抵抗疲劳和防止酸痛，所以这类活动可以维持的时间要长于向心动作（Tesch et al., 1978; Hody et al., 2019），这可能是因为运动单位的募集顺序改变了。此外，离心动作中的负荷可以远大于向心动作中的最大负荷（高达向心1RM的140%）。

当采用超大负荷（适用于非常高水平的运动员，并且只能在有限的时间内用于1～2项练习）时，需要1～2名观察员（具体根据练习和运动员的力量水平而定）来帮助运动员在向心阶段举起杠铃，因为离心训练的负荷要高于1RM。观察员还应当确保在杠铃下降的过程中，运动员不会任其下落，因为这可能会导致损伤。在杠铃缓慢下降的过程中，出于对精心协助的需求，完成练习的速度不可能太快。

在离心训练的前几天，运动员可能会感受到肌肉酸痛。这是预料之内的，因为较大的张力会引起更多的肌肉损伤。随着运动员逐渐适应，肌肉酸痛会消失（在5～7天后）。短期的不适可以通过逐步地增加负荷来避免。

正如预期的那样，离心方法会将力–时间曲线向左移动。在肌肉上产生高水平张力的大负荷会改善增强，因为它们会引发爆发性快缩型运动单位的高水平募集。有些肌群会在离心阶段实现最高程度的激活，如短距离骑行时的股二头肌，离心方法对强化这类肌群来说尤其有用。

超大负荷的离心训练应当仅限于至少拥有5年力量训练背景的运动员使用，因为它会采用110%～140%1RM的负荷。离心方法应当始终被限制在1～2个肌群上使用，并且应当与其他方法结合起来，尤其是最大负荷方法。离心收缩不应当过量地使用。每次运动员使用最大或者超大负荷时都需要最高的心理专注度，这会让运动员在心理上感到疲劳。因此，运动员

腘绳肌的离心训练进程

对于使用腿弯举器械的高级运动员，教练可以按照以下方式来计划其腘绳肌最大力量的发展。

- 最大力量-I（3+1）$\dfrac{77.5}{5}$3 $\dfrac{80}{4}$4 $\dfrac{82.5}{3}$4 $\dfrac{80}{3}$2（离心–向心）

- 最大力量-II（3+1）$\dfrac{85}{3}$3 $\dfrac{87.5}{3}$4 $\dfrac{90}{3}$4 $\dfrac{85}{3}$2（离心–向心）

- 最大力量-II（2+1）$\dfrac{100}{3}$3 $\dfrac{110}{3}$4 $\dfrac{90}{3}$2（仅限于离心）

表10.5 离心方法的训练参数

负荷	110%～140%1RM
每节训练课的练习数	1项或2项
每组的重复次数	1～5次
每项练习的组数	2～4组
间歇时间	2～8分钟，具体视肌群的尺寸而定
执行速度	缓慢（3～6秒，具体视练习的关节活动范围而定）
每周的频率	1次或2次

应当谨慎地在最大力量训练中使用离心方法——每周不要超过2次。此外，主动恢复技巧的使用会消除不适、减轻酸痛，并且会促进更快的复原。离心方法的训练参数如表10.5所示。负荷表示为向心收缩最大力量的百分比，并且建议阻力介于110%与140%之间。各种水平的运动员都应当从较小的负荷逐渐增至他们能力所允许的最大负荷。由于负荷超大，所以收缩速度较慢。这样的负荷在至少4个最大力量训练季之后才能使用。

充足的间歇时间对于提升运动员完成高要求训练的能力来说也是一个重要的因素。如果运动员在组间没有充分地恢复并以相同的水平完成接下来的训练组——不充分的恢复表现为无法在允许的时间内完成离心阶段的练习——那么间歇时间必须相应地增加。其他重要的因素包括运动员的积极性和专注能力。由于离心动作涉及非常大的负荷，所以运动员必须斗志昂扬，并且保持高水平的专注度，以达到有效执行这些动作的目的。

离心方法绝对不应该孤立于其他最大力量训练方法来使用。即使在最大力量训练阶段，离心方法也要和最大负荷方法一起使用，因此，建议每周只为每个肌群设计一节训练课。

图10.5展示了为国际级铅球运动员制订的9周计划中的最后3周计划样例。这之后是3周向爆发力转化的阶段，然后是重要比赛前的2个减负周。

练习	周		
	7	8	9
1.蹲举（离心）	$\frac{110}{5}3$	$\frac{120}{4}3$	$\frac{130}{3}3$
2.上斜式推举（离心）	$\frac{110}{5}3$	$\frac{120}{4}3$	$\frac{130}{3}3$
3.背飞	$\frac{80}{3}3$	$\frac{85}{2}3$	$\frac{90}{1}3$
4.负重提踵	$\frac{80}{5}3$	$\frac{85}{3}3$	$\frac{90}{3}3$
5.蹲跳	$\frac{70}{5}3$	$\frac{70}{5}3$	$\frac{70}{5}3$

图10.5 为国际级铅球运动员制订的9周计划中的最后3周计划样例

最大训练

最大力量练习可以与动态收缩或者爆发力练习相结合。这种将采用大负荷的最大力量练习与爆发力练习结合在一起的方法称作最大训练。

运动单位的力量取决于中枢神经系统从运动神经元向肌肉发送信号（被称作动作电位）的频率。较高的频率意味着运动单位的力量较大。随着动作电位频率的提高，强直（一种肌肉持续收缩的状态）由不规则的力量特征变为了融合强直或者平稳特征（Enoka, 2002; Enoka, 2015）。融合强直的峰值力量代表了一个运动单位能发出的最大力量。

那么，在爆发力练习之前采用极大负荷完成的最大力量练习的目标是形成一段主动肌运动单位处于最高水平激活状态的时间，以产生可能的最大力量。这其实是在生理学上实现最大力量输出的唯一方法。为了达到该目的，这里讨论的最大训练，在最好的情况下，可以用来结合最大力量练习与爆发力练习。更加具体地讲，在运动员完成高放电速率的爆发力练习（如快速伸缩复合训练）之前，最大力量练习可以引发高水平的运动单位募集和发力。对于所有的集体项目，田径运动中的短跑、跳跃和投掷项目，武术、拳击和摔跤，高山滑雪和跳台滑雪，击剑，跳水，花样滑冰，以及短距离游泳项目来说，最大力量练习都可以与快速伸缩复合训练相结合。

这里提出的训练变式不需要整年执行。它们可以被计划在准备阶段末期，或者在最大力量训练阶段时间较长的情况下，被计划在最后的大周期内，还可以被计划在维持阶段，此时，最大训练方法在维持之前阶段所实现的力量和爆发力水平方面表现突出。在任何爆发力或最大训练之前，最大力量训练阶段仍然是有必要的，因为爆发力是以最大力量为基础的。在最大力量训练阶段纳入爆发力训练会提高或增强速度、灵敏素质和爆发力，以让运动员为比赛阶段做好准备。

然而，最大力量练习与爆发力练习的结合必须谨慎且保守地进行。尽管有可能形成多种组合，但是训练必须简单，以使运动员可以专注于锻炼或训练阶段的主要任务。教练使用的变式越多，它们就越可能让运动员产生困惑，并且扰乱运动员适应的方式。

最大训练的概念依赖于科学——具体而言，通过影响两个生理学概念来提高或增强速度、灵敏素质和爆发力，从而提升竞技表现。最大训练的第一个部分在大负荷（85%～95%1RM）下开展，这会刺激快缩型肌纤维进行高水平激活。后续的爆发性或敏捷性动作会提高快缩型肌纤维的激发率，从而让运动员为比赛阶段（速度和爆发力类运动项目）做好准备。

建议最大训练只通过多关节练习的方式来针对主动肌。由于这种训练方法给运动员在心理和生理上带来的压力非常大，所以只有拥有良好力量训练背景的运动员才应当使用它。最大训练的持续时间应当为2～3周，具体视运动员的训练背景而定。最大训练应当安排在已经使用了离心-向心收缩的最大力量训练阶段之后。建议的做法是，每周安排1~2节训练课，并且训练课之间至少休息48小时。

最大训练适用于训练上肢以及下肢。强壮的手臂和肩膀在各种运动项目中都至关重要，包括篮球、棒球、冰球、足球、长曲棍球、武术、拳击、摔跤、赛艇、皮艇、壁球、欧式手球、水球和田径运动中的投掷项目。可以用于这些运动项目的最大训练的练习包括反向跳、蹲跳、下降俯卧撑、短距离冲刺、越障跳和药球投掷等。在最大力量训练阶段，运动员可以将最大力量练习与下列某些变式或者快速伸缩复合训练（低冲击或中等冲击）结合起来。

教练应当考虑下列方法。

- 等长-动态。这是一种最大或者接近最大的等长收缩，紧随其后的是一个针对相同运动链的向心-离心收缩。在每次等长收缩时，运动员应执行由3~4次重复组成的1~2个训练组，执行时间为6秒。每组之后进行非常短的冲刺或者3~5个快速伸缩复合训练（反应性跳跃）。在两次重复之间至少休息3分钟，在两组之间至少休息5分钟。

- 复合练习。为了更好地做出说明，我们以蹲举练习为例（针对短跑运动员、跳跃运动员、投掷运动员、排球主攻手及身体接触类运动项目中的运动员和武术运动员等）。运动员采用80%~85%1RM，按照下面的顺序执行1~2个训练组：缓慢的离心收缩，在蹲举最低的位置进行1~2秒的等长收缩，以最大的加速度进行向心收缩；紧随其后，运动员进行一个非常短的冲刺或者3~5个快速伸缩复合训练；或者，运动员使用150%1RM的负荷、由2个动态重复次数组成的2个微蹲举训练组，随后立即进行一个非常短的冲刺或者3~5个快速伸缩复合训练。

上述两种方法都会提高或增强速度、灵敏素质、爆发力，尤其是会提高快缩型肌纤维的放电速率。

专项力量转化

　　如今，几乎每个运动员都会使用某种类别的力量训练计划来提升运动表现。然而，大部分力量训练计划都未能成功地将最大力量训练阶段实现的力量转化为专项力量，如爆发力或肌肉耐力。这种转化失败会阻碍运动员为了在需要速度、灵敏或者长时间肌肉耐力的任务中提升运动表现而最大限度地发挥自己的竞技潜力的能力。而人们精确设计周期力量训练计划的目的就是确保在专项力量转化阶段产生这样的转化，从而使得运动员在主要比赛期间实现巅峰表现。

　　专项力量转化阶段使用的增负参数应当反映出运动项目特征，尤其是力量与主导能量系统之间的关系。表11.1展示了项目的持续时间和强度是如何决定主导能量系统和必须接受训练的专项力量的。

　　在一年中，周期力量训练的目标及其匹配的方法会根据运动项目的特征、运动员的特征和比赛日程而发生变化。然而，其最终的目标是实现专项力量的最大化。以周期力量训练的最终目标为依据，我们可以区分出两种主要的运动类型。

　　（1）爆发力项目（有时候是"速度-力量"或者力-时间曲线中的起始力量和爆发性力量的同义词），即需要尽可能迅速发力的能力的项目，如田径运动中的跳跃、投掷和短跑项目，大部分集体项目，以及爆发力对运动表现有强烈影响的项目。

表11.1　项目的持续时间和专项力量转化*

项目的持续时间	项目的强度	主导能量系统	专项力量
<10秒	最高	磷酸原系统	爆发力
10~30秒	最高至非常高	无氧糖酵解系统（功率）	爆发力耐力
30~120秒	高	无氧糖酵解系统（能力）/有氧糖酵解系统（功率）	短时间肌肉耐力
2~8分钟	中高	有氧糖酵解系统（功率）	中等时间肌肉耐力
>8分钟	中高至低	有氧糖酵解系统（功率至能力转换）/脂肪氧化系统（能力）	长时间肌肉耐力

*译者注：原书时间如此。

（2）肌肉耐力项目，即需要在较长的时间内发出较少力量的能力的项目，如游泳、赛艇、皮划艇、铁人三项、越野滑雪和中长距离跑等。

人的身体可以适应环境，从而适应各种类型的训练。如果运动员采用健身方法进行训练（在北美通常是这种情况），那么神经肌肉系统会适应这些方法。更加具体地讲，由于健身方法专注于较慢的收缩速率，所以运动员会增加肌肉围度（增肌），但是不会增强或提高爆发力、速度、灵敏素质或敏捷性。以这种方式训练的运动员不会展现出快速、爆发性的力量，因为他的神经肌肉系统并没有接受过这样的训练。

为了发展运动员的专项爆发力，教练必须以实现该目标为目的来专门设计训练计划。这样的计划必须专门针对具体的运动项目，并且必须使用专门的练习，这类练习可以尽可能地模拟运动技能的生理学和生物力学特征。由于爆发力训练以非常强的专项性来针对肌肉，所以肌肉间协调性和肌肉内协调性会变得更好，并且运动员的技能表现会变得更加流畅、更加敏捷和更加精准。

在专项力量转化阶段，运动员用于技术和战术训练的能量应当多于用于专项力量训练的能量。教练必须安排练习数尽可能少并且与运动技能密切相关的力量训练。为了取得最大的回报，这样的计划必须有效，运动员必须在若干组内动态地完成2~3项练习。时间和能量不应当被浪费在任何其他的事情上面。

爆发力训练

对于所有需要高速发力、速度和灵敏的运动项目来说，爆发力是主要的因素。速度和爆发力类运动项目包括田径运动中的短跑、跳跃和投掷项目，集体项目，球拍类项目，体操，跳水，以及武术。运动员为了提升运动表现，必须提高爆发力水平。实际上，爆发力是需要发展出快速、敏捷和灵敏等特性的运动员必需的主要因素。

人们使用不同的术语来指代爆发力，包括动态力量，以及违反常规和令人困惑的术语力量-速度（这实际上是指采用大负荷的爆发力训练）、速度-力量（这是指采用小负荷的爆发力训练）。如果我们决心将科学知识用于运动训练，那么正确的术语应当借鉴自物理学和生理学，而这两个学科都使用了术语爆发力，其定义如下。

- 力的生成速率。
- 力和速度的乘积（$P=F \times V$，或者力乘以速度）。
- 单位时间内做的功。
- 肌肉做功的速率（Enoka, 2002）。

为了实现竞技目的，爆发力的增加都是力量、速度或者二者组合提升的结果。一名运动员可能非常强壮，并且拥有大量的肌肉，却不能表现出爆发力，因为他无法在非常短的时间内收缩已经很强壮的肌肉。为了克服这种缺陷，运动员必须进行爆发力训练来提升自己的爆发力。

爆发性、高速爆发力训练的优势在于，它会训练中枢神经系统。运动表现的提升可以基于神经变化，这种变化有助于单块肌肉获得更强的表现能力（Sale, 1986; Roig et al., 2009）。这种增益通过缩短运动单位募集所需的时间来实现，尤其是快缩型肌纤维的激活（Häkkinen, 1986; Häkkinen and Komi, 1983; Ekoka, 2015）。

爆发力训练会提高引发专项中枢神经系统适应的快缩型肌纤维的放电速率。适应，尤其是训练有素的运动员的适应，会表现为在非常短的时间内激活更多的肌纤维。训练实践和研究都已经显示，产生这样的适应需要相当长的时间，并且它们会逐年递增。

更好的肌肉间协调性或者主动肌和拮抗肌协同执行一项动作的能力会进一步证明运动员对爆发力训练的适应。这种协调性通过肌肉在复杂运动模式中的兴奋和抑制反应来实现。由于存在这样的适应，中枢神经系统会学习何时发送和不发送指挥肌肉进行收缩和完成动作的神经冲动。从实际角度来看，改善肌肉间协调性会增强运动员收缩某些肌肉和放松其他肌肉（如拮抗肌）的能力，这会提高主动肌的收缩速度。

在专项力量转化阶段（除了向长时间肌肉耐力转化的阶段），练习必须迅速、爆发性地完成，其目的是以最高的收缩速率（换言之，以最高的放电速率）募集最多的运动单位。尤其对于向爆发力的转化，整个计划应当只用于实现一个目标：尽可能地向左移动力-时间曲线，从而使神经肌肉系统通过训练可以爆发性地发力。教练应当只选择可以提供爆发力发展必备条件的训练方法，即增强敏捷性、促进爆发性地发力和增强相关肌肉反应性的方法。

本章所呈现的方法可以单独使用，也可以结合起来使用。当结合使用它们时，每节训练课的总训练量应当在它们之间合理分配。

增强爆发力的生理学策略

有些体育行业从业者和作者坚持这样一个理念，即希望增强爆发力的运动员应当整年都只进行爆发力训练，希望变快的运动员应当整年都只进行高速的短时间重复训练，而希望变得敏捷和灵敏的运动员应当整年都只进行灵敏训练。这种训练将一个基础生理学原则——特定类型的训练会导致专项的适应——利用到了极致，但是违背了方法原则，即专项适应的最大化是在一般适应的基础上实现的，尤其是对于可训练性较弱的身体运动能力，如速度。

较长时间维持相同训练类型的运动员会遇到停滞期，即表现提升的停滞，甚至会产生轻微的停训效应，这会导致表现退化。为了避免出现这种结果，并确保运动员不断地增强爆发力，以提升他们在比赛阶段的表现，他们必须不断地刺激自己的神经肌肉系统，以产生快缩型肌纤维的主动激活，并迅速表现出更强的肌肉力量。这种刺激可以通过使用周期力量训练方法来实现。

研究显示，相较于采用较大的负荷，采用较小的负荷对峰值爆发力的增益不显著。实际上，最大幅度地增加爆发力不是通过高速训练实现的，而是通过高水平力量与高速训练相结合实现的（Aagaard et al., 1994; Verkhoshansky, 1997; Enoka, 2002）。实际上，肌肉可以产生的峰值爆发力直接取决于肌肉最大力量的提升（Fitts and Widrick, 1996）。

对于速度来说也是如此。正如训练师自20世纪50年代以来就已经知道的，除非爆发力先增强，否则最大速度不会提高。这些研究结果验证了周期力量训练理论的有效性，并向其中加入了更多的内容，从而让我们得出一个结论，即除非最大力量最先得到训练，并且随后被转化为爆发力，否则速度、灵敏素质和敏捷性不会提高。

因此，我们提出了利用两个训练阶段（见图11.1）来最大限度地提升爆发力、速度、灵敏素质和敏捷性。

在阶段1，训练的目标是通过训练让中枢神经系统募集更多的快缩型肌纤维。该训练通常出现在最大力量训练阶段，运动员在最大力量训练阶段采用70%以上1RM的负荷，并以爆发性的方式使用该负荷。这些训练会导致神经肌肉系统受到高水平激发，这种激发随后会募集大量的快缩型肌纤维。为了避免停训效应和力量的损失，教练在年度计划的专项力量转化和维持阶段还应当安排最大力量训练课。

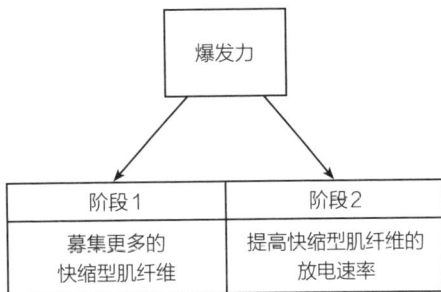

图11.1　用来提升爆发力、速度、灵敏素质和敏捷性的生理学策略

完成竞技动作期间发出的爆发力取决于活跃运动单位的数量、动作中募集的快缩型肌纤维的数量及快缩型肌纤维的放电速率，从而产生较高的力量-频率比（Enoka, 2002）。快缩型肌纤维放电速率的提高通过采用较小的负荷来实现，具体方式要么是让新手运动员采用50%以下1RM负荷或让高水平运动员采用50%～60%1RM负荷（Moritani, 1992; Van Cutsem,

Duchateau and Hainaut, 1998; Enoka, 2002 ），要么是使用较轻的器材（如田径运动中的铅球、动力球或者药球），要么是进行针对速度、灵敏素质和敏捷性的快速伸缩复合训练或者运动专项练习。这样的练习，即对抗器材的阻力、重力或者二者兼有，利用最大爆发力、速度和快速发力的能力来执行的练习会促进高阈值运动单位的募集和高频率的放电。在追求快缩型肌纤维较高放电速率的阶段2，这种高速练习是必需的。

显然，力量训练的主要目标是持续地增加最大力量，使得50%1RM变得越来越高。反过来，这种收益会在提升巅峰表现方面产生最大的好处。

爆发力增强时的大负荷与小负荷

训练师和运动员通常会争论应采用大负荷还是小负荷来增强爆发力。事实是两者都有一定作用，但是两者会在训练过程中的不同时刻发挥作用。这正是周期训练的魅力所在：所有的训练方法在不同的训练阶段都有用武之地。

运动员完成向心动作（肌肉收缩），如在卧推期间将杠铃从胸部推起的速度取决于运动员所用的负荷。随着负荷的增加，肌肉收缩的速度会减慢。然而，对于离心动作（肌肉拉长）来说，情况恰好相反。当执行离心收缩动作时，如果要高速执行，那么发出的力要更强。这种关系解释了快速伸缩复合训练向爆发力的正向转化作用。肌肉固有的弹性有助于吸收和再利用存储的弹性势能，当肌肉被尽可能迅速地拉长时，弹性势能最大。因此，为了增强整个速度范围内的发力能力，并提高发力的速率，大负荷和小负荷在训练中都是必要的。

由于运动单位的募集和运动单位的激发率，中速力量训练（最大力量训练阶段的特征）会增强肌肉内协调性。本质上，采用大负荷的中速力量训练主要会引发肌肉力量的增强。相比之下，高速力量训练（爆发力训练的特征）涉及采用较小负荷和较高速度的训练。这种类型的训练会提高力的生成速率，而这显然涉及速度部分。该部分的确切性质本身可能就是一个问题。例如，一项研究总结，产生爆发式收缩的意图——而不是动作本身的速度——是引起高速力量训练效果的原因（Behm and Sale, 1993 ）。

然而，由于大负荷会导致非常缓慢的角速度——远低于运动专项的角速度，因此从最大力量训练向运动专项速度训练的过渡对于需要做出爆发性动作的运动项目来说至关重要。例如，花费时间进行蹲举的跳远运动员会发展出高水平的力量，但是力量不会自动转化为同步使用所有主动肌的跳跃专项力量。这样的转化只有通过完成最大训练、快速伸缩复合训练和运动专项练习才能实现。

对大负荷与小负荷的强调程度归根结底取决于运动项目的类型。周期力量训练的特征是，（采用大负荷的）最大力量训练阶段之后会有一个（采用小负荷的）专项力量转化阶段。最有效的方法是将二者结合起来，就像周期训练模型展示的那样。为了探讨该问题，一项研究对比了3个训练组。第1个训练组执行大负荷蹲举训练，第2个训练组采用小负荷完成快速伸缩复合训练，而第3个训练组将蹲举训练与快速伸缩复合训练结合在了一起。由于爆发力指标的最大收益出现在第3个训练组中，所以研究人员总结，将大负荷训练与爆发性动作相结合可以实现最大的训练好处（Adams, Worlay and Throgmartin, 1987）。

由维尔霍山斯基（Verkhoshansky）于20世纪70年代开展的一项更加有趣的研究也对比了3个训练组。第1个训练组先执行大负荷蹲举训练大周期，随后执行快速伸缩复合训练大周期；第2个训练组先执行快速伸缩复合训练大周期，随后执行大负荷蹲举训练大周期；而第3个训练组在两个大周期内将蹲举训练和快速伸缩复合训练结合在了一起（即复合训练）。在复合训练中，运动员实现了最快的提升，但是在第1个训练组中，运动员在两个大周期结束时实现了最大幅度的提升（Verkhoshansky, 1997）。这种方法与我们在周期力量训练中使用的方法相同。

灵敏训练

灵敏训练是运动训练中最易被人误解的要素之一。灵敏指的是运动员迅速变向、加速和减速，并迅速改变运动模式的能力。灵敏的固有要素包括本体感受（让中枢神经系统获得有关身体位置方面信息的感受器）、预判、反应时间、反应力量、决策能力、动态柔韧性以及动作的有效节奏与时机。有效完成灵敏练习的一个要素是学习，其中，增强的肌肉间协调性在损伤预防方面也发挥着重要的作用（Wojtys et al., 2001）。

灵敏是一种无法独立存在的能力。相反，它依赖于许多其他能力的发展，其中，决定性的因素是相对力量和爆发力。如果没有高水平的相对力量和爆发力，绝对不会有人能变得迅捷或迅速。运动员的最大力量相比于体重来说越大——他的相对力量越大——运动员就越容易加速和减速。出于同样的原因，运动员的爆发力水平越高，运动员就能越迅速地加速和减速。灵敏是采用向心力量迅速加速的能力，也是采用离心力量减速的能力，就像停-走动作表现出的那样；也是变向或切入的能力，变向或切入在许多运动项目中都非常重要，尤其是集体项目和球拍类项目。

有些教练认为灵敏是从速度演化而来的，这是一个明显的误解，因为最大力量本身取决于对地面的作用力。如果不持续地激活和更多地募集快缩型肌纤维，灵敏素质不会按照预期提高。因此，运动员需要进行力量训练。反复完成灵敏训练的运动员最终会进入停滞期，并且在任何灵敏是决定性因素的技能上的表现都会停滞不前。鉴于这些原因，灵敏的周期训练基于图11.1所建议的生理学策略。

为了实现最高效的灵敏训练，教练应考虑下列指南。

- 冲量在灵敏训练中至关重要（正如在第1部分中讨论的那样）。腓肠肌、比目鱼肌、胫骨前肌和股四头肌越强壮,拉长-缩短周期的冲量就越小。

- 向地面施加的力越大,地面的反作用力就越大(但是方向相反),并且运动员从中得到的好处也越多,从而能达到更快移动的目的。

- 通过增加踝关节柔韧性来最大化推进力。锐角产生的更大的力和弹性势能会从跟腱处返回。

- 强度。除了学习新练习时,大部分灵敏训练都会以高强度完成,从而让神经肌肉系统承受大负荷,并让训练直接依赖于神经响应和反应性(神经肌肉训练)。

- 持续时间。大部分灵敏练习的持续时间较短(5~8秒),从而会让磷酸原系统承受大负荷。此外,对于以糖酵解系统作为主导能量系统的运动项目,灵敏练习的持续时间可以延长至20~60秒。然而,为了避免疲劳对强度和表现的不利影响,短时间的练习中最好安排1~2分钟的间歇时间,在乳酸练习中,最好安排长达5分钟的间歇时间。

- 灵敏训练在训练课中的安排。由于灵敏训练是高强度的,所以它应当安排在热身活动之后,此时中枢神经系统仍然精力充沛,并且能够对不同的刺激迅速地做出响应。

- 疲劳的检测。由于疲劳会影响快缩型肌纤维的神经反应性和牵张反射,所以疲劳本身会表现在技巧的明显退化上。运动员看起来很疲劳,脚触地时会发出杂音,并且持续时间较长(因为脚跟接触到了地面)。如果观察到这些技术扰动,教练就应当停止练习,并且安排较长的间歇时间。

- 第一步的技巧。第一步的迅速完成会影响运动员的敏捷性。这就是为什么运动员应当专注于他们对侧手臂移动的速度。例如,如果一名运动员用左腿开始向前迈步或者交叉步,那么这一步的敏捷性将取决于运动员移动右臂的速度。在跑步和灵敏练习中,双臂和双腿应当以完美交替的同步性和协调性移动。双臂-双腿耦合应按照下面的顺序执行:手臂动作和腿部反应(它是一种对手臂运动做出的反应)。然而,手臂动作和腿部反应之间的间隔时间应当极短——几毫秒。

- 观察脚部触地的位置。为了最大化牵张反射效应,脚部触地的部位应当始终为前脚掌。有弹性的动作和短时间的脚部触地被称作双脚轻盈。地面接触阶段的任何时间延长都会导致较慢的动作。这就是为什么运动员必须迅速完成灵敏练习,从而强调双脚轻盈、最大化弹性和最小化接触阶段持续时间。

- 听脚步声。它会为运动员和教练提供灵敏练习完成质量方面的重要反馈。嘈杂的噼啪声表明是脚跟落地,而不是前脚掌落地,它不是迅速和敏捷动作的证据。触地越安静,所完成的动作就越流畅、越富有弹性,从而可以提高爆发力水平。此外,嘈杂的落地声还可以表明神经肌肉的疲劳。

- 观察迈步的高度。对于灵敏动作、变向和加速来说,运动员的迈步始终都应尽可能低，使得脚部可以迅速地落回地面，并为下次蹬离地面做好准备。为了增强敏捷性，运动员应当尽力在脚尖低于脚踝高度的状态下让脚部复位（任何向上的运动都表现为敏捷性的损失），尽力在两个落脚点之间，即在蹬离地面阶段和落地阶段尽可能迅速地移动。灵敏和敏捷性的动态部分是蹬离地面阶段或者推进阶段。蹬地发力的频率越高，运动员就越快速、越灵敏。

- 考察身体的技巧。在灵敏训练期间，运动员应当维持正确的姿势：双脚与肩同宽、双脚朝前并且体重均等地分布在两条腿上。身体重心的垂直投影落在支撑基础以内，位于双脚之间。为了让一些灵敏训练更具运动专项性，它们应当从不平衡的姿势开始执行，并且身体重心的垂直投影应落在支撑基础以外。

灵敏和爆发力训练的周期

图11.2所示的灵敏周期训练模型使得灵敏素质产生了最大幅度的提升（Bompa, 2005）。表格的顶部列出了年度计划的传统训练阶段和周期力量训练的具体阶段，这些阶段在其他章节进行了解释。在专注于构筑力量和一般体能基础的解剖学适应阶段，重复灵敏练习不会产生明显的提升，因为神经肌肉系统还没有接受募集快缩型肌纤维的训练。

然而，在最大力量训练阶段，快缩型肌纤维的募集成了训练的目标，因此运动员可以按照重复已知练习和学习新练习的形式进行灵敏训练。随着神经肌肉系统募集运动单位能力的增强，特别是募集更多快缩型肌纤维的能力增强，尤其是在最大力量训练阶段临近结束的时候，运动员会提高完成灵敏练习的速度或敏捷性。该能力随后会在专项力量转化阶段临近结束时和在比赛阶段实现最大化，此时，由于灵敏练习速度的提高，并对更轻的器材或者重力发力，快缩型肌纤维的放电速率得到了提高。从该训练阶段往后，并且在整个维持阶段，灵敏素质都处于最高水平，并且会促进运动员表现的提升。

许多教练仍然认为灵敏和敏捷性是独立的生理特征。这种观点在许多有关这类主题的研讨会和书籍上面都显而易见。然而，实际上，当神经肌肉系统按照图11.1所建议的生理学策略接受训练时，最终的生理学结果是快缩型肌纤维的放电速率提高。由于对周期力量训练形

训练阶段	准备阶段		比赛阶段	过渡阶段
力量的周期化	解剖学适应	最大力量	向爆发力转化	维持：最大力量和爆发力	补偿训练
灵敏的周期化	无灵敏练习	学习阶段：重复已知的灵敏练习和学习新练习	加快灵敏练习的速度	加快灵敏练习的速度	无灵敏练习（不属于该阶段的范畴）
对灵敏的好处	小	较大	最大		小

图11.2　灵敏周期训练模型

成了高水平的适应，运动员具备了更强的爆发力，跑得更快了，并且可以敏捷地完成各种类型的练习。身体并不会在意我们是否使用了两种不同术语来描述相同的神经肌肉性质。不论我们如何称呼这些动作，经过合理训练的运动员能够完成爆发性的动作，能够快速地移动肢体，并且能够迅速地改变方向。

有些教练让运动员在整年的训练中完成类似的灵敏练习和敏捷性练习——无视周期的概念——并且基本上都用相同的持续时间、强度和重复次数。此外，有些经验不足的教练并没有考虑运动员的年龄或训练背景。因此，有些运动员，尤其是拥有很少训练背景的运动员遭遇解剖学不适，甚至是损伤也就不足为奇了。避免损伤的最佳方法是应用周期的概念。

在年度计划的准备阶段，运动员可以通过使用器材或者包括动力球、药球和快速伸缩复合训练在内的训练，增强自己的灵敏和敏捷性。为了实现最佳的训练组织和周期训练，快速伸缩复合训练被划分为5种强度类别。这些强度可以被周期化，动力球和药球的重量也一样可以被周期化（见图11.3）。

图11.3展示了用于准备阶段的特定运动和强度。在强调力量基础的解剖学适应部分，小负荷被用于使用器材的练习，而低强度（5级）被用于快速伸缩复合训练。在最大力量部分，运动员在动力球和药球训练中使用大负荷，目的是募集更多的运动单位。同时，快速伸缩复合训练的强度被提高，目的是加强运动员神经肌肉系统的反应性。在转化部分，动力球和药球训练的负荷会降低，为了最大限度地提高快速发力的效益。此时，快速伸缩复合训练的强度最高，让离心收缩达到最高水平，从而产生较大的力。在这些情况下，快缩型肌纤维的放电速率会提高，以确保运动员在重大比赛的时候达到巅峰表现。

在比赛阶段，第一个时期的特征是高强度的快速伸缩复合训练，随后是交替的小周期，在这些小周期中会根据大周期的结构和比赛日程，采用中高强度的快速伸缩复合训练。（对于个人运动项目来说）在年度重大比赛前的一周会使用中等强度的快速伸缩复合训练，接着在最终的比赛小周期内，它们会被停用。

训练阶段	准备阶段					比赛阶段		
力量的周期化	解剖学适应		最大力量		向爆发力和最大力量转化		维持：最大力量和爆发力		
动力球或药球（重量）的周期化*	轻		适中到重		适中	轻	轻		
快速伸缩复合训练（强度）的周期化	5	4	4	3	2	2或1	2或1	1和3	3

*动力球的重量为2~35磅。轻的范围为2~10磅，适中的范围为12~20磅，而重的范围为22~35磅。药球的重量为2~20磅。有关快速伸缩复合训练强度级别的描述见表11.5。

图11.3　快速伸缩复合训练强度及动力球和药球的周期化

在本书中，对周期训练计划和训练方法的说明采用竖线来划分训练阶段。这种方法似乎表明某种类型的训练会在一个阶段的最后一天结束，并且在下一个阶段的第一天会开始一个完全不同的训练。实际上，阶段之间的过渡并不会如此突然，始终都会有一个重合、过渡，并且一个用于特定阶段的训练方法会在前一个阶段被逐步地引入。例如，图11.3所示的这种方法被用于爆发力训练，该训练从年度计划初开始，并在最大力量训练阶段之后到达重点时刻。类似地，接下来的阶段通常会继续使用前面阶段的方法，但其重要性会逐渐降低。因此，每个训练阶段都专注于一种（或者一些）主导的方法，但是也会涉及另一种被逐渐引入的方法。这种训练方法允许在不同的方法之间实现更加有效的过渡，并且最终让运动员实现更高水平的适应。

两种方法或两个阶段之间的过渡可以在一些小周期内实现。图11.4表明，随着用于爆发力发展的等张方法被逐渐引入，最大力量训练会逐渐减少。这种过渡可以通过控制用于每种能力的训练课的数量来实现。图11.5提供了一个例子，其中，在第3个最大力量训练小周期内，所有3节训练课都用于最大力量训练。而在接下来的小周期内，最大力量训练课减少，而爆发力训练课增加。因此，在爆发力大周期内，3个训练日中的2个训练日用于爆发力训练，而另外1个训练日则用来维持提升后的最大力量。

从最大力量训练阶段向专项力量（爆发力）转化阶段过渡的另一种方法是创建最大力量

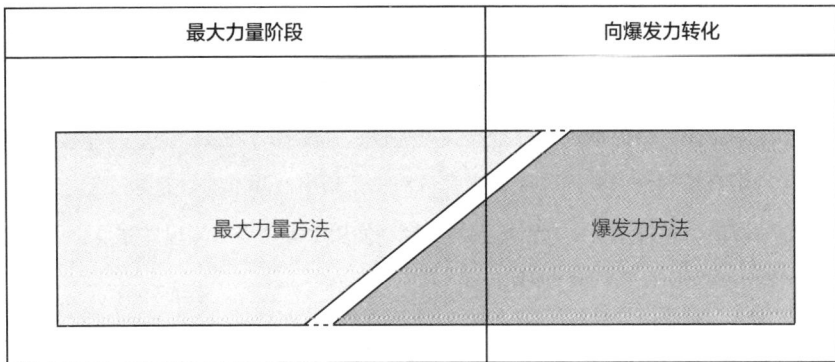

图11.4　准备阶段训练重点的转变

大周期		最大力量		爆发力	
小周期		3	4	1	2
训练日	最大力量训练课	3*	2**	1***	1***
	爆发力训练课	0	1	2	2

*提升后的最大力量通过专门的训练课来维持。
**包括一个1RM测试日。
***最大力量维持课。

图11.5　从最大力量大周期向爆发力大周期的逐步过渡1

组与爆发力的组合，如图11.6所示。图11.6还描述了一种在爆发力大周期内维持最大力量的不同方法。为了更加易于展示，假设对于每个基础练习来说，每个小周期包括3节训练课，每节训练课由5个训练组构成。在这种情况下，在爆发力训练阶段，每节训练课中执行数量较少的最大力量训练组的目的是维持最大力量水平。

大周期		最大力量			爆发力					
训练日		第4个小周期			第1个小周期			第2个小周期		
		1	2	3	1	2	3	1	2	3
组数	最大力量	5*	2*	1RM 测试	3*	2*	1**	1**	1**	1**
	爆发力	0	3		2	3	4	4	4	4

*在每节训练课中最大力量通过最大力量训练组来维持。
**最大力量训练维持组。

图11.6　从最大力量大周期向爆发力大周期的逐步过渡2

从一种训练类型向另一种训练类型的过渡还可以计划得更加详尽，如图11.7所示。其展示了周期力量训练、每个阶段以周为单位的持续时间、每周的锻炼数量等。在这种情况下，花样游泳的核心力量——髋部、腹部肌肉和腰部的力量——在整个年度计划中都得到了重视和维持。有条理的教练还可以制订一个显示如何使用每种训练类型的训练方法以及使用多长时间的计划。通过这样做，教练会明了最适合每个训练阶段的方法、每种训练类型的训练方法的持续时间以及哪种方法占主导地位。

日期		9月	10月	11月	12月	1月	2月	3月	4月	5月
周期化	比赛阶段	—			地方级		区级			国家级
	训练阶段	准备阶段			比赛阶段					
	周期力量训练	解剖学适应、核心力量	最大力量、维持核心力量		向爆发力和肌肉耐力转化、维持核心力量				维持	停止
以周为单位的持续时间		4	8		4	4	4	4	4	1
每周的锻炼数量		3个	3个或4个		3个				2个	0个
每种力量类型的锻炼数量		2个解剖学适应，1个核心	2或3个最大力量，1个核心		2个肌肉耐力，1个爆发力，1个或2个最大力量，1个或2个核心	2个肌肉耐力，1个爆发力，1个或2个最大力量，1个或2个核心	3个肌肉耐力，1个爆发力	2个肌肉耐力，1个爆发力	1个肌肉耐力，1个爆发力	

图11.7　花样游泳中不同训练类型的过渡

图11.8展示了计划训练方法的示例。图中的例子基于一个假设的运动项目，其中爆发力

减速－加速：灵敏训练的关键

为了迅速地变向，运动员首先必须放慢速度，再迅速地朝另一个方向加速。换言之，动作分两个阶段执行：减速，然后加速。减速或者将速度放慢至近乎停止是通过膝盖和伸髋肌（股四头肌、腘绳肌和臀肌）以及跖屈肌（腓肠肌）的离心加荷（伸长）来实现的。减速期间存储在肌肉－肌腱单元中的弹性势能随后会被用于加速。

高水平的灵敏和敏捷性可以通过增强主要小腿肌肉（尤其是腓肠肌）以及主要大腿肌肉（股四头肌、半膜肌、半腱肌、股二头肌长头及臀肌）的力量和爆发力来发展。迅速减速和加速的能力极大程度上取决于这些肌肉以离心和向心方式进行爆发性收缩的能力。减速（与离心力量有关）似乎是表现的决定性因素和限制因素。此外，如果爆发力训练不充分，那么减速－加速耦合就会比较慢。

运动员应当学会利用涉及双腿和双臂的具体技巧来减速和加速。在减速的情况下，双臂配合双腿移动，但是幅度和力量会减小和减弱。换言之，双臂做出的动作对减速的影响甚微。然而，迅速加速的能力总是取决于双腿的力量。如果你想迅速地加速，那么你就要增强膝盖、伸髋肌和跖屈肌的力量（尤其是离心力量）。

而加速受手臂动作的影响很大。尤其是对于要发起冲刺的加速部分、灵敏动作或者需要双脚速度很快的运动员，双臂必须最先移动。如果双腿最先移动，那么双臂的前后摆动必须非常用力，甚至要爆发性地执行。此外，蹬地发力越有力（这与向心力量有关），方向相反的地面反作用力就越具爆发性。因此，在推进阶段，运动员向地面施加力时，地面也会向运动员施加一个等大反向的力。这就是为什么最大化运动员的冲刺能力需要运动员具有高水平的最大力量并在尽可能最短的时间内将其表现出来。

是主导能力。表格的顶部展示了单周期的训练阶段，下面的一行展示了周期力量训练的阶段。表格的下部列出了一些方法。其中采用了3种类型的符号，因为在一个给定的训练阶段中，一种方法的优先级可以高于其他方法。< >表示优先级最高的方法，<--->表示优先级第二高的方法，而<……>表示优先级第三高的方法。例如，在解剖学适应阶段，循环训练是主导的训练方法。当最大力量训练阶段开始时，次最大负荷方法会占主导地位，在最大力量训练阶段的后期，最大负荷方法占主导地位。

在爆发力训练中，图11.8中展示了快速伸缩复合式练习和弹振式练习。<……>表明这些方法在某些阶段中为第三优先级。请记住，图11.8所示只是一个假设的例子，并且没有展示出所有可用的方法或者所示内容的所有可能性。

日期	9月		10月		11月		12月		1月		2月		3月		4月	
训练阶段	准备阶段												赛前阶段		比赛阶段	
周期力量训练	解剖学适应				最大力量						向爆发力转化		维持: 70%的爆发力, 30%的最大力量			
					最大力量		爆发力	最大力量		爆发力	最大力量					
小周期	1 2 3 4		5 6 7 8		9 10 11	12 13	14 15 16		17 18	19	20 21	22 23 24 25		26 27 28		29 30 31 32	
循环训练	<-------------->															

最大力量训练

次最大负荷方法					<------------------->						<----------------------------->					
最大负荷方法									<---->							

爆发力训练

快速伸缩复合式练习		<.................>		<>	<........>	<>	<........>				<------------------->				<........>	
弹振式练习				<---->	<......>	<---->	<......>				<------------------->				<------>	

图11.8 为爆发力类运动项目计划训练方法的示例

爆发力训练的方法

许多方法可以用于爆发力训练。通常,该训练会采用等张方法、弹振式训练方法、抗阻爆发力方法和快速伸缩复合式方法等的组合。下文将对这些方法进行介绍,并讲解如何将它们用于周期训练计划。

等张方法

爆发力训练的一个经典方法是试图尽可能迅速和有力地在整个关节活动范围内移动重物。发展爆发力的一个好方法就是使用自由重量和其他可以被迅速移动的器械。等张方法中使用的器械重量提供了外界阻力。克服杠铃的惯性或者移动它所必需的力量被称作施加的力——并且施加的力超过外界阻力越多,加速会越快。

如果一名新手运动员施加95%1RM的力来举起重量为1RM的杠铃,那么他无法产生任何加速度。然而,如果相同的运动员进行了1~2年的最大力量训练,那么他的力量会增强非常多,以至于举起相同的重物所用的力只相当于40%~50%1RM。运动员接着便能够爆发性地移动杠铃,并产生增强爆发力所必需的加速度。这种差别解释了为什么周期力量训练在爆发力训练之前要设置一个最大力量训练阶段。如果最大力量没有实现明显提升,那么爆发力不可能实现显著增强。

高水平的最大力量也是举重或投掷运动的早期部分所需要的。任何杠铃或者器材(如球)都具有一定的惯性,运动员在爆发性地举起杠铃或者投掷器材时,最困难的部分就是早期部分。为了克服惯性，运动员必须在相关的肌肉上产生高水平的张力。因此，运动员的最大力量越大，对惯性的克服就越容易，并且动作的启动会越具爆发力。随着运动员继续向杠铃或器材施加力，他便会提高它的移动速度。随着速度的提高，维持该速度所必需的力会越来越少。

不断地提高速度意味着肢体的移动速度也在提高。运动员只有在可以迅速地收缩肌肉的前提下才有可能实现这种提高，这就是为什么速度和爆发力类运动项目中的运动员需要在专项力量转化阶段进行爆发力训练。如果没有爆发力训练，运动员将永远无法跳得更高、跑得更快、抛得更远或者更迅速地出拳。为了提升运动表现，运动员需要的不仅仅是高水平的最大力量，他们还必须以非常快的速度发出最大力量——一种只能通过爆发力训练才能实现的能力。

在最大力量训练阶段，运动员会适应大负荷。因此，采用30%～80%1RM负荷有助于运动员发展运动专项爆发力，同时还能应对爆发力表现需要产生高水平加速度的挑战。用来发展运动专项爆发力的负荷取决于运动员的力量训练经验（初学者采用较小的负荷）、训练期间遇到的阻力（如边锋应当采用"爆发力高负荷"方法）以及力量类型（见图11.9、图11.10和图11.11）。

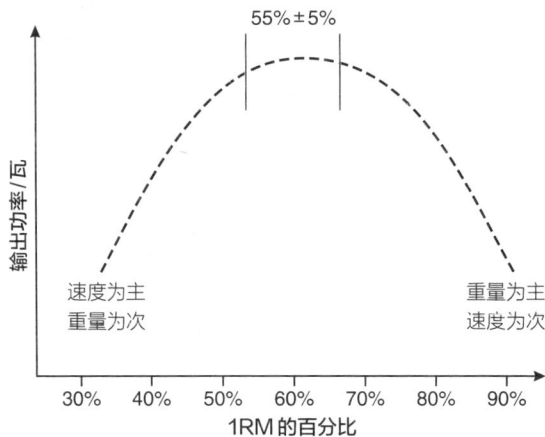

图11.9 采用诸如蹲举、硬拉或者卧推等力量练习的高级运动员，达到峰值输出功率对应负荷为55%±5%的1RM

源自：D. Santa Maria, P. Gryzbinski and B. Hatfield, "Power as a Function of Load for a Supine Bench Press Exercise" (abstract), *NSCA Journal* 6, no.58 (1985).

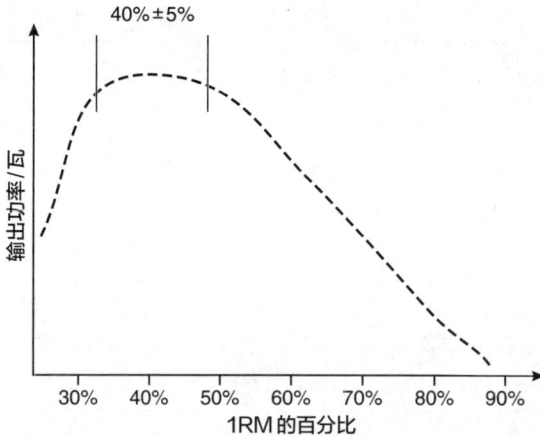

图11.10　采用诸如蹲举、硬拉或者卧推等力量练习的初级运动员，达到峰值输出功率对应的负荷为40%±5%的1RM

源自：R.U. Newton, A.J. Murphy, B.J. Humphries, et al., "Influence of Load and Stretch Shortening Cycle on the Kinematics, Kinetics and Muscle Activation That Occurs During Explosive Bench Press Throws," *European Journal of Applied Physiology and Occupational Physiology* 75 (1997): 333-342.

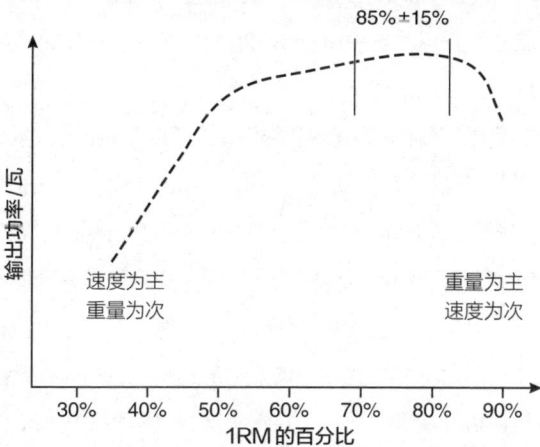

图11.11　采用奥林匹克举重及其变式的运动员，达到峰值输出功率对应的负荷为85%±15%的1RM

源自：R.U. Newton, A.J. Murphy, B.J. Humphries, et al., "Influence of Load and Stretch Shortening Cycle on the Kinematics, Kinetics and Muscle Activation That Occurs During Explosive Bench Press Throws," *European Journal of Applied Physiology and Occupational Physiology* 75 (1997): 333-342.

对于大部分涉及周期运动的运动项目（如短跑、集体项目和武术），等张方法的负荷可以为30%1RM或者更高（最高为50%1RM）。对于涉及非周期运动的运动项目（如投掷、举重和美式橄榄球中的锋线），负荷可以更高（50%~80%1RM），因为这些运动员要以较大的质量和最大力量启动，并且必须克服较大的外界阻力。实际上，爆发力提升在角速度和负荷方面具有非常强的专项性，因此，负荷必须根据需要克服的外界阻力来选取。等张方法的训练参数见表11.2。

表11.2　等张方法的训练参数

阶段的持续时间	3~6周
负荷	周期运动：30%~50%1RM
	非周期运动：50%~80%1RM
练习数	3~6项
每组的重复次数	周期运动：3~6次重复
	非周期运动：负荷为50%~70%1RM，3~5次重复；负荷为70%~80%1RM，1~3次重复
每项练习的组数	3~6组
间歇时间	周期运动：2~3分钟
	非周期运动：3~5分钟
完成速度	爆发性
每周的频率	2次或3次

随着关节接近完全伸展状态，神经系统会自然地激活拮抗肌来减慢动作的速度（Newton et al.，1996）。同时，练习从生物力学上讲会变得更加有力，因为关节"处于打开状态"（需要较小的力）。鉴于这些原因，在采用较小的负荷（20%~50%1RM）时，运动员最好采用可适应的阻力。实际上，研究已经证明，当采用小负荷时，可适应的阻力会使爆发力更大幅度地提升（Rhea et al.，2009）。

然而，请记住，使用阻力带尤其会让中枢神经系统承受重负，这意味着运动员必须恰当地调整组间的间歇时间以及接触这类训练的频率。此外，由于爆发力发展的要素不是完成多少次重复，而是激活较多快缩型肌纤维的能力，所以建议使用较少的重复次数（1~8次）。

运动员还应当注意安全。当伸展肢体时，运动员不应当突然移动器材。换言之，练习应当以爆发性的方式执行，但是不要猛然移动杠铃或者其他器材。完美的技巧至关重要。

对于需要以爆发性、非对称的方式输出爆发力的运动项目——如投掷、跳跃、跳水、击球、投球等——运动员在执行重复次数时，在重复次数之间必须进行一定的休息，以实现最高限度的专注，从而完成动态动作。该策略还会提高快缩型肌纤维运动单位的募集水平和输出功率水平（Gorostiaga et al.，2012）。运动员可以一次只完成一个重复次数，只要以爆发性的方式执行，以实现最大限度的快缩型肌纤维募集水平和放电速率的提高。

当运动员无法再爆发性地完成一次重复时，他就应当停止，即使训练组还未完成。未爆发性地继续重复练习会训练爆发力耐力，而不会训练爆发力。只有最高专注度与爆发性的动作相结合才能形成最高水平的快缩型肌纤维募集和放电速率，并且只有当运动员精力相对比较充沛时才能实现。

在间歇时间内，不管运动员是专注于爆发力还是爆发力耐力，他都应当尽力放松之前训练所涉及的肌肉。间歇时间内的放松会增强磷酸肌酸的再合成，从而有助于重新为训练中的肌肉提供必要的燃料。该建议并不意味着运动员必须拉伸所涉及的所有肌肉，这实际上会降低运动员在后续训练组中的输出功率水平，因此运动员应当避免在训练组之间拉伸主动肌。

爆发力训练的练习必须具有非常强的专项性，以复制运动项目中用到的运动链。从这个角度讲，我们可以看出，虽然卧推和高翻是传统的爆发力训练中的练习，但是它们并没有固有的魔力。高翻长久以来一直被用来测试和训练男性的力量，它对于投掷运动员和美式橄榄球的线卫来说有用，但是对于足球或者球拍类运动项目中的运动员来说未必有用，后者最好使用蹲跳和力量训练器械。

选择最少数量（3~6项）的练习可以让运动员切实地执行最多的组数（在每节训练课中，3~6项练习中的每项练习最多可以执行18个训练组），以让主动肌获得最大的好处。当决定组数和练习数时，教练应当记住，爆发力训练要与技术和战术训练结合执行，因此只能为其分配有限的能量。

通过等张方法发展爆发力的关键要素是发力速度。为了实现最大幅度的爆发力提升，发力速度必须尽可能地快。运动员在整个关节活动范围内对抗器材的阻力或者自身重量并进行快速发力至关重要，并且这种快速发力必须始于动作的早期。为了能够直接动态地移动杠铃或其他器材，运动员必须保持最高水平的专注。

图11.12展示了一个针对拥有4年力量训练经验的大学级别女子篮球运动员的爆发力训练计划样例。在力量练习中，最大的输出功率通常在负荷为50%（±5%）1RM时出现（Baker, Nance and Moore, 2001）；而对于奥林匹克举重来说，最大的输出功率在负荷大约为85%1RM时出现（Garhammer, 1989）。爆发力损失大约出现在给定训练组的第6次重复中（Baker and Newton, 2007）。

练习	周		
	1	2	3
1.高翻	$\dfrac{80}{2}$4	$\dfrac{82.5}{3}$4	$\dfrac{85}{2}$4
2.蹲跳	$\dfrac{40}{5}$3	$\dfrac{45}{5}$3	$\dfrac{50}{5}$3
3.硬推	$\dfrac{50}{3}$4	$\dfrac{55}{3}$4	$\dfrac{60}{3}$4
4.高位下拉	$\dfrac{50}{3}$4	$\dfrac{55}{3}$4	$\dfrac{60}{3}$4
5.下肢弯曲	2×12	2×10	2×8

图11.12 针对拥有4年力量训练经验的大学级别女子篮球运动员的爆发力训练计划样例

弹振式训练方法

肌肉能量可以按不同的方式来使用或用于对抗不同的阻力。当阻力等于运动员施加的力时，运动不会发生，这便是等长练习。如果阻力小于运动员施加的力，器材会快速或者缓慢地移动，这便是等张练习。如果运动员施加的力明显超过了外界阻力，那么器材会出现动态的运动，在这种运动中，运动员的身体或者器材被投射出去，这便是弹振式练习。

> 有些教练认为，采用弹力带有利于爆发力的发展。为了发展爆发力，运动员必须动态、爆发性地施力。但拉弹力带具有恰好相反的效果。随着运动员将弹力带拉得越来越开，其对抗的阻力会越来越大，运动的动态性会减弱，而这正好不利于爆发力的发展。
>
> 弹力带在健身行业中有用武之地（如发展一般力量），但是它们尤其不适用于竞技体育（耐力型运动项目除外）。

为了达到爆发力训练的目的，运动员可以对抗器材（如田径运动中的铅球、药球或者杠铃）带来的阻力，以强有力的方式使用肌肉爆发力。形成的运动会以爆发性的方式出现，因为运动员施加的力远远超过了器材带来的阻力。采用这样的手段来增强爆发力的方法就被称为弹振式训练方法。

在弹振式动作期间，从运动的开始到结束，运动员都动态地使用能量来对抗阻力。因此，器材的投射距离与运动员施加在其上的爆发力成正比。在整个运动中，运动员必须施加相当大的力，以不断地使器材加速，从而使其在出手时达到最大速度。为了将器材尽可能投射到最远的距离，运动员必须在出手的瞬间达到最大速度。通过较快地募集快缩型肌纤维、高水平的放电速率以及主动肌和拮抗肌的高效协调，快速弹振式的发力才有可能实现。在多年的训练之后，运动员才可以在强有力地收缩主动肌的同时，让拮抗肌实现高水平的放松。这种出色的肌肉间协调可以最大化主动肌的发力能力，因为拮抗肌没有沿着主动肌快缩的反方向发力。

根据训练目标，弹振式练习可以被计划在热身活动之后或者训练课结束的时候执行。例如，如果为特定的一天计划了技术和战术训练，那么爆发力的发展则是次要目标。然而，由于神经系统的刺激效应（这是爆发力训练的特征），对于速度和爆发力占主导的运动项目——如短跑、田径运动中的田赛和武术——爆发力训练通常可以直接被计划在热身活动之后，尤其是在准备阶段后期执行。表11.3总结了弹振式训练方法的训练参数。

当运动员在生理上精力充沛时，爆发力训练的效果会得到强化。充分休息的中枢神经系统可以向训练中的肌肉发送更加强有力的神经冲动，以使其实现快速的收缩。然而，当中枢神经系统和肌肉筋疲力尽，并且抑制状态占主导地位时，情况正好相反——这会影响快缩型肌纤维的有效参与。这展示出了让运动员在爆发力训练之前完成剧烈训练出现的问题：运

表11.3　弹振式训练方法的训练参数

负荷	可以投射的器材或者自身的负荷
练习数	2~6项
每组的重复次数	5次或6次
每项练习的组数	2~6组
间歇时间	2~3分钟
完成速度	爆发性
每周的频率	2~4次

动员没有足够可用的能量，并且不可能实现高质量的训练，因为快缩型肌纤维容易产生疲劳，并且几乎无法被激活。因此，运动员会无精打采地执行动作。

当采用弹振式训练方法时，完成速度至关重要。每次重复都应当动态地开始，并且随着出手或运动结束时刻的到来，运动员应当尽力不断地提高速度。这种做法可以让更多的快缩型肌纤维的运动单位参与进来。这里的决定因素不是重复次数。运动员不需要执行大量的重复次数来增强爆发力。相反，决定因素是完成速度，其取决于肌肉收缩的速度。因此，练习只能在尽可能快的情况下进行。而在速度降低时，运动员必须停止重复。

只有涉及大量的快缩型肌纤维时，练习的速度和爆发性才能得到保证。当它们产生疲劳时，速度就会降低。在速度降低之后继续进行训练毫无用处，因为此时快缩型肌纤维的运动单位没有实现完全的募集，并且被募集的运动单位的适应速度会变慢——这是追求爆发力发展的运动员不想得到的结果。中枢神经系统的可塑性可能会对完成训练目标有利，也可能会对其不利。为了行之有效，适应必须能提升运动员的竞技表现。

弹振式训练的负荷取决于器材的标准重量。药球的标准重量为4.5~20磅，而动力球的标准重量为2~35磅。

与其他发展爆发力的方法一样，爆发力练习的数量必须尽可能少，从而使得运动员可以完成大量的组数，以获取最大的爆发力好处。练习应当尽可能地模仿动作技术。如果不可能实现这样的模仿，那么教练应当选择涉及专项运动主动肌的练习。

对于任何爆发力练习，间歇时间应当与完全恢复所必需的时间一样长，使得运动员在每个训练组中可以保持相同的训练质量。实际上，由于大部分进行弹振式训练的运动员都需要一个搭档，所以情况通常是重复次数之间的间隔较短。例如，在再次投掷之前，运动员需要将铅球捡回来，做好准备姿势并做几次预摆动作。此时距离运动员上次投掷已经过去15~20秒，亦即运动员休息了15~20秒。鉴于该原因，弹振式训练中的重复次数要多于其他的爆发力训练方法。

每周使用弹振式训练方法的频率取决于训练阶段。在准备阶段后期，使用该方法的频率应当较低（1~2节训练课）；在专项力量转化阶段，频率应当较高（2~4节训练课）。教练还必须考虑运动项目：用于速度和爆发力类运动项目的频率要高于爆发力是次要主导能力的运动项目。图11.13展示了一个将弹振式练习和最大加速练习相结合的计划样例。该计划已经被美式橄榄球、棒球、长曲棍球和冰球项目的运动员成功使用。

抗阻爆发力方法

　　这种方法是等张、等长和弹振式训练方法的组合。为了解释该方法，下面描述一项使用该方法的练习。运动员躺下，并将膝关节屈曲，以执行仰卧起坐。他的双脚由一名搭档压在地面上，并且教练站在运动员头部一侧。运动员开始做仰卧起坐。当运动员大约达到1/4髋关节屈曲（135～140度）时，教练将其手掌放在运动员的胸部或者肩膀上，从而抑制运动员的动作。此时，运动员处于最高水平的静态收缩状态，并且通过募集大部分或者所有可能的运动单位来克服教练的阻力。3～4秒之后，教练移开自己的双手，在运动员完成仰卧起坐的其余部分时，最高水平的静态收缩状态转变成动态的弹振式运动。运动员缓慢地返回起始姿势，并且休息10～20秒，然后执行另一次重复。

　　在该方法的运用过程中，最重要的部分是最高水平的等长收缩和后续的爆发式动作。伴随着快速的肌肉收缩，弹振式的运动会促使爆发力发展。该方法中使用的动作类似于弹射器。初始的等张动作必须缓慢地执行。在停顿之后，最高水平的等长收缩代表所涉及肌肉的预张力（在增负阶段）。在做仰卧起坐的情况下，随着胸部或者肩膀被松开，运动员的躯干会向前弹射（在爆发阶段）。任何复制之前动作阶段的其他动作都可以归类为使用了弹振式方法的动作，并且对发展爆发力具有类似的效果。实际上，在其他各类动作中都可以执行类似的抗阻爆发力练习，举例如下。

- 引体向上。运动员执行前期的肘关节屈曲动作，此时教练或搭档让动作停住几秒，随后，运动员可以进行动态的动作。

- 双臂伸展。运动员执行前期的肘关节伸展动作，此时教练或搭档让动作停住几秒，随

练习	周		
	第1周	第2周	第3周*
1. 蹲跳和药球胸前投掷	2×5	3×5	3×5
2. 药球过顶后抛	2×5	3×5	3×5
3. 药球胸前投掷	2×5	3×5	3×5
4. 药球过顶前抛	2×5	3×5	3×5
5. 药球侧抛（每侧）	1×5	3×5	3×5
6. 双手从胸前抛铅球，随后进行15码（或15米）的冲刺	3×	4×	5×
7. 俯卧撑，随后进行15码（或15米）的冲刺	3×	4×	5×

*采用比上周更大的负荷。

图11.13　将弹振式练习和最大加速练习相结合的计划样例

后，运动员可以进行动态的运动。

- 没有负重地蹲跳。运动员屈曲膝关节，此时教练或搭档让动作停住几秒，随后，运动员可以进行动态的运动。
- 负重蹲举。将第一组安全挡杆放在某个高度，该高度可以让膝关节或髋关节形成希望等张动作出现时的角度（通常是半蹲时的角度）。将第二组安全挡杆放在下面的2~3个洞中。运动员推挡杆2~4秒，然而1~2名观察员移除安全挡杆，让运动员得以随后做出动态动作。
- 卧推。将健身椅放在起蹲架下面，将第一组安全挡杆放在杠铃几乎碰到胸部的位置，将第二组安全挡杆放在更高的1~2个洞中。运动员推挡杆2~4秒，然而1~2名观察员移除安全挡杆，让运动员得以随后做出动态动作。
- 双手将药球持在体侧的躯干旋转。运动员执行后旋动作，在随后向前旋转的过程中，运动员被迫停住2~4秒，后续的爆发式动作以药球出手告终。相同的方法可以被用于大部分药球投掷练习中。

另一类型的爆发力刺激可以通过交替使用不同负荷的等张负重训练来实现（这也被称作对比方法）。运动员首先用80%~90%1RM完成1~3次重复，然后立即用30%~50%1RM（小负荷）完成5~6次重复。大负荷会产生神经肌肉刺激，从而可以让运动员更加动态地完成相应的重复。这种方法可以用于各种练习。对于涉及膝盖和手臂伸展的练习，一个注意点是，运动员应当避免突然移动或猛然移动（被迫、猛然地伸展），因为这些动作可能会导致关节损伤。

抗阻爆发力方法中的负荷与所完成的练习有关。对于等长阶段，收缩应当持续3~4秒，或者持续实现最大张力所需的时间。对于阻力由杠铃提供的练习，刺激阶段的负荷应当为80%~90%1RM，爆发阶段的负荷为30%~50%1RM。练习还应当匹配运动专项技术动作主动肌的收缩方向。为了获得最大的爆发力好处，练习的数量应当较少（2~4项），从而使得运动员可以完成较多的组数（3~5组）。

抗阻爆发力方法可以单独使用，也可以与其他爆发力训练方法相结合。表11.4总结了抗阻爆发力方法的训练参数。

表11.4　抗阻爆发力方法的训练参数

负荷	取决于练习
练习数	2~4项
每组的重复次数	3~6次
每项练习的组数	3~5组
间歇时间	2~4分钟
完成速度	爆发性
每周的频率	1次或2次

快速伸缩复合式方法

自古代以来，运动员们探索出了大量的方法来使得自己跑得更快、跳得更高及抛得更远。为了实现这些目标，爆发力至关重要。只有通过采用专项的爆发力训练，获得的力量才可以转化为爆发力。最成功的爆发力训练方法之一可能是快速伸缩复合式方法。

快速伸缩复合式方法采用会引起拉长-缩短周期或者牵张反射的练习。这些练习在快速的离心（伸长）收缩时会向肌肉施加负荷，向心（缩短）收缩紧随其后。研究表明，如果肌肉在收缩前被迅速地拉伸，那么它可以更加有力和迅速地收缩（Bosco and Komi, 1980; Schmidtbleicher, 1984; Verkhoshansky, 1997; Seiberl et al., 2015）。例如，通过降低身体重心来执行起跳或者挥动高尔夫球杆的动作，运动员会迅速地拉伸肌肉，这会使肌肉更加强有力地收缩。

快速伸缩复合式动作依赖于源自脊髓的牵张反射。牵张反射的主要目的是限制肌肉拉伸的程度，以防止过度拉伸。快速伸缩复合式动作基于肌纤维的反射收缩，这种收缩源自这些相同肌纤维的快速拉伸。实际上，当有可能出现过度拉伸和撕裂时，拉伸感受器会向脊髓发送本体感受神经冲动。该神经冲动随后会反馈给拉伸感受器，这会产生一种阻止肌纤维进一步拉伸的制动效应，从而引发爆发性的肌肉收缩。

快速伸缩复合式方法在复杂的神经机制下工作。神经肌肉适应出现在神经系统中，以增强运动训练的力量和爆发力（Sale, 1986; Schmidtbleicher, 1992; Enoka, 2015）。实际上，如前文所述，神经肌肉适应可以在不增加肌肉围度的前提下，增强肌肉的力量（Dons et al., 1979; Komi and Bosco, 1978; Sale, 1986; Tesch et al., 1990）。

快速伸缩复合训练会引起肌肉和神经变化，这些变化有助于完成更快、更有力的动作。中枢神经系统通过改变肌肉运动单位的活动来控制肌肉：如果需要产生较大的力，那么运动单位会以更高的速率被募集和激活。在这种背景下，训练计划之后肌电记录输出的增加表明了以下3种情况之一：更多的运动单位被募集，更多的运动单位以更高的速率被募集，或者出现了这些反应的某种组合（Sale, 1992）。快速伸缩复合式方法的好处包括快缩型肌纤维的运动单位的募集水平提高，并且更重要的是，其激活速率更高了。

肌肉的收缩元素是肌纤维，然而某些非收缩部分构成了所谓的串联弹性成分。在离心肌肉收缩期间，拉伸串联弹性成分会产生类似于拉伸和压缩弹簧的弹性势能，这种能量会增加由肌纤维产生的能量，这种协同作用在快速伸缩复合式动作中很明显。当肌肉被迅速拉伸时，串联弹性成分也会被拉伸，并且它会以弹性势能的形式存储一部分的负载力。所存储的弹性势能的复原出现在由牵张反射引起的离心或者克服阶段。

在快速伸缩复合训练中，肌肉会从预拉伸的姿势开始更加有力和迅速地进行收缩——并且预拉伸得越快，向心收缩就越强有力。正确的技巧至关重要。运动员落地时双腿必须轻微地弯曲，以防止膝关节损伤。肌肉收缩应当在预拉伸阶段完成之后立即出现。从预拉伸阶段向收缩阶段的过渡应当平顺、连续并且尽可能迅速。触地时间的增加表明反复的反应性训练引起了运动员疲劳（Gollhofer et al., 1987）。

快速伸缩复合训练会产生以下结果。

- 快速调动更高水平的神经支配活动。

- 大部分（如果不是全部）运动单位及其相应肌纤维的募集。

- 运动神经元激活速率的提高。

- 肌肉力量向爆发力的转变。

- 神经系统的发展，这使它会以最快的速度对肌肉的拉长做出响应，从而发展运动员用最大力量迅速缩短（收缩）肌肉的能力。

- 爆发力的增强，并且由于快缩型肌纤维平均横截面积的增加，肌肉围度只出现轻微的增加（Häkkinen and Komi 1983），这表明神经肌肉层面上的表现增强。

- 高尔基腱器的抑制，这可能会在落地时导致更大的肌肉张力和更高的激活程度，从而产生更具爆发力的肌肉收缩——所有这些都有助于增加输出功率（Schmidt-bleicher, 1992）。

如果运动员拥有几年良好的力量训练背景，那么他可以通过各种强度的快速伸缩复合训练取得进步。这样的背景还有助于预防损伤。此外，为了构筑良好的力量基础和发展吸收冲击力的能力，我们不应当忽视在儿童阶段引入快速伸缩复合训练的好处。然而，完成这些训练需要几年的时间，并且要遵循循序渐进的原则。耐心及精心计划是快速伸缩复合方法的关键要素。

针对儿童且正常合理的训练计划是让他们在几年的时间内，如在 14～16 岁之间，接触低强度的快速伸缩复合训练（5 级和 4 级）。在这一初始阶段之后，教练便可以引入要求更高的反应性跳跃（3 级）。在长期训练中，教练应当通过将三级跳远中的单腿跳和跨步跳作为快速伸缩复合训练的基础练习，向青少年运动员教授正确进行快速伸缩复合训练的技巧。

快速伸缩复合训练具有一定的争议性。一个考虑的方面涉及进行快速伸缩复合训练之前应当发展的力量。有些作者将安全级别定义为采用两倍于体重的负荷执行一个半蹲的能力，但是该标准只适用于 1 级快速伸缩复合训练。

其他争议针对的是训练表面的类型、使用什么器械以及在执行这些练习时是否应当负重（如穿上负重背心及戴上脚踝与腰部负重带）。损伤是一个问题，在一般准备阶段开始的时候，练习应当在柔软的表面上执行——要么在草坪上，要么在覆盖软垫的地面上。然而，虽然这种预防措施可能适用于初学者或者刚开始准备的运动员，但是采用柔软的表面可能会抑制牵张反射，因为只有坚硬的表面才能增强神经肌肉系统的反应性。拥有大量运动训练背景、

快速伸缩复合训练的力学特征

当运动员跳离地面时，他需要很大的力来对抗体重产生的向下的阻力。运动员必须非常迅速地弯曲和伸展肢体。快速伸缩复合训练依赖于这种快速的身体动作来积累所需的爆发力。更加具体地讲，正如我们所见到的，快速伸缩复合式动作依赖于牵张反射，这是一种保护机制，这种保护机制源自脊髓，并且在肌肉通过离心收缩被拉伸之后，其可以被联合起来增强向心收缩的爆发力。

当起跳腿落地时，运动员必须降低身体重心，从而产生向下的速度。在这个减震（或吸收冲击力）阶段，运动员必须产生力来抵消向下运动的力，并且为随后的向上推进阶段做好准备，在向上推进阶段，运动员可以向着不同的方向起跳。然而，较长的减震阶段会导致爆发力的损失。例如，起跳腿落地不当，运动员会损失向上推动身体所需的垂直及水平方向的速度。

鉴于该原因，运动员必须努力实现更短的减震阶段，这可以让运动员在之前离心收缩期间被拉伸的肌肉上产生更具爆发力的向心收缩。由于力等于质量乘以加速度，所以缩短减震阶段需要运动员施加更大的力，以更加迅速地对身体进行减速。这种理解也指出了运动员保持低体脂和高爆发力–体重比的重要性。在减震阶段，体重越大及吸收冲击力时向下的运动速度越快，运动员需要的平均力就越大。

为了最大限度地发挥跳跃能力，运动员必须有效地使用整个身体。例如，当跳远运动员或者跳高运动员在起跳之前降低身体重心时，他会减小冲击力。此外，减震阶段之后自由肢体（双臂）向上的加速度会增加施加在起跳腿上的垂直力。例如，三级跳远运动员必须施加6倍于体重的峰值力量来抵消在进一步向上的单腿跳阶段无法降低重心的后果。跳远运动员在起跳前可以更加容易地操控自己的身体。跳跃运动员只有在吸收冲击力时施加巨大的力，并形成较短的减震阶段，才能实现有效的起跳。

只有当运动员通过周期性的爆发力计划，让神经肌肉系统接受训练来组织相关运动链和主动肌–拮抗肌的激活或者失活时，他们才能实现这种快速的转变。不管触地时间和膝关节与髋关节屈曲的角度如何，计划都应当以冲击力较小的快速伸缩复合训练开始，并且逐步递进至旨在尽可能跳出最大高度且冲击力较大的快速伸缩复合训练。在完成这种递进之后（在运动员的职业生涯中可能需要完成几次），神经肌肉系统使为达成较短的触地时间做好了准备，即使在反向力较大的时候也是如此。然而，让准备欠佳的运动员力争实现较短的触地时间只会形成短距离的不协调的跳跃。

针对起跳阶段的练习很难，因为几乎没有适用的传统练习。许多跳跃运动员采用传统的负重练习（如蹲举），而这种练习会向伸膝肌施加巨大的负荷，随着时间的推移，这确实可以构筑一个合乎需要的力量训练基础。然而，只依赖于负重练习的做法是有问题的，因为负重蹲举练习不可能快到足以使用和增强肌肉的弹性。

而弹跳练习可以发展有效的起跳，并增强运动员整体的跳跃能力。弹跳具有类似于起跳的力–时间特征。它还可以让运动员对抗起跳腿上的大负荷进行训练，并且在短时间内施加力。此外，弹跳练习涉及多关节的动作，并且有助于所需肌肉弹性的发展。

力量训练背景或者同时拥有这两种训练背景的运动员应当采用坚硬的地面，尤其是在专项准备阶段之后的训练阶段。

实际上，在进行快速伸缩复合训练时，运动员不应当使用杠铃、哑铃或者脚踝或腰部负重带。这些重量往往会通过减少耦合时间（离心动作向向心动作转化过程中流失的时间），并且更重要的是，通过减慢向心动作本身，减弱神经肌肉系统的反应能力。因此，尽管超负荷可能会导致力量的提升，但是它会减慢收缩的速度和减弱反弹效应。如果有必要进行更多的离心加荷，那么运动员可以通过采用从高箱子上进行跳深的方法来实现。

为了合理地设计一套快速伸缩复合训练计划，教练必须意识到，练习的强度级别会有所变化，并且练习会被划分为不同的组别，以实现更好的效果。强度级别直接与练习的高度或时长成正比。高强度的快速伸缩复合训练，如跳深或反弹跳，会导致肌肉产生更大的张力，这会募集更多的运动单位来完成动作或者对抗重力。

快速伸缩复合训练可以归为两个反映它们对神经肌肉系统影响程度的主要类别：高强度和低强度。从更加实用的角度来看，快速伸缩复合训练可以被划分为5个强度级别（见表11.5）。这两种分类方法可以用来对整周内训练要求的有效交替进行设计。

表11.5 快速伸缩复合训练的5个强度级别

强度	分类	练习	重复次数 × 组数	每节训练课的重复次数或触地次数/次	间歇时间/分
1	高强度	深落：75~110厘米	1~5×3~6	3~20	5~8
		跳深：>70厘米	1~10×2~6	3~40	4~8
		单腿（或者双腿交替）弹跳	40~100米×2~4	30~150	3~5
2		反弹跳：40~60厘米	3~10×2~6	6~40	3~6
		越障跳：>60厘米	3~12×2~6	6~72	3~5
		单腿或者双腿交替弹跳	5~30米×2~6	20~60	3~5
		快速下蹲（强调离心），蹲跳，壶铃强力摆动	3~6×2~6	12~24	3~4
3		越障跳：40~60厘米	6~20×2~6	18~80	3~5
4	低强度	跳箱：60~110厘米	3~15×2~6	12~60	3~5
		壶铃摆动	10~30×2~6	30~180	2~5
5		低越障跳：<30厘米	6~20×3~6	18~80	2~3
		蹦跳	10~30米×7~15	70~250	1~2
		药球	5~12×4~6	20~72	1~3
		跳绳	15~50×2~6	30~300	1~3

任何要将快速伸缩复合训练包含在训练中的计划都应当考虑以下因素。

- 运动员的年龄和生理发育程度。
- 快速伸缩复合训练涉及的技能和技巧。
- 运动项目的主要表现因素。
- 运动项目的能量需求。
- 年度计划的训练阶段。
- 较为年轻的运动员需要接受长时间（2～4年）的系统训练，从低强度（5级和4级）向中等强度（3级）发展，再向高强度（2级和1级）发展。

尽管快速伸缩复合训练很有趣，但是它们需要运动员具有高水平的专注度，运动员需要充满活力，且它们很费力。缺乏等待进行每个练习正确时机到来的自制力会导致运动员在他们还没做好准备时就完成大冲击力的练习。在这种情况下，产生的损伤或者生理不适并不是快速伸缩复合训练造成的，而是教练知识匮乏和方法应用不当的结果。5个强度级别有助于教练设计出一套包括恰当练习的计划，这些练习遵循连续、稳定且有序的训练原则，并且具有恰当的间歇时间。

接受5个强度级别的系统训练要在较长的时间内实现。花2～4年时间将冲击力小的练习纳入青少年运动员训练计划，对韧带、肌腱和骨骼的逐步适应来说必不可少。它们还会让运动员吸收冲击力的部位，如髋部和脊柱，逐渐地做好准备。

快速伸缩复合训练的强度——肌肉上产生的张力——取决于练习的离心负荷，该负荷通常由完成练习时的高度决定。为什么即使采用43英寸的箱子时，跳上箱子仍具有较低强度？这是因为离心负荷非常小。尽管所用的高度应当完全取决于运动员的个人素质，但是下面的一般原则也适用：肌肉越强壮（运动员具有较高的肌肉刚性），用来拉伸它以实现缩短的弹性效应所需的能量就越多。适用于一个运动员的最佳高度可能并不能对另一个运动员产生足够的刺激。

理想情况下，教练实际上应当使用测力垫或者手机应用程序来为运动员确定产生预期爆发力效应的最佳高度。例如，跳深的最佳高度是可以实现最大弹跳高度的箱子高度，而反弹跳的最佳高度是可以在250毫秒的触地时间内或者最高RSI（反应性力量指数，即腾空时间除以触地时间，或用于反映反应性跳跃高度与触地时间的关系）的前提下实现最大弹跳高度的箱子高度。这种差别意味着跳深和反弹跳——虽然它们在未经过训练的人眼中是类似的——不仅适用于不同的训练目标，还应当在年度计划的不同阶段使用。

根据维尔霍山斯基（1969）的研究，为了促进运动员在动态力量（爆发力）上获得增益，精英运动员的爆发力训练中的最佳跳深高度应为75～110厘米。博斯科和科米（Bosco and Komi, 1980）报道了类似的研究成果，他们也总结道，如果高度超过110厘米，动作的力学机制就会发生变化。实际上，采用这样的高度时，缓冲落地冲击力所需的时间和能量有悖于快速伸缩复合训练的目的。一般来说，运动员应从较低的箱子开始，并逐步换用更高的箱子。大多数运动员采用40~50厘米的箱子即可最大化自己的弹跳高度，只有少数更强壮的运动员才需要75厘米或者更高的箱子。

在重复方面，快速伸缩复合训练可以分为两个类别：单一响应练习和多重响应练习。

单一响应练习由单个动作组成——如高反应性的跳跃或者反弹跳（2级）——其主要目的是在肌肉上引起最高水平的张力。这类练习的目标是发展最大力量和爆发力。

多重响应练习——如跳过多个中等（3级）或者高度较低（4级）的障碍，以及蹲跳（2级），可以发展爆发力及爆发力耐力。

通常，尤其对于多重响应练习，以距离代替重复次数要更加便捷和实用——例如，5个训练组，每组由50米构成，而不是5个训练组，每组由25次重复构成。这种方法有助于测量运动员的神经肌肉准备程度。

高质量的训练需要在练习之间实现足够的生理恢复。然而，运动员和教练通常要么对间歇时间的关注太少，要么只是简单地遵照运动专项训练的传统。这些传统通常规定：运动员需要的间歇时间仅仅是从一个站点移动到另一个站点所需的时间。然而，这种间歇时间不能满足需求，尤其是在考虑到快速伸缩复合训练的生理特征时。

疲劳包括局部疲劳和中枢神经系统疲劳。局部疲劳是由肌肉中存储能量（执行爆发性运动所需的能量）的耗尽和持续时间长于10秒的重复引起的乳酸积累导致的。在训练期间，运动员还会让中枢神经系统产生疲劳，因为中枢神经系统会发送神经冲动让工作中的肌肉执行给定量的高质量工作。快速伸缩复合训练的完成是发送这些神经冲动的结果，这些神经冲动的特征是具有一定的爆发力和频率。任何高质量的训练都需要可能最高水平的收缩爆发力和频率。

当间歇时间较短（1~2分钟）时，运动员会同时经历局部疲劳和中枢神经系统疲劳。工作中的肌肉无法充分地消除乳酸或者补充能量，以达到以相同强度完成下一次重复的目的。类似地，疲劳的中枢神经系统无法发送必要且强有力的神经冲动，以确保身体在筋疲力尽之前按规定的负荷执行相同的重复次数和组数。此外，筋疲力尽的运动员距离损伤通常只有一步之遥。因此，教练和运动员应当给予间歇时间最大的关注。

正如表11.5所建议的，恰当的间歇时间是完成不同的快速伸缩复合练习的基础——练习的强度越高，运动员所需的间歇时间越长。对于最高强度的练习（高反应性跳跃），组间的间歇时间应当为3~8分钟，具体根据运动员的体重和性别而定：较重的男性运动员所需的间歇时间较长，较轻的女性运动员所需的间歇时间较短。建议2级强度的练习使用的间歇时间为3~6分钟；对于3级和4级强度的练习，间歇时间应当为2~5分钟；对于冲击力较小的练习（5级），间歇时间应当为1~3分钟。

运动员完成的快速伸缩复合训练的类型必须与运动项目相结合。例如，需要较高水平爆发力的运动员应当参与更强调弹跳和单腿跳的练习，而需要垂直爆发力的运动员应当进行垂直跳跃练习。教练还应当考虑训练环境。许多研究已经证明，采用专项的训练模式可以改变或者改善反射（Enoka, 1994; Schmidtbleicher, 1992），并且快速伸缩复合训练是一种可以在各种反射动作中引起特定适应的训练形式。然而，为了在比赛场合复制反射学习的过程，运动员所处的心理和生理状态必须与引起反射适应时的状态相同。换言之，训练环境应当近乎完美地等同于比赛环境。

爆发力训练在运动项目中的应用

这里要重申一个关键点：爆发力的发展必须满足特定运动项目的需求。为了进一步说明爆发力的专项应用，本部分给出了明确的示例。此外，前面描述的爆发力训练中的许多因素也具有适用性。

爆发力耐力

在某些运动项目中，运动员必须反复地施加高水平的爆发力，如田径运动中的短跑、短距离游泳、摔跤等。

短跑通常会被误判，包括在所有需要爆发性跑动的运动项目（如美式橄榄球、篮球、棒球、冰球、橄榄球、足球和澳式足球）中完成的短跑。当短跑运动员在10～12秒的时间内跑完100米时，他们已经通过训练在整个赛跑期间完成了充满爆发力的腿部动作，而不仅仅是在起跑和随后的6～8次跨步内。在100米赛跑中，运动员要完成48～54次跨步，具体根据其步长而定。因此，每条腿要与地面接触24～27次。在每次触地时，运动员施加的力可能会大于运动员体重的两倍。

在某些运动项目，如美式橄榄球、橄榄球、足球和澳式足球中，运动员通常需要在仅仅几秒的比赛间断之后，重复进行费力的活动。武术、拳击、摔跤和球拍类项目也需要类似的竞技表现。参加这类运动项目的运动员需要反复地完成爆发性的动作。为了实现这一目的，他们需要高水平的输出功率，以及动态且尽可能爆发性地将同一动作重复20～30次（甚至高达60次）。

训练爆发力耐力的公式如下。

$$PE = HV \times HI$$

这意味着采用尽可能接近运动专项技能动作模式的练习，并以爆发性、快速且迅速的方式［采用高强度（High Intensity, HI）］，执行大量的（High Volume, HV）重复。具有高水平爆发力耐力的运动员能够在比赛末段避免跨步频率和速度的降低，或者能够在整个比赛期间具有稳定的输出功率水平，这取决于他们自己的运动项目所需的爆发力耐力类型。

足球运动员在比赛持续时间内重复多次短跑与短跑运动员在50次跨步内维持高水平的输出功率之间是否存在区别？存在。从生理学上讲，足球运动员是在重复无乳酸爆发力活动，通常没有足够的时间使磷酸原系统得到恢复。因此，足球运动员所用的爆发力属于我们所称的短时间乳酸爆发力的范畴。而短跑运动员在比赛的第一部分（前6～8秒）使用的是无氧无乳酸（磷酸原）爆发力，然后在接近终点线时，他们会逐渐地使用长时间乳酸爆发力。鉴于该原因，我们说足球运动员和短跑运动员都需要爆发力耐力，然而从生理学上来说，他们需要的爆发力耐力的类型是不同的。

爆发力耐力是一些运动项目中的决定性能力，而最大力量是这种能力的决定性因素。本部分会描述以爆发性的方式发展爆发力耐力的训练方法。

爆发力耐力需要运动员以有节奏且爆发性的方式使用30%～50%的最大力量。为了合理地进行训练，达到发展爆发力耐力的目的，运动员需要以爆发性且不中断的方式执行12～30次动态的重复。所需的训练可以逐步地实现：从较少的重复次数（10～12次）开始，并逐步增加至运动项目所需的重复次数——如100米短跑运动员需要15次重复，200米短跑运动员需要30次重复。

在专项力量转化阶段早期，训练可以让快缩型肌纤维瞬间表现出可能最高的爆发力水平。与该训练对应，运动员还应当增强表现的敏捷性，以达到尽可能提高快缩型肌纤维放电速率的目的。为了达到发展爆发力耐力的目的，经过训练，快缩型肌纤维应能应对疲劳和由动态执行多次重复引起的乳酸积累。

现在的训练目标是发展速度的耐力部分或者相关运动项目典型的专项爆发力动作。该目标通过逐渐增加重复次数或者组数来实现。该进程需要运动员表现出强大的意志力，以在执行每个训练组之前，克服疲劳和实现最佳的心理专注度。该阶段的推荐持续时间为6～8周，任何专项力量转化阶段的持续时间短于该时间的计划都不足以实现发展爆发力耐力的生理学目标。

为了使每个主动肌完成大量的重复次数，练习的数量必须尽可能少（2～4项，或者在极少情况下为5项）。训练组的每次重复都必须被爆发性地完成。组间的间歇时间必须为3～8分钟，以实现中枢神经系统的恢复。在这种类型的训练中，运动员会经历高水平的乳酸积累。实际上，这就是爆发性的重复次数必须较多的原因——使运动员学会耐受乳酸积累，并学会成功地在这种情况下进行发挥。如果没有这类训练，那么运动员在比赛期间将无法成功地进行发挥。这种方法还会训练中枢神经系统，以达到虽然出现了肌肉疲劳，但中枢神经系统仍然能长时间保持高水平放电速率的目的。

完成的方式必须具有动态性和爆发性，否则爆发力和爆发力耐力训练塑造的就是肌肉量，而不是爆发力，因此，训练的结果是肌肉肥大，而不是爆发力耐力增强。在能够以爆发性和不停歇的方式完成20~30次重复之前，运动员通常需要进行为期几周的爆发力耐力训练。同时，当无法动态地执行一次重复时，运动员应当停止训练，因为此时爆发力耐力不能再被训练了。表11.6总结了爆发力耐力方法的训练参数。

表11.6　爆发力耐力方法的训练参数

阶段的持续时间	4~6周
负荷	30%~50%1RM
练习数	2~5项
每组的重复次数	12~30次
每项练习的组数	2组或3组
间歇时间	3~8分钟
完成速度	爆发性
每周的频率	2次或3次

图11.14展示了一个针对100米短跑运动员的4周训练计划样例。图11.15展示了一个针对集体项目运动员的4周训练计划样例。

练习*	周				间歇时间
	1	2	3	4	
1.跳跃式半蹲	$\frac{45}{15}2$	$\frac{45}{15}3$	$\frac{50}{15}2$	$\frac{50}{15}3$	5~6分钟
2.重壶铃摆动	2×20	3×20	2×20（比第1周和第2周的壶铃更重）	3×20（与第1周的壶铃重量相同）	3~4分钟
3.仰卧投掷	$\frac{45}{15}2$	$\frac{45}{15}3$	$\frac{50}{15}2$	$\frac{50}{15}3$	3分钟
4.高位下拉（窄距反旋握法）	$\frac{45}{15}2$	$\frac{45}{15}3$	$\frac{50}{15}2$	$\frac{50}{15}3$	3分钟
增负模式					
		高		高	
	适中		适中		

*这些练习是最大力量训练阶段使用的爆发力耐力练习，如半蹲、反向腿蹬举、卧推和大负荷高位下拉。

图11.14　针对100米短跑运动员的4周训练计划样例

练习	第1周	组间和组内的间歇时间	第2周	组间和组内的间歇时间	第3周	组间和组内的间歇时间	第4周	组间和组内的间歇时间
1. 跳跃式半蹲	$\frac{45}{12}3$	3分钟	$\frac{45}{15}4$	3分钟	$\frac{50}{12}3$	3分钟	$\frac{50}{15}4$	3分钟
2. 跳跃式弓步	$\frac{45}{12}3$	3分钟	$\frac{45}{15}4$	3分钟	$\frac{50}{12}3$	3分钟	$\frac{50}{15}4$	3分钟
3. 采用可适应阻力（阻力带或者阻力链）的卧推	$\frac{45}{12}3$	3分钟	$\frac{45}{15}4$	3分钟	$\frac{50}{12}3$	3分钟	$\frac{50}{15}4$	3分钟
4. 高位下拉（窄距反旋握法）	$\frac{45}{12}3$	3分钟	$\frac{45}{15}4$	3分钟	$\frac{50}{12}3$	3分钟	$\frac{50}{15}4$	3分钟
增负模式								
	适中		高		适中		高	

图11.15 针对集体项目运动员的4周训练计划样例

落地和反应性爆发力

在一些运动项目中，落地不仅是一种重要的技能，还是执行其他技能的前提——如花样滑冰中的另一次跳跃，或者网球或其他集体项目中沿着另一个方向的快速移动。运动员必须拥有必要的爆发力来控制落地和反应性爆发力，以达到迅速完成下一个动作的目的。

控制和吸收落地冲击力所需的爆发力与跳跃高度有关。例如，从80～100厘米高的地方进行反弹跳或跳深，落地时脚踝通常会承受6～8倍于运动员体重的负荷。类似地，吸收由花样滑冰跳跃引发的冲击力需要爆发力来应对5～8倍于运动员体重的负荷。为了在落地的一瞬间应对这样的冲击力，运动员的肌肉必须接受针对吸收冲击力的爆发力训练。

落地涉及离心收缩。如果没有合适的训练，运动员会以错误的方式落地，在相同的肌纤维活动量下，这会产生较大的张力，从而向肌腱的弹性组织施加更大的压力，并增加损伤的风险。为了降低该风险，运动员应当进行离心训练和快速伸缩复合训练。

施密特布利切尔（Schmidtbleicher, 1992）指明，在触地的瞬间，运动员会经历抑制效应。同时，他也指出，训练有素的运动员处理冲击力的效果要远远好于训练效果欠佳的运动员，并且抑制效应可以通过反弹跳训练加以消除。他总结到，抑制效应代表了一种保护系统，尤其对于初级运动员，该保护系统这样做的目的是让他们免受损伤。

为了增强落地和反应性爆发力，向心和离心收缩都应该是运动员训练的组成部分。离心力量训练和快速伸缩复合训练，尤其是反弹跳或者跳深形式的离心力量训练和快速伸缩复合训练，应当模仿理想的落地技能。反弹跳或者跳深（也称作反应性跳跃）可以从较高的平台

（箱子、健身椅或者椅子）上开始执行。运动员要以双腿轻微弯曲的姿势落地，以达到吸收冲击力的目的。运动员还要以双脚的脚掌落地，而不要让脚跟接触地面。该技巧是进行大部分快速伸缩复合训练的必备条件，因为脚跟接触地面表明对于运动员的伸肌来说负荷太大了。

在下落期间，运动员要采用一种准备就绪的姿势，该姿势会增强肌肉的张力和弹性。落地时，尤其当运动员要迅速地为下一个动作做准备时，能量被存储在了肌肉的弹性元素当中。在后续起跳或者沿另一个方向快速移动时，这种轻易可用的能量在释放时会形成牵张反射，从而能募集比正常的力量训练中更多的快缩型肌纤维。该过程可以让运动员立即完成另一个快速、爆发性的动作。反射（包括肌梭反射）具有可训练性，并且周期训练可以改善运动员的反应性跳跃技能。

投掷爆发力

对于棒球中的投手、美式橄榄球中的四分卫或者田径运动中的投掷运动员来说，投掷爆发力主要是由快缩型肌纤维产生的。单根快缩型肌纤维的直径越大，它的收缩速度就越快。类似地，收缩时涉及的快缩型肌纤维越多，运动员的投掷爆发力就越大。

投掷运动员和诸如击剑与拳击等运动项目中的运动员，必须发展出相当强的爆发力，以使器材或者器械加速运动。这些运动员必须经常在动作开始时以尽可能最快的速度克服器材或者器械的惯性，然后在整个动作期间增加速度，尤其是在出手前。为了这样做，他们施加的力必须大幅超过器材的重量——施加的力超出器材重量越多，加速度就越大。较大的加速度的实现需要器材的重量和运动员的最大力量存在较大的差异。因此，对于使用投掷爆发力的运动项目，其运动员必须高度重视最大力量和爆发力训练。

针对投掷运动项目和动作的专项爆发力训练必须专注于实现最大限度的发力和使用等张方法与弹振式训练方法。对于等张方法，重复次数（3~8次）不需要以不停歇的方式或者以高速率完成。实际上，为了在大部分快缩型肌纤维被立即主动募集的非周期动作中获得爆发性收缩的最大好处，运动员应当每次完成一个重复次数，同时在完成每个重复次数之前实现最高水平的心理专注度，并采用可适应的阻力（杠铃加阻力带或者阻力链）。

起跳爆发力

在许多运动项目中，只有当运动员能够爆发性地起跳时，他才有可能具有良好的运动表现，如田径运动中的跳跃项目、跳台滑雪、排球、篮球、足球、体操、花样滑冰和跳水。在许多情况下，起跳出现在短距离的高速跑动之后，肌肉在跑动期间会预拉伸并存储能量。起跳时，这种能量会被用作加速的推力，从而产生爆发性的起跳。

关节屈曲瞬间所需的蹲伏深度取决于肌纤维的组成及腿部爆发力。较深的蹲伏需要腿部伸肌提供较大的力。不过，蹲伏是一种力学上的必要条件，因为它会让肌肉处于拉伸状态，从而为肌肉提供一个较长的为起跳进行加速的距离。蹲伏的深度与双腿的爆发力成正比，并且通常取决于运动员下肢伸肌的肌纤维组成。运动员下肢伸肌中的快缩型肌纤维占比越大，他越不需要大幅度屈曲膝关节和髋关节来执行反应性跳跃。如果屈曲的幅度太大，那么完成伸展的速度会比较慢，因此发力会较慢，并且不管高度如何，形成的跳跃所具备的输出功率水平会较低。

启动爆发力

在初始速度决定最终结果的运动项目中，启动爆发力是一项重要的能力，并且通常是决定性的能力。相关的运动项目包括拳击、空手道、击剑、短跑（起跑）以及需要从站姿开始迅猛加速的集体项目。这些情况下成功表现的

在像排球这样的运动项目中，能够爆发性地起跳的运动员更容易获得成功

基本生理特征是，尽可能募集最多的快缩型肌纤维来爆发性地开始运动。

在短跑中，启动时使用的是处于预拉伸姿势（膝关节和髋关节屈曲）的肌肉，从该姿势开始，它们产生的爆发力要大于处于放松或者缩短状态时的爆发力。处于该姿势时，肌肉的弹性元素会存储动能，在发令枪响时，这种存储的能量所起的作用就像弹簧一样。国家级运动员使用的爆发力在启动时非常大：前腿为132千克，而后腿为102千克。较大的启动爆发力可以实现更具爆发力、更快速的起跑动作。根据记录，奥运会级别的短跑运动员，其启动爆发力为自身体重的2~2.4倍。

在拳击和武术中，应用进攻技能时，肌肉快速、爆发性的启动可以防止对手采取有效的防守动作。快速的动作和爆发性的启动取决于神经肌肉系统的弹性和反应性部分。这些性质可以通过专项力量转化阶段内进行的更具专项性的爆发力训练来实现最大化，专项训练可以更好地改善肌肉的牵张反射，并增强快缩型肌纤维的爆发力。

这些方面的能力是迅速和爆发性地开始运动的关键，它们可以通过等张练习、爆发式练习，尤其是最大练习和快速伸缩复合训练来进行训练。它们可以按照重复动作组或者单独的方式完成。在后一种情况中，每次完成训练组中的一项练习，可以使运动员拥有足够的时间

来实现最大限度的心理专注，以尽可能爆发性地完成这些练习。这些情况使得募集大量的快缩型肌纤维成为可能，因此，运动员可以通过可用的最大爆发力完成动作。

加速爆发力

在短跑、游泳、自行车、赛艇和其他大部分运动项目中，表现的提升需要运动员发展加速的能力，以实现高速运动。这样做需要爆发力。如果没有爆发力，运动员就无法在跑步时获得所需的爆发性蹬地推力，或者在水上项目中克服水的阻力。显然，爆发力在每项需要高水平加速能力的运动项目中都是至关重要的。

例如，在短跑中，运动员向地面施加的力是自己体重的2~2.5倍。在赛艇中，每次划桨时，运动员必须采用45~82千克的桨叶压力，以实现爆发性的启动，并维持高水平的加速度。在所有需要加速爆发力的运动项目中，相关的有力动作必须反复并且非常迅速地完成。在这些情况下，向地面施加更大的力——或者在运动员的最大力量与水的阻力之间形成较大的正的差值——可以实现较高水平的加速。

为了实现高水平的加速，至关重要的是发展最大力量。由于该目标在最大力量训练阶段内得以实现，所以运动员必须通过专项爆发力训练维持其训练效果，并将其转化为爆发力。更加具体地讲，等张方法、弹振式训练方法、抗阻爆发力方法及快速伸缩复合式方法可以帮助运动员使用一系列肌肉冲动，以高速激活大量快缩型肌纤维。这样的激活可以让运动员以预期的高水平使用加速爆发力。

采用这些方法时，运动员可以爆发性地、高频率地执行少量重复次数（1~6次），或者一次单独执行一个重复次数。在第一种情况下，目标是重复表现出周期性的爆发力；在第二种情况下，目标是在单次、非周期性的尝试中使用最大爆发力，这种尝试较少采用力量的弹性-反应性部分。两种方法都必须要使用，因为需要加速爆发力的运动项目中的运动员必须完成瞬时的爆发性动作，并且要以高频率这样做。通过采用周期力量训练，运动员可以提高实现这些效应的可能性，以及在重大比赛的正确时刻达到加速爆发力巅峰的可能性。

减速爆发力

在一些运动项目中，尤其是球拍类项目和集体项目，减速与加速一样重要。集体项目中的运动员必须能够尽可能迅速地加速和跑动，以完成各种不同的目标，如超过对手或者接到传给自己的球。在某些运动项目，如足球、篮球、长曲棍球和冰球中，运动员还需要迅速减速，然后迅速改变自己的跑动方向或者跳起来执行一个运动专项动作，如抢篮板球。通常，可以快速减速的运动员可以形成战术优势。

减速需要运动员有强壮的双腿和良好的技巧，实际上，执行一个快速的减速动作需要双腿产生大于2倍体重的力。减速动作通过腿部肌肉的离心收缩来执行,将双脚放在身体重心之前并且让上肢位于身体重心之后有助于实现这种收缩。肌肉从快速冲刺中迅速减速,依赖于自身的弹性特性来缓冲和减少冲击力。缓冲这些力的能力与爆发力以及膝关节和髋关节形成的特定的屈曲角度有关,并且该角度类似于吸收落地冲击力时所形成的角度。

为了通过训练让肌肉迅速地减速,运动员必须采用一些方法,如离心收缩和快速伸缩复合训练。对于离心收缩,使用最大力量方法时必须从中等负荷逐渐过渡到超大负荷。对于快速伸缩复合训练,在完成从冲击力小的练习向冲击力大的练习的正常递进之后,运动员便可以采用利用高箱进行的反弹跳或者跳深。

转化为肌肉耐力

肌肉耐力指的是,为了在整个比赛期间维持相同的发力水平,运动员对抗特定的阻力完成许多次(如数百次)重复动作的能力。除非力量训练针对运动专项生理需求,否则不管力量训练多么剧烈或者全面,它都无法产生足够的适应或者积极的训练效果。虽然大部分训练专家可能会赞成这种说法,但是对于耐力是主导或者重要部分的运动项目来说,力量训练计划通常并不符合需求。这些计划仍然受到举重和健身训练方法的过度影响。然而,虽然做20次重复可能会得到健身人士所认为的肌肉耐力,但是这样的训练方法严重不符合某些运动项目的需求,如中长距离的游泳、赛艇、皮划艇、拳击、摔跤、越野滑雪、速滑和铁人三项——所有这些项目都是由有氧耐力主导的。

如果运动员只采用较少重复次数、次最大(70%1RM)或者最大(远远超过80%1RM)负荷的力量训练计划,那么运动员会在能量供应、恢复以及器官与神经肌肉系统的生理功能方面出现对这类增负的适应。因此,运动员会实现力量的增强和运动效率的提高,但是不会实现肌肉耐力的增强。因此,这样的计划无法使运动员在耐力类运动项目中实现最佳表现。

正如我们所见,大负荷力量训练会激活快缩型肌纤维。这一事实为人所熟知,被大家所接受,并且被应用于速度和爆发力是主导能力的运动训练。然而,长持续时间的运动项目需要不同类型的训练。

在长持续时间的运动项目中,速度通常是次最大的,肌肉上的张力较小。因此,中枢神经系统会最先募集专门用来处理和通过适应来处理长持续时间生理功能的肌纤维:慢缩型肌纤维(I型)和快缩型肌纤维(IIa型)。经过耐力训练,身体利用脂肪作为燃料的能力会更强,从而能节省糖原存储,并更加有效地消除和再利用乳酸。

然而,这些生理适应不能仅仅通过运动来实现。由于运动专项训练代表单一的刺激,所以不能强迫身体产生更高水平的适应。换言之,例如,不断地划船对于增强肌肉耐力来说可能是一种合乎需求的刺激,但是它不足以提升运动表现。相反,运动员应当完成较多重复次数的力量训练，并采用中小负荷，但应大于他们在运动专项活动中遇到的负荷。这种训练会训练慢缩型肌纤维和快缩型肌纤维，以让它们对耐力项目的动力学做出更好的响应。

由于疲劳似乎是分阶段出现的（Wilmore and Costill, 2004），所以当慢缩型肌纤维（Ⅰ型）和快缩型肌纤维（Ⅱa型）筋疲力尽时，身体还会募集强有力的快缩型肌纤维（Ⅱx型）来进行工作。因此，编制一套募集所有3种肌纤维并使之最大限度地参与的训练计划是增强肌肉耐力的最佳方法。有氧主导型运动项目的运动员应当注意以下事项。

- 使用针对长时间肌肉耐力的训练方法，这些方法专门针对长持续时间运动项目所需的肌纤维适应。训练效果越好，这些肌纤维在长持续时间运动项目中产生专项力量的时间就越长。
- 要将针对长时间肌肉耐力的训练方法与针对短时间爆发力耐力的训练方法进行交替，使Ⅱa型纤维和Ⅱx型纤维也得到募集，从而适应长持续时间运动项目的具体要求。
- 要使用专项的耐力训练方法——如在长时间间隔（若干个10～30分钟不间断的重复）和长距离训练——让身体适应有效地利用游离脂肪酸作为燃料并提高心血管系统的工作效率。
- 耐力训练还会增强快缩型肌纤维的氧化能力，这会增加线粒体和氧化酶的数量。因此，运动员会在更大程度上依赖于脂肪（游离脂肪酸）生成三磷酸腺苷。脂肪是身体中最持久的能量储备（Wilmore and Costill, 2004）。

正如我们已经讨论过的，针对耐力类运动项目的力量训练计划需要的负荷要略微大于比赛时遇到的负荷，它还需要包含接近项目持续时间内的大量重复次数。采用这些参数能训练运动员的神经系统和代谢系统，以应对自己运动项目特有的疲劳。对于以这种方法构建的训练，运动员在训练时的生理需求与比赛时的生理需求类似。

最大力量对耐力类运动项目的重要性与外界的阻力成正比。例如，400米游泳的运动员的移动速度要快于1500米游泳的运动员。为了产生更快的速度，400米游泳的运动员对抗水的阻力时施加的拉力要大于1500米游泳的运动员。这意味着，相比于1500米游泳的运动员，最大力量对400米游泳的运动员来说更加重要。

然而，在这两种情况下，如果游泳运动员期望更快地游完自己的距离，那么他们必须逐年提升最大力量。这种提升只有当他们增强自己的专项代谢耐力，并增强自己用来对抗水的阻力而做的拉拽动作的力量时才有可能实现。只有这种增强的力量才能更快地推着身体在水中移动。由于训练速度较慢，所以最大力量训练会让游泳运动员变得更慢，这种看法是一种谬论。实际上，最大力量训练是让运动员的神经肌肉系统做出适应来为各种运动项目募集更多的运动单位，从而为增强肌肉耐力提供坚实基础的唯一方法。

根据运动项目的具体要求，有的力量训练计划强调以爆发性方式或者以稳定的速度完成较多的重复次数，通过这样的训练计划增强肌肉耐力的效果最好。所选的练习和重复次数都必须用来产生对运动专项生理需求的预期适应。在最大力量向肌肉耐力转化期间，没有采用合格训练方法的运动员，不可能实现从训练向比赛的积极转换。例如，一个从健身或者举重中借鉴而来的方法认为20次重复是最优的，但它不会对需要不间断地划200下或更多下的运动项目（如游泳、赛艇或皮划艇）或者需要完成约50 000次跨步的马拉松赛跑中的运动员有帮助。

与所有的运动专项周期化模型一样，运动项目中需要完成的重复次数不能突然出现在运动员的训练日程中。相反，运动员必须逐渐地增加（采用专项负荷的）重复次数。这一进程取决于肌肉耐力训练阶段可用的时间以及每个训练组中肌肉处于张力下的目标时间。类似地，必要时，负荷在小周期之间的增加幅度必须在2.5%～5%之间，因为较大的增加幅度会影响运动员能够完成的重复次数。

对于耐力类运动项目，有氧耐力和肌肉耐力必须同时接受训练。这种需求可以通过在不同的训练日训练两种能力或者有时候将它们结合在训练课中的做法来满足。在后一种情况中，肌肉耐力训练应当在训练课最后执行，因为专项耐力训练通常包括技术训练。组合训练会受限于疲劳，并且如果必须降低每天的总训练量，那么这种降低通常出现在肌肉耐力训练中。

这里是一些针对各种运动项目的肌肉耐力训练类型。

- 肌肉耐力动态训练（向心–离心）：周期性运动项目（如赛艇、游泳、自行车、越野滑雪、皮划艇）和其他某些运动项目（如球拍类项目和拳击）。
- 肌肉耐力等长训练：运动员可能需要在长时间内处于特定姿势（即等长收缩）的运动项目（如帆船和赛车）。
- 肌肉耐力混合训练（动态与等长相结合）：格斗、巴西柔术、射击和射箭。

由于不同的运动项目需要运动员在几秒到几小时之间持续开展体力活动，所以教练必须针对这些差异对运动员的肌肉耐力进行培养。为了实现最高的训练效率，根据耐力类运动项目的生理特征，肌肉耐力被划分成了3种类型：短时间肌肉耐力、中等时间肌肉耐力和长时间肌肉耐力。在学习下面建议的训练计划后，教练应当可以根据自己运动员的具体需求和训练背景以及运动项目的物理环境来调整这些计划。

短时间肌肉耐力

持续时间为30～120秒的运动项目包括田径运动中的某些项目、游泳、皮划艇、速滑和滑雪。此外，其他某些运动项目在一场比赛期间经常需要运动员持续进行类似时间的剧烈活动，如冰球、篮球、拳击和摔跤。在这样的剧烈活动中，运动员会积累高水平的乳酸——通常为12～20毫摩尔/升或者甚至更高——这表明，在这些运动项目中，糖酵解系统是主导的部分，或者至少是重要的部分。这些运动项目中的大部分都需要非常强的无氧能力和非常出色的有氧爆发力。

　　耐力类运动项目训练的关键目标是通过训练让运动员耐受疲劳，专项力量训练应当追求相同的目标。随着比赛阶段的临近，针对短时间肌肉耐力的力量训练必须经过精心设计，以使其挑战运动员耐受高水平乳酸积累的能力，因为短时间肌肉耐力的能量来源是血糖，尤其是存储在特定肌肉中的糖原，这些肌肉的无氧代谢能力决定了乳酸的积累水平。经过训练，身体会产生适应来耐受积累的乳酸，其适应的方式是利用乳酸作为能量底物来提高负责移除乳酸的蛋白质的表达水平（Billat et al., 2003）。这种适应会让运动员更好地为比赛所需的精力和最终会影响表现的疲劳做好准备。

　　通过针对短时间肌肉耐力的训练，运动员会形成氧气负债，这种情况是无氧能量系统主导型活动的典型特征。在进行这类活动60～90秒之后，运动员的心率会高达200次/分，并且血液中的乳酸浓度会接近12～20毫摩尔/升或者更高。

　　针对短时间肌肉耐力的训练涉及快速、爆发性地执行重复次数。负荷并不是很大（40%～60%1RM），但是重复次数会高强度地被执行——采用比赛时的速率或者接近比赛时的速率。鉴于该原因，运动员应当尽可能采用最少的练习（2～6项），以达到募集主动肌的目的。

　　重复次数可以精确地设定，但是与间歇训练一样，更加实用的做法是确定每个训练组的持续时间（15～120秒）和完成的速度（快而稳）。如果练习数较少，那么运动员可以完成3～6组。持续时间和组数必须逐步增加。

　　为了引起最快和最高水平的乳酸积累，运动员必须爆发性地完成动作。此外，为了训练运动员，以让其耐受乳酸积累，间歇时间必须能让运动员在酸性的环境中实现高水平的输出功率（组间休息3～8分钟）。

　　表11.7给出了短时间肌肉耐力的训练参数。该方法模拟了乳酸积累随运动项目的动态变化。针对2分钟项目（如800米赛跑、200米自由泳或者1500米滑冰）的短时间肌肉耐力周期训练的一个通用示例如图11.16所示。图11.17展示了一个针对国家级100米蝶泳运动员的6周训练计划样例。

表11.7　短时间肌肉耐力的训练参数

阶段的持续时间	4~6周
负荷	40%~60%1RM（根据运动项目的外界阻力而定）
练习数	2~6项
训练组的持续时间	30~120秒（根据具体运动项目的持续时间而定）
每项练习的组数	3~4分钟
间歇时间	3~8分钟
完成速度	爆发性
每周的频率	2次

第1周	第2周	第3周	第4周	第5周	第6周
2×（4×30秒）	3×（3×40秒）	3×（2×60秒）	3×100秒	3×110秒	3×120秒

图11.16　针对2分钟项目的短时间肌肉耐力周期训练的一个通用示例

练习	周					
	1	2	3	4	5	6
1. 俯卧缆绳下拉（负荷=50%1RM）	2×（4×15秒）	3×（3×20秒）	4×（2×30秒）	3×50秒	3×55秒	3×60秒
2. 仰卧，双臂举到头顶上方，手持药球并向前投掷	2×（4×15秒）	3×（3×20秒）	4×（2×30秒）	3×50秒	3×55秒	3×60秒
3. 腿部伸展（负荷=50%1RM）	2×（4×15秒）	3×（3×20秒）	4×（2×30秒）	3×50秒	3×55秒	3×60秒
4. 缆绳肘关节伸展（负荷=50%1RM）	2×（4×15秒）	3×（3×20秒）	4×（2×30秒）	3×50秒	3×55秒	3×60秒
5. 腹部V形举腿	2×20	2×25	3×25	2×30	2×35	3×35
增负模式						
			高			高
		适中			适中	
	低			低		

图11.17　针对国家级100米蝶泳运动员的6周训练计划样例

中等时间和长时间肌肉耐力

对于持续时间在2分钟及以上的所有运动项目来说，中等时间或者长时间肌肉耐力都是提升表现的关键因素。这类项目包括拳击、摔跤、赛艇、游泳（400~1500米）、皮划艇（1000~10 000米）、公路自行车、越野滑雪及冬季两项和铁人三项中的跑步。针对中等时间或者长时间肌肉耐力的训练可以按照长持续时间间歇训练的原则来执行。该训练方法也可以被称为扩展的间歇训练，因为扩展表明了大活动量和长持续时间的活动类型。

肌肉耐力训练的主要目标是增强运动员应对疲劳的能力。这样的训练会改善运动员的无氧和有氧耐力，因为它采用了较多的重复次数——通常超过100次。在多次重复、不间断的训练组的早期，能量由无氧系统提供。该过程会积累乳酸，在运动员试图继续进行活动的时候，这种积累会为运动员带来生理和心理问题。随着运动员克服困难并继续训练，能量会由氧化系统提供。反复的肌肉耐力训练会导致专项的适应，这种适应会改善必要的局部有氧代谢。

生理适应会促进更好的氧气和能量供应，并加快代谢废物的移除。例如，反复的肌肉耐力训练会增加存储在肌肉和肝脏中的可用糖原量。总体上，肌肉耐力训练会提高生理效率。

由于肌肉耐力训练采用了相对较小的负荷（30%~50%1RM），所以会增强肌肉的长期收缩能力，同时肌纤维的直径不会出现明显的增加。一次只有一定数量的运动单位处于活跃状态；其他运动单位处于静息状态，并且只有在收缩中的肌纤维出现疲劳的时候，它们才会被激活。

对于以肌肉耐力为重要训练对象的运动，提高最大力量也有好处。如果由于最大力量训练，单根肌纤维的直径出现了增加，那么完成肌肉耐力训练任务所需的运动单位数量就会较少。此外，据证实，最大力量训练和快速伸缩复合训练可以提高动作效率。这种由使用较少的运动单位而产生的力量储备类型至关重要，并且它会增强肌肉更加有效地做功的能力。

最大力量训练不应当被最小化。相反，在有限的范围内，它应当被用于该讨论提到的所有运动项目。然而，一旦一般准备阶段结束，进行单纯维持最大力量以外的训练仅能为长持续时间的运动项目，如马拉松以及需要的最大力量不超过30%的运动项目，提供微不足道的好处（Hartmann and Tünnemann, 1988）。

建议持续时间为2~8分钟的运动项目（由有氧爆发力主导的运动项目）使用针对中等时间肌肉耐力的训练，而建议持续时间为8分钟或者更长的运动项目（由有氧能力主导的运动项目）使用针对长时间肌肉耐力的训练。这种区别是有必要的，因为中等时间肌肉耐力具有较强的无氧性，而长时间肌肉耐力具有纯粹的有氧性。针对中等时间和长时间肌肉耐力的训练计划设计会在后面分别加以描述，因为它们的负荷、训练组的持续时间及执行速度明显不同。

针对中等时间肌肉耐力的训练计划设计

该计划推荐持续时间为2~8分钟的运动项目，或者需要高水平有氧爆发力的运动项目使用。它可以按照循环训练或者直线组的方式进行设计。有时候无法以足够的周频率进行运动专项训练，因而在健身房训练期间也必须刺激心肺适应，在这种情况下建议使用循环训练这个选项。建议将直线组用于持续时间较长的运动项目中局部肌肉耐力的发展，用于训练组必须达到运动专项持续时间的时候，以及用于需要稳定输出功率的运动项目。此外，直线组也可以用于间歇性运动项目。我们为3种选项中的每种选项都提供了示例。

中等时间肌肉耐力训练中使用的负荷为30%~50%1RM（见表11.8）。在整个中等时间肌肉耐力训练阶段，某些参数保持不变：负荷、完成速度及练习数（对于有若干个肌群必须接受训练的运动项目，如摔跤和拳击，练习数较多；而对于上肢或下肢肌群占主导的运动项目，如速滑和皮划艇，练习数较少）。而训练组的持续时间每周或者每两周会增加。精确设计计划能让运动员不断地承受高水平的疲劳，使他们学会处理比赛时的疼痛和力竭状态。这就是组间间歇时间较短的原因：使运动员没有足够的时间进行充分恢复。

图11.18展示了中等时间肌肉耐力周期训练的通用示例（如1500米赛跑、300米自由泳、3000米滑冰或者1000米皮艇），图11.19展示了一个针对摔跤运动员的中等时间肌肉耐力训练计划样例。在图11.19中，重复的持续时间和数量会在较长的时间内逐渐地增加。为了响应这种高水平的训练而实现生理学适应，专项力量转化阶段的持续时间必须为8~10周。

表11.8　中等时间肌肉耐力的训练参数

阶段的持续时间	8~10周
负荷	30%~50%1RM（根据运动项目的外界阻力而定）
练习数	4~8项
训练组的持续时间	2~8分钟（根据具体运动项目的持续时间而定）
每项练习的组数	3~4分钟
间歇时间	2~3分钟
完成速度	快
每周的频率	2次

第1周	第2周	第3周	第4周	第5周	第6周
2×（4×60秒）	3×（3×80秒）	3×（2×120秒）	3×200秒	3×220秒	3×240秒

图11.18　中等时间肌肉耐力周期训练的通用示例，适用于持续时间大约为4分钟，并且需要稳定高水平输出功率的项目

为中等时间（和长时间）肌肉耐力而设计的循环训练可以使用杠铃或者其他器械。使用杠铃的优势在于，不同的肢体可以在不停下来休息的情况下进行练习，正如图11.20中的循

环训练所需要的那样。

　　图11.20中的循环训练包括8项练习，这些练习在9~10周之后按照下面的方式执行。运动员将负荷为40%1RM的杠铃放在地上，并执行50个硬拉。在完成最后一次重复时，运动员放下杠铃，躺在健身椅上，并做50个卧推。接着，运动员迅速地举起杠铃，将杠铃放在肩膀上，并执行50个半蹲。完成最后一个半蹲之后，运动员坐在健身椅上，执行50个手臂弯举，然后从地面上拿起一个壶铃，并执行50个壶铃摆动。完成之后，运动员转而执行50个俯身划船，之后迅速地将杠铃放在肩膀上，执行50个提踵，随后在地面上执行50个V形举腿。在我们假设的循环练习中，所执行的总重复次数为400次。

练习	周							
	1	2	3	4	5	6	7	8
泽奇深蹲	2×120秒	2×120秒	3×120秒	3×120秒	2×（2×60秒）	2×（2×60秒）	3×（3×40秒）	3×（3×40秒）
仰卧推举	2×120秒	2×120秒	3×120秒	3×120秒	2×（2×60秒）	2×（2×60秒）	3×（3×40秒）	3×（3×40秒）
臀桥	2×120秒	2×120秒	3×120秒	3×120秒	2×（2×60秒）	2×（2×60秒）	3×（3×40秒）	3×（3×40秒）
拉力器（中位窄距握法）	2×120秒	2×120秒	3×120秒	3×120秒	2×（2×60秒）	2×（2×60秒）	3×（3×40秒）	3×（3×40秒）
杠铃弯举	2×120秒	2×120秒	3×120秒	3×120秒	2×（2×60秒）	2×（2×60秒）	3×（3×40秒）	3×（3×40秒）
农夫走道	2×100秒	2×100秒	3×80秒	3×80秒	2×（2×60秒）	2×（2×60秒）	3×（2×40秒）	3×（2×40秒）

图11.19　针对摔跤运动员的中等时间肌肉耐力训练计划样例

练习	周数			
	3或4	3	3	2
壶铃摆动 卧推 半蹲 手臂弯举 硬拉 俯身划船 提踵 V形举腿	逐步达成一个目标：以30%~50%1RM的负荷为每项练习不停地执行50~60次重复	不停地执行2项练习，或者总共执行100次重复（如做完50个半蹲之后，再做50个手臂弯举）；为剩下的6项练习配对	不停地执行4项练习，或者总共200次重复。在一段间歇时间之后，以相同的方式执行其他的4项练习	不停地执行所有的练习（8项练习×50次重复＝不停地执行400次重复）
间歇时间	练习之间休息1分钟	成对练习之间休息1~2分钟	组间休息2分钟	1分钟

可以为其他运动项目制订类似的计划，如400~1500米游泳、中等距离速滑、皮划艇。

图11.20　针对赛艇运动员的中等时间肌肉耐力循环训练

该方法的优势在于，由于训练在不同的肌群之间进行交替，心肺系统在整个循环训练期间都会被涉及。该训练会培养肌肉耐力和有氧耐力——二者对于本章中讨论的任何运动项目来说都是关键能力——例如，当运动员无法在大周期内做大量专项代谢训练的时候，这种训练特别有利。

为了进一步阐明图11.20所示的信息，教练应当考虑下面的指南。

- 每项练习的重复次数要逐渐地增加到40~60次（甚至更多），这可能需要2~3周的时间。
- 练习数量会根据运动项目的需求而发生变化。
- 最前面的练习与最后面的练习的优先级不同，如当后者的优先级较低时，它们的重复次数可能会有所不同。
- 在同一个循环训练中，相同的练习可以重复两次，以强调该肌群在运动项目中的重要性。
- 上肢和下肢的练习数量可能不同，具体取决于运动员的强项和弱项以及运动项目的需求。
- 对于初学者来说，硬拉的负荷必须较小（30%~40%1RM），并且要谨慎地使用（采用长期的递进过程）。
- 在整个循环训练期间，运动员应当维持稳定的速度，即使在有更快移动和做完练习的冲动时也要如此。
- 教练应当在训练之前设置好所有需要的器械，使运动员从一项练习过渡到另一项练习时耗费的时间尽可能少，尤其在健身房中。在这类情形下，不错的选择包括在封闭空间执行的杠铃和哑铃练习。
- 运动员在第二阶段应当不停地执行2项练习，在第三阶段应当不停地执行4项练习，而在最后一个阶段应当不停地执行所有的8项练习。
- 运动员可能需要8~10分钟或者更长的时间来不停地执行8项练习，具体根据他的运动项目的类别而定。持续时间更长的循环训练是为了更好地增强长时间肌肉耐力而设计的。
- 由于中等时间、长时间肌肉耐力训练都涉及苛刻的生理要求，所以该方法应当只能被具有深厚力量和耐力训练背景的运动员（国家级或者更高级别的运动员）使用。要求不太苛刻的循环训练（用于青少年）应只包括4~6项练习。
- 由于推荐的递进过程——先不停地执行2项练习，然后不停地执行4项练习，再不停地执行8项练习——所执行的练习数量最好是偶数。
- 随着运动员在最后阶段适应不停地执行所有的练习，教练可以使用秒表来监测增强的效果。由于逐渐适应，运动员完成循环训练所需的时间应该减少。

图11.21展示了一个针对拳击运动员的中等时间肌肉耐力训练计划样例。在该计划中，从

第一项练习到最后一项练习，运动员必须采用稳定的节奏不停地执行，但是要尽可能地快。唯一的例外是蹲跳，在该练习中，运动员在离心阶段必须以快速但受控的方式执行，以避免深度的膝盖压缩。

练习	第1周	第2周	第3周	第4周
单臂站姿药球胸前投掷	4×10次重复，10秒的间歇时间	5×10次重复，10秒的间歇时间	6×10次重复，10秒的间歇时间	6×10次重复，10秒的间歇时间
蹲跳（50%1RM）	30次重复	30次重复	30次重复	30次重复
壶铃摆动	1分钟	1分钟	1.5分钟（比第1周和第2周的壶铃更轻）	1.5分钟（与第3周一样的壶铃）
循环练习组内的间歇时间	1分钟	1分钟	1分钟	1分钟
单臂站姿药球胸前投掷	4×10次重复，10秒的间歇时间	5×10次重复，10秒的间歇时间	6×10次重复，10秒的间歇时间	6×10次重复，10秒的间歇时间
双臂站姿药球下砸	4×10秒，10秒的间歇时间	5×10秒，10秒的间歇时间	6×10秒，10秒的间歇时间	6×10秒，10秒的间歇时间
循环练习组间的间歇时间	1分钟	1分钟	1分钟	1分钟
循环的数量	3次	3次	3次或4次	4次或5次
单次循环的总持续时间	8分钟	9分钟	10分钟	10分钟

为了延长循环的持续时间，可以再增加一项练习，如仰卧卷腹。职业拳击运动员必须逐渐使用更多的循环（如将循环重复5~7次）来满足在擂台上打完10个或者12个回合的肌肉耐力需求。

图11.21 针对拳击运动员的中等时间肌肉耐力计划样例

对于单臂站姿药球胸前投掷，运动员需要对着一面结实且有回弹性的墙面进行投掷。投掷必须模仿拳击中的出拳，水平向前地执行，并且另一只手臂只是作为支撑，目的是将药球举在胸前。药球的起始重量可以为6~8磅（具体根据拳击运动员的体能而定）。药球的重量每周或者每两周应当减少1~2磅。

由于拳击运动员的上肢肌肉必须耐受更偏有氧类的活动，所以上肢练习组的持续时间是分开的。教练可在一个回合的持续时间后安排间歇时间，然后将间歇时间逐渐安排在较长的练习时间之后，以确保高水平的输出功率和专项肌肉耐力的发展。

针对长时间肌肉耐力的训练计划设计

持续时间较长的运动项目的运动员需要一种不同的生理训练。在大部分这类运动项目中，运动员会对抗给定事物带来的阻力并施加力——如游泳、赛艇和皮划艇中的水，骑自行车时的脚蹬（体重被当作力量，尤其在上坡的时候），速滑中的冰，以及越野滑雪和冬季两项中的雪和各种地形。这类运动项目中的主导能量系统是氧化系统，并且表现的提升有望源自中枢和周围有氧耐力的增强。中枢（心血管）适应主要通过运动专项训练实现，因此，教练必须本着增强局部肌肉力量的目的设计力量训练。

为了增强长时间肌肉耐力，关键的训练参数是不停地执行大量的重复次数。其他的训练参数保持不变，如表11.9所示。

表11.9 长时间肌肉耐力的训练参数

阶段的持续时间	8~12周
负荷	30%~40%1RM
练习数	4~6项
每节训练课的组数	2~4组
间歇时间	循环练习组间间歇2分钟，组间间歇1分钟
完成速度	中等
每周的频率	2次或3次

由于长时间肌肉耐力的一个训练目标是使运动员能够处理疲劳，所以较短的间歇时间不允许运动员实现完全的恢复。实际上，运动员在改变站点的过程中，只能获得非常短的休息时间（通常为5~10秒）。类似地，对于直线组训练，教练只能安排较短的间歇时间——目的是防止彻底的肌肉恢复——从而进一步增强运动员的局部肌肉耐力。

图11.22展示了针对经验丰富的马拉松皮划艇运动员的长时间肌肉耐力训练计划样例。为了对长时间的稳定训练进行监测，持续时间以分钟表示，而不是以重复次数表示。

完成前两项练习时，运动员可以利用健身中心或者学校体育馆内可用器械的任意组合。执行最后两项练习时，运动员必须采用弹力带，这在许多体育用品店都能买到。为了训练长距离的皮划艇运动员，训练前弹力带必须被固定，使得手臂的拉动或者肘部的伸展——皮划艇中的典型运动——可以以坐姿执行。

每项练习的训练组持续时间必须基于每个运动员的训练耐受性和表现水平。教练还必须考虑训练的总持续时间。为了训练长时间肌肉耐力，有些人建议从直线组逐渐过渡至循环训练；相反，我们建议从循环训练逐渐过渡至直线组，以进一步地增强局部肌肉耐力。理由如下：循环训练带来的心肺影响要大于直线组。然而，训练长时间肌肉耐力的运动员已经具备了高水平的心肺耐力，因为他们会将90%的年度训练总时间投入运动专项活动。因此，他们的专项力量训练必须专注于增强主动肌的局部肌肉耐力。

等长肌肉耐力

为数不多的运动项目需要运动员在比赛期间进行长时间的等长收缩，如帆船和赛车项目。在帆船的训练和比赛期间，运动员要摆出专项姿势（大多数情况下是静态的），在摆出该姿势时，身体的一些部分会执行长时间的等长收缩。例如，帆船运动员可能要坐在甲板的一

练习	周数					
	2	2	2	2	2	2或3
腿蹬举 手臂拉动练习（弹力带） 卧推 腿蹬举 手臂拉动练习（弹力带） 肘部伸展练习（弹力带）	采用30%1RM的负荷，进行4分钟不间歇训练	进行7分钟训练。为了维持合适的训练持续时间，每次循环要在腿蹬举和手臂拉动练习之间进行选择（从而每次循环做5项练习）	进行10分钟不间歇训练。为了维持合适的训练持续时间，应移除腿蹬举和手臂拉动练习（从而每次循环做4项练习）	进行6分钟不间歇训练。休息1分钟，重复训练组，然后继续进行下一项练习	进行8分钟不间歇训练。休息1分钟，重复训练组，然后继续进行下一项练习。为了维持合适的训练持续时间，只执行一组腿蹬举和手臂拉动练习	进行10分钟不间歇训练。休息1分钟，重复训练组，然后继续进行下一项练习。为了维持合适的训练持续时间，应移除腿蹬举和手臂拉动练习（从而共做4项练习）
完成的循环数	3	2	2	—	—	—
每项练习的组数	—	—	—	2	2	2
循环练习组间的间歇时间	2分钟	2分钟	2分钟	—	—	—
练习之间的间歇时间	—	—	—	1分钟	1分钟	1分钟
锻炼的持续时间	76分钟	72分钟	82分钟	84分钟	84分钟	84分钟

类似的训练理念可以用于其他运动项目，如长距离越野滑雪、皮划艇、马拉松游泳和铁人三项。

图11.22　针对经验丰富的马拉松皮划艇运动员的长时间肌肉耐力训练计划样例

侧，同时握住一根绳子来保证船帆处于最有效的位置。为了这样做，运动员要收缩身体的某些部位，如腹部、腿部、腰部和手臂。

赛车运动中的专项力量训练是在体育馆内开展的，与之不同，帆船的等长肌肉耐力训练可以在船上或者不在船上开展，就像下面的例子所说明的那样。训练期间，运动员可以使用负重背心来让上肢超负荷，从而在转弯期间相对于重力和离心力形成额外的生理挑战。负重背心可以配备不同的重量，通常高达35磅。训练目标可以设置为逐渐增加负重背心的重量或者延长使用它的时间。图11.23展示了一个帆船项目中在船上使用负重背心的递进样例。

该递进样例只是一个指南，教练可以根据运动员个人的身体素质、需求和训练环境对其进行调整。不管帆船运动员生活中的气候是否有利于整年的训练，针对帆船的训练都应当包含一个准备阶段。等长肌肉耐力训练在帆船项目中占主导地位，图11.24展示了一个针对帆船项目的力量训练计划样例。运动员保持等长收缩的角度必须具有专项性。再次需要说明的是，这只是一个样例，教练应当通过调整让其适合运动员的需求。

负重背心的重量	10千克	12千克	15千克
持续时间	2×15分钟	3×15分钟	4×20分钟

图11.23 帆船项目中在船上使用负重背心的递进样例

练习	周						间歇时间
	1	2	3	4	5	6	
1.手臂拉动练习	5×60秒	4×90秒	3×120秒	2×180秒	2×240秒	2×240秒	1分钟
2.腿蹬举	5×60秒	4×90秒	3×120秒	2×180秒	2×240秒	2×240秒	2分钟
3.腿弯举	4×30秒	4×45秒	2×60秒	2×90秒	2×120秒	2×120秒	2分钟
4.背部伸展	5×60秒	4×90秒	3×120秒	2×180秒	2×240秒	2×240秒	2分钟
5.卧推	5×60秒	4×90秒	3×120秒	2×180秒	2×240秒	2×240秒	1分钟
6.罗马椅等长卷曲	5×60秒	4×90秒	3×120秒	2×180秒	2×240秒	2×240秒	1分钟

图11.24 针对帆船项目的力量训练计划样例

采用混合收缩方法训练的肌肉耐力

采用混合收缩方法训练的肌肉耐力专门针对某些运动项目，如格斗、巴西柔术、射击和射箭。这类运动项目的运动员需接受混合收缩训练，如向心-等长-离心收缩，以为重大比赛做好准备。

以射击项目为例，该项目中的手枪重约1.4千克。比赛期间，射击运动员要将手枪举起20次，每次都要保持等长收缩状态10~15秒，并且间歇时间有限。训练不佳的运动员的手臂会抖动，并且这种情况主要出现在比赛临近结束的时候，这肯定非常不利于实现高水平的射击表现。因此，该运动项目的训练目标是，采用比手枪更重的重量，并且训练的持续时间为运动项目中的等长收缩时间，组间休息时间为运动项目中的间歇时间（决赛时为20秒）（见图11.25）。

周数	2	2	2
哑铃重量	1.5千克	2千克	2.5千克
45度起身	18组×1次重复	16组×1次重复	14组×1次重复
专项关节角度时的等长收缩时间	15秒	15秒	12秒
训练组间的间歇时间	50秒	50秒	50秒

图11.25 针对射击项目的向心-等长-离心混合收缩训练递进样例

射击项目中的技术动作如下：将手枪从髋部举至肩膀高度，保持10~15秒不动，射击，然后将手枪放回起始位置。射箭中也需要使用类似的技术动作，射箭运动员对抗阻力执行向心-等长收缩，同时拉开弓弦，并保持几秒（5~10秒）。然后，射箭运动员释放箭，并将弓放回，为下一次射箭做准备。

在地面打斗期间，综合格斗的特征也是离心-向心和等长收缩的混合。格斗和巴西柔术也需要这样的收缩。一如既往地，这些运动项目的力量需求必须反映在运动员的力量训练中。通过利用穿插在离心-向心练习中的功能性等长收缩，或者利用直线等长练习来针对进行等长收缩的主动肌，这种需求就可以得到满足（见图11.26）。

练习动作1-3-5**			
练习	组数	重复次数/次	间歇时间
硬拉	3	1（75%1RM）	2分钟
卧推	3	2（75%1RM）	2分钟
体前屈	3	5（2次不到力竭状态的重复次数）	2分钟
采用功能性等长收缩的引起向上	3	3（70%1RM）	2分钟
臀桥	3	3（70%1RM）	2分钟
桡向偏差	2	8	1分钟
负重仰卧起坐	2	6	1分钟
练习动作2-4-6***			
练习	组数	重复次数或重复时间	间歇时间
等长跪姿体前屈	3	60秒	2分钟
等长仰卧推举	3	60秒	3分钟
单臂哑铃划船	3	5次（2次不到力竭状态的重复次数）	90秒
直臂前举	3	8次	90秒
站立提踵	3	8次	90秒
在稳定球上进行等长颈部伸展	3	60秒	1分钟
土耳其起立	3	3次+3次（左/右）	90秒
农夫走道	3	60秒+60秒（左/右）	90秒

** 练习动作1-3-5在第1周执行2次，在第2周执行1次。
*** 练习动作2-4-6在第1周执行1次，在第2周执行2次。

图11.26 采用向心-离心和等长收缩的混合训练计划样例，用于综合格斗、格斗或者巴西柔术的运动员

维持、停止和补偿

力量是与整体竞技表现有关的重要生理性因素。特别是更具爆发性的技能需要更大的最大力量和更强的爆发力，而更长时间的活动需要更强的肌肉耐力。在这两种情况下，出色的表现都需要力量的重要贡献。

只有神经肌肉系统维持由训练引起的细胞适应，运动员才能享受到力量为竞技表现带来的好处。当力量训练停止时，随着肌肉收缩特性的减弱，力量训练的好处就会很快减少。其后果是产生停训效应，即力量对竞技表现的贡献明显减少。为了避免停训效应，运动员在比赛阶段必须开展运动专项的力量维持计划。

力量维持计划还会影响运动员在年度主要比赛中的巅峰表现水平。在一些运动项目中，尤其是在爆发力类项目中，巅峰表现通常在比赛阶段的早期实现。在这段时间里，教练往往会忽视力量训练，因为专项的技术和战术训练占据了主导地位。遗憾的是，随着赛季的推进，力量训练的缺失会导致表现水平的降低。在赛季早期，此时进行力量训练还有效，运动员还可以表现出预期的水平。但是当运动员爆发性收缩肌肉的能力减弱时，其表现水平也会降低。

根据周期力量训练理论，最大力量训练阶段内实现的最大力量应当在转化阶段转变为肌肉耐力或者爆发力，同时，运动员要维持最大力量水平。这样做可以让运动员尽可能发展出最出色的运动专项力量，并让他们具备在比赛阶段取得优异成绩所需的生理能力。运动员必须维持该生理基础，以在整个比赛阶段保持最佳表现。

271

　　为了实现这一目标，教练在整个比赛阶段必须制订一套运动专项力量维持计划。最大力量是运动专项力量维持计划的关键因素。许多运动项目都需要在赛季内维持一定的最大力量，这主要采用的是低训练量的最大负荷方法（通常采用最大力量训练阶段最大负荷小周期所用负荷的40%～50%）。如果最大力量方面的增益是在过短的最大力量训练阶段内产生的，那么它会以更快的速度衰退。

　　此外，在许多运动项目中，唯一完成的力量训练类型是运动专项的爆发力训练。最大力量通常会被忽略，因此其增益不会持久。当只在准备阶段进行力量训练时，教练会出现方法上的错误，在这种情况下，随着比赛的推进和临近比赛巅峰，运动员得到的力量增益会减少。

　　脑海中有了这些概念，教练就不应当再问是否要在比赛阶段制订力量维持计划，而应当问如何做。他们必须记住运动项目的主导能力，并且仔细考虑运动员需要维持什么类型的力量。大部分运动项目都需要一定的最大力量、爆发力和肌肉耐力。因此，最重要的决策不是维持3种能力中的哪种能力，而是以什么样的比例维持这3种能力，以及如何将它们最佳地整合到训练中。

　　爆发力类运动项目的运动员必须维持最大力量和爆发力。因为这些能力无法互相替代——相反，它们是互补的——所以教练和运动员不应当以牺牲一种能力为代价来维持另一种能力。例如，田径运动中的投掷运动员和美式橄榄球中的边锋在比赛期间维持的最大力量必须与爆发力的比例大致相等。根据在场上的位置，集体项目中的大部分运动员应当维持最大力量、爆发力以及爆发力耐力或者肌肉耐力。然而，对于耐力类运动项目，最大力量和肌肉耐力之间的比例取决于项目的持续时间和占主导地位的能量系统。对于大部分耐力类运动项目，肌肉耐力在力量部分占主导地位。对于不同类型的力量，其维持比例还取决于比赛阶段的持续时间。比赛阶段的持续时间越长，维持一定的最大力量就越发重要，因为最大力量是爆发力和肌肉耐力的重要组成部分。忽视这一事实会导致最大力量的停训效应，从而对爆发力和肌肉耐力产生影响。表12.1展示了各种运动项目和场上位置不同的运动员在比赛期间要维持的不同力量类型的比例。

药球训练可以帮助运动员维持爆发力水平

表12.1 比赛阶段要维持的力量比例

运动项目或 场上位置	最大力量的 百分比/%	爆发力的 百分比/%	爆发力耐力的 百分比/%	肌肉耐力的 百分比/%
田径运动				
短跑项目	40	40	20	—
跳跃项目	30	70	—	—
投掷项目	50	50	—	—
棒球				
投球手	40	40	20	—
场内位置	20	70	10	—
篮球	20	60	20	—
冬季两项	—	—	20	80
拳击	20	20	30	30
皮划艇				
500米	40	30	20	10
1000米	20	20	20	40
10 000米	—	—	20	80
自行车				
200米场地赛	40	40	20	—
4000米争先赛	10	30	20	40
跳水	30	70	—	—
击剑	20	50	30	—
草地曲棍球	—	40	20	40
花样滑冰	40	40	20	—
美式橄榄球				
边锋	50	50	—	—
线卫	30	50	20	—
跑卫	30	50	20	—
外接手	30	50	20	—
防守后卫	30	50	20	—
尾后卫	30	40	20	10
澳式足球	30	40	20	10
冰球	20	40	30	10
武术	—	60	30	10
赛艇	20	—	20	60
橄榄球	30	40	30	—
滑雪				
高山滑雪	40	30	30	—
北欧式滑雪	—	—	20	80

续表

运动项目或场上位置	最大力量的百分比/%	爆发力的百分比/%	爆发力耐力的百分比/%	肌肉耐力的百分比/%
足球				
守门员	40	60	—	—
场内位置	30	50	20	—
速滑				
短距离	30	50	20	—
长距离	—	10	20	70
游泳				
短距离	40	40	20	—
中距离	10	10	20	60
长距离	—	—	20	80
网球	10	50	30	10
排球	40	50	10	—
水球	10	20	20	50
摔跤	20	20	20	40

　　前面章节中建议使用的训练方法同样适用于在比赛阶段开展的力量维持计划。在该阶段，不同之处不在于方法，而在于力量训练相比于技术、战术以及其他训练的训练量。在该阶段，力量维持计划应当隶属于其他类型的训练。运动员应当使用最少的练习数（2~4项，对于某些多关节的运动项目，练习数可以为6项）来针对主动肌进行训练。通过这种方法，运动员会尽可能耗费最少的能量来维持力量，从而将绝大部分能量留给技术和战术训练。

　　比赛阶段每周的1~3节训练课应当尽可能短。实际上，良好的力量维持计划通常可以在20~30分钟的时间内完成。当然，力量维持训练课的开展频率还取决于比赛日程。如果周末没有安排比赛，那么可以在一个小周期内安排2节（也有可能是3节）力量维持训练课。如果周末安排了比赛，那么可以安排1节（也有可能是2节）简短的力量维持训练课。

　　组数通常也比较少（1~4组），具体根据运动员是在为爆发力耐力还是在为肌肉耐力训练而定。对于爆发力和最大力量，有可能的组数是2~4组，因为重复次数通常较少。间歇时间应当比平时更长，从而使得运动员可以在休息期间基本实现完全恢复。开展力量维持计划的目的并不是使运动员产生疲劳，而是使其稳定表现和维持高水平的输出功率。对于肌肉耐力训练，应当只执行1~2个训练组，因为重复次数较多。对于比赛阶段的中等时间肌肉耐力的训练，训练组的持续时间不应当超过1分钟；对于长时间肌肉耐力的训练，不应当超过6分钟。

　　一套力量维持计划内，每个小周期的安排取决于运动员所维持的力量类型。对于爆发力训练，运动员应当通过采用接近比赛时所遇到的阻力，完成能增强爆发力的练习。建议使用两种类型的阻力：增加负荷和降低负荷。增加负荷训练涉及使用略大于比赛负荷的负荷，它会增强最大力量和爆发力。这种类型的练习应当专门针对运动专项的主导技能。建议主要在比赛阶段的早期将这种类型的练习用作从最大力量向爆发力的过渡练习。相反，降低负荷训练涉及采用小于比赛负荷的负荷。它会增强爆发性，并且主要用于重大比赛前的训练阶段。

两种类型的负荷都会增强运动员调用大量快缩型肌纤维的能力，并改善所涉及肌肉的协调性。一般地，如果比赛阶段长于5个月，那么运动员至少应当将总训练时间的25%用于维持最大力量，因为最大力量的停训效应会对运动专项力量产生消极的影响。

比赛阶段增负模式的变式

力量训练计划不是一成不变的，而应当根据运动员的健康状况与训练进展、运动项目的需求及比赛日程来进行灵活调整。训练课内容的计划须匹配运动专项要素在该训练课内的整体强度或者需求，并且应当考虑与比赛的接近性。本部分建议使用的示例假设力量训练是在专注于技术和战术的专项训练以及针对速度与专项耐力的练习之后开展的。因此，运动员可用的时间或能量极少，力量训练必须是间断的并且具有专项性。

下面的指南较为详细地解释了整个比赛阶段小周期内力量与爆发力维持训练课的增负参数。我们对大负荷、中等负荷和小负荷的环节以及某些其他一般的考虑因素进行了描述。

- 大负荷或者要求苛刻的力量训练课持续20~30分钟。它会训练最大力量，或者最大力量与爆发力的组合。运动员总共执行4~5项专门针对主动肌的练习。训练时采用的负荷为70%~80%1RM（有时候高达90%1RM，具体根据练习类型和运动项目而定），并且训练时要尽可能快速和具有动态性，同时要使用良好的技巧。运动员在2~4个训练组内执行1~3次重复，并且组间间歇时间为2~3分钟。
- 中等负荷的力量训练课也持续20~30分钟。它会训练最大力量、爆发力或者二者的组合。运动员总共执行3~4项练习。训练时采用的负荷为60%~70%1RM。运动员在2~3个训练组内执行3~5次爆发性的重复次数，并且组间间歇时间为2~3分钟。
- 小负荷力量训练课持续15~30分钟。它会训练最大力量、爆发力或者二者的组合。运动员总共执行2~3项练习，并且爆发性地移动50%~60%1RM的负荷。运动员在2~3个训练组内执行1~6次爆发性的重复，并且组间间歇时间为2~3分钟。
- 间歇时间应当根据练习的数量和训练组的训练量进行调整，以适配规定的训练时间，但是通常应较长。
- 训练相同肌群的力量和爆发力练习可以按照跳组的方式进行配对，这样做不仅可以节省训练时间，还可以在包含相同练习的两组之间留有充足的间歇时间。

下面展示了一些增负模式动态变化的实际示例，它们适用于比赛阶段小周期内的个人项目和集体项目。

个人项目

图12.1展示了一个力量训练计划，建议将其用于速度与爆发力类项目（如田径运动中的短跑、跳跃和投掷项目，50米游泳，武术，击剑）比赛阶段内的运动员。比赛后的前2~3个训练日的训练目标是复原，因此只计划了2节训练课，2节训练课都在训练周靠后的部分，并且第1节训练课的强度较低。

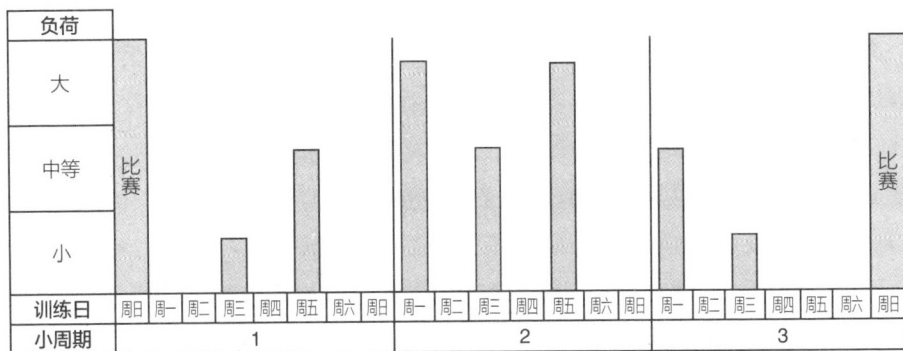

图12.1　建议速度与爆发力类项目（比赛间隔时间为3周）比赛阶段内的运动员使用的力量训练（和增负幅度）计划

力量训练具有挑战性的时间为第2周。第3周涉及再次在比赛中实现巅峰表现，因此只计划了2节训练课，并且第2节训练课的强度较低。为了确保周三的训练课要求较低，2~3个力量和爆发力训练组间的间歇时间应当较长（3~4分钟），以便运动员实现充分复原。此外，每组的重复次数绝对不应导致力竭（如以50%1RM重复3~6次，以55%1RM重复2~5次或以60%1RM重复1~2次）。采用这种方法能防止出现身体疲劳，以免影响运动员在后续比赛中的表现。

图12.2处理的是比赛间隔时间为2周的运动员所遇到的类似问题。设计此类计划时，在首场比赛之后，教练应当允许运动员进行2~3天复原性的低强度训练。下一场比赛前的2~3天，为了有助于实现巅峰表现，训练必须再次使用低强度。

在个人项目中，周比赛不是理想选择，因为运动员参加的比赛越多，他们训练的时间就越少。在每周进行比赛的阶段内，尤其当运动员疲劳水平较高时，大部分教练都在寻找可删减的训练部分，遗憾的是，力量训练通常首当其冲。实际上，教练应当减少专项训练的训练量，并保持较高的一般训练量，以缓解专项生理系统的疲劳。

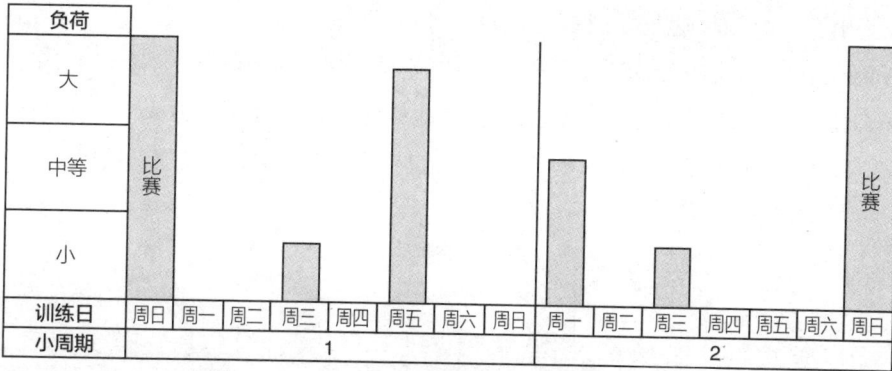

图12.2　建议比赛间隔时间为2周的运动员使用的力量训练计划

对于周比赛是常态的运动项目，图12.3提出了一个力量训练计划，经过修改，它可以使运动员适应高水平的疲劳。然而，教练应当记住，在周比赛的过程中，计划太多的训练周期会产生这样的后果：过度训练以及随之而来的速度和爆发力的损失。

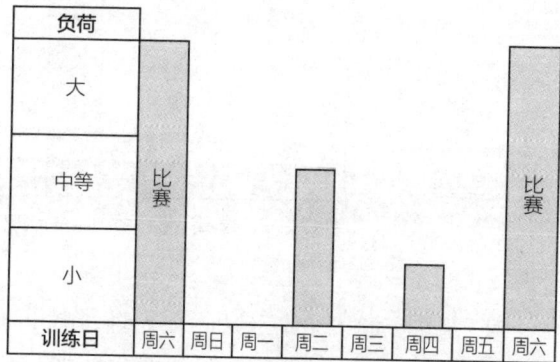

图12.3　建议周比赛是常态的运动项目使用的力量训练计划

集体项目

虽然专项耐力的重要性不可否认，但是爆发力对于大部分集体项目来说都是主导能力。为了避免爆发力的停训效应，教练在整个比赛阶段必须制订一套维持计划。本部分展示的例子针对的是两种比赛日程：每周一场比赛和每周两场比赛。这些例子适用于大学棒球、大学篮球、排球、美式橄榄球、冰球、草地曲棍球、澳式足球、足球、橄榄球、长曲棍球和水球。

虽然集体项目的教练和运动员面临着各种各样的压力——例如，需要安排或进行更多的技术或战术训练以及考虑球队在联盟中的排名——但是教练必须挤出时间，运动员必须挤出能量来专注于维持力量和爆发力。实际上，比赛阶段越长，爆发力的维持就越重要。图12.4针对每周六进行一场比赛的

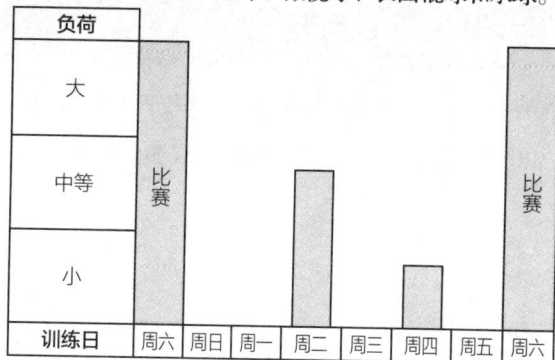

图12.4　建议每周六进行一场比赛的集体项目运动员使用的维持计划

情况提出了一个计划，但是通过调整，它也可以用于训练周的其他训练日。其中，周二使用中等负荷，但如果运动员的疲劳水平高于预期，那么使用小负荷可以降低整体的训练要求。

即使对于每周有两场比赛的集体项目，运动员也有可能开展针对力量的维持计划（见图12.5）。然而，计划应当仅由3项练习组成，且负荷为50% ~ 70%1RM或者最多持续20分钟的2 ~ 3个训练组。

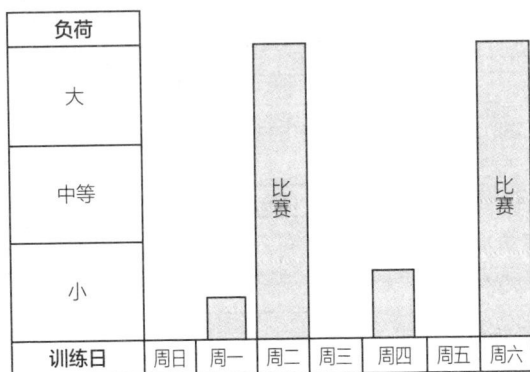

图12.5　建议每周进行两周比赛的集体项目运动员使用的维持计划

对于某些运动项目中的运动员，如美式橄榄球中的边锋、田径运动中的投掷运动员和重量级的拳击运动员与摔跤运动员，其力量维持计划看起来会大不相同。建议这类运动员使用的维持计划的持续时间为60 ~ 75分钟。其要维持的力量包括40% ~ 50%的最大力量和50% ~ 60%的爆发力。运动员应采用70% ~ 80% 1RM的负荷，尽可能爆发性地执行4 ~ 6项练习。他们应在3 ~ 6个训练组内执行3 ~ 6次重复，并且组间的间歇时间为3 ~ 4分钟。

对于在训练和比赛期间执行多次跳跃的集体项目（如篮球或排球），相比于准备阶段末期，快速伸缩复合训练的训练量应当减至最少。这种减少会减小整个赛季内运动员的双腿所承受的压力。

力量维持计划应当在年度最重要比赛前的3 ~ 13天结束，从而使运动员可以利用自己所有的能量来尽可能实现最佳的表现。较长的中止阶段尤其适用于速度是基础能力的运动项目（如田赛项目、非接触或者低接触的武术及足球）。

第13章

实现巅峰表现

　　许多教练和运动员认为能否达到巅峰表现与运气有关。然而，实际上，在比赛中实现巅峰表现只不过是应用一种策略的结果，你可以通过控制负荷使运动员在重要比赛之前达到身体和心理上的极好补偿，从而实现巅峰表现。我们经常见到的表现不一致可能源自运动员在准备期间所做的训练，源自准备期间训练量、强度与恢复之间的比例，或者源自运动员所参加的比赛场数。

　　下面的顺序对于运动员实现巅峰表现来说至关重要。

　　（1）为比赛进行训练。

　　（2）在再次开始训练之前，进行恢复和复原。

　　（3）为下一场比赛进行训练。

　　（4）控制负荷，以进行超补偿，并在下一场比赛期间实现巅峰表现。

　　我们可以将巅峰状态定义为一种暂时的竞技状态——最多可以维持2~3周——这种状态的特征是最高的心理和生理效率以及最优的技术和战术准备。

从心理学的观点来看，巅峰状态是针对特定动作的一种准备状态，这种状态具有强烈的情绪兴奋性。对于心理学观点上的巅峰状态，其在客观方面表现为更迅速、更有效地适应比赛压力的能力。

减负方法

巅峰表现在小周期内的动态变化可以让运动员以最佳状态下的心理能量面对年度内最重要的比赛。综合起来，这些小周期代表了一种减负大周期。它们用于大部分运动项目——特别是个人项目——而与年度计划的结构无关（单周期、双周期或三周期），目的是实现巅峰表现。在减负大周期中，训练负荷会逐渐减少，这样做的目的是消除之前的训练阶段所引起的疲劳以及维持或者增强训练引起的积极适应。

减负大周期的持续时间最长为3周，目的是避免对表现来说至关重要的生理系统出现停训效应。这与某些运动项目中的传统做法不同，如游泳使用5~6周的减负时间，其间训练量的减少以及强化程度的同时降低，可能会让运动员在最紧要的时候出现欠佳的表现。

没有通过2周的减负时间实现巅峰表现，或者在年度最重要的比赛之后立即出现延迟的巅峰表现的运动员可能是慢速或者双相的响应者，因此他们需要3周的减负时间。

大部分不处于过度训练状态的运动会会对减负阶段做出迅速的响应，并且到第3周时开始出现停训效应。由于过度训练状态准确来说是一种内在负荷较大的状态，所以我们可以说，决定减负阶段持续时间的基本因素是运动员在年度最重要比赛之前3周的内在负荷状态。其他因素，如体重、性别、预减负大周期的负荷、所选的减负策略、每周训练的时间，会影响减负方法。表13.1总结了一些影响赛前减负阶段持续时间的因素。

减负期间的减负策略与预减负大周期的总负荷有关（从而与内在负荷有关）。导致过度训练状态的大负荷预减负大周期需要较快地减负，如3周持续时间内的快速指数式减负，或者2周持续时间内的阶梯式减负。而负荷较小的预减负大周期可能需要较慢地减负（慢速指数式减负或者线性减负），或将减负的持续时间减少为7~10天，而不再是14天。面对这些问题，教练必须利用自己的经验以及本章提供的信息来决定减负阶段应较长还是较短、减负速度应较快还是较慢。

减负指南

为了为每位运动员设计理想减负阶段的起点，我们建议采用为期2周的指数式减负，并将训练量降低60%，而在此之前是为期3周的高强度训练大周期。为了降低运动员的内在负荷，在减负期间可以控制的训练因素是强度、训练量和训练频率。

表13.1 影响赛前减负阶段持续时间的因素

特征		减负持续时间内的效应
体重	大	持续时间较长
	小	持续时间较短
性别	男性	持续时间较长，用于维持力量的时间较少*
	女性	持续时间较短，用于维持力量的时间较多*
预减负大周期的负荷	大	持续时间较长
	小	持续时间较短
减负期间的减负策略	线性	持续时间较长
	阶梯式	持续时间较短
每周的训练时间	长	持续时间较短（>15小时）
	短	持续时间较短（<10小时）

*这是因为男性运动员消除疲劳的速度较慢，并且维持力量的时间较长。

控制强度

一些研究证明，对于维持由运动员之前的训练所产生的适应和激发进一步的适应来说，减负期间使用的强度起着至关重要的作用（Hickson et al., 1985; Shepley et al., 1992; Convertino et al., 1981; Mujika, 1998; Bosquet et al., 2007; McNeely and Sandler, 2007）。更加具体地讲，强度应平均降低5%~10%。

只应当在减负阶段的最后几天达到最大的降低比例。此外，最近的计算机模型建议，应当在比赛之前的4天实现最大幅度的强度降低，并且在比赛之前的最后3天，应当通过采用中等强度以及中高强度的方式再次提高强度，这样做的目的是在不影响疲劳消除的前提下激发进一步的适应（Thomas, Mujika and Busso, 2009）。

控制训练量

一项研究表明，通过将训练量降低30%~60%，在10周内实现的训练适应可以额外维持28周（Graves et al., 1988）。此外，一些针对精英运动员的研究报道称，在减负期间将最大的训练量降低40%~85%对表现产生了积极的影响；最重要的提升出现在降低幅度为40%~60%的时候（Houmard et al., 1989; McConell et al., 1993; Martin et al., 1994; Rietjens et al., 2001; Mujika et al., 1995; Shepley et al., 1992; Bosquet et al., 2007）。在表13.2中，整个减负阶段训练量降低的百分比取决于几个因素，包括预减负大周期的负荷、减负的持续时间及负荷降低的类型。

控制训练频率

实现巅峰表现所需的训练量降低，在一定程度上可以通过减少每周的训练课的数量来实

表13.2　影响赛前减负阶段训练量的因素

特征		减少训练量的效果
预减负大周期的负荷	大	降低幅度较大
	小	降低幅度较小
减负的持续时间	短	降低幅度较大
	长	降低幅度较小
负荷降低的类型	线性	较高的平均训练量，较低的最终训练量
	阶梯式	较低的平均训练量，较高的最终训练量

现。然而，我们只推荐在速度和爆发力类运动项目中使用这种做法，尤其是磷酸原系统占主导地位的运动项目。在其他所有情况下，我们建议降低每节训练课的训练量，尤其是对于技术性较强的运动项目（如游泳、赛艇、越野滑雪、皮划艇和体操）和一般的高水平运动员。

在高水平的集体项目中，一种常见的做法是，在减负阶段的前两周或者第1周和第2周之间计划2~3天的休息日。采取这种方法的原因是，集体项目运动员通常会在锦标赛或者决赛之前，带着漫长的赛季导致的过度疲劳状态，进入减负阶段。鉴于该原因，对于职业队和国家队而言，我们强烈建议体育医学从业人员检查运动员的睾酮与皮质醇的比例和肌酸激酶水平（可能还需要在整个赛季内对它们进行检查，以进行对比）。检查结果会为教练提供更多信息，以便为每位运动员确定减负阶段的训练负荷。

在表13.3中，在减负阶段，所有训练活动的训练量与强度逐渐降低，以及恢复技巧增加使用，有助于运动员补充能量存储，实现超补偿，进行心理上的放松，并让运动员在需要实现巅峰表现的比赛中尽可能获得最好的结果。表13.3所示的策略必须用于整个减负阶段，以确保运动员在重大比赛前能获得最大的神经肌肉好处。在这段时间内，通过合适的休息、营养补充和软组织处理（如深度按摩和筋膜放松），训练的重点转移到了恢复和复原上面。在训练方面，精心的准备会在比赛阶段带来许多好处，而这段时间正是收获这些好处的时候。

巅峰表现和神经肌肉强化

许多成功的教练利用周期力量训练、减负以及强化神经肌肉系统的方法来帮助自己的运动员实现巅峰表现。本部分讨论的是教练如何通过采用两种特殊的训练方法来帮助运动员实现巅峰表现：激活后增强和收缩后感觉放电。这两种方法旨在发展肌肉上的最大张力，但是最大张力难以在实际场合中实现。刺激神经肌肉系统和促进运动单位最大限度募集的有效技巧包括采用大负荷进行训练、执行大冲击力的快速伸缩复合训练，以及进行等长收缩。运动单位募集程度的提高会提高运动员的发力水平，这使运动员随后可以进行爆发力类活动。

表13.3　减负阶段的训练以及恢复策略和好处

	策略	好处
训练量的动态变化	• 将总距离或者持续时间减少40%~60% • 减少重复次数 • 增加间歇时间以实现充分的恢复 • 不要引入新练习	• 实现所有生理系统的超补偿 • 提高神经系统的准备度 • 促进能量存储的补充
强度的动态变化	• 对于爆发力类运动项目，将强度降低5%~10%；对于耐力类运动项目，将强度降低20%~30%，尤其是在第1周 • 在比赛之前的几天提高强度	
神经肌肉刺激	利用本章所描述的强化神经肌肉系统的方法	• 引出预巅峰的神经肌肉状态 • 增加快缩型肌纤维的募集 • 提高快缩型肌纤维的放电速率 • 最大化神经肌肉系统的兴奋性 • 增强神经肌肉系统的反应性
恢复方法	• 采用软组织处理技巧（如深度按摩和筋膜放松） • 控制心率变异性的值来确保合适的恢复 • 控制睡眠（如利用睡眠软件在理想的时间唤醒自己） • 采用心理放松、自我激励和想象技巧（如催眠法，它可以引发深度的放松状态和更快的神经系统恢复） • 确保合适的营养并针对运动项目进行食物补充	• 增强软组织的柔软性和关节的灵活性 • 提高神经系统的准备度 • 心理放松 • 增加自信 • 增加兴奋性 • 补充能量存储 • 在整个比赛期间维持最高水平的输出功率

一方面，考虑到它们具体的生理学好处，建议将这两种方法主要用于速度和爆发力类运动项目，例如，田径运动中的短跑、跳跃和投掷项目，武术，水上运动中的短时间项目（如跳水和短距离游泳），场地自行车，以及速滑。另一方面，不建议将强化神经肌肉系统的方法用于持续时间长的运动项目（如足球），并且更加不建议将其用于氧化系统占主导地位的运动项目，因为即使其对运动专项表现有好处，这种好处也是微乎其微的。

教练面临的最大挑战在于将系统的实验室研究结果应用于竞技训练。在剧烈的等长收缩或电刺激导致的收缩的总和达到强直状态之后，任何进一步的刺激都将引起最大的收缩力（Enoka, 2002），即使是有力的向心动作也会引起强化（Gullich and Schmidtbleicher, 1996; Chiu et al., 2003; Rixon, Lamont and Bemben, 2007）。

最大的收缩力或者激活后增强在回归对照水平之前可以维持8~12分钟（Enoka, 2002）。当使用大负荷的离心-向心练习（超过80%1RM时），如图13.1所示，进一步的增强，即激活后增强会在6~7小时之后出现，并且最长可以持续24小时。鉴于该原因，这样的练习可以用于比赛日的早晨或者前一天。

收缩后感觉放电是一种生理机制，它可以用于比赛前。在比赛之前的5~20分钟进行一段简短、剧烈的运动可以用来增加运动员的神经系统对运动项目中出现的后续动作所做的贡献（Enoka, 2002）。例如，在比赛之前的5~10分钟，训练有素的短跑运动员通常会执行1~2个训练组，每个训练组由重复2~4次的爆发性（2级或3级）快速伸缩复合训练构成。这种活动会提高肌梭的放电水平（Enoka, 2002）以及后续对主动肌的神经驱动水平。这就是为什么仅仅持续几秒的剧烈运动就可以让后续的动作获得更高水平的输出功率。

慢缩型肌纤维的激活后增强水平低于快缩型肌纤维（O'Leary, Hope and Sale, 1998; Hamada et al., 2000），这解释了激活后增强在速度和爆发力类运动项目中的重要性，对于这些运动项目来说，快缩型肌纤维的激活至关重要。此外，相比于未预热的肌肉，预热后的肌肉会产生更高的激活后增强水平（Gossen, Allingham and Sale, 2001）。因此，合适的热身活动不仅可以预防损伤，还会增强肌肉的发力能力。此外，通过一个适应过程，随着肌肉发力能力的增强，激活后增强也会得到强化。

练习	负荷/1RM的百分比	重复次数/次	RI/分	负荷/1RM的百分比	重复次数/次	RI/分	负荷/1RM的百分比	重复次数/次	RI/分
微蹲	100*	3	4	110*	3	6	120*	3	4
弓步行进	80	2+2(R+L)	4	80	2+2(R+L)	4	—	—	—
卧推	75	3	3	82.5	3	—	—	—	—

RI = 间歇时间；R+L = 左 + 右。
*完全蹲举1RM的百分比。

图13.1　由60米、100米或者200米短跑运动员在比赛日的早晨使用的神经肌肉增强训练课

过渡阶段的力量训练

漫长的比赛阶段充满了艰辛和压力，运动员的决心、积极性和意志力在此期间都得到了检验。在该阶段之后，运动员会经历高度的生理和心理上的疲劳。尽管肌肉疲劳可能会在几天后消失，但是中枢神经系统疲劳和心理疲劳的持续时间要长得多（就像在运动员的行为上观察到的那样）。

训练越剧烈，运动员参加的比赛越多，他们的疲劳水平就会越高。在这样的情况下，他们将难以开始新的训练周期。因此，在开始另一个训练周期之前，他们必须在生理和心理上进行休息。当新的准备阶段确实要开始的时候，他们应当已经完全复原，并且已经做好参加训练的准备。实际上，在成功的过渡阶段之后，他们应当有一种再次进行训练的强烈欲望。

过渡阶段——通常被不恰当地称作"休赛季"——在两个年度计划之间发挥着纽带作用。它的主要目的是使运动员进行心理休息、放松和生理复原，以及维持可以接受的一般生理准备水平。根据运动员的水平，该阶段可以有不同的持续时间：初级或者青少年运动员可能会拥有3~4周的短过渡阶段，而经验丰富的奥运会运动员在4年一届的奥运会结束后可能需要8周的过渡阶段。由于奥运会运动员在整个奥运年内所经历的压力和身体疲劳，以及他们一旦开始新的准备阶段后重新获得体能和专项技能的能力，他们确实需要有如此长的过渡阶段。然而，水平较低且拥有较长过渡阶段的运动员会出现停训效应，显著地损失大部分体能。

在艰苦的赛季之后，过渡阶段可以帮助运动员实现心理和生理上的放松

　　为了维持不错的体能水平，运动员在过渡阶段应当每周训练2~3次，并且至少应当有一项练习用于力量训练。维持以前体能水平的至少50%所耗费的精力比从零开始发展它所需要的精力要少。实际上，在过渡阶段之后重新开始训练的运动员会产生显著的停训效应。力量停训的现象从20世纪60年代以来就记录在案。赫廷格（Hettinger, 1966）发现，一周不活动之后，肌肉力量的损失高达30%。尽管这是一种极端的情况，但是在关于运动生理学和力量训练的书籍中包含大量类似的研究成果，并且在完全不活动仅仅两周之后，教练就能预料到运动员肌肉力量的大幅损失。

　　在过渡阶段，运动员还应当执行补偿训练来训练在整个准备和比赛阶段极少获得关注的肌群。这意味着要关注拮抗肌和稳定肌。例如，在非正式的身体训练之后，运动员可以在一个时长为20~30分钟的环节（如一场临时赛或者娱乐赛）激活这两种肌群。运动员可以处于放松状态，并以自己的节奏进行训练，按照自己的意愿来确定训练时间。计划无须充满压力。实际上，在过渡阶段，过大的压力并不可取。运动员要忘记正式的计划及具体的负荷、节奏、重复次数、组数及间歇时间。在这一段时间内，运动员应当随心所欲。

参考文献

Aagaard, P. and Andersen, J.L. 2011. Effects of resistance training on endurance capacity and muscle fiber composition in young top-level cyclists. *Scandinavian Journal of Medicine and Science in Sports* 21(6): e298–307.

Aagaard, P., Simonsen, E.B., Anderson, J.L., Magnusson, S.P., and Halkaer-Kristensen, K. 1994. Moment and power generation during maximal knee extensions performed at low and high speeds. *European Journal of Applied Physiology* 89: 2249–57.

Abbruzzese, G., Morena, M., Spadavecchia, L., and Schieppati, M. 1994. Response of arm flexor muscles to magnetic and electrical brain stimulation during shortening and lengthening tasks in man. *Journal of Physiology—London* 481: 499–507.

Adams, T.M., Worlay, D., and Throgmartin, D. 1987. The effects of selected plyometric and weight training on muscular leg power. *Track and Field Quarterly Review* 87: 45–7.

Adlercreutz, H., et al. 1986. Effect of training on plasma anabolic and catabolic steroid hormones and their response during physical exercise. *International Journal of Sports Medicine* 7 (1): 27–8.

Ahtiainen, J.P., et al. 2011. Recovery after heavy resistance exercise and skeletal muscle androgen receptor and insulin-like growth factor-I isoform expression in strength trained men. *Journal of Strength and Conditioning Research* 25 (3): 767–77.

American College of Sports Medicine. 2000. Joint position statement of the American College of Sports Medicine, American Dietetic Association, and Dietitians of Canada on nutrition and athletic performance. *Medicine and Science in Sports and Exercise* 32(12): 2130–45.

Andersen, J.L., and Aagaard, P. 2000. Myosin heavy chain IIX overshoot in human skeletal muscle. *Muscle Nerve* 23(7): 1095–1104.

Andersen, J.L., Klitgaard, H., and Saltin, B. 1994. Myosin heavy chain isoforms in single fibres from m. vastus lateralis of sprinters: Influence of training. *Acta Physiologica Scandinavica* 151(2): 135–42.

Andersen, L.L., et al. 2005. Changes in the human muscle force–velocity relationship in response to resistance training and subsequent detraining. *Journal of Applied Physiology* 99(1): 87–94.

Andersen, L.L., et al. 2010. Early and late rate of force development: Differential adaptive responses to resistance training? *Scandinavian Journal of Medicine and Science in Sports* 20(1): e162–69.

Anderson, K., and Behm, D.G. 2004. Maintenance of EMG activity and loss of force output with instability. *Journal of Strength and Conditioning Research* 18: 637–40.

Anderson, K., Behm, D.G., and Curnew R.S. 2002. Muscle force and neuromuscular activation under stable and unstable conditions. *Journal of Strength and Conditioning Research* 16: 416–22.

Appell, H.J. 1990. Muscular atrophy following immobilization: A review. *Sports Medicine* 10(1): 42–58.

Armstrong, R.B. 1986. Muscle damage and endurance events. *Sports Medicine* 3: 370–81.

Armstrong, R.B., Warren, G.L., and Warren, J.A. 1991. Mechanics of exercise-induced muscle fiber injury. *Sports Medicine* 12(3): 184–207.

Ashton-Miller, J.A., Wojtys, E.M., Huston, L.J., and Fry-Welch, D. 2001. Can proprioception be improved by exercise? *Knee Surgery Sports Traumatology Arthroscopy* 9(3): 128–36.

Asmussen, E., and Mazin, B. 1978. A central nervous system component in local muscular fatigue. *European Journal of Applied Physiology* 38: 9–15.

Åstrand, P.O., and Rodahl, K. 1985. *Textbook of work physiology.* New York: McGraw-Hill.

Atha, J. 1984. Strengthening muscle. *Exercise and Sport Sciences Reviews* 9: 1–73.

Augustsson, J., Thomeé, R., Hornstedt, P., Lindblom, J., Karlsson, J., and Grimby, G. 2003. Effect of pre-exhaustion exercise on lower extremity muscle activation during a leg press exercise. *Journal of Strength and Conditioning Research* 17(2): 411–16.

287

Babraj, J.A., et al. 2005. Collagen synthesis in human musculoskeletal tissues and skin. *American Journal of Physiology—Endocrinology and Metabolism* 289(5): E864–69.

Baker, D., Nance, S., and Moore, M. 2001. The load that maximizes the average mechanical power output during explosive bench press throws in highly trained athletes. *Journal of Strength and Conditioning Research* 15(1): 20–4.

Baker, D. 1995. Selecting the appropriate exercises and loads for speed-strength development. *Strength and Conditioning Coach* 3(2): 8–16.

Baker, D.G., and Newton, R.U. 2007. Change in power output across a high-repetition set of bench throws and jump squats in highly trained athletes. *Journal of Strength and Conditioning Research* 21(4): 1007–11.

Balsom, P.D., Wood, K., Olsson, P., and Ekblom, B. 1999. Carbohydrate intake and multiple sprint sports: With special reference to football. *International Journal of Sport Medicine* 20: 48–52.

Bangsbo, J. 1994. Energy demands in competitive soccer. *Journal of Sports Sciences* 12 Spec No: S5–12.

——. 1999. Science and football. *Journal of Sports Sciences* 17(10): 755–6.

Bangsbo, J., Iaia, F.M., and Krustrup, P. 2007. Metabolic response and fatigue in soccer. *International Journal of Sports Physiology and Performance* 2(2): 111–27

Banister E.W., Carter J.B., and Zarkadas, P.C. 1999. Training theory and taper: Validation in triathlon athletes. *European Journal of Applied Physiology and Occupational Physiology* 79(2): 179–86.

——. 1995. Modelling the effect of taper on performance, maximal oxygen uptake, and the anaerobic threshold in endurance triathletes. *Advances in Experimental Medicine and Biology* 393: 179–86.

Baroga, L. 1978. Contemporary tendencies in the methodology of strength development. *Educatie Fizica si Sport* 6: 22–36.

Bazyler, C.D., Sato, K., Wassinger, C.A., Lamont, H.S., and Stone, M.H. 2014. The efficacy of incorporating partial squats in maximal strength training. *Journal of Strength and Conditioning Research* 28(11): 3024–32.

Behm, D., and Sale, D.G. 1993. Intended rather than actual movement velocity determines velocity-specific training response. *Journal of Applied Physiology* 74: 359–68.

Beliard, S.M., Chaveau, M., Moscatiello, T., Cross, F., Ecarnot, F., and Becker, F. 2015. Compression garments and exercise: No influence on pressure applied. *Journal of Sports Science & Medicine March* 14(1): 75–83.

Belli, A., Kyröläinen, H., and Komi, P.V. 2002. Moment and power of lower limb joints in running. *International Journal of Sports Medicine* 23(2): 136–41.

Bennet, W.M., and Rennie, M.J. 1991. Protein anabolic actions of insulin in the human body. *Diabetic Medicine* 8: 199–207.

Berardi, J., and Andrews, R. 2009. *Nutrition: The complete guide.* Carpinteria, CA: International Sports Science Association.

Bergeron, G. 1982. Therapeutic massage. *Journal of the Canadian Athletic Therapists Association* Summer: 15–17.

Bergstrom, J., Hermansen, L., Hultman, E., and Saltin, B. 1967. Diet, muscle glycogen and physical performance. *Acta Physiologica Scandinavica* 71: 140–50.

Besier, T.F., Lloyd, B.G., Cochrane, J.L., and Ackland, T.R. 2001. External loading of the knee joint during running and cutting maneuvers. *Medicine and Science in Sports and Exercise* 33: 1168–75.

Bigland–Ritchie, B., Johansson, R., Lippold, O.C.J., and Woods, J.J. 1983. Contractile speed and EMG changes during fatigue of sustained maximal voluntary contractions. *Journal of Neurophysiology* 50(1): 313–24.

Billat, V.L., Flechet, B., Petit, B., Muriaux, G., and Koralsztein, J.P. 1999. Interval training at $\dot{V}O_2$max: Effects on aerobic performance and overtraining markers. *Medicine and Science in Sports and Exercise* 31(1): 156–63.

Billat, V.L., Petot, H. Karp, J.R., Sarre, G., Morton, R.H., and Mille-Hamard, L. 2013. The sustainability of $\dot{V}O_2$max: Effect of decreasing the workload. *European Journal of Applied Physiology* 113(2): 385–94.

Billat, V.L., Sirvent, P., Py, G., Koralsztein, J.P., and Mercier, J. 2003. The concept of maximal lactate steady state: A bridge between biochemistry, physiology and sport science. *Sports Medicine* 33(6): 407–26.

Biolo, G., Fleming, R.Y.D., and Wolfe, R.R. 1995. Physiologic hyperinsulinemia stimulates protein synthesis and enhances transport of selected amino acids in human skeletal muscle. *Journal of Clinical Investigation* 95: 811–19.

Biolo, G., Tipton, K.D., Klein, S., and Wolfe, R.R. 1997. An abundant supply of amino acids enhances the metabolic effect of exercise on muscle protein. *American Journal of Physiology* 273: E119–22.

Biolo, G., Williams, B.D., Fleming, R.Y.D., and Wolfe, R.R. 1999. Insulin action on muscle protein kinetics and amino acid transport during recovery after resistance exercise. *Diabetes* 48: 949–57.

Bishop, N.C., Blannin, A.K., Rand, L., et al. 1999. Effect of carbohydrate and fluid intake on the blood leukocyte responses to prolonged cycling. *International Journal of Sports Medicine* 17: 26–27.

Bishop, N.C., Blannin, A.K., Walsh, N.P., and Gleeson, M. 2001. Carbohydrate beverage ingestion and neutrophil degranulation responses following cycling to fatigue at 75% of $\dot{V}O_2$max. *International Journal of Sports Medicine* 22: 226–31.

Bloomquist, K., et al. 2013. Effect of range of motion in heavy load squatting on muscle and tendon adaptations. *European Journal of Applied Physiology* 8: 2133–61.

Bogdanis, G.C., Nevill, M.E., Boobis, L.H., and Lakomy, H.K. 1996. Contribution of phosphocreatine and aerobic metabolism to energy supply during repeated sprint exercise. *Journal of Applied Physiology* 80: 876–84.

Bompa, T. 1965a. Periodization of strength. *Sports Review* 1: 26–31.

——. 1965b. Periodization of strength for power sports. International Conference on Advancements in Sports Training, Moscow.

——. 1977. Characteristics of strength training for rowing. International Seminar on Training in Rowing, Stockholm.

——. 1983. *Theory and methodology of training*. Dubuque, IA: Kendall/Hunt Publishing Company.

——. 1993. *Periodization of strength: The new wave in strength training*. Toronto: Veritas.

——. 1999. *Periodization: Theory and methodology of training*. 4th ed. Champaign, IL: Human Kinetics.

Bompa T.O. 2006. *Total training for coaching team sports: A self help guide*. Toronto. Sport Books Publisher.

Bompa, T., and Claro, F. 2008. *Periodization in rugby*. Aachen, Germany: Meyer & Meyer Sport.

Bompa T., Hebbelinck, M., and Van Gheluwe, B. 1978. A biomechanical analysis of the rowing stroke employing two different oar grips. The XXI World Congress in Sports Medicine, Brasilia, Brazil.

Bompa, T.O. 2005. *Treinando atletas de deporto colectivo*. São Paulo, Brazil: Phorte Editora.

Bompa, T.O. 2016. Strength training and injury prevention, Sports Science Congress, Bucharest, Romania.

Bompa, T.O., and Buzzichelli, C.A. 2018. Periodization: *Theory and methodology of training*. 6th ed. Champaign, IL: Human Kinetics.

Bompa, T.O., and Haff, G.G. 2009. *Periodization: Theory and methodology of training*. 5th ed. Champaign, IL: Human Kinetics.

Bonen, A. 2001. The expression of lactate transporters (MCT1 and MCT4) in heart and muscle. *European Journal of Applied Physiology* 86(1): 6–11.

Bonen, A., and Belcastro, A. 1977. A physiological rationale for active recovery exercise. *Canadian Journal of Applied Sports Sciences* 2: 63–64.

Borsheim, E., Cree, M.G., Tipton, K.D., Elliott, T.A., Aarsland, A., and Wolfe, R.R. 2004. Effect of carbohydrate intake on net muscle protein synthesis during recovery from resistance exercise. *Journal of Applied Physiology* 96(2): 674–78.

Bosco, C., and Komi, P.V. 1980. Influence of countermovement amplitude in potentiation of muscular performance. In *Biomechanics VII proceedings*, 129–35. Baltimore: University Park Press.

Bosquet, L., Montpetit, J., Arvisais, D., and Mujika, I. 2007. Effects of tapering on performance: A meta-analysis. *Medicine and Science in Sports and Exercise* 39(8): 1358–65.

Brooks, G.A., Brauner, K.T., and Cassens, R.G. 1973. Glycogen synthesis and metabolism of lactic acid after exercise. *American Journal of Physiology* 224: 1162–66.

Brooks, G.A., and Fahey, T. 1985. *Exercise physiology: Human bioenergetics and its application*. New York: Wiley.

Brooks, G.A., Fahey, T.D., and White, T.P. 1996. *Exercise physiology: Human bioenergetics and its applications*. 2nd ed. Mountainview, CA: Mayfield.

Broughton, A. 2001. *Neural mechanisms are the most important determinants of strength adaptations.* Proposition for debate. School of Physiotherapy, Curtin University.

Brughelli, M., Cronin, J. and Chaouachi, A. 2011. Effects of running velocity on running kinetics and kinematics. *Journal of Strength and Conditioning Research* 25(4): 933–39.

Bührle, M. 1985. *Grundlagen des maximal-und Schnellkraft Trainings.* Schorndorf: Hofmann Verlag.

Bührle, M., and Schmidtbleicher, D. 1981. Komponenten der maximal-und Schnellkraft-Versuch einer Neustrukturierung auf der Basis empirischer Ergebnisse. *Sportwissenschaft* 11: 11–27.

Burd, N.A., et al. 2010. Low-load high-volume resistance exercise stimulates muscle protein synthesis more than high-load low-volume resistance exercise in young men. *PLOS ONE* 5 (8): e12033.

Burkes, L.M., Collier, G.R., and Hargreaves, M. 1998. Glycemic index—A new tool in sport nutrition? *International Journal of Sport Nutrition* 8(4): 401–15.

Burkett, B. 2018. *Applied sport mechanics.* 4th ed. Champaign, IL: Human Kinetics.

Campos, J., Poletaev, P., Cuesta, A., Pablos, C., & Carratalà. 2006. Kinematical analysis of the snatch in elite male junior weightlifters of different weight categories. *Journal of Strength and Conditioning Research*, 20(4): 843–50.

Caraffa, A., Cerulli, G., Projetti, M., Aisa, G., and Rizzo, A. 1996. Prevention of anterior cruciate ligament injuries in soccer. A prospective controlled study of proprioceptive training. *Knee Surgery, Sports Traumatology, Arthroscopy* 4(1): 19–21.

Chen, J.L., et al. 2011. Parasympathetic nervous activity mirrors recovery status in weightlifting performance after training. *Journal of Strength and Conditioning Research* 25(6): 1546–52.

Chiu, L.Z., et al. 2003. Postactivation potentiation response in athletic and recreationally trained individuals. *Journal of Strength and Conditioning Research* 17(4): 671–77.

Cinique, C. 1989. Massage for cyclists: The winning touch? *The Physician and Sportsmedicine* 17(10): 167–70.

Clark, N., 1984. The training table: Recovering from exhaustive workouts. *Strength and Conditioning Journal* 6(6): 36–37.

Colado, J.C., et al. 2011. The progression of paraspinal muscle recruitment intensity in localized and global strength training exercises is not based on instability alone. *Archives of Physical Medicine and Rehabilitation* 92(11): 1875–83.

Compton, D., Hill, P.M., and Sinclair, J.D. 1973. Weight-lifters' blackout. *Lancet* 302 (7840): 1234–37.

Conlee, R.K. 1987. Muscle glycogen and exercise endurance: A twenty-year perspective. *Exercise and Sport Sciences Reviews* 15: 1–28.

Convertino, V.A., Keil, L.C., Bernauer, E.M., and Greenleaf, J.E. 1981. Plasma volume, osmolality, vasopressin, and renin activity during graded exercise in man. *Journal of Applied Physiology* 50(1): 123–28.

Conwit, R.A. et al. 2000. Fatigue effects on motor unit activity during submaximal contractions. *Archives of Physical Medicine and Rehabilitation* 81(9): 1211–16.

Coombes, J.S., and Hamilton, K.L. 2000. The effectiveness of commercially available sports drinks. *Sports Medicine* 29(3): 181–209.

Councilman, J.E. 1968. *The science of swimming.* Englewood Cliffs, NJ: Prentice Hall.

Coutts, A., Reaburn, P., Piva, T.J., and Murphy, A. 2007. Changes in selected biochemical, muscular strength, power, and endurance measures during deliberate overreaching and tapering in rugby league players. *International Journal of Sports Medicine* 28(2): 116–24.

Coyle, E.F. 1999. Physiological determinants of endurance exercise performance. *Journal of Science and Medicine in Sport* 2(3): 181–89.

Coyle, E.F., Feiring, D.C., Rotkis, T.C., Cote, R.W., Roby, F.B., Lee, W., and Wilmore, J.H. 1991. Specificity of power improvements through slow and fast isokinetic training. *Journal of Applied Physiology: Respiratory Environment Exercise Physiology* 51(6): 1437–42.

Cramer, J.T., et al. 2005. The acute effects of static stretching on peak torque, mean power output, electromyography, and mechanomyography. *European Journal of Applied Physiology* 93(5–6): 530–39.

Crameri, R.M., et al. 2004. Enhanced procollagen processing in skeletal muscle after a single bout of eccentric loading in humans. *Matrix Biology* 23(4): 259–64.

D'Amico, A., and Morin, C. 2011. Effects of myofascial release on human performance: a review of the literature. *Semantic Scholar*. Corpus ID 26560281.

Davis, J., Jackson, D.A., Broadwell, M.S., Queary, J.L., and Lambert, C.L. 1997. Carbohydrate drinks delay fatigue during intermittent, high-intensity cycling in active men and women. *International Journal of Sports Nutrition* 7(4): 261–73.

Davis, R.M., Welsh, R.S., De Volve, K.L., and Alderson, N.A. 1999. Effects of branched-chain amino acids and carbohydrate on fatigue during intermittent, high-intensity running. *International Journal of Sports Medicine* 20(5): 309–14.

De Luca, C.J., and Erim, Z. 1994. Common drive of motor units in regulation of muscle force. *Trends in Neuroscience* 17: 299–305.

De Luca, C.J., LeFever, R.S., McCue, M.P., and Xenakis, A.P. 1982. Behaviour of human motor units in different muscles during linearly varying contractions. *Journal of Physiology—London* 329: 113–28.

de Salles, B.F., et al. 2010. Strength increases in upper and lower body are larger with longer inter-set rest intervals in trained men. *Journal of Science and Medicine in Sport* 13(4): 429–33.

Devine, K.L., LeVeau, B.F., and Yack, H.J. 1981. Electromyographic activity recorded from an unexercised muscle during maximal isometric exercise of the contralateral agonists and antagonists. *Physical Therapy* 6(6): 898–903.

Doessing, S., and Kjaer, M., 2005. Growth hormone and connective tissue in exercise. *Scandinavian Journal of Medicine and Science in Sports* 15(4): 202–10.

Dons, B., Bollerup, K., Bonde-Petersen, F., and Hancke, S. 1979. The effects of weight lifting exercise related to muscle fibre composition and muscle cross-sectional area in humans. *European Journal of Applied Physiology* 40: 95–106.

Dorado, C., Sanchis-Moysi, J., and Calbet, J.A., 2004. Effects of recovery mode on performance, O_2 uptake, and O_2 deficit during high-intensity intermittent exercise. *Canadian Journal of Applied Physiology* 29(3): 227–44.

Dudley, G.A., and Fleck, S.J. 1987. Strength and endurance training: Are they mutually exclusive? *Sports Medicine* 4: 79–85.

Ebbing, C., and Clarkson, P. 1989. Exercise-induced muscle damage and adaptation. *Sports Medicine* 7: 207–34.

Edge, J., Bishop, D., Goodman, C., and Dawson, B. 2005. Effects of high- and moderate-intensity training on metabolism and repeated sprints. *Medicine and Science in Sports and Exercise* 37(11): 1975–82.

Edgerton, R.V. 1976. Neuromuscular adaptation to power and endurance work. *Canadian Journal of Applied Sports Sciences* 1: 49–58.

Ekstrand, J., Waldén, M., and Hägglund, M. 2004. Risk for injury when playing in a national football team, *Scandinavian Journal of Medicine and Science in Sports* 14(1): 34–8.

Eliassen, W., Saeterbakken, A.H., and van den Tillart, R. 2018. Comparison of bilateral and unilateral squat exercises on barbell kinematics and muscle activation. *International Journal of Sports Physical Therapy* Aug: 13(5): 871–81.

Enoka, R. 1996. Eccentric contractions require unique activation strategies by the nervous system. *Journal of Applied Physiology* 81(6): 2339–46.

Enoka, R.M. 1994. *Neuromechanical basis of kinesiology*. 2nd ed. Champaign, IL: Human Kinetics.

——. 2002. *Neuromechanics of human movement*. 3rd ed. Champaign, IL: Human Kinetics.

——. 2015. *Neuromechanics of human movement*. 4th ed. Champaign, IL: Human Kinetics.

Enoka, R.M., and Stuart, D.G. 1992. Neurobiology of muscle fatigue. *Journal of Applied Physiology* 72(5): 1631–38.

Evangelista, P. 2010. Principles of Strength Training, a presentation for the Tudor Bompa Institute-Italia. Ciccarelli Editore.

Evertsen, F., Medbo, J.I., Jebens, E.P., and Gjovaag, T.F. 1999. Effect of training on the activity of five muscle enzymes studied in elite cross-country skiers. *Acta Physiologica Scandinavica* 167(3): 247–57.

参考文献

Fabiato, A., and Fabiato, F. 1978. The effect of pH on myofilaments and the sarcoplasmic reticulum of skinned cells from cardiac and skeletal muscle. *Journal of Physiology* 276: 233–55.

Fahey, T.D. 1992. How to cope with muscle soreness. *Powerlifting USA* 15(7): 10–11.

Fama, B.J., and Bueti, D.R. 2011. The acute effect of self-myofascial release on lower extremity plyometric performance. Theses and Dissertations. Paper 2. Sacred Heart University.

Farrow, D., Young, W., and Bruce, L. 2005. The development of a test of reactive agility for netball: A new methodology. *Journal of Science and Medicine in Sport* 8(1): 52–60.

Febbraio, M.A., and Pedersen, B.K. 2005. Contraction-induced myokine production and release: Is skeletal muscle an endocrine organ? *Exercise and Sport Sciences Reviews* 33(3): 114–19.

Ferret, J.M., and Cotte, T. 2003. Analyse des differences de preparation medico sportive de l' Equipe de France de football pour le coupes du monde 1998 et 2002, Lutter contre le Dopage en géran la recuperation physique, Publications de l' Université de Saint-Etienne 23–26.

Fitts, R.H., and Widrick, J.J. 1996. Muscle mechanics: Adaptations with exercise-training. *Exercise and Sport Sciences Reviews* 24: 427–73.

Fleck, S.J., and Kraemer, W.J. 1996. *Periodization breakthrough*. New York: Advanced Research Press.

Forslund, A.H., et al. 2000. The 24-h whole body leucine and urea kinetics at normal and high protein intake with exercise in healthy adults. *American Journal of Physiology* 278: E857–67.

Fox, E.L. 1984. *Sports physiology*. New York: CBS College.

Fox, E.L., Bowes, R.W., and Foss, M.L. 1989. *The physiological basis of physical education and athletics*. Dubuque, IA: Brown.

Franchi, M.V., Reeves, N.D., and Narici, M.V. 2017. Skeletal muscles remodeling in response to eccentric a concentric loading: Morphological, molecular and metabolic adaptation. *Frontiers in Physiology* 8: 447.

Frank, C.B. 1996. Ligament injuries: Pathophysiology and healing. In *Athletic injuries and rehabilitation*, edited by J.E. Zachazewski, D.J. Magee, and W.S. Wilson, 9–26. Philadelphia: Saunders.

Friden, J., and Lieber, R.L. 1992. Structural and mechanical basis of exercise-induced muscle injury. *Medicine in Science and Sports Exercise* 24: 521–30.

Fritzsche, R.G., et al. 2000. Water and carbohydrate ingestion during prolonged exercise increase maximal neuro-muscular power. *Journal of Applied Physiology* 88(2): 730–37.

Fry, R.W., Morton, R., and Keast, D. 1991. Overtraining in athletics. *Sports Medicine* 2(1): 32–65.

García-Fernández, P., Guodemar-Pérez, J., Ruiz-López, M., Rodríguez-López, E.S. and Hervás–Pérez, J.P. 2017. Injury rate in professional soccer players within the community of Madrid: A comparative, epidemiological cohort study among the first, second and second B divisions. *Journal of Physiotherapy and Physical Rehabilitation 2* (152).

Garhammer, J. 1989. Weightlifting and training. In *Biomechanics of sport*, edited by C.I. Vaughn, 169–211. Boca Raton, FL: CRC Press.

Gauron, E.F. 1984. *Mental training for peak performance*. New York: Sports Science Associates.

Gibala, M.J., MacDougall, J.D., Tarnopolsky, M.A., Stauber, W.T., and Elorriaga, A. 1995. Changes in human skeletal muscle ultrastructure and force production after acute resistance exercise. *Journal of Applied Physiology* 78(2): 702–8.

Godfrey, R.J., et al. 2003. The exercise-induced growth hormone response in athletes. *Sports Medicine* 33: 599–613.

Goldberg, A.L., Etlinger, J.D., Goldspink, D.F., and Jablecki, C. 1975. Mechanism of work-induced hypertrophy of skeletal muscle. *Medicine and Science in Sports and Exercise* 7: 185–98.

Goldspink, G. 2005. Mechanical signals, IGF-I gene splicing, and muscle adaptation. *Physiology* 20: 232–38.

——. 2012. Age-related loss of muscle mass and strength. *Journal of Aging Research* 2012.

Gollhofer, A., Fujitsuka, P.A., Miyashita, N., and Yashita, M. 1987. Fatigue during stretch-shortening cycle exercises: Changes in neuro-muscular activation patterns of human skeletal muscle. *Journal of Sports Medicine* 8: 30–47.

Gollnick, P., Armstrong, R., Saubert, C., Piehl, K., and Saltin, B. 1972. Enzyme activity and fibre composition in skeletal muscle of untrained and trained men. *Journal of Applied Physiology* 33(3): 312–19.

González-Badillo, J.J., et al. 2014. Maximal intended velocity training induces greater gains in bench press performance than deliberately slower half-velocity training. *European Journal of Sport Science* 15: 1–10.

Gorostiaga, E.M., Navarro-Amézqueta, I., Calbet, J.A., Hellsten, Y., Cusso, R., Guerrero, M., Granados, C., González-Izal, M., Ibañez, J., and Izquierdo, M. 2012. Energy metabolism during repeated sets of leg press exercise leading to failure or not. *PLOS One* 7(7): e40621.

Gossen, R.E., Allingham, K., and Sale, D.G. 2001. Effect of temperature on post-tetanic potentiation in human dorsiflexor muscles. *Canadian Journal of Physiology and Pharmacology* 79: 49–58.

Goto, K., et al. 2004. Muscular adaptations to combinations of high- and low-intensity resistance exercises. *Journal of Strength and Conditioning Research* 18(4): 730–37.

Goto, K., et al. 2007. Effects of resistance exercise on lipolysis during subsequent submaximal exercise. *Medicine and Science in Sports and Exercise* 39(2): 308–15.

Graves, J.E., et al. 1988. Effect of reduced training frequency on muscular strength. *International Journal of Sports Medicine* 9(5): 316–19.

Gregg, R.A., and Mastellone, A.F. 1957. Cross exercise: A review of the literature and study utilizing electromyographic techniques. *American Journal of Physical Medicine* 38: 269–80.

Grizard, J., et al. 1999. Insulin action on skeletal muscle protein metabolism during catabolic states. *Reproduction Nutrition Development* 39(1): 61–74.

Gullich, A., and Schmidtbleicher, D. 1996. MVC-induced short-term potentiation of explosive force. *New Studies in Athletics* 11(4): 67–81.

Haff, G.G, et al. 2000. Carbohydrate supplementation attenuates muscle glycogen loss during acute bouts of resistance exercise. *International Journal of Sport Nutrition and Exercise Metabolism* 10: 326–39.

Hagberg, et al. 1979. Effect of training on hormonal responses to exercise in competitive swimmers. *European Journal of Applied Physiology and Occupational Physiology* 41(3): 211–19.

Hainaut, K., and Duchateau, J. 1989. Muscle fatigue: Effects of training and disuse. *Muscle & Nerve* 12: 660–69.

Haiyan, L., et al. 2011. Macrophages recruited via CCR2 produce insulin-like growth factor-1 to repair acute skeletal muscle injury. *FASEB Journal* 25(1): 358–69.

Häkkinen, K. 1986. Training and detraining adaptations in electromyography. Muscle fibre and force production characteristics of human leg extensor muscle with special reference to prolonged heavy resistance and explosive-type strength training. *Studies in Sport, Physical Education and Health* 20. Jyväskylä, Finland: University of Jyväskylä.

———. 1989. Neuromuscular and hormonal adaptations during strength and power training. *Journal of Sports Medicine and Physical Fitness* 29(1): 9–26.

Häkkinen, K., and Komi, P. 1983. Electromyographic changes during strength training and detraining. *Medicine and Science in Sports and Exercise* 15: 455–60.

Häkkinen, K., and Pakarinen, A. 1993. Acute hormonal responses to two different fatiguing heavy-resistance protocols in male athletes. *Journal of Applied Physiology* 74(2): 882–87.

Hall, E., Bishop, D., and Gee, T. 2016. Effect of Plyometric training on handspring vault performance and functional power in youth female gymnasts. *PloS one*. 11. e0148790.

Hamada, T., et al. 2000. Post activation potentiation, fiber type, and twitch contraction time in human knee extensor muscles. *Journal of Applied Physiology* 88(6): 2131–37.

Hameed, M., et al. 2008. Effects of eccentric cycling exercise on IGF-I splice variant expression in the muscles of young and elderly people. *Scandinavian Journal of Medicine and Science in Sports* 18(4): 447–52.

Hamlyn, N., et al. 2007. Trunk muscle activation during dynamic weight-training exercises and isometric instability activities. *Journal of Strength and Conditioning Research* 21(4): 1108–12.

Harre, D., ed. 1982. *Trainingslehre*. Berlin: Sportverlag.

——. 2005. *Teoria dell'allenamento*. Roma, Società Stampa Sportiva.

Harrison, B.C., et al. 2011. IIb or not IIb? Regulation of myosin heavy chain gene expression in mice and men. *Skeletal Muscle* 1(1): 1–5.

Hartmann, J., and Tünnemann, H. 1988. *Fitness and strength training*. Berlin: Sportverlag.

Hartmann, H., et al. 2012. Influence of squatting depth on jumping performance. *Journal of Strength and Conditioning Research* 26(12): 3243–61.

Hassell, A.L, Lindsted, S., and Nishikawa, K.C. 2017. Physiological mechanisms of eccentric contraction and its applications: a role for the giant titin protein. *Frontiers in Physiology* 9(8): 70.

Hawley, J.A., Tipton, K.D., and Millard-Stafford, M.L. 2006. Promoting training adaptations through nutritional interventions. *Journal of Sports Sciences* 24(7): 709–21.

Hay, J.G. 1993. *The biomechanics of sports techniques*. Englewood Cliffs, NJ: Prentice Hall.

Healey, K.C., et al. 2014 The effects of myofascial release with foam rolling on performance. *Journal of Strength and Conditioning Research* 28(1): 61–68.

Hellebrand, F., and Houtz, S. 1956. Mechanism of muscle training in man: Experimental demonstration of the overload principle. *Physical Therapy Review* 36: 371–83.

Hellebrandt, F.A., Parrish, A.M., and Houtz, S.J. 1947. Cross education: The influence of unilateral exercise on the contralateral limb. *Archive of Physical Medicine* 28: 78–84.

Helms, Eric. 2010. *Effects of Training-Induced Hormonal Changes on Muscular Hypertrophy*. 3dmusclejourney.

Henneman, E., Somjen, G., and Carpenter, D.O. 1965. Functional significance of cell size in spinal motoneurons. *Journal of Neurophysiology* 28: 560–80.

Hennig, R., and Lomo, T. 1987. Gradation of force output in normal fast and slow muscle of the rat. *Acta Physiologica Scandinavica* 130: 133–42.

Hessel, A.L., Lindstedt, S.L., and Nishikawa, K.C., 2017. Physiological mechanism of eccentric contraction and its application: A role for the giant titin protein. *Frontiers in Physiology* 9(8): 70.

Hermansen, L., and Vaage, O. 1977. Lactate disappearance and glycogen synthesis in human muscle after maximal exercise. *American Journal of Physiology* 233(5): E422–29.

Hettinger, T. 1966. *Isometric muscle training*. Stuttgart: Georg Thieme Verlag.

Hettinger, T., and Müler, E. 1953. Muskelleistung and Muskel Training. *Arbeitsphysiologie* 15: 111–26.

Hickson, R., et al. 1985. Reduced training intensities and loss of aerobic power, endurance, and cardiac growth. *Journal of Applied Physiology* 58: 492–99.

Hickson, R.C., Dvorak, B.A., Corostiaga, T.T., and Foster, C. 1988. Strength training and performance in endurance-trained subjects. *Medicine and Science in Sports and Exercise* 20(2) (Suppl.): 586.

Hody, S., Croisier, J.L., Bury, T., Register, B., and Leprince, P. 2019. Eccentric muscle contractions: Risks and benefits. *Frontiers in Physiology* 3(10): 536.

Hoff, J., Gran, A., and Helgerud, J. 2002. Maximal strength training improves aerobic endurance performance. *Scandinavian Journal of Medicine and Science in Sports* 12(5): 288–95.

Hoffman, J.R., Ratamess, N.A., Tranchina, C.P., Rashti, S.L., Kang, J., and Faigenbaum, A.D. 2010. Effect of a proprietary protein supplement on recovery indices following resistance exercise in strength/power athletes. *Amino Acids* 38(3): 771–78.

Hornberger, T.A., et al. 2006. The role of phospholipase D and phosphatidic acid in the mechanical activation of mTOR signaling in skeletal muscle. *Proceedings of the National Academy of Science of the United States of America* 103(12): 4741–46.

Hortobagyi, T., Hill, J., Houmard, A., Fraser, D., Lambert, J., and Israel, G. 1996. Adaptive responses to muscle lengthening and shortening in humans. *Journal of Applied Physiology* 80(3): 765–72.

Houmard, J.A., Kirwan, J.P., Flynn, M.G., and Mitchell, J.B. 1989. Effects of reduced training on submaximal and maximal running responses. *International Journal of Sports Medicine* 10: 30–33.

Houmard, J.A. 1991. Impact of reduced training on performance in endurance athletes. Sports Medicine 12(6): 380–93.

Howard, J.D., Ritchie, M.R., Gater, D.A., Gater, D.R., and Enoka, R.M. 1985. Determining factors of strength: Physiological foundations. *National Strength and Conditioning Journal* 7(6): 16–21.

Hubbard, T.J., et al. 2004. Does cryotherapy hasten return to participation? A systematic literature review. *Journal of Athletic Training* 39(1): 88–94.

Hultman, E., and Sjoholm, H. 1983. Energy metabolism and contraction force of skeletal muscle in-situ during electrical stimulation. *Journal of Physiology* 345: 525–32.

International Olympic Committee. 2010. *Consensus Statement on Sport Nutrition*.

Israel, S. 1972. *The acute syndrome of detraining*. Berlin: GDR National Olympic Committee. 2: 30–35.

Ivy, J., and Portman, R. 2004. *Nutrient timing*. Laguna Beach, CA: Basic Health Publications.

Ivy, J.L, et al. 2003. Effect of carbohydrate-protein supplement on endurance performance during exercise of varying intensity. *International Journal of Sport Nutrition and Exercise Metabolism* 13: 42–49, 52–56, 338–401.

Izquierdo, M., et al. 2006. Differential effects of strength training leading to failure versus not to failure on hormonal responses, strength and muscle power increases. *Journal of Applied Physiology* 100: 1647–56.

Jacobs, I., Esbornsson, M., Sylven, C., Holm, I., and Jansson, E. 1987. Sprint training effects on muscle myoglobin, enzymes, fibre types, and blood lactate. *Medicine and Science in Sports and Exercise* 19(4): 368–74.

Janssen, P. 2001. *Lactate threshold training*. Champaign, IL: Human Kinetics.

Jezova, D., et al. 1985. Plasma testosterone and catecholamine responses to physical exercise of different intensities in men. *European Journal of Applied Physiology and Occupational Physiology* 54(1): 62–66.

Johns, R.J., and Wright, V. 1962. Relative importance of various tissues in joint stiffness. *Journal of Applied Physiology* 17: 824.

Jorgensen, J.O., et al. 2003. Exercise, hormones and body temperature: Regulation and action of Gh during exercise. *Journal of Endocrinological Investigation* 26(9): 38–42.

Kandarian, S.C., and Jackman, R.W. 2006. Intracellular signaling during skeletal muscle atrophy. *Muscle & Nerve* 33(2): 155–65.

Kanehisa, J., and Miyashita, M. 1983. Effect of isometric and isokinetic muscle training on static strength and dynamic power. *European Journal of Applied Physiology* 50: 365–71.

Kannus, P., Alosa, D., Cook, L., Johnson, R.J., Renstrom, P., Pope, M., Beynnon, B., Yasuda, K., Nichols, C., and Kaplan, M. 1992. Effect of one-legged exercise on the strength, power and endurance of the contralateral leg: A randomized, controlled study using isometric and concentric isokinetic training. *European Journal of Applied Physiology* 64(2): 117–26.

Karlsson, J., and Saltin, B. 1971. Diet, muscle glycogen and endurance performance. *Journal of Applied Physiology* 31(2): 203–6.

Kawamori, N., et al. 2013. Relationships between ground reaction impulse and sprint acceleration performance in team sport athletes. *Journal of Strength and Conditioning Research* 27(3): 568–73.

Kerksick, C., et al. 2008. International society of sport nutrition position stand: Nutrient timing. *Journal of the International Society of Sport Nutrition* 5: 17.

King, I. 1998. *How to Write Strength Training Programs*. Toowong (AUS): Kings Sport Publishing. 123.

Kjaer, M., et al. 2005. Metabolic activity and collagen turnover in human tendon in response to physical activity. *Journal of Musculoskeletal and Neuronal Interactions* 5(1): 41–52.

Kjaer, M., et al. 2006. Extracellular matrix adaptation of tendon and skeletal muscle to exercise. *Journal of Anatomy* 208(4): 445–50.

Komi, P.V., and Bosco, C. 1978. Utilization of stored elastic energy in leg extensor muscles by men and women. *Medicine and Science in Sports and Exercise* 10(4): 261–65.

Komi, P.V., and Buskirk, E.R. 1972. Effect of eccentric and concentric muscle conditioning on tension and electrical activity of human muscle. *Ergonomics* 15(4): 417–34.

Kraemer, W.J., and Ratamess, N.A. 2005. Hormonal responses and adaptations to resistance exercise and training. *Sports Medicine* 35: 339–61.

参考文献

Kraemer, W.J., Ratamess, N.A., Volek, J.S., Häkkinen, K., Rubin, M.R., French, D.N., Gómez, A.L., et al. 2006. The effects of amino acid supplementation on hormonal responses to resistance training overreaching. *Metabolism* 55(3): 282–91.

Kyröläinen, H., Avela, J., and Komi, P.V. 2005. Changes in muscle activity with increasing running speed. *Journal of Sports Sciences* 23(1): 1101–9.

Kugler, A., Kruger-Franke, M., Reininger, S., Trouillier, H.H., and Rosemeyer, B. 1996. Muscular imbalance and shoulder pain in volleyball attackers. *British Journal of Sports Medicine* 30(3): 256–59.

Kuipers, H., and Keizer, H.A. 1988. Overtraining in elite athletes: Review and directions for the future. *Sports Medicine* 6: 79–92.

Kuoppasalmi, K., and Adlercreutz, H. 1985. Interaction between anabolic and catabolic steroid hormones in muscular exercise. *Exercise Endocrinology*. Berlin: de Gruyter: 65–98.

Kyröläinen, H., et al. 2001. Biomechanical factors affecting running economy. *Medicine and Science in Sports and Exercise* 33(8): 1330–37.

Lamb, D.R. 1984. *Physiology of Exercise: Responses and Adaptations*. 2nd ed. New York: MacMillan.

Langberg, H., et al. 2007. Eccentric rehabilitation exercise increases peritendinous type I collagen synthesis in humans with Achilles tendinosis. *Scandinavian Journal of Medicine and Science in Sports* 17: 61–66.

Lange, L. 1919. *Über funktionelle Anpassung*. Berlin: Springer Verlag.

Latash, M.L. 1998. *Neurophysiological basis of movement*. Champaign, IL: Human Kinetics.

La Torre, A., et al. 2010. Acute effects of static stretching on squat jump performance at different knee starting angles. *Journal of Strength and Conditioning Research* 24(3): 687–94.

Laubach, L.L. 1976. Comparative muscle strength of men and women: A review of the literature. *Aviation, Space, and Environmental Medicine* 47: 534–42.

Lee, M., and Carroll, T. 2007. Cross-education: Possible mechanisms for the contralateral effects of unilateral resistance training. *Sports Medicine* 37(1): 1–14.

Lemon, P.W., et al. 1997. Moderate physical activity can increase dietary protein needs. *Canadian Journal of Applied Physiology* 22: 494–503.

Lephart, S.M., Ferris, C.M., Riemann, B.L., Myers, J.B., and Fu, F.H. 2002. Gender differences in strength and lower extremity kinematics during landing. *Clinical Orthopaedics and Related Research* 402: 162–69.

Liu, Y., et al. 2008. Response of growth and myogenic factors in human skeletal muscle to strength training. *British Journal of Sports Medicine* 42(12): 989–93.

MacDonald, G.Z., et al. 2013. An acute bout of self-myofascial release increases range of motion without a subsequent decrease in neuromuscular performance. *Journal of Strength and Conditioning Research* 27(3): 812–21.

MacDougall, J.D., Tuxen, D., Sale, D.G., Moroz, J.R., and Sutton, J.R. 1985. Arterial blood pressure response to heavy resistance exercise. *Journal of Applied Physiology* 58(3): 785–90.

Mallinson, J.E., Taylor, T., Teodosiu, D.C., Clark, R.B., Constantin, D., Franchi, M.V. Narici, M.V., Auer, D., and Greenhaff, P.L. 2020. Longitudinal hypertrophic and transcriptional responses to high-load eccentric-concentric vs concentric training in males. *Scandinavian Journal or Medicine and Science in Sports* 00:1–15.

Marsden, C., Meadows, J.F., and Merton, P.A. 1971. Isolated single motor units in human muscle and their rate of discharge during maximal voluntary effort. *Journal of Physiology—London* 217: 12P–13P.

Martin, D.T, Scifres, J.C., Zimmerman, S.D, and Wilkinson, J.G. 1994. Effects of interval training and a taper on cycling performance and isokinetic leg strength. *International Journal of Sports Medicine* 15: 485–91.

Martuscello, J., Nuzzo, J.L. Ashley, C.D., Campbell, B.I., Orriola, J.J., and Mayer, J.M. 2012. Systematic review of core muscle electromyographic activity during physical fitness exercises. *Journal of Strength and Conditioning Research* 27(6): 1684–98.

Mathews, D.K., and Fox, E.L. 1976. *The physiological basis of physical education and athletics*. Philadelphia: Saunders.

Matveyev, L. 1965. *The Problem of Periodization of Sport Training*.

Maughan, R.J., Goodburn, R., Griffin, J., Irani, M., Kirwan, J.P., Leiper, J.B., MacLaren, D.P., McLatchie, G., Tsintsas, K., and Williams, C. 1993. Fluid replacement in sport and exercise—A consensus statement. *British Journal of Sports Medicine* 27(1): 34–35.

McConell, G.K., Costill, D.L., Widrick, J.J., Hickey, M.S., Tanaka, H., and Gastin, P.B. 1993. Reduced training volume and intensity maintain capacity but not performance in distance runners. *International Journal of Sports Medicine* 14: 33–37.

McDonagh, M., and Davies, C.T.M. 1984. Adaptive response of mammalian skeletal muscle to exercise with high loads. *European Journal of Applied Physiology* 52: 139–55.

McMaster, D.T, Gill, N., Cronin, J., and McGuigan, M. 2013. The development, retention, and decay rates of strength and power in elite rugby union, rugby league, and American football: A systematic review. *Sports Medicine* 43(5): 367–84.

McNeely, E., and Sandler, D. 2007. Tapering for endurance athletes. *Strength and Conditioning Journal* 29(5): 18–24.

Micheli, L.J. 1988. Strength training in the young athlete. In *Competitive sports for children and youth*, edited by E.W. Brown and C.E. Branta, 99–105. Champaign, IL: Human Kinetics.

Miller, B.F., et al. 2005. Coordinated collagen and muscle protein synthesis in human patella tendon and quadriceps muscle after exercise. *Journal of Physiology* 567(Pt 3): 1021–33.

Mizner, R.L., Stevens, J.E., and Snyder-Mackler, L. 2003. Voluntary activation and decreased force production of the quadriceps femoris muscle after total knee arthroplasty. *Physical Therapy* 83(4): 359–65.

Moeller, F., et al. 1985. Duration of stretching effect on range of motion in lower extremities. *Archives of Physical Medicine and Rehabilitation* 66: 171–73.

Mohr, M., Krustrup, P., and Bangsbo, J. 2005. Fatigue in soccer: A brief review. *Journal of Sports Sciences* 23(6): 593–99.

Morgan, R.E., and Adamson, G.T. 1959. *Circuit weight training*. London: Bell.

Morin, J.B. 2011. Technical ability of force application as a determinant factor of sprint performance. *Medicine and Science in Sports and Exercise* 43(9): 1680–88.

Morin, J.B., et al. 2012. Mechanical determinants of 100-m sprint running performance. *European Journal of Applied Physiology* 112(11). 3921–30.

Moritani, T. 1992. Time course of adaptations during strength and power training. In *Strength and power in sport*, edited by P.V. Komi, 266–78. Champaign, IL: Human Kinetics.

Moritani, T., and deVries, H.A. 1979. Neural factors versus hypertrophy in the time course of muscle strength gain. *American Journal of Physical Medicine* 58(3): 115–30.

Mujika, I. 1998. The influence of training characteristics and tapering on adaptation in highly trained individuals: A review. *International Journal of Sports Medicine* 19: 439–46.

——. 2009. *Tapering and peaking for optimal performance*. Champaign, IL: Human Kinetics.

Mujika, I., Chatard, J.C., Busso, T., Geyssant, A., Barale, F., and Lacoste, L. 1995. Effects of training on performance in competitive swimming. *Canadian Journal of Applied Physiology* 20(4): 395–406.

Mujika, I., and S. Padilla. 2000. Detraining: Loss of training-induced physiological and performance adaptation. *Sports Medicine* 30(3): 145–154.

Mujika, I., Padilla, S., and Pyne, D. 2002. Swimming performance changes during the final 3 weeks of training leading to the Sydney 2000 Olympic Games, *International Journal of Sports Medicine* 23(8): 582–87.

Nardone, A., Romanò, C., and Schieppati, M. 1989. Selective recruitment of high-threshold human motor units during voluntary isotonic lengthening of active muscles. *Journal of Physiology* 409: 451–71.

Nelson, A.G., Arnall, D.A., Loy, S.F., Silvester, L.J., and Conlee, R.K. 1990. Consequences of combining strength and endurance training regimens. *Physical Therapy* 70(5): 287–94.

Nelson, A.G., et al. 2005. Acute effects of passive muscle stretching on sprint performance. *Journal of Sports Sciences* 23(5): 449–54.

Newsholme, E. 2005. *Keep on running: The science of training and performance*. Hoboken, NJ: Wiley.

参考文献

Newton, R., Murphy, A., Humphries, B., Wilson, G., Kraemer, W., and Häkkinen, K. 1996. Influence of load and stretch shortening cycle on the kinematics, kinetics and muscle activation that occurs during explosive bench press throws. *European Journal of Applied Physiology* 75: 333–42.

Newton, R., Kraemer, W., Häkkinen, K., Humphries, B., and Murphy, A. 1996. Kinematics, kinetics and muscle activation during explosive upper body movements. *Journal of Applied Biomechanics* 12: 31–43.

Nicholson, G., Bennett, T.D., Bissas, A. and Merlino, S. 2019. *Biomechanical Report for the IAAF World Indoor Championships 2018: High Jump Men*. Birmingham, UK: International Association of Athletics Federations.

Noakes, T.D., et al. 2005. From catastrophe to complexity: A novel model of integrative central neural regulation of effort and fatigue during exercise in humans: Summary and conclusions. *British Journal of Sports Medicine* 39: 120–24.

Nummela, A., et al. 2007. Factors related to top running speed and economy. *International Journal of Sports Medicine* 28(8): 655–61.

Nuzzo, J.L. 2008. Trunk muscle activity during stability ball and free weight exercises. *Journal of Strength and Conditioning Research* 22(1): 95–102.

Okamura, K., et al. 1997. Effect of amino acid and glucose administration during post-exercise recovery on protein kinetics in dogs. *American Journal of Physiology* 272: E1023–30.

O' Leary, D.D., Hope, K., and Sale, D.G. 1998. Influence of gender on post-tetanic potentiation in human dorsiflexors. *Canadian Journal of Physiology and Pharmacology* 76: 772–79.

Owino, V., et al. 2001 Age-related loss of skeletal muscle function and the inability to express the autocrine form of insulin-like growth factor-1 (MGF) in response to mechanical overload. *FEBS Letters* 505(2): 259–63.

Ozolin, N.G. 1971. *Athlete's training system for competition*. Moscow: Phyzkultura i sports.

Petibois, C., and Deleris, G. 2003. Effects of short and long-term detraining on the metabolic response to endurance exercises. *International Journal of Sports Medicine*, 24: 320–325.

Piehl, K. 1974. Time course for refilling of glycogen stores in human muscle fibres following exercise-induced glycogen depletion. *Acta Physiologica Scandinavica* 90: 297–302.

Pincivero, D.M., and Campy, R.M. 2004. The effects of rest interval length and training on quadriceps femoris muscle. Part I: Knee extensor torque and muscle fatigue. *Journal of Sports Medicine and Physical Fitness* 44(2): 111–18.

Pincivero, D.M., Lephart, S.M., and Karunakara, R.G. 1997. Effects of rest interval on isokinetic strength and functional performance after short-term high intensity training. *British Journal of Sports Medicine* 31(3): 229–34.

Ploutz, L., et al. 1994. Effect of resistance training on muscle use during exercise. *Journal of Applied Physiology* 76: 1675–81.

Power, K., et al. 2004. An acute bout of static stretching: Effects on force and jumping performance. *Medicine and Science in Sports and Exercise* 36(8): 1389–96.

Powers, S.K., Lawler, J., Dodd, S., Tulley, R., Landry, G., and Wheeler, K. 1990. Fluid replacement drinks during high intensity exercise: Effects on minimizing exercise-induced disturbances in homeostasis. *European Journal of Applied Physiology and Occupational Physiology* 60(1): 54–60.

Pyne, D.B., et al. 2009. Peaking for optimal performance: Research limitations and future directions. *Journal of Sports Sciences* 27(3): 195–202.

Raglin, J.S. 1992. Anxiety and sport performance. *Exercise Sports Science Review* 20: 243–74.

Ranieri, F., and Di Lazzaro, V. 2012. The role of motor neuron drive in muscle fatigue. *Neuromuscular Disorders* 22(3): S157–61.

Rasmussen, R.B., and Phillips, S.M. 2003. Contractile and nutritional regulation of human muscle growth. *Exercise and Sport Sciences Reviews* 31(3): 127–31.

Ready, S.L., Seifert, J., and Burke, E. 1999. Effect of two sport drinks on muscle tissue stress and performance. *Medicine and Science in Sports and Exercise* 31(5): S119.

Reid, P.J., Oliver, J.L., De Ste Croix, M.B.A., Myer, G.D., and Lloyd, R.S. 2018. An audit of injuries in six English professional soccer academies. *Journal of Sports Sciences* 3: 13.

Reilly, T., and Ekblom, B. 2005. The use of recovery methods post-exercise. *Journal of Sports Sciences* 23(6): 619–27.

Rennie, M.J., and Millward, D.J. 1983. 3-methylhistidine excretion and the urinary 3-methylhistidine/creatinine ratio are poor indicators of skeletal muscle protein breakdown. *Clinical Science* 65: 217–25.

Rhea, M.R., et al. 2009. Alterations in speed of squat movement and the use of accommodated resistance among college athletes training for power. *Journal of Strength and Conditioning Research* 23(9): 2645–50.

Rietjens, G.J., Keizer, H.A., Kuipers, H., and Saris, W.H. 2001. A reduction in training volume and intensity for 21 days does not impair performance in cyclists. *British Journal of Sports Medicine* 35(6): 431–34.

Rixon, K.P., Lamont, H.S., and Bemben, M.G. 2007. Influence of type of muscle contraction, gender, and lifting experience on postactivation potentiation performance. *Journal of Strength and Conditioning Research* 21(2): 500–05.

Robinson, J.M., et al. 1995. Effects of different weight training exercise/rest intervals on strength, power, and high intensity exercise endurance. *Journal of Strength and Conditioning Research* 9(4): 216–21.

Roemmich, J.N., and Rogol, A.D. 1997. Exercise and growth hormone: Does one affect the other? *Journal of Pediatrics* 131: S75–80.

Roig, M., O'Brien, K., Murray, G.R., McKinnon, P., Shadgan, B., and Reid, W.D. 2009. The effects of eccentric versus concentric resistance training on muscle strength and mass in healthy adults: A systematic review with meta-analysis. *British Journal of Sports Medicine* 43(8): 556–68.

Roman Suarez, I. 1986. *Levantamiento de pesas—Periodo competitivo*. La Habana, Cuba: Editorial Científico-Técnica.

Rønnestad, B.R., and Mujika, I. 2013. Optimizing strength training for running and cycling endurance performance: A review. *Scandinavian Journal of Medicine and Science in Sports* 24(4): 603–12.

Roschel, H., et al. 2011. Effect of eccentric exercise velocity on akt/mtor/p70(s6k) signaling in human skeletal muscle. *Applied Physiology Nutrition and Metabolism* 36(2): 283–90.

Sahlin, K. 1986. Metabolic changes limiting muscular performance. *Biochemistry of Exercise* 16: 86–98.

Sale, D. 1986. Neural adaptation in strength and power training. In *Human muscle power*, edited by L. Jones, L.N. McCartney, and A. McComas, 289–304. Champaign, IL: Human Kinetics.

———. 1992. Neural adaptations to strength training. In *Strength and power in sport*, edited by P.V. Komi, 249–65. Oxford: Blackwell Scientific.

Sale, D.G., MacDougall, J.D., Jakobs, I., and Garner, S. 1990. Interaction between concurrent strength and endurance training. *Journal of Applied Physiology* 68(1): 260–70.

Saltin, B. 1973. Metabolic fundamentals in exercise. *Medicine and Science in Sports* 5: 137–46.

Samuel, M.N., et al. 2008. Acute effects of static and ballistic stretching on measures of strength and power. *Journal of Strength and Conditioning Research* 22(5): 1422–28.

Santa Maria, D., Gryzbinski, P., and Hatfield, B. 1985. Power as a function of load for a supine bench press exercise [Abstract]. *National Strength and Conditioning Association Journal* 6: 58.

Sariyildiz, M., et al. 2011. Cross-education of muscle strength: Cross-training effects are not confined to untrained contralateral homologous muscle. *Scandinavian Journal of Medicine and Science in Sport* 21(6): e359–64.

Schanzer, W. 2002. *Analysis of non-hormonal nutritional supplements for anabolic-androgenic steroids.*

Schillings, M.L., et al. 2000. *Central and peripheral aspects of exercise-induced fatigue.*

Schmidtbleicher, D. 1984. *Sportliches Krafttraining und motorische Grundlagenfoschung*. In W. Berger, V. Dietz, A. Hufschmidt, R. Jung, K.-H. Mauritz, and D. Schmidtbleicher, *Haltung und Bewegung beim Menschen* 155–88. Berlin: Springer.

———. 1992. Training for power events. In *Strength and power in sport*, edited by P.V. Komi, 381–95. Oxford, UK: Blackwell Scientific.

Schmidtbleicher, D., et al. 2014. Long-term strength training effects on change-of-direction sprint performance. *Journal of Strength and Conditioning Research* 28(1): 223–31.

Schoenfeld, B.J. 2012. Does exercise-induced muscle damage play a role in skeletal muscle hypertrophy? *Journal of Strength and Conditioning Research* 26(5): 1441–53.

Seiberl, W., Power, G.A., Herzog, W., and Hahn, D. 2015. The stretch–shortening cycle (SSC) revisited: Residual force enhancement contributes to increased performance during fast SSCs of human m. abductor policis. *Physiological Reports May* 3(5): e12401.

Shepley, B., MacDougall, J.D., Cipriano, N., Sutton, J.R., Tarnopolsky, M.A., and Coates, G. 1992. Physiological effects of tapering in highly trained athletes. *Journal of Applied Physiology* 72: 706–11.

Sirotic, A.C., and Coutts, A.J. 2007. Physiological and performance test correlates of prolonged, high-intensity, intermittent running performance in moderately trained women team sport athletes. *Journal of Strength and Conditioning Research* 21(1): 138–44.

Sjøgaard, G., et al. 1985. Water and ion shifts in skeletal muscle of humans with intense dynamic knee extension. *American Journal of Physiology* 248(2 pt 2): R190–96.

Söderman, K., Wener, S., Pietila, T., Engstrom. B., and Alfredson, H. 2000. Balance board training: Prevention of traumatic injuries of the lower extremities in female soccer players? A perspective randomized intervention study. *Knee Surgery, Sports Traumatology, Arthroscopy* 8(6): 356–63.

Staley, C. 2005. *Muscle logic*. Emmaus, PA: Rodale Press.

Stanek, J.M. 2015 The effectiveness of compression socks for athletic performance and recovery. *Journal of Sports Rehabilitation* 26: 109–14.

Staron, R.S., Hagerman, F.C., and Hikida, R.S. 1981. The effects of detraining on an elite power lifter. *Journal of Neurological Sciences* 51: 247–57.

Stickford, A.S., Chapman, R.F., Johnston, J.D., and Stager, J.M. 2015. Lower leg compression, running mechanics and economy in elite distance runners. *International Journal of Sports Physiology and Performance* 10(1): 76–83.

Stone, M.H., and O'Bryant, H.S. 1984. *Weight training: A scientific approach*. Minneapolis: Burgess.

Stone, M., O'Bryant, H., Garhammer, J., McMillan, J., and Rozenek. R. 1982. A theoretical model of strength training. *National Strength & Conditioning Association Journal* 4(4): 36–39.

Stone, M.H., Stone, M., and Sands, W.A. 2007. *Principles and practice of resistance training*. Champaign, IL: Human Kinetics.

Sullivan, K.M., et al. 2013. Roller-massager application to the hamstrings increases sit-and-reach range of motion within five to ten seconds without performance impairments. *International Journal of Sports Physical Therapy* 8(3): 228–36.

Takagi, R., et al. 2011. Influence of icing on muscle regeneration after crush injury to skeletal muscles in rats. *Journal of Applied Physiology* 110(2): 382–88.

Takarada, Y., et al. 2000. Rapid increase in plasma growth hormone after low-intensity resistance exercise with vascular occlusion. *Journal of Applied Physiology* 88(1): 61–5.

Taylor, J.L., Todd, G., and Gandevia, S.C. 2006. Evidence for a supraspinal contribution to human muscle fatigue. *Clinical and Experimental Pharmacology and Physiology* 33(4): 400–5.

Terjung, R.L., and Hood, D.A. 1986. Biochemical adaptations in skeletal muscle induced by exercise training. In *Nutrition and aerobic exercise*, edited by D.K. Layman, 8–27. Washington, DC: American Chemical Society.

Tesch, P. 1980. Muscle fatigue in man. *Acta Physiologica Scandinavica Supplementum* 480: 3–40.

Tesch, P., Sjšdon, B., Thorstensson, A., and Karlsson, J. 1978. Muscle fatigue and its relation to lactate accumulation and LDH activity in man. *Acta Physiologica Scandinavica* 103: 413–20.

Tesch, P.A., and Larsson, L. 1982. Muscle hypertrophy in bodybuilders. *European Journal of Applied Physiology and Occupational Physiology* 49(3): 301–6.

Tesch, P.A., Thorsson, A., and Kaiser, P. 1984. Muscle capillary supply and fiber type characteristics in weight and power lifters. *Journal of Applied Physiology* 56: 35–38.

Tesch, P.A., Dudley, G.A., Durvisin, M.R., Hather, M., and Harris, R.T. 1990. Force and EMG signal patterns during repeated bouts of concentric and eccentric muscle actions. *Acta Physiologica Scandinavica* 138: 263–271.

Thacker, S.B., Stroup, D.F., Branche, C.M., Gilchrist, J., Goodman, R.A., and Porter Kelling, E. 2003. Prevention of knee injuries in sports. A systematic review of literature. *Journal of Sports Medicine and Physical Fitness* 43(2): 165–79.

Thomas, L., Mujika, I., and Busso, T. 2009. Computer simulations assessing the potential performance benefit of a final increase in training during pre-event taper. *Journal of Strength and Conditioning Research* 23(6): 1729–36.

Thorstensson, A. 1977. Observations on strength training and detraining. *Acta Physiologica Scandinavica* 100: 491–93.

Tipton, K.D., Ferrando, A.A., Phillips, S.M., Doyle Jr., D., and Wolfe, R.R. 1999. Postexercise net protein synthesis in human muscle from orally administered amino acids. *American Journal of Physiology* 276: E628–34.

Tipton, K.D., and Wolfe, R.R. 2001. Exercise, protein metabolism, and muscle growth. *International Journal of Sport Nutrition and Exercise Metabolism* 11(1): 109–32.

——. 2004. Protein and amino acid for athletes. *Journal of Sports Science* 22(1): 65–79.

Trinity, J.D., et al. 2006. Maximal mechanical power during a taper in elite swimmers. *Medicine and Science in Sports and Exercise* 38(9): 1643–49.

Tucker, C.B., Bissas, A. and Merlino, S. 2019. Biomechanical Report for the IAAF World Indoor Championships 2018: Long Jump Men. Birmingham, UK: International Association of Athletics Federations.

Van Cutsem, M., Duchateau, J., and Hainaut, K. 1998. Changes in single motor unit behaviour contribute to the increase in contraction speed after dynamic training in humans. *Journal of Physiology* 513: 295–305.

Van Someren, K.A. 2006. The physiology of anaerobic endurance training. In *The Physiology of Training*, edited by G. Whyte., 88. London: Elsevier.

Verkhoshansky, Y.L.V. 1969. Perspectives in the improvement of speed–strength preparation of jumpers. *Yessis Review of Soviet Physical Education and Sports* 4(2): 28–29.

——. 1997. *Tutto sul metodo d'urto*. Roma, SocietàStampà Sportiva.

von Lieres, H.C. Wilkau, G.I., Bezodis, N.E., Simpson, S., and Bezodis, I.N. 2020. Phase analysis in maximal sprinting: An investigation of step-to-step technical changes between the initial acceleration, transition and maximal velocity phases. *Sports Biomechanics* 19(2): 141–156.

Wade, A.J., Broadhead, M.W., Cady, E.B., Llewelyn, M.F, Tong, H.N., and Newham, D.J. 2000. Influence of muscle temperature during fatiguing work with the first dorsal interosseous muscle in man: A 31P–NMR spectroscopy study. *European Journal of Applied Physiology* 81(3): 203–9.

Wathen, D. 1994. Agonist-antagonist ratios for slow concentric isokinetic movements. In *Essentials of strength training and conditioning*, edited by T.R. Baechle. Champaign, IL: Human Kinetics.

Wee, J., et al. 2005. GH secretion in acute exercise may result in post-exercise lipolysis. *Growth Hormone & IGF Research Journal* 15(6): 397–404.

Weir, J.P., et al. 2006. Is fatigue all in your head? A critical review of the central governor model. *British Journal of Sports Medicine* 40(7): 573–86.

Welsh, R.S., Davis, J.M., Burke, J.R., and Williams, H.G. 2002. Carbohydrates and physical/mental performance during intermittent exercise to fatigue. *Medicine and Science in Sports and Exercise* 34(4): 723–31.

Wester, J.U., Jespersen, S.M., Nielsen, K.D., and Neumann, L. 1996. Wobble board training after partial sprains of the lateral ligaments of the ankle: A prospective randomized study. *Journal of Orthopaedic and Sports Physical Therapy* 23(5): 332–36.

Wayard, P.G., et al. 2000. Faster top running speeds are achieved with greater ground forces, not more rapid leg movements. *Journal of Applied Physiology* 89(5): 1991–99.

White, J.P., et al. 2013. Testosterone regulation of Akt/mTORC1/FoxO3a signaling in skeletal muscle. *Molecular and Cellular Endocrinology* 365(2): 174–86.

Wiemann, K., and Tidow, G. 1995. Relative activity of hip and knee extensors in sprinting—Implications for training. *New Studies in Athletics* 10(1): 29–49.

Wigernaes, I., Hostmark, A.T., Stromme, S.B., Kierulf, P., and Birkeland, K. 2001. Active recovery and post-exercise white blood cell count, free fatty acids and hormones in endurance athletes. *European Journal of Applied Physiology* 84(4): 358–66.

Willems, T., Witvrouw, E., Verstuyft, J., Vaes, P., and De Clercq, D. 2002. Proprioception and muscle strength in subjects with a history of ankle sprains and chronic instability. *Journal of Athletic Training* 37(4): 487–93.

Wilmore, J., and Costill, D. 2004. *Physiology of sport and exercise*. 3rd ed. Champaign, IL: Human Kinetics.

Wilmore, J.H., and Costill, D.L. 1988. Training for sport and activity. In *The physiological basis of the conditioning process*. Dubuque, IA: Brown.

Wilmore, J.H., Parr, R.B., Girandola, R.N., Ward, P., Vodak, P.A., Barstow, T.J., Pipes, T.V., Romero, G.T., and Leslie, P. 1978. Physiological alterations consequent to circuit weight training. *Medicine and Science in Sports and Exercise* 10: 79–84.

Wojtys, E.M., Huston, L.J., Taylor, P.D., and Bastian, S.D. 1996. Neuromuscular adaptations in isokinetic, isotonic, and agility training programs. *American Journal of Sports Medicine, Mar-Apr* 1996; 24(2): 187–92.

Wojtys, E.M., Huston, L.J., Schock, H.J., Boylan, J.P., and Ashton-Miller, J.A. 2003. Gender differences in muscular protection of the knee in torsion in size-matched athletes. *Journal of Bone and Joint Surgery—American Volume* 85-A(5): 782–89.

Woo, S.L.-Y., An, K.-N., Arnoczky, S.P., Wayne, J.S., Fithian, D.C., and Myers, B.S. 1994. Anatomy, biology and biomechanics of tendon, ligament, and meniscus. In *Orthopaedic basic science*, edited by S.R. Simon, 45–87. Park Ridge, IL: American Academy of Orthopaedic Surgeons.

Wright, J.E. 1980. Anabolic steroids and athletics. *Exercise and Sport Sciences Reviews* 8: 149–202.

Wysotchin, 1976. Die muskelentspannung von sprintern. *Die Lehre der Leichtathletik*. 19: 593–596.

Yamaguchi, T., et al. 2006. Acute effect of static stretching on power output during concentric dynamic constant external resistance leg extension. *Journal of Strength and Conditioning Research* 20(4): 804–10.

Yarasheski, K.E., et al. 1992. Effect of growth hormone and resistance exercise on muscle growth in young men. *American Journal of Physiology* 262(3 Pt.1): E261–7.

Yessis, M. 1990. *Soviet training methods*. New York: Barnes & Noble.

Zatsiorsky, V.M. 1995. *Science and Practice of Strength Training*. Champaign, IL: Human Kinetics.

Zawadzki, K.M., Yaspelkis, B.B., and Ivy, J.L. 1992. Carbohydrate-protein complex increases the rate of muscle glycogen storage after exercise. *Journal of Applied Physiology* 72: 1854–59.

Zehnder, M., Rico-Sanz, J., Kühne, G., and Boutellier, U. 2001. Resynthesis of muscle glycogen after soccer-specific performance examined by 13C-magnetic resonance spectroscopy in elite players. *European Journal of Applied Physiology* 84(5): 443–47.

Zeller, B.L., McCrory, J.L., Kibler, W.B., and Uhl, T.L. 2003. Differences in kinematics and electromyographical activity between men and women during the single-legged squat. *American Journal of Sports Medicine* 31(3): 449–56.

Zhang, P., et al. 2007. Signaling mechanisms involved in disuse muscle atrophy. *Medical Hypotheses* 69(2): 310–21.

Zhou, S. 2003. Cross-education and neuromuscular adaptations during early stage of strength training. *Journal of Exercise Science and Fitness* 1(1): 54–60.

Zijdewind, I., and Kernell, D. 2001. Bilateral interactions during contractions of intrinsic hand muscles. *Journal of Neurophysiology* 85(5): 1907–13.

作者简介

图德·O. 邦帕（Tudor O. Bompa）博士于1963年在罗马尼亚提出了开创性的周期化理论，这彻底改变了之前的训练方法。他训练出了11名奥运会奖牌获得者（包括4名金牌获得者），并曾经为世界各地的教练和运动员提供咨询服务。

邦帕关于训练方法的图书《训练理论与实践：运动表现与周期化的关键》（*Theory and Methodology of Training: The Key to Athletic Performance and Periodization*）已经被翻译成19种语言，被传播到180多个国家或地区，并且很多国家或地区会采用他的训练方法进行运动员培养和教练培训认证。邦帕受邀在46个国家或地区发表有关训练的演讲，并且获得了阿根廷文化部、澳大利亚体育理事会、西班牙奥林匹克委员会、美国国家体能协会（2014年阿尔文·罗伊终身成就奖）及国际奥林匹克委员会等权威组织颁发的荣誉证书和嘉许证书。

邦帕不仅是加拿大奥林匹克协会和罗马尼亚国家体育委员会的会员，也是约克大学的名誉教授，他于1987年开始在那里教授训练理论的课程。2017年，邦帕在罗马尼亚获得了荣誉博士学位。

卡洛·A. 布齐凯利（Carlo A. Buzzichelli）是职业体能教练，国际体能协会的负责人，古巴、意大利和菲律宾奥运会田径运动员的顾问，米兰大学（意大利）训练理论与方法领域的副教授，并且是国际体育科学协会（ISSA）主席顾问委员会的委员。布齐凯利在世界各地多所大学和体育院校举办过研讨会与讲座，并且受邀在2012年特里凡得琅（印度）的国际体能研讨会、2015年北京（中国）的表现训练峰会、2016年布加勒斯特（罗马尼亚）的国际体能研讨会、2017年哈瓦那（古巴）的国家田径队教练论坛、2018年马尼拉（菲律宾）的菲律宾康复医学院会议、2018年佛罗伦萨（意大利）的国际足球科学会议、2018年华沙（波兰）的国际格斗体育运动体能会议，以及2019年瓜廖尔（印度）的国际体能研讨会上发表了演讲。

布齐凯利的执教经验包括2002年英联邦运动会，2003年、2007年和2019年的世界田径锦标赛，以及2016年的夏季奥运会。作为集体项目的体能教练，他带领的3支参与2个不同

作者简介

运动项目的高水平队伍，在5个赛季总共实现了5次晋级。作为个人项目的体能教练，布齐凯利培养的运动员在4个运动项目（田径、游泳、巴西柔术和力量举）的国家冠军赛中赢得了50多枚奖牌，在力量举和田径运动项目中创造了10项国家纪录，并且在国际比赛中赢得了15枚奖牌。2015年，布齐凯利培养的两名意大利运动员在两个不同的运动项目中获得了冠军；2016年，他指导的两名运动员在两个不同的格斗项目中获得了国际冠军。

译者简介

赵海波，博士，副教授，硕士研究生导师，现任宁夏医科大学体育与健康学院副院长；2010.09—2020.06在北京体育大学获得学士、硕士和博士学位；第四批宁夏青年哲学社会科学和文化艺术托举人才；曾任宁夏师范大学体育与健康研究中心负责人、宁夏师范大学体育学院副院长，曾在国家游泳队、国家射击队担任体能教练；主持《宁夏全民健身与全民健康融合发展研究》等省部级、厅级课题8项，在核心期刊发表《基于扎根理论的体能教练实践能力探索性研究》等10余篇论文，出版专著《我国体能教练实践能力构成体系及发展策略研究》《大学生体质健康测评与训练方法研究》《学科教学（体育）硕士研究生培养研究》3本。

杨斌，卡玛效能运动科技创始人，卡玛效能"有氧训练专家"认证标准制定者，卡玛效能精准系列认证课程［"精准评估（Precision Assessment®）""精准训练（Precision Training®）""精准减脂（Precision Weight Loss®）""精准力量（Precision Strength®）""精准伸展（Precision Stretching®）""精准营养（Precision Nutrition®）""精准康复（Precision Rehabilitation®）"］创始人；精准减脂管理软件创始人；曾任美国运动医学会（ACSM）、美国国家体能协会（NSCA）及国际体育科学协会（ISSA）中国区讲师，国家体育总局体育行业职业技能鉴定专家指导委员会专家，中国国家队运动员拉伸培训专家，中央电视台体育频道特邀运动健康专家，北京特警总队体能顾问，贵阳市公安局警训部体能顾问；著有《家庭健身训练图解》，译有《精准拉伸：疼痛消除和损伤预防的针对性练习》《拉伸致胜：基于柔韧性评估和运动表现提升的筋膜拉伸系统》等。

李硕，卡玛效能运动科技联合创始人；"精准减脂（Precision Weight Loss®）""有氧训练专家"认证课程联合创始人兼项目负责人、主讲师；北京体育大学运动人体科学专业运动解剖方向硕士，首都体育学院运动科学与健康学院康复专业学士；长期担任健身教练国家职业资格认证指导师和考评员，并受聘于中央电视台、贵阳市公安局警训部等机构，担任顾问或讲师职务；译有《周期力量训练（第3版）》一书。